普通高等教育"十一五"国家级规划教材
"十二五"普通高等教育本科国家级规划教材
教育部高等学校交通工程教学指导分委员会"十三五"规划教材
教育部高等学校交通工程教学指导分委员会推荐教材

Traffic Design

交 通 设 计

（第 3 版）

白 玉　杨晓光　柴 晨　编著

人民交通出版社股份有限公司
北京

内 容 提 要

本书是我国第一部《交通设计》教材的修订版,是普通高等教育"十一五""十二五"国家级规划教材、教育部高等学校交通工程教学指导分委员会推荐教材和"十三五"规划教材。本书系统阐述了交通设计的基本概念、基本原理、基本知识、理论基础与方法及其应用技术。全书共十一章,包括:绪论、交通设计理论基础、交通设计依据与流程、交通设计调查与问题分析、城市道路交通设计、公共汽(电)车交通设计、枢纽交通设计、停车交通设计、交通安全设计、交通语言系统设计、交通设计评价分析。本次修订主要对枢纽交通设计、交通语言系统设计、交通设计评估分析方法及其应用等做了更新和完善。

本书是交通工程专业核心课程教材,也可作为交通运输工程学科相关方向的研究生教材或参考书,还可作为城市规划、土木工程、道路桥梁与渡河工程等专业的必修课或选修课教材,并可供从事城市规划、城市设计、建筑设计、市政设计、道路规划与设计、公共交通、交通管理等工作的技术人员和管理人员参考。

图书在版编目(CIP)数据

交通设计 / 白玉,杨晓光,柴晨编著. —3 版. —北京:人民交通出版社股份有限公司,2024.1
ISBN 978-7-114-19283-8

Ⅰ.①交… Ⅱ.①白… ②杨… ③柴… Ⅲ.①交通工程—工程设计 Ⅳ.①U491

中国国家版本馆 CIP 数据核字(2024)第 013418 号

Jiaotong Sheji

书　　名:	交通设计(第3版)
著 作 者:	白　玉　杨晓光　柴　晨
责任编辑:	李　晴
责任校对:	赵媛媛
责任印制:	刘高彤
出版发行:	人民交通出版社股份有限公司
地　　址:	(100011)北京市朝阳区安定门外外馆斜街 3 号
网　　址:	http://www.ccpcl.com.cn
销售电话:	(010)59757973
总 经 销:	人民交通出版社股份有限公司发行部
经　　销:	各地新华书店
印　　刷:	北京市密东印刷有限公司
开　　本:	787×1092　1/16
印　　张:	22.5
字　　数:	562 千
版　　次:	2010 年 9 月　第 1 版 2020 年 12 月　第 2 版 2024 年 1 月　第 3 版
印　　次:	2024 年 1 月　第 3 版　第 1 次印刷　总第 16 次印刷
书　　号:	ISBN 978-7-114-19283-8
定　　价:	56.00 元

(有印刷、装订质量问题的图书,由本公司负责调换)

智慧高于力量。设计是智慧性创造与优化组合,是工程建设的灵魂!

交通设计是交通工程学与系统工程学以及工业设计原理等的智慧融合,缺失交通设计的交通系统犹如没有建筑设计的结构工程,是交通问题的重要成因。

——杨晓光

第3版前言

城市是"依一定的生产与生活方式把一定地域组织起来的居民点,是该地域或更大腹地的经济、政治和文化的中心"(《中国大百科全书:建筑园林城市规划》)。城市起源于新石器时代,伴随着人类的经济和社会发展而演变。鸟瞰任何一座城市,总可以发现城市构成中的"静"与"动"二元要素。其中的"动"便是交通,是城市发展所必需的人和物(或通过交通工具)的移动,是支撑和促进一座城市发展的关键基础。

自人类第一辆汽车诞生以来,城市交通的机动化步伐一直没有停歇,而且在不断加快,由此也带来城市形态与规模的变化和拓展。交通的机动化无疑为改善城市交通发挥了积极的作用,但也引发了诸多问题,特别是小汽车的无节制、不当使用,导致了城市交通阻塞、事故频发、环境恶化,甚至不公平等问题。此外,交通设施的建设还占用了有限且宝贵的土地资源,交通运行也必然伴随着巨大的能源消耗。如何实现交通系统的安全、通畅、绿色、公平、高效和高品质及多目标和谐,已成为中国乃至世界范围广为关注的重大课题。我国已提出加快建设交通强国的目标——人享其行、物畅其流,表明了"现代交通+"发展的重大意义。

党的二十大报告也对交通运输相关工作进行了部署安排,进一步强调加快建设交通强国,提出了一系列交通运输发展的新要求,充分体现了交通运输在国家发展中的重要作用。

对应于汽车交通的发展和交通问题的尖锐化,20世纪30年代,美国便开始研究交通的基本规律,探索应对交通问题的专门方法和技术,在此基础上形成了交通工程学,为认识和改善人类所面临的交通问题(如交通阻塞、事故、环境污染等)

和提高交通服务水平发挥了而且继续发挥着巨大的作用。我国系统地开展交通工程学的研究可追溯到1979年,美籍华人张秋先生在同济大学举办了第一个讲习班,同济大学成立了第一个交通工程研究室。交通工程作为一门新兴学科和专业,对我国交通科学技术的发展、人才培养以及交通基础设施的功能化和品质化建设产生了重大影响。交通基础设施的建设更加重视其前期的论证研究工作,交通规划已作为城市规划乃至区域规划的重要组成部分融入其中;在交通设施利用层面,诸多城市开展了交通管理规划和交通安全规划工作,更有不少城市发展了更为先进的智能交通运输系统(ITS),运用信息技术和智能技术改善交通。然而,良好的交通规划和交通管理措施如何转换成最佳的工程方案?各类交通系统建设或改善工程方案如何最佳地适应交通功能与性能要求?交通系统各构成要素间的物理关系应如何最佳地整合与组合?大量城市投入巨资建设的智能交通运输系统为何不能发挥应有的作用?皆需要我们予以作答。

另一方面,交通运输系统被认为是一个复杂巨系统。钱学森先生指出:"系统是由相互作用和相互依赖的若干组成部分结合而成的、具有特定功能的有机整体,而且这个有机整体又是它从属的更大系统的组成部分。"交通系统是由移动主体——人和物以及交通工具、交通设施、交通环境、交通规则与政策、交通信息等基本要素所构成的,并通过"需求网、运输网、设施网、能源网、服务网、管控网、治理网、感知网、通信网、互联网"等多重网络建立起系统"内-内""内-外"之有机关联,从而系统地实现交通"安全、通畅、便捷、绿色、公平、高效"等基本功能。因此,交通工程既不是"交通相关的工程",也不是"标志、标线、防护栏、监控系统、收费系统和通信系统",而是"应用科学原理和工程技术以研究各种交通方式及设施的规划、功能设计、运行管理,确保客货运输安全、高效、快捷、舒适、方便、经济和与环境协调"(美国交通工程师协会的定义)的交叉学科,涉及的知识面较广,如城市规划、交通设施工程(如道路与桥梁、轨道、机场与港口工程等)、交通工具、系统工程、数学与管理学、信息工程等。那么,如何将这些知识有效地整合于一体,形成交通工程学的基础理论、应用技术和方法体系呢?这就需要一个专门的知识和方法体系,能够面向实际交通问题及其改善需求,融汇交通工程学原理,承接交通规划和交通管理与服务及交通流理论,支撑交通工程专业毕业生立足于社会的专业平台,这便是交通设计(Traffic Design)。

交通设计的概念虽提出于20世纪50年代,但其理论和方法体系还是在21世纪初形成于我国。2000年以来,伴随着国家公安部、住房和城乡建设部在全国范围内实施"畅通工程",《城市道路交通设计指南》得以出版,交通设计开始影响我国城市交通系统的构建与改善,并逐步形成基本共识。鉴于此,笔者于2006年建议将"交通设计"纳入交通工程专业核心课程,并得到了教育部高等学校交通工程教学指导分委员会的支持,全国设有交通工程专业的高等院校也陆续开设了这门课程。

《交通设计》首版教材于2010年9月出版,并先后入选普通高等教育"十一五""十二五"国家级规划教材,以及教育部高等学校交通工程教学指导分委会推荐教材和"十三五"规划教材,英文版于2014年起在国际上出版发行,这使本书的编著者深感荣幸,也倍感压力。为了进一步完善交通设计知识体系,更好地适应卓越交通工程师能力培养等教学要求,编著者在第一、二版的基础上,努力吸取大量反馈意见和新的研究成果,形成了新一版教材呈现给广大读者。

本书的章节框架、内容选择及审稿由白玉教授与杨晓光教授共同负责,主要编著人员及分工:同济大学白玉教授(第三、四、五、六、八章),杨晓光教授(第一、二章),柴晨副教授(统稿,第十章),郭赟韬副教授(第七章),张思扬助理教授(第九章),刘皓冰教授、俞春辉副教授(第十一章)。特别感谢前两版教材的编著者同济大学马万经教授、云美萍副教授、长安大学邵海鹏教授、朱彤副教授,湖南警察学院王岩副教授,长沙理工大学龙科军教授,上海工程技术大学胡华副教授,上海济安交通工程咨询有限公司汪涛博士、孙伟博士等。特别感谢使用本教材的广大师生通过不同渠道所提出的宝贵修改意见和建议,感谢上海济安交通工程咨询有限公司为本教材提供了部分基础资料和应用案例。

本书编著团队在智慧树网开设了在线课程,欢迎广大读者参与线上学习,课程链接 http://coursehome.zhihuishu.com/courseHome/1000001494。读者也可扫描封面二维码激活数字资源后,再通过书中的二维码直接观看课程录像。

鉴于交通设计在我国是一个仍在不断创新和探索并需要完善的领域,受时间和篇幅及编著者水平所限,书中定有不妥之处,恳请读者不吝指正;本书虽然尽可能列出了所参考的文献,但仍可能有疏漏之处,诚请读者提供相关信息,作为本书再版时订正之依据。

杨晓光 白玉

2023年11月于上海

目录

第一章　绪论	1
第一节　概述	1
第二节　交通设计提出背景	2
第三节　交通设计基本概念与定义	3
第四节　交通设计基本内容与作用	5
第五节　交通设计的应用与发展	8
第二章　交通设计理论基础	10
第一节　概述	10
第二节　交通设计理论基础体系与作用	11
第三节　系统工程学原理	12
第四节　工业设计原理	13
第五节　城市设计原理	14
第六节　交通工程学原理	15
第七节　交通土木工程学	21
第八节　资源与环境学	22
第三章　交通设计依据与流程	24
第一节　概述	24
第二节　交通设计基础条件与流程	24
第三节　交通设计依据	27
第四节　交通设计主要内容	29
第四章　交通设计调查与问题分析	39
第一节　概述	39

第二节	交通运输系统基本特征	39
第三节	交通设计基础资料调查与分析	42
第四节	城市建设与发展及其交通问题特征	49
第五节	交通阻塞问题与特征	54
第六节	交通安全问题与特征	58
第七节	交通环境问题与特征	60
第八节	交通问题成因剖析	63

第五章　城市道路交通设计 … 71

第一节	概述	71
第二节	城市道路功能定位与网络衔接设计	72
第三节	道路横断面优化设计	75
第四节	平面交叉口交通设计	89
第五节	步行交通优化设计	102
第六节	立体交叉交通设计	110
第七节	连续流与间断流交通衔接设计	115
第八节	交叉口群交通协调设计	122
第九节	城市道路沿线交通一体化设计	126
第十节	交通稳静化设计	141
第十一节	人文景观设计	150

第六章　公共汽(电)车交通设计 … 155

第一节	概述	155
第二节	公共汽(电)车交通优先设计体系	156
第三节	基础资料调查及收集	157
第四节	公共汽(电)车交通优先设计	159
第五节	公交停靠站交通设计	171
第六节	快速公交系统交通设计	178
第七节	有轨电车系统交通设计	183
第八节	公交信号优先控制	188
第九节	新型公交系统	191

第七章　枢纽交通设计 … 194

第一节	概述	194
第二节	枢纽交通设计基本概念	195
第三节	枢纽交通设计体系	198

| 第四节 | 枢纽交通设计方法及其应用 | 201 |
| 第五节 | 枢纽交通设计的发展 | 220 |

第八章 停车交通设计 … 226
第一节	概述	226
第二节	停车交通设计基础和原则	227
第三节	路外机动车停车场交通设计	234
第四节	配建机动车停车场交通设计	254
第五节	机械式停车库交通设计	258
第六节	自行车停车场交通设计	262
第七节	停车管理系统	264

第九章 交通安全设计 … 267
第一节	概述	267
第二节	交通安全设计体系	268
第三节	交通空间安全设计	270
第四节	交通控制安全设计	279
第五节	交通安全设施布局设计	285

第十章 交通语言系统设计 … 287
第一节	概述	287
第二节	交通语言概念与内涵	288
第三节	交通语言系统结构和基本元素	290
第四节	交通语言分类及设计原则	297
第五节	机动车交通语言系统设计	298
第六节	慢行交通语言系统设计	307
第七节	公共交通语言系统设计	311
第八节	面向自动驾驶的交通语言系统设计	314

第十一章 交通设计评价分析 … 319
第一节	概述	319
第二节	交通设计评价基本思想	319
第三节	交通效率评价	320
第四节	交通安全性评价	324
第五节	交通平顺性评价	329
第六节	环境污染改善效益评价	330
第七节	综合效益评价	331
第八节	评价指标获取手段	336

参考文献 … 340

作者简介 … 345

第一章
绪论

第一节 概 述

　　交通工程学成为一门学问，可追溯到20世纪30年代，是伴随着当时汽车交通问题对策与现象解析研究的专门化而诞生的。交通工程学基本原理贯穿于交通流解析、交通规划与交通设施基本建设及其最佳利用（最佳交通管理与控制）之中，为改善人类的交通问题（交通阻塞、事故、环境污染等），提高交通系统效能和服务水平，持续发挥着巨大的作用。然而，是什么贯穿于交通工程学的始终？如何系统而有效地运用交通工程学基本原理解决交通问题，形成具有可实施性的改善交通方案？这些是我们应该深思的问题。

　　我国开展交通工程学研究可追溯到20世纪60年代初期，专门化研究则始于70年代后期，同济大学成立了第一个交通工程研究室，多所大学先后开启了交通工程专业人才培养。随着改革开放全面展开以及交通基础设施建设方兴未艾，交通工程学作为一门新兴学科和专业，对我国交通科学技术的发展以及人才培养与交通基础设施的品质化建设产生了重大的影响。随着我国经济与社会的高速发展，交通的机动化需求以及由此而产生的交通阻塞、交通事故、环境污染、资源与能源消耗等问题日益凸显。交通基础设施建设开始逐渐重视前期的可行性论证研究工作，**交通规划**被引入并已融入广大城市或区域规划之中；而在交通设施利用层面，**交通管理规划和交通安全规划**工作也在诸多城市展开，更有不少城市正在发展先进的**智能交**

通运输系统(ITS)及车路联网与协同系统,运用数字与信息和智能技术改善交通。然而,良好的交通规划、交通管理和服务以及智能化措施如何转换成最佳的工程方案?各类交通设施建设或交通改善工程方案如何最佳地适应交通功能与交通的中微观特征?交通系统各构成要素间的物理关系应如何进行最佳的组合?

本章将以回答上述基本问题为目的,从交通工程学基本原理及其应用出发,介绍交通设计的提出背景、基本概念、基本内容以及应用与发展等。

第二节　交通设计提出背景

1. 交通设计提出背景

交通是人和物的运转与输送,因此,交通及其问题具有派生性,如经济与社会活动导致了交通的产生与吸引,进而产生了交通需求;交通供需的耦合性决定着交通状态是否拥堵与安全;交通选择行为的结果影响着交通状态变化的随机性与动态性。此外,人们对于交通的理解也常局限在与交通相关的物理要素上,如产生交通的城市布局与土地利用、输送人和物的交通工具以及支撑交通工具移动的交通设施(道路或轨道等),而缺乏对交通本质及其系统性和复杂性的认识。

长期以来,特别是在我国,交通设施的建设更多地被视为"土木工程",人们更关注其几何特征、力学和材料性能等,而对交通"安全、通畅、环保、便捷与高效"的考虑则流于概念和形式,常显得"宏观有余而微观不足""规划有余而设计不足""老的问题未解决,新的问题又产生了",不少交通设施犹如"没有建筑设计的结构工程"。另一方面,交通管理也常在交通系统及其基础设施极不完善的条件下进行,不仅管理和执法成本巨大,而且其效果也不尽如人意。所以,现实的交通系统往往建立在概念性规划、土木工程化的建设以及人为化的管理基础之上,极大地限制了交通系统的功能和性能,不但造成了巨大的资源和投资的浪费,还加剧了交通问题的尖锐化。

"设计"犹如工程建设的灵魂。为了更好地建设交通设施,如道路、铁路或枢纽等,必须基于其目的(实现人和物的通畅、安全移动并且环境友好、服务水平高等),即根据交通系统的功能和性能要求,制订最佳建设方案。**交通设计便是实现交通系统和设施最佳建设的关键一环,它与交通设施设计犹如建筑设计与结构设计的关系,在一定意义上前者起统领作用。**

一方面,新的思想、理论、方法和技术的提出源于相关的问题或实用需求。交通工程学是一门实用性强的工程科学与技术。然而,长期以来,人们虽然认识到交通工程学对于科学有效地构建交通系统、改善交通系统皆具有至关重要的作用,但是基于交通工程学原理的交通规划与交通管理方案往往难以有效地转变为实施方案,真正意义上为改善交通发挥作用。另一方面,交通及其问题的产生源于城市规划和出行行为、交通设施建设以及交通管理措施,因此,要有效地预防或改善交通问题,有必要建立一个承接交通规划成果、面向交通设施建设和交通管理方案设计的理论和方法体系。以上便是**提出交通设计的实际背景**。

再一方面,由于交通工程学是一个交叉学科,所涉及的知识面较广,如城市规划、土木工程、道路与桥梁工程、系统工程、数学与管理学及信息工程等,将这些知识有效地整合于一体,形成交通工程学基础理论应用技术与方法体系,需要一门具有系统性和实用性的课程以融汇交通工程学原理,承接交通规划与交通管理及交通流理论。这便是**提出交通设计的专业背景**。

我国交通设计的概念虽形成于20世纪80年代中期，但其真正意义上的普及还是自2000年开始，伴随着公安部、住房和城乡建设部（原建设部）在全国范围内实施"畅通工程"，交通设计的概念及其作用和价值开始被广大的交通规划、建设与管理部门接受并引入；2010年，"交通设计"被教育部高等学校交通工程教学指导分委员会确立为交通工程专业的核心课程，全国相关院校陆续开设了本课程。

第三节　交通设计基本概念与定义

"设计"的概念在诸多领域被应用，如城市设计、建筑设计、结构设计、道路设计、机械设计、系统设计以及工业设计，等等。以建筑设计为例，其基本含义是以**适用、经济、在可能条件下注意美观**等为原则，根据建筑任务要求，通过调查研究，综合考虑功能要求以及投资、材料、环境、地质、水文、结构、构造、设备、动力、施工等因素，设计成建筑单体或群体的方案及图纸文件。一座建筑的形成有其科学的过程，即建筑规划、设计、建设与管理等，如图1-1所示。

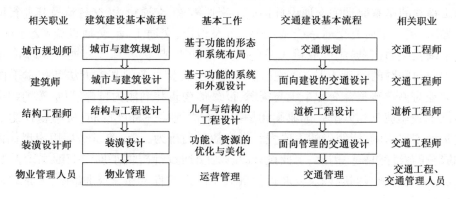

图1-1　建筑与交通建设的基本流程、基本工作与相关职业

因此，设计的基本概念应包括：设计原则和目标；从功能出发，以相关条件为约束，构筑最佳的系统或工程方案。"设计"有构思、创意、创造、优化、组合与整合之意。英国甚至提出过以"设计"提升21世纪国家竞争力的发展思路。

交通及其系统的基本功能是实现人和物的最佳移动，即以最小的成本（最少的基础设施、资源和能源以及最小的管理成本等）实现交通的安全化、高效化以及高品质服务。从建筑及其结构设计的基本概念与关系可以得到启发，一般意义的交通设施从其规划到建设与管理过程，需要一个**基于功能考虑，面向实际需求与问题优化，确保其性能和系统最佳化的中间技术环节，即交通设计**。

交通设计（Traffic Design）的概念曾出现于1955年由Theodore M. Matson、Wilbur S. Smith 和 Frederick W. Hurd 所著的《交通工程》（*Traffic Engineering*）一书（由McGraw-hill Book Company, Inc. 出版）第367页："交通设计是一个设计阶段，交通设施的几何形状与交通需求和性能有关。交通设计师应在合理的经济条件下，努力确定好尺寸或几何布局，使得交通效率达到最佳。交通设计不仅针对新建设施，还包括对现有设施的重新设计，适用于码头以及街道和公路。它不直接涉及结构设计和施工方面。"然而，其内涵和外延还是直观、朴素的，仅局限于考虑交通需求和性能而进行交通设施的几何尺寸与布局设计,未能给出其学理和内容及方法论体系。因此,以下将结合2003年出版的《道路交通设计指南》和2010年版《交通设计》,进一步基于问题-需求-目标,考虑"设计"的系统性、优化组合性与创造性以及学理,系统地给出"交通设计"的基本含义。

交通设计是基于城市与交通规划的理念和成果,运用交通工程学、系统工程学与工业设计的基本理论和原理,以交通安全、通畅、便利、绿色、公平、高效以及与环境和谐为**目标**,以服务为导向,基于人和物移动的需求特征与规律,以交通系统的"资源"(包括通行时间与空间资源、环境资源及投资条件等)为**约束**条件,对现有和未来建设的交通系统及其设施条件的功能、性能加以**系统性优化设计**,寻求改善交通的最佳方案,精细化、精准化确定交通系统的结构及其要素的有机关系,特别是确定交通的通行权、通行时间与空间分配及其管理与服务方案、相关设施的布局方案等;**上承交通规划,下接交通设施工程设计与交通管理与服务,指导交通设施的土木工程设计以及系统的最佳利用和服务,具有中微观性**。某种意义上可以将"交通设计"理解为创造性、系统化的"交通工程学"或集"交通工程学""系统工程学"与"工业设计"等基本理论和原理于一体的应用型"交通工程学"。

交通工程学的基本原理为交通设计提供了交通需求、交通行为、交通流及其通行能力分析的理论和方法;提供了研究交通系统基本要素(人和物、交通工具、交通设施、交通环境、交通规则与政策以及交通信息)之间有机关系的理论和方法;提供了基于交通规划理论和方法的对于交通现象与问题的宏观认识,以及交通管理与控制及服务的基本方法和技术手段等。**系统工程学**原理为科学地整合交通系统与资源,以最佳构筑和利用为目标、以资源为约束优化交通系统提供了基本理论和方法。**工业设计**是指为了达到某一特定目的,从构思到建立一个切实可行的实施方案,并且用明确的手段表示出来的系列行为,它包含了一切使用现代化手段进行生产和服务的设计过程。因此,工业设计原理为交通设计提供了面向交通系统及其设施的功能与性能、交通特征与问题以及交通行为,创造性、人本性和精细化地构筑交通对策方案的基本原理与思想。

以往也有将"交通设计"理解为"交通工程设计"或"交通设施设计"的,纵观相关文献,不难发现后两者仍然定位在交通或其系统硬件设施的设计上,并没有突出"交通"的系统性、基本需求与特征、功能与性能目标,所以本书的"交通设计"不同于以往的概念、内涵及外延。同时,还需特别指出的是,设计是工程建设的灵魂,是一个创造和优化的过程,"在图纸上修改一根线比在现实世界改造一个工程简单得多,但重要得多";虽然"设计"方案常常通过文本和图纸等来表现,但绝不可将"设计"理解为"画图"。

城市空间由"建筑、交通和生态"空间构成,而交通空间更具动态性,对城市的静态空间(建筑等)具有巨大的作用与反作用。交通系统是城市的主要构成系统之一,交通需求和交通问题往往派生于城市的活动与建设,所以,交通设计应与城市规划,特别是应与城市设计有机地结合。然而,以往关于"城市设计"的基本概念对于交通系统的考虑却存在很大的局限性,至少在我国的"城市设计"领域,人们更多地理解或关注的是城市的景观和美学设计,局限于静态的空间设计。如《中国大百科全书:建筑园林城市规划》中对"城市设计"的解释是"城市设计是对城市体型环境所进行的设计";《大不列颠百科全书》中对"城市设计"的定义是"对城市环境形态所做的各种合理处理和艺术安排";日本著名建筑师丹下健三对"城市设计"的解释是"对人类空间秩序的一种创造"。显然,这些对"城市设计"的理解和定义是不全面的。

值得注意和肯定的是,已经有些城市设计师对于城市设计给出了更加全面的解释。如英国城市设计师弗·吉伯特在《市镇设计》一书中指出"城市是由街道、交通和公共工程等设施,以及劳动、居住、游憩和集会等活动系统组成的,把这些内容按功能和美学原则组织在一起就是城市设计的本质";芬兰著名建筑师沙里宁在《论城市》一书中将城市设计的含义归纳为"城市设计面向三维空间,而城市规划面向二维空间,两者都是为居民创造一个良好的、有秩序的生活环境"。因此,脱离城市规划与设计考虑的"交通设计"是有局限的;没有"交通设计"的"城市设计"将建设出没有生命力和内涵的城市。

第四节　交通设计基本内容与作用

交通设计无论是其所涉及的对象,还是其理论、方法和技术皆是非常庞杂的,其内容取决于设计的对象、目的和目标。基于交通设计的基本概念,交通设计内容及其作用可归纳如下。

一、交通系统分析与构筑

图1-2以道路交通设计为例,描述了交通设计的目标与内容之间的关系。从图中可以看出,交通设计是以实现交通系统的功能、性能和系统最优为目标,具体的设计目标决定了交通设计的内容。因此,为了深入且有效地开展交通设计,应基于交通工程学和系统工程学的科学原理,综合分析交通系统基本结构与构成要素之间的有机关系,掌握交通阻塞、交通事故、交通能耗与环境污染等交通问题的影响因素及其规律,在此基础上构筑和谐的交通系统,以实现多目标的最佳化。交通系统分析包括以下几部分内容。

(1)交通系统各要素关系分析

定性或定量地分析现有或新建交通系统的基本构成、各要素间的基本关系,系统基本功能与目标,以及目标和系统构成要素间的关系,为交通系统的优化构筑、设计和管理及服务提供依据。

(2)交通设计需求分析

面向现有或新建的交通系统,确定交通设计需求,以改善或预防交通阻塞、事故、污染、不便性和不可靠性(**可靠性指准时性、可达性及抗灾性**),提高资源有效利用率,适应不同出行用户及其OD(起、终点)、不同服务水平等,以人为本,为制订交通问题对策提供依据。

(3)交通系统资源和约束条件分析

交通改善应建立在基本资源约束条件基础之上,如土地资源、通行权资源、交通系统的空间与通行时间资源和投资等。新建交通系统则应考虑可能的发展需求与约束条件。另外,交通系统服务水平常作为制定交通优化设计目标的基础。

(4)交通问题基本对策分析

交通设计的主要任务是面向现有问题(新建系统则应面向潜在问题),基于系统资源和约束条件设计交通改善或对策方案。因此,有必要在交通特征调查与问题诊断分析的基础上,对交通改善方案,如交通设施无瓶颈化、交通流有序化与饱和度均衡化方案,以及对以人为本、公交优先等方面,进行可行性和适应性分析。

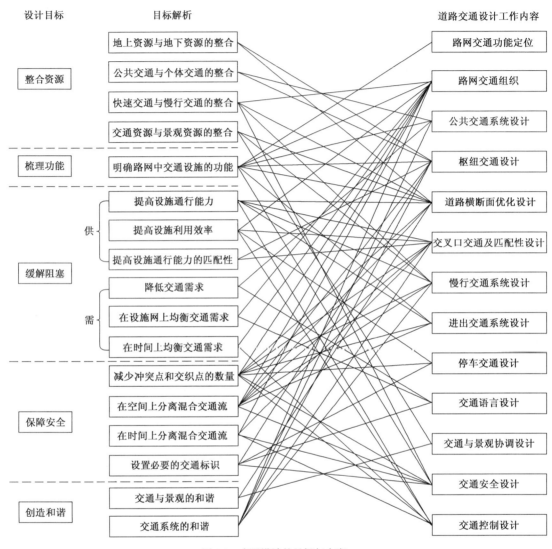

图 1-2　交通设计的目标与内容

二、交通设计理论与基础

交通设计有其基础理论体系,包括:解析交通系统有机性的**交通工程学**和**系统工程学**;揭示不同交通流运行规律的**交通流理论**;描述通行条件与交通最大通过量关系的**通行能力计算理论**;研究交通穿越关系的**冲突分析理论**;探讨交通出行者与交通系统关系的**交通行为与服务理论**;调整交通系统供需关系的**交通管理与控制系统理论**;提供各种综合改善创意的**工业设计原理**等。

交通设计的基础是处于上位的城市与交通规划和各类标准。因此,将规划转化为可实施的工程方案、制定若干交通设计标准与规范和规程,也是交通设计的研究与应用内容之一。

三、交通通行空间设计

人和物或交通工具的通行需有必要的空间。一方面,通行需求量越大,所需的交通空间越大;反之所需的交通空间越小。另一方面,通行空间不仅与交通设施的类型和条件以及交通方式(如公交等)相关,还与通行权大小、重要度及其分配有关。因此,交通通行空间的设计是交通设计的基本内容,应基于交通需求、通行权分配、通行能力分析和空间约束,最佳地确定交通空间或分配空间资源。

四、交通通行时间设计

当交通流存在交叉或通行权存在矛盾时,其通行权和通行能力还取决于通行时间,因此,在冲突的交通空间内,交通设计的另一项重要工作是最佳地分配通行时间。实际中的通行时间分配是通过交通流组织管理或交通信号控制等方式加以实现的。鉴于通行时间与空间密切相关,往往是进行通行时空协调设计。

五、交通通行环境设计

交通通行环境是交通出行者对通行空间及其影响因素的感受,以及交通工具的实际运行过程,其环境构成取决于交通通行时空与视距、视觉连续性和交通流冲突状况等。通行环境影响着交通的安全性、通畅性、平顺性、舒适性和便捷性等。交通通行环境设计还包括减少交通环境污染(噪声、废气和振动)以及碳排放等相关方案的设计。因此,交通通行环境设计是确保交通与环境质量的综合性工作。

六、交通安全设计

保障交通安全无疑是交通设计的一个极其重要的目标。降低交通出行者因暴露于危险的空间而发生或潜在发生事故的概率,或减轻事故的伤害与损失是交通设计的重要内容,主要包括:交通分隔方案设计、减少与缓和交通冲突的设计、防护和限速设计等。

七、交通系统整合与优化设计

交通系统整合与优化设计是以系统最佳为目标,以基本资源和条件为约束,最佳地整合与协调各专项交通设计,如交通通行时空协调设计、通畅与安全协调设计、公共交通与社会交通及换乘交通协调设计、快慢交通协调设计、动静交通协调设计、设施网与交通网耦合设计、通行能力匹配设计等。交通语言系统是整合交通系统极其重要的手段和工具。

八、交通设计评价分析

判断设计方案的优劣、目标达成度或其效益与投入是方案优化的基础,需要通过评价对设计方案加以区分和决策。常用的评价手段和方法有前后调查对比分析法、评价模型计算法以及仿真分析法等。

第五节 交通设计的应用与发展

交通设计是系统化地应用交通工程学和工业设计等原理，创造性优化改善或预防实际交通问题的理论和方法。因此，其发展取决于交通及其系统的发展需求、不断凸显的交通问题及其变化特征，以及交通工程学和相关交叉学科的与时俱进发展。

一、面向问题的交通设计

由基本概念可知，交通设计的主要作用是上承城市与交通规划、城市设计，下接交通管理与服务，指导交通基础设施（道路、枢纽、管理设施等）设计与建设，整合与最佳分配交通系统资源。

在交通工程学产生之前，交通系统的建设主要是围绕基础设施而展开的，包括如何基于交通流（主要是人力或畜力车、汽车交通流）与交通设施间的运动学特征，确定设施的几何形状（如道路的转弯半径、坡度和车道宽度等），而对道路的通过能力、车道数，以及交通阻塞与安全等问题和致因缺乏深入的系统性考虑，所以建成的道路等交通设施常出现交通阻塞和事故。20 世纪 30 年代交通工程学诞生，人们首先开始了交通流分析和交通规划工作，为科学构建交通系统发挥了重要的作用。此时，交通设计的概念也隐含其中。

真正意义的交通设计工作起源于人们对于交通设施通行能力的认识与深入研究，美国《道路通行能力手册》的出版发挥了重要作用。随着对道路通行能力研究的深入，人们开始发现，交通流的构成与特征、设施的条件与行驶环境、交通管理与控制等因素决定着道路的通行能力与效率。因此，后来的交通基础设施建设进入了一个新时代——基于交通规划和交通分析的设施建设。特别是关于交通瓶颈点和交叉口等的处理理论与方法和技术，成为交通工程学的重要研究内容。日本自 1960 年开始道路交叉口规划设计理论研究和应用，不仅为城市交通的改善发挥了巨大作用，也在世界上产生了积极的影响。

20 世纪 70—80 年代，随着交通机动化的加快，以及第一次能源危机的出现，公共交通的发展开始受到高度重视。以提高公交服务水平、降低运行成本等为目标的交通规划与设计技术（如公交专用道和公交优先技术等）得到了发展与应用。同时，随着交通安全问题日益凸显，人们开始了对交通事故产生原因和机理的研究，逐渐认识到道路的通行视距与环境和车速及其分布直接影响着交通流的安全性。于是，以减少交通事故为目的的交通安全设计理念逐步形成。与此同时，交通安宁化（Traffic Calming）在工业化国家被广泛重视和实践，交通设计的内涵得以进一步充实。

从 20 世纪 90 年代中后期开始，随着工业化国家的一些城市开始"都市再造"，城市交通设计进入了"以人为本""环境友好"的精细化技术时代，为人和物的高品质移动发挥了重要作用。2005 年，美国退休人员协会、美国规划协会和美国景观设计师协会联合成立"全国完整街道联盟"，完整街道（Complete Street）的概念被逐步推广，交通设计的内涵与外延又得到了进一步发展。

综上所述，以实现和完善交通系统及其设施的功能与性能为目的的交通规划与设计方法或技术，自交通工程学诞生即开始有之，但是明确地形成完整的"交通设计"的概念及其学理和方法体系则是 2000 年之后。

二、交通设计的发展

随着交通问题的日益凸显,以及对以往交通设施或交通系统建设的反省,特别是伴随着公安部、住房和城乡建设部(原建设部)在全国范围内实施"畅通工程",交通设计的概念及其作用开始被广大的交通规划、建设与管理部门以及学界所接受并引入,且得到了广泛的应用。北京、上海、天津、广州、深圳、南京、成都、济南、厦门、合肥、贵阳、乌鲁木齐、长沙、中山、淄博、柳州、马鞍山、珠海、常州、无锡、宜昌、吉林、张家港、太仓、南充、眉山、宿迁、淮南等不同规模的城市高度重视交通设计工作,已将其纳入交通基础设施的建设程序之中,住房和城乡建设部城建司及多个省的有关主管部门还组织编写了《交通设计导则》,交通设计在我国交通高度机动化及品质化建设和发展过程中体现了巨大的作用与价值。更值得高兴的是,本教材也引起了国际上的关注和重视,第一版已于 2014 年被翻译为英文出版物在国际上出版发行。

4.交通设计发展

一方面,伴随着我国经济与社会的发展,滞后于城市形态和硬件设施建设的交通发展问题将会不断地凸显;另一方面,城市发展模式正在从扩张型、硬件建设转入内涵建设、功能修复、生态修复和"精细化管理与服务"阶段,相信交通设计将会进入迅速而深入的发展阶段。仅将交通设计方法广泛地应用于全国各城市的道路交叉口、交通阻塞点、事故多发地段或交通秩序混乱处,对公共汽(电)车交通行驶条件与环境等全面地加以精细化优化改善,所产生的巨大作用就将是难以估量的。因此,交通设计的未来发展定将围绕其设计对象、深度及手段等,更趋普及性、科学化、规范化和系统化。

未来**交通设计的对象**将从一般意义上的道路交通系统、枢纽交通,不断地向综合交通管理与服务体系发展,甚至包括交通政策,如综合交通枢纽优化设计、交通信息服务系统设计等都是交通设计的内容。特别是伴随着车路联网与协同以及自动驾驶技术的快速发展,面向新需求和新条件的交通设计新发展方兴未艾。**交通设计的深度**也将随着交通系统理论研究的深入、交通运行与服务的品质化、交通资源和时空条件限制的复杂化而不断发展,使交通设计更趋科学化、精细化和精准化、生态化和人文化。**交通设计的手段**亦将向系统化、规范化、数字化、信息化与智能化方向发展,交通设计计算机智能辅助系统将会有更大的发展。

第二章 交通设计理论基础

第一节 概 述

科学是关于自然、社会和思维的知识体系,其任务是揭示事物间的内在关系与客观规律,探索客观真理;理论是指概念、原理的体系,是系统化的理性认识。科学的理论是在实践的基础上产生并经过实践检验和证明的理论,是客观事物本质的、规律性的正确反映,对实践、工程和技术具有指导意义。一门学问或知识,必须有其基本理论,因此,本章将系统地阐述交通设计的相关理论基础。

交通设计是以交通的安全、通畅、便捷、绿色、公平、高效等为目标,以系统的资源、环境和(新建或改建)投资等条件为约束,最佳地分配交通系统的通行权和通行时间与空间等。因此,为了揭示交通系统要素、优化目标和约束条件之间的有机关系,分析交通问题与改善需求,形成解决交通问题的基本方案,确定设计要素与优化方案等,需要建立一个交通设计理论基础体系,包括:

(1)构筑与分析交通系统的理论基础——系统工程学;
(2)面向功能构思创造性方案的理论基础——工业设计原理;
(3)最佳构筑城市的理论基础——城市设计原理;
(4)解析交通现象,揭示交通规律的理论基础——交通工程学(交通流理论、通行能力理

论、交通冲突分析理论、交通行为与安全理论等);

(5)建设交通基础设施的理论基础——交通土木工程学;

(6)揭示交通与资源和环境关系的理论基础——资源与环境学等。

第二节　交通设计理论基础体系与作用

5.交通设计理论基础体系与作用

人类知识与智慧体系的形成,往往遵循"工程与实践→技术→科学→哲学→智慧"的发展过程。因此,有"实践出真知""智慧高于力量"(波兰雅盖沃大学校训)等认识。交通设计理论基础体系同样是遵循此规律,通过不断凝练而形成。鉴于交通设计的定位与目的是基于城市与交通规划成果,最佳地设计改善交通的方案,指导工程建设和交通管理方案的实施,所以,交通设计理论基础体系可归纳为如图 2-1 所示的构架。

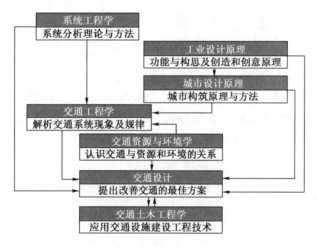

图 2-1　交通设计理论基础体系

交通与运输的基本功能是实现人和物的有目的的运转与输送。因此,交通运输系统是由形成交通的人和物、运转与输送人和物的交通工具、支撑交通工具移动的基础设施、广义的交通环境(行驶环境、生态环境以及心理环境等)、人和物运转与输送的规则(包括政策)等基本要素,以及各要素间传递的信息所组成的。系统工程学是认识交通运输系统,特别是分析和优化交通运输系统的理论基础。

交通运输系统的功能及其目标具有多样性,改善交通的方案不仅需要不断地创造和优化,更需要面向应用和资源条件,创造性地构筑。工业设计可为交通设计提供面向交通系统及其设施的功能、交通问题与特征以及交通行为,创造性、人本性、精细化地构筑交通对策方案的基本原理与思想。

交通运输及其问题主要是由城市运转派生的,正如第一章中所论述的那样,交通设计应是**城市设计**的一部分。基于城市设计的交通设计,对于其内涵的丰富、方案的最佳化,以及构筑更具生命力的城市,无疑具有重要的理论意义和实际价值。

交通设计的基本目标是提高交通系统的性能,特别是提高交通系统的安全性、通畅性、环保性与和谐性,这也是**交通工程学**研究的目的。交通流及其通行能力理论可以指导更优地组合交通流的影响因素,实现通行能力的最佳化;交通冲突分析可为减少冲突或降低冲突(或事故)的危险性提供理论基础;交通行为理论可为构筑以人为本的交通设计方案提供理论依据;交通管理与控制理论可为最佳地调节交通供需关系提供指导。

一方面,交通运输需消耗能源,其基础设施建设又占用大量的土地资源等。另一方面,不良的交通工况将导致过度的能源消耗、废气排放、噪声和振动等环境污染问题,不协调的设施建设与管理又易使交通参与者产生影响交通的不良心理。因此,**资源与环境学**对于构筑节源(能源和资源)、减排的交通运输系统具有重要的理论意义和应用价值。

交通设计方案最终将转化为设施和工程系统,即道路、铁路、机场和港口工程系统等,因此,交通设施的力学与材料性能,及其与风土环境如何协调,将影响到交通设计方案的工程可实施性和工程优劣性。所以,**土木工程学**特别是与交通设施——道路、铁路、机场和港口等相关的交通土木工程学,同样是交通设计的重要理论基础。

6. 系统工程学基本原理

第三节　系统工程学原理

系统工程是自然科学、社会科学与工程技术相互交叉与综合的研究及应用领域,其核心问题是组织管理与决策,即从系统整体出发,根据总体协调的需要,综合运用有关科学理论与方法,以计算机为工具,进行系统结构与功能分析,包括系统建模、仿真、分析、优化、评价和决策,以求得最好或满意的系统方案并付诸实施。系统工程是一门综合性的整体技术,又是一门定性与定量相结合的技术,是从整体上研究和解决问题的科学方法。其作用是按照系统科学的原理来设计并构建或改造一个系统,使其具有预期的功能。对于交通系统,特别需要运用交通系统分析、评价与优化理论,协调优化不同出行者不同出行目的与效用关系、不同交通方式间关系、快慢交通系统关系、动静交通系统关系、交通投入与产出关系,以及考虑通畅、安全、节源(资源、能源)与环保等多目标的规划、建设、管理、服务与决策等关系。所以,系统工程学原理可以为认识、构筑及改造交通运输系统提供理论与方法。

系统工程的方法论,是指在更高的层次上指导人们正确地应用系统工程思想、方法和各种准则去处理问题。其代表性的方法论是希尔(A. D. Hill)于1969年提出的由时间维、逻辑维和知识维所组成的三维结构体系,如图2-2所示。

图中所示的系统工程方法论三维结构,可为构筑交通设计方法的逻辑关系、知识体系以及时间序列提供指导,并为系统评价与优化提供方法。

交通是人类生存与发展所关联的人和物的移动、各种运输和邮电通信的总称,运输是用不同的交通工具实现人和物从一处移动至另外一处。因此,基于系统工程学和交通运输工程学基本原理,可以给出交通运输系统工程的基本框架,即:研究由运转与输送的主体——人和物,以及交通工具、交通设施、交通资源/能源/环境、交通政策和交通信息等基本要素构成的交通运输系统,解析并揭示其有机关系,以系统的安全、通畅、绿色、公平、高效等为目标,以系统的各项资源条件为约束,最佳地规划、设计与管理交通运输系统,实现交通需求与系统服务能力的有机协调(图2-3)。这一基本框架奠定了交通设计的系统工程理论基础。

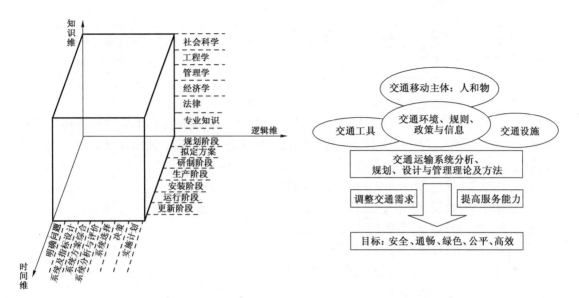

图 2-2　系统工程方法论三维结构体系　　　　图 2-3　交通运输系统工程基本框架

第四节　工业设计原理

7. 工业设计与城市设计原理

国际工业设计协会理事会曾给出工业设计的定义:工业设计是就批量生产的工业产品而言,凭借训练、技术知识、经验以及视觉感受而赋予材料、结构、构造、形态、色彩、表面加工和装饰以新的产品和规格。由此不难看出工业设计的范畴、性质以及目的,它是受多因素(如社会、经济、文化及个人审美等)影响的创造活动,是艺术和科学的结合。因此,工业设计的基本原理是为了达到某一特定目的,使用现代化手段从构思到建立一个切实可行的实施方案,进行生产和服务的设计过程,**特别注重"产品"的功能、用户的需求和行为,以及创造与科学技术的结合**。

工业设计有其基本的程序和方法,贯穿于工业设计过程中的指导战略和实施战术源于科学方法论。它具有以下特点:

(1)设计方法、设计逻辑与设计时间的三维合一性(图2-4)。其中设计的逻辑为分析-综合-评价,或分析-综合-再分析-再综合-评价。

(2)设计不再是线性过程,具有与市场、企业用户之间的信息交互性和工作并行性。

(3)数字化技术参与度日渐提高,影响和改变着设计的执行程序和操作方法。

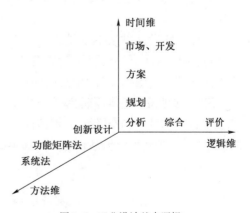

图 2-4　工业设计基本逻辑

典型的工业设计程序有 1985 年由 French 提出的程序模型,包括问题分析、概念设计、具体设计、细部设计等过程,如图2-5 所示。该模型较清晰地给出了设计的基本流程。

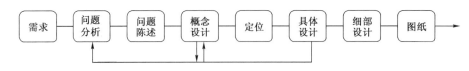

图 2-5 工业设计程序

1984 年，Archer 提出了一种更为详细的设计模型，考虑了设计过程本质与外部环境的相互关系，如用户的介入、设计师的技能和经验以及其他信息源等，最后输出设计方案。主要的设计活动分为三大部分，即分析-创造-实施。具体如下：

(1) 程序制定：确定重要的设计议题，明确设计行动。
(2) 数据采集：收集、分类、存储各类数据。
(3) 分析：明确问题，准备执行计划，评价设计方案。
(4) 综合：概括设计计划(方案、提议)。
(5) 发展：发展设计的提议，实施有效的研究。
(6) 交流：准备生产所需的资料等。

该程序的主要特点是：分析阶段需要设计者客观地观察、归纳、推理等；创造阶段需要发挥主动性，包括判断、演绎、推理等。一旦(生产)方案确定，设计将转入方案的表现和计划制订等一系列客观的活动当中。

工业设计的方法有"理论方法"和"技术方法"。

"**理论方法**"是从指导设计、系统化设计的角度而言，对设计起总体或阶段性的统领作用，对设计的技术方法起指导和协同作用。理论方法主要有创新设计、形态组构、价值工程、人机工程、信息设计理论与方法，以及设计管理方法等。其中，创新设计方法又包括：头脑风暴法、列举法、相似法、隐喻、象征、逆向思维和侧向思维等方法。对于交通设计而言，创新设计是将创造性思维与交通工程专业知识有机结合，从而形成最佳的交通系统构思。

"**技术方法**"是针对具体的设计行为和设计目的采取的针对性较强的设计方法，在实际的设计活动中能起到合理化、清晰化、可视化设计和加速设计进程的作用。技术方法主要有调查分析方法、设计手段与支撑技术(如 CAD 等计算机辅助设计系统、虚拟现实技术、人机工程方法等)。

还有一些设计方法不仅是理论的总结，同时也包含具体的技巧因素，如仿生与仿真设计法、功能块构造法、风格设计、隐喻设计、生态设计、逆向设计、并行设计、协同与协调设计、智能设计、虚拟设计、敏捷设计、生命周期设计等。

因此，工业设计基本原理、程序与方法，可为交通设计提供面向交通系统及其设施的功能与性能、交通问题与特征和交通行为，创造性、人本性及精细化地构筑交通对策方案的基本原理与思想，乃至方法论。鉴于"工业设计"是专门的领域，若要更多地了解相关内容，可另辅修相关课程。

第五节 城市设计原理

《雅典宪章》指明了城市的四大功能，即居住、休闲、工作和交通。因此，讨论城市时，不能忽视交通及其网络的关键基础作用；同时还应将交通放入城市的范畴加以系统深入研究。第一章介绍了国内外关于城市设计概念的基本理解,并论述了交通设计与城市设计的基本关系。为了更好地将交通设计与城市设计融为一体,有必要了解城市设计的基本原理。

城市设计的对象范围很广,从城市的空间形态到局部的城市地段,如市中心、街道、广场、公园、居住社区、建筑群乃至单幢建筑和城市景观细部,特别是上述要素相互关联的空间环境等,都属于城市设计的对象。通常可将城市设计的对象范围分为三个层次,即大尺度的区域-城市级城市设计、中尺度的分区级城市设计和小尺度的地段级城市设计。一般"设计范围"应大于"项目范围",以保证考虑问题的全面性和有效性。

城市设计的主要内容是基于一定的目标进行城市空间要素和景观构成设计,其具体目标包括:

(1)**功能目标**,亦即城市和政府机构为特定的城市设计项目规定的与经济和社会活动相关的要求,如土地利用、交通组织、公共空间设置、促进第三产业的发展等。

(2)**应对城市成长变化目标**,为城市成长和灵活性而设计,特别是那些内容复杂和范围较大的项目设计。

(3)**"为他设计"目标**,城市设计委托人可能是某一团体或单位,而使用者则可能包括许多不同兴趣、不同活动方式的人群,故城市设计应将"为他设计"作为目标之一。

(4)**美学及环境设计目标**,体现在保护城市自然环境或通过建设使其外观上显示出人工建设的城市美感,以及城市景观、生态和心理环境等方面的目标。

不难理解,城市与交通间存在着密不可分的关系,交通派生于城市的居住、休闲与工作等功能,又影响甚至反作用于城市的发展。然而,以往以城市空间要素和景观构成为主要对象的城市设计,更多的只是"静态化"设计,无论是在系统性还是深度上,都未能有效地协调动态的交通需求与静态的交通设施和城市空间的有机联系,因此,要保障城市交通系统通畅、安全、节源与环保,必须将交通设计融入城市设计之中,实现城市土地利用与交通有机结合、城市的静态空间与动态的交通空间有机结合、城市景观与交通安全/交通流有序化有机结合、城市节能减排/节源与交通的高效能有机结合等。所以,一体化的城市设计与交通设计,对于构建和谐的交通系统具有极其重要的理论意义和实用价值。

第六节 交通工程学原理

交通设计的对象是交通系统,其基本目的、目标和约束条件以及优化方案(各要素和参数)等的确定,是建立在对交通及其系统现象和规律认识基础之上的,因此,以揭示人和物、交通工具、交通设施、交通环境、交通规则与政策、交通信息等要素构成的交通系统规律为目的,解析交通特征与问题,面向不同需求建立交通系统规划、设计、管理与服务基本方法的交通工程学,特别是与交通设计目标(通畅、安全、便利、环保、效率)密切相关的交通流与通行能力理论、交通冲突分析理论、交通行为理论、交通管理与控制理论和方法等,直接构成了交通设计的理论基础。

一、交通系统基本要素

人和物、交通工具、交通设施、交通环境、交通规则与政策、交通信息等是构成交通运输系统的基本要素,其基本特征和相互关系决定着交通运输系统特性与状态,且直接关系到交通运输系统的最佳构筑与改造。

1. 交通主体——人和物的交通特性

交通是人和物基于特定目的的移动,由此产生了交通需求,其基本特征表现为:不同性质(交通方式、速度、出行距离等)交通量的时间和空间分布;交通出行与否,交通方式与路径的选择特征;交通系统的微观行为,包括交通主体与载运工具的协调性、交通设施与交通流的适应性、交通系统的使用特征等。因此,交通主体决定着新建或改建交通系统构筑的基本需求(通畅、安全、环保与高效等),包括功能需求和需求量以及诸多微观需求,同时也是交通设计优劣的评价主体之一。所以,交通设计要"以人为本",需要充分地考虑交通主体——人和物移动的需求,并充分运用与此有关的知识和研究成果。

2. 交通载运工具特性

人和物的移动,除了步行以外,大部分场合是依靠载运工具加以实现的。因此,载运工具——自行车(包括电动自行车)、摩托车、汽车以及列车等的几何特征(长、宽、高)、动力性能(牵引力、速度、爬坡性能、制动性能、抗滑能力、载运能力)及其排放状况、与使用者和交通设施间的适应性等,直接关系到交通设计的对象和基本条件(需求条件与约束条件)以及交通现象的认识与分析等。因此,交通设计需要充分地运用载运工具基本特征与性能的基础知识。

3. 交通设施基本特性

交通设施(道路与轨道、桥梁与立体交叉和枢纽等)是人和物以及载运工具移动的最终载体。因此,交通设施承受荷载的能力、路面条件(材料性能、平整度、摩擦力、缝隙大小)、几何条件(车道数及其长度、宽度、坡度、转弯半径、线形等)以及与载运工具间的适应性(行驶条件、心理环境等),直接关系到交通系统的连通性、服务能力与通畅性,影响到交通流的连续性、平顺性、舒适性与安全性,以及交通用地量和建设投资乃至节能减排等。所以,只有基于交通设施与交通流有机关系的知识和研究成果,以交通系统及其性能最佳化为目标优化设计、确定交通设施的基本性能和几何要素,才能从根本上确保交通设施的可用性和品质;有关交通设施特性的基本认知是交通设计的理论基础。

4. 交通环境基本特性

以往关于交通环境的认识主要是指由交通所导致的废气和碳排放、噪声、振动等。根据实践,我们认识到交通环境还应包括交通行驶环境和交通系统参与者的心理环境。因此,关于交通的广义环境知识与研究成果,是交通设计的另一重要理论基础。

5. 交通规则与政策的基础性

交通运输系统的运行应以政策法规和技术标准为依据,因此诸如公交优先、交通节能减排和低碳政策,道路交通法规和各类交通规划、设计与管理技术标准是交通设计的政策和法律依据。科学且可行的交通设计方案的构筑,应以此为基础。特别是道路交通安全法确定了道路通行权的法律依据以及通行权间的法律关系,交通设施技术规范规定了基础设施的性能和基本物理特征,道路交通设计必须以此为基础。

6. 交通系统信息特性

信息泛指人类社会传播的一切内容。人类通过获得、识别自然界和社会的不同信息来区别不同事物,得以认识和改造世界。交通信息是联系交通系统各要素的重要媒介,视其作用可分为交通运行与运营信息和交通管理与服务信息等。交通信息内容包括:

(1)动态交通信息——交通阻塞或通畅、行程时间、突发事故、交通工具位置及行驶路线、不同交通方式的到离站时间、交通控制信号、停车泊位供求状态、交通诱导信息等;

(2)静态交通信息——交通站点分布、换乘点、停车场、车票价格、停车收费价格、售票站、交通限制、路况、施工与养护信息等;

(3)关联信息——旅游、购物、娱乐、体育、气象信息等。对于交通设计而言,交通通行权信息(通行、限制、禁止)、路况变化信息(道路宽度变化、净空变化、线形变化等)、各类警示信息(学校、人行道、事故多发地段)等,直接影响到交通流的通行权和通行平顺性以及交通安全等,因此,有必要充分掌握交通系统的信息特性。

交通设计的对象是由上述要素构成的交通系统,以交通流的通畅、安全、便利、环保与高效为目标。所以,与此相对应的理论基础有解析交通流规律的交通流理论、与通畅性相关的通行能力理论、揭示交通安全规律的交通冲突理论、影响便利性的交通行为理论以及支撑高效能优化的多目标优化理论等。

二、交通流理论

以揭示交通流现象和基本规律为目的的交通流理论,涉及流-密-速宏观基本图理论、交通流到达分布理论、波动理论、排队理论以及网络交通流理论(OD 分析理论、网络交通状态分析理论)等。交通流理论可为确定交通设计中的交通参数提供理论依据,交通流理论与交通设计的关联性可归纳为表 2-1。

8. 交通流理论

交通流理论与交通设计的关联性 表 2-1

交通参数	交通流关联理论	用途说明
交通流分布特征: 速度分布; 密度分布; 流量分布; 车型分布; 车头时距分布; 流向分布	离散分布理论; 连续分布理论; 数理统计分析理论; 交通流散布理论	确定时空设计流量; 确定设计车速或限制车速; 车道设计依据; 交通流协调处理依据; 通行能力分析
交通流微观行为特征: 交通流排队行为; 延误; 穿越行为; 跟车与超车行为; 压缩与膨胀交通流参数	排队论; 波动理论; 流体理论; 跟车理论; 超车理论; 慢行交通流理论; 连续流与间断流理论	空间设计依据; 交织状态分析; 确定交通信号配时参数; 安全与效率分析
网络交通流特征: OD 分布; 网络交通流路径分布; 交叉口转向分布; 网络状态	网络交通流 OD 分析理论; 交通分配理论; 网络交通流均衡理论	网络设计; 交通组织方案与优化; 节点交通设计; 网络评价分析

由于交通流的形成源于交通参与者,其流动存在于交通工具、交通设施及其行驶环境中,

所以交通参与者的行为直接影响到交通流量、速度和时距等;交通设施条件通过人或交通工具(各类车辆,包括自动驾驶车辆等)对交通流的速度和时距产生影响;交通环境,特别是行驶环境则通过影响交通参与者的行为,进而影响交通流的速度与时距。鉴于速度和时距是建立交通流与其影响因素关联性的关键变量,因此交通问题与其呈现表里关系,也更表明交通流理论对于交通设计的理论基础性。

三、通行能力理论

9.通行能力理论

交通设计的目的之一,即合理管控交通阻塞,因此以揭示通行能力影响要素及其机理关系为目的的"通行能力理论",对于认识交通流运行规律、指导最佳的交通设计,具有极其重要的理论意义和实用价值。

通行能力是指单位时间通过交通设施某一点或某一断面的最大交通实体(车辆或人)数,单位为标准车(辆)或人/单位时间,随诸多因素而变化。以道路通行能力为例,其通行能力的影响因素包括:

(1)**道路条件**——车道数、几何条件(车道宽、曲线半径、坡度、视觉环境等)。
(2)**交通条件**——道路设计车速、车型、流量/流向。
(3)**管理条件**——通行权管理、速度管理、标志、标线、信号及其配时。
(4)**其他条件**——气候、自然环境、心理环境、行为特征、车辆动力性能等。

另外,交通设施的通行能力还与其服务水平密切相关。交通服务水平,即服务程度或服务质量反映于车辆行驶速度、舒适度、方便性、安全性等,所以常通过速度及延误等指标加以表征。不同服务水平的通行能力是不一样的,这是由交通流的流量和速度间的非线性关系所决定的。所以,为了获得最佳的通行能力,交通设计必须以通行能力理论为基础,最佳地组合影响通行能力的各要素。

通行能力研究要区分连续流和间断流,如高速公路和道路交叉口的通行能力分别为连续流通行能力和间断流通行能力。连续交通流通行能力又包括主线交通流通行能力和交织区通行能力。其中,交织区通行能力的确定较为复杂,主要依据交织区长度、车道数和功能交织区类型以及交织运行特性(交织区内总流量、交织流量比)等确定。

由于间断交通流广泛地存在,因此其通行能力对于交通设计更具常用性。如道路交叉口通行能力包括无信号控制交叉口和信号控制交叉口通行能力,随其交叉形式和控制方式的不同,通行能力存有差异。另外,道路交叉口通行能力的计算方法又有"冲突点法"和"停车线法"之分,前者对于揭示交叉口交通流间的关系、优化交叉口设计具有极其重要的理论和实用价值,后者对于简化计算通行能力具有实用意义。近年来我们还进一步发现,短连线交叉口及出口数少于汇入车流股数的交叉口,其通行能力还与上下游通行条件密切相关。因此,道路交叉口的交通设计应以通行能力理论为基础。以信号控制交叉口通行能力为例,其影响要素包括:

(1)信号配时:信号周期/绿信比、相位与相序。
(2)道路条件:进出口车道数、车道功能、车道宽度、转弯半径、路面条件、公交站点位置。
(3)交通条件:交通流构成车型、流量/流向、通行权、饱和流量与交通流损失时间、导流与交通分隔、停车线位置,以及交叉口间距等。
(4)规则及管理条件和交通行为等。

信号控制道路交叉口的交通优化设计,即是实现上述要素的最佳组合,从而可以挖掘利用

图 2-6 外圈阴影部分所示的通行能力。值得强调的是,交通设计的核心目标并不是实现通行能力的最大化,只需实现其最优化,这是因为无谓地提高通行能力,不仅造成通行能力和资源的浪费,还可能导致下游乃至网络交通出现瓶颈和阻塞。

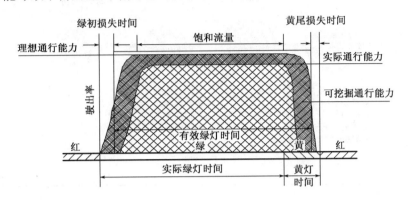

图 2-6 交通设计对提高信号控制交叉口通行能力作用示意图

四、交通行为与安全理论

交通行为理论是关于出行者的出行选择行为、对不同通行环境与条件的反应行为,以及心理行为等的知识体系;交通安全理论则是关于与交通安全相关的冲突分析、安全性与安全度和风险分析及其对策等的知识体系。交通行为对交通的安全性起到关键性作用。

10. 交通行为理论

交通行为通过交通出行者,包括行人、骑行者、乘车者与驾驶人等的行为特征和规律及其影响因素加以表现。如交通出行需求选择行为包括:为何出行、到何处去、采用何种交通方式、(采用个体出行方式时)选取怎样的路径出行、何时出行等。其主要影响因素有:是否便捷、省时、省力、经济、舒适和安全,以及交通设施条件(连续性、平顺性与平整性、线形等)和交通工具条件(车厢的卫生、整洁程度及人文环境)等。所以,交通设计应基于交通行为理论,对交通系统加以优化。

交通事故除车辆本身单独发生的事故外,其本质是各类交通移动体不同程度的冲突。因此,不同交通流及其相互间的冲突特征、速度和其方差特征、行驶环境和控制行为等,直接关系到交通的安全性。**交通冲突**是指两个或多个交通冲突体(交通移动体或交通工具、结构物)在一定的时间和空间上彼此接近到一定程度,此时若不改变其运行状态就可能发生碰撞危险的交通现象。对应于不同的交通

11. 交通冲突理论

参与者、不同的通行方式、不同的冲突角度以及避险行为,交通冲突可进一步细分(图 2-7),并可据此采取不同的对策。另一方面,交通安全或者交通事故是有其过程的,从开始的**暴露**(Exposure)到**遭遇**(Encounter)和**避险**(Evasion),再到**能量转移**(Energy Transfer)(图 2-8),整个过程视其风险度的大小而发生或不发生事故。因此,若能从交通规划到交通设计、交通管理及控制各阶段,最大限度地主动规避交通冲突,或减少交通冲突,控制冲突的可能性与速度,转移或降低冲突能量,则可更大限度地避免或减轻交通事故,提高交通的安全性,这便是**主动交通安全**的基本原理。由此不难发现——良好的交通通行环境的构筑与塑造,对于减少交通事故、提高交通系统的安全性同样是极其重要的。

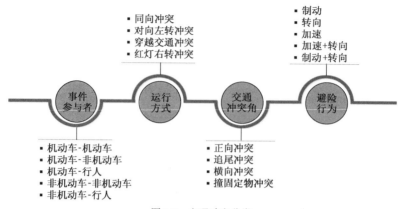

图 2-7 交通冲突分类

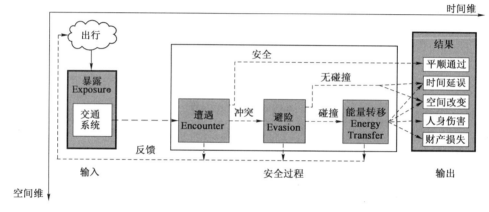

图 2-8 交通安全 4E 过程

五、交通管理与控制理论和方法

交通管理是运用各种手段和措施,使交通需求与交通设施服务能力达到最佳的平衡,以改善交通的基本方法与技术。交通管理的主要作用对象为人,及其具有自主驾驶和操控能力的智能交通载体(如自动驾驶车辆等),广义的交通管理应包括交通控制。因此,交通管理与控制是通过动态或准动态调节交通的通行权,从而调整交通系统供需关系和交通状态,特别是当交通设施建成后,交通管理更是确保交通通畅、安全、环保与高效的主要措施。交通管理与控制理论,是关于解析交通管理及其措施与交通系统相互关系,寻求最佳交通管理与控制措施及其实施方法的知识体系。所以,交通管理可以有机地协调与整合交通主体(移动的人和物)、交通工具、交通设施、交通环境以及交通信息等交通系统各要素,从而实现交通系统的最佳化。交通管理的手段主要包括:

(1)**交通法规**——交通系统运转的准则,用以明确与协调通行权(包括通行权的平等性与倾向性),调节交通流的有序化。

(2)**交通安全管理**——针对设施的特征、交通参与者的需要和行为特征,以交通流安全为目的的交通管理,包括交通行为能力的培养与管理、冲突管理、速度管理以及交通安全监督管理等。

(3)**交通需求管理**(Transportation Demand Management,TDM)——以均衡交通需求,降低低效率交通需求,改善交通的公平性与环保性等为目的,面向交通需求的管理,可以缓解交通供需矛盾,从而综合改善交通。

(4) **交通系统管理**(Traffic System Management, TSM):综合运用各种措施和方法,以交通系统的最佳化为目标而进行的交通管理。

(5) **交通服务管理**:以提高交通便捷性、舒适性和减少无谓交通需求为目的的交通管理。

(6) **交通工具管理**:确保交通工具性能的管理,从而改善交通的安全性并降低其污染性。

(7) **通行能力管理**:与提高交通设施的使用效率、协调通行效率与安全性相关的管理。

(8) **交通流控制**:运用交通信号及法律性标识控制性调节不同性质交通流通行权关系,以改善交通的效率性和安全性。

如表2-2所归纳,交通管理对于改善交通具有极为重要的作用。

交通管理的作用 表2-2

交通问题	改善对策	与交通管理的关联性
交通阻塞	增加设施提高通行能力	—
	改善秩序提高通行能力	交通管理措施
	交通需求管理(TDM)	交通管理措施
	交通系统管理(TSM)	交通管理措施
	提高安全性缓解阻塞	交通管理措施
交通事故	改善设施的安全性	—
	提高驾驶人的安全意识与技能	交通管理措施
	改善预防事故的管理措施	交通管理措施
	交通系统管理	交通管理措施
交通污染	改善运载工具与设施	—
	合理组织交通流	交通管理措施
交通不便	改善设施	—
	提供信息服务	交通管理措施
特殊交通	政策、法规及行政手段	—
	管理技术和措施	交通管理措施

因此,在交通设计,无论是提出交通改善对策,还是归纳交通系统整合手段,皆应以交通管理与控制理论为基础。

第七节 交通土木工程学

如同建筑是城市的载体一样,交通设施是交通的载体。长期以来,人们更多关注的是交通设施的物理属性,包括:形状特性、力学特性、材料特性以及环境特性等,即土木工程学及其专业性问题。从建筑学与结构工程学的有机关系中,我们不难发现结构工程首先应具备相应功能,如房屋应以居住、办公及活动为其基本功能,道路、轨道、桥梁与港口等应以交通的要求为其基本功能。所以,交通设施的建设应以交通的通畅、安全、环保与效率化为目标,最佳地确定交通设施的土木工程功能和性能;相反,交通设施的土木工程性能也直接关系到交通系统的效能,如交通设施的几何条件直接影响到交通流通行能力和安全性,设施的结构性能影响到立体交叉形式与功能,不同的道路材料则会影响到交通的环境与安全等。

因此,道路、轨道、机场、港口以及枢纽等与交通相关的土木工程建设,首先需要建立在对动态交通系统的宏观与微观性能和特征的充分把握基础上,不同于一般意义的工业与民用建筑结构工程,也不同于桥梁和地下建筑结构工程,应将其归纳为——**交通土木工程学**,是土木工程学的重要组成部分。由此不难理解交通土木工程与交通工程学及其专业间的有机关系。表 2-3 概括地归纳了交通土木工程学与交通设计的关系。从中可发现脱离交通工程学的交通土木工程将是先天不足的,不理解交通土木工程而设计的交通设施将是不可行的,所以,科学可行的交通设计方案必须以交通土木工程理论和技术为基础。

交通土木工程与交通设计的关联性　　　　表 2-3

交通土木工程基本性能	与交通相关的参数	与交通设计的关联性	基本影响
几何性能	宽度	道路或桥梁的横断面、车道数设计	影响交通流的通行空间与通行能力(包括爬坡能力)以及交通流的平顺性与安全性等
	长度	交通流交叉与交织设计	
	坡度	交通设施坡长及爬坡道设计	
	高度	立体空间设计	
	半径	交通流转弯与安全设计	
力学性能	结构梁高	交通设施净空与坡度设计	影响交通流的通行空间和交通设施性能
	结构跨径	立体交叉和视距设计	
	结构性质	设施稳定性与可靠性设计	
	土力学性能	交通设施平面、横断面、纵断面曲线设计	
环境性能	水环境	交通排水系统与水环境保护设计	影响交通流的通行环境与通行能力、交通环保性、交通安全性等
	风环境	交通抗风能力设计	
	能见度环境	交通安全设计	
	温度环境	交通安全设计	
	海拔环境	爬坡能力设计	
材料性能	刚性材料	交通舒适性和安全性设计	交通的舒适性、安全性、便利性及环保性等
	柔性材料	交通舒适性和安全性设计	
	特殊材料	降噪及交通导向和安全设计	

第八节　资源与环境学

人和物的移动需要消耗大量的空间资源、时间资源、土地资源和能源等,同时产生交通废气、噪声以及振动乃至(路面交通污染颗粒经雨水冲刷后形成的)交通废水,造成对环境的破坏与对资源的消耗。因此,为了城市与交通、资源、能源与环境的可持续(协调)发展,有必要深入地学习并研究与交通相关的资源(包括能源)和环境学,在此基础上进行交通系统的优化设计。资源、能源及环境与交通设计的关系见表2-4。

资源、能源及环境与交通设计的关联性　　　　　　表2-4

资源、能源与环境	与交通相关的参数	与交通设计的关联性	基本理论
土地资源	交通用地	交通空间优化设计节省交通用地	交通与土地利用互动理论
	城市与交通	集约化城市与集约化交通系统有机结合，实现静态空间与活动空间的最佳功能	
交通能源	交通能耗与工况	交通能耗最小化的行驶环境设计	交通能耗、排放与交通工况关系理论
	交通能源与工况	适应新能源的交通设计	
	交通排放与工况	面向节能减排的交通设计	
交通环境学	交通排放、噪声、温度、能见度与通行条件及环境	减排、低碳、降噪、抗滑及安全的通行条件优化设计	自然环境、人工环境与交通工况关系理论

第三章
交通设计依据与流程

第一节 概 述

　　交通设计承接城市与交通规划,指导交通设施建设与交通管理,并与其互为反馈。因此,交通设计首先应了解城市与交通规划等相关基础和约束条件,对于改建的交通系统还应调查交通基础设施的现状及使用状况,以此为依据确定交通设计的目标,并进一步确定交通设计基本需求与方法。鉴于此,本章将基于交通设计目标讲解交通设计的主要内容、作用及其逻辑关系、设计要点、一般流程(包括基础资料收集、交通问题分析与基本对策制定、概念设计、详细设计、方案评价五部分内容)。同时,介绍交通设计基础条件(如城市规划和交通规划、国家和地方性标准与规范等),并重点讲解交通设计的第一个步骤——基础资料收集工作的具体内容,包括需要采集的数据类别和基本作用,具体的调查方法可参考"交通调查与分析"等课程。

第二节 交通设计基础条件与流程

一、交通设计基础条件

　　交通设计是承接城市与交通规划、设施建设和管理工作的中间环节,并贯穿始终,其定位

(以道路交通设计为例)如图3-1所示。

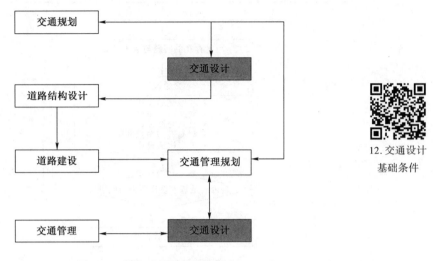

图3-1 (道路)交通设计的定位

鉴于交通设计上接城市与交通规划,因此交通规划的若干成果将成为交通设计的输入条件和约束条件。通常,城市规划和交通规划成果是确定交通设计目标、需求与资源条件等的基础;交通设施的功能定位、服务水平等决定交通设计的目标;土地利用与交通需求现状及发展特征决定交通设计的需求条件;设施的用地范围、规划红线、改建规模等决定交通设计的供给条件。

二、交通设计流程

交通设计的条件随其设施是新建还是改建而存在较大的差异。对于新建设施,规划上的功能定位与设计目标、用地条件等是交通设计的主要依据;对于改建设施,在相关规划条件的基础上,设施的现状、使用中存在的问题和改善的可能性则成为交通设计的重要基础信息。因此,交通设计的流程将区分为新建和改建两种情况。

1. 新建设施交通设计流程

新建设施的交通需求量为预测值,无法准确地反映其使用后的实际情况。因此,交通设计为原则性和结构性设计,是基于可预见性的冗余设计,应保证设施在建成后即使发生问题也可以通过较为方便、易行的措施对其做进一步的改善。以道路交通设计为例,其设计流程如图3-2所示。

2. 改建与治理型交通设计流程

既有交通设施的改建和治理过程较为复杂,往往要基于交通管理规划等所制订的交通改善方案进行。这是因为在处理交通阻塞问题时,若某交叉口(或阻塞点)交通需求过大,而无法通过改建和宏观措施加以改善,需要采取新的交通流组织或需求管理(TDM)或交通系统管理(TSM)措施,利用网络和系统资源改善交通。仍以道路交通设计为例,改建和治理型交通设计基本流程如图3-3所示,详细内容将在以后各章节中阐述。

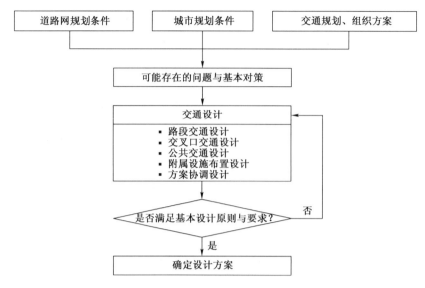

图 3-2　新建设施交通设计流程(以道路交通设计为例)

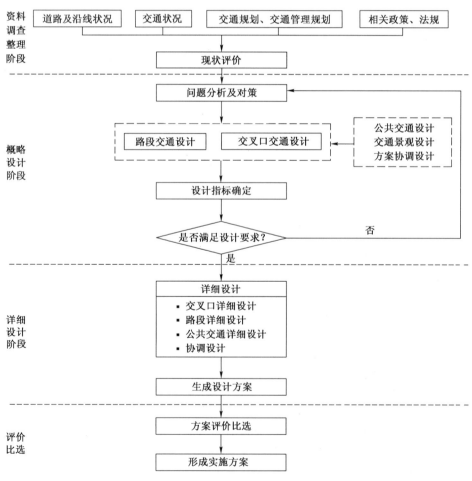

图 3-3　改建和治理型交通设计流程图(以道路交通设计为例)

第三节 交通设计依据

14.交通设计依据

交通设计必须符合一定的规范和标准,主要包括:城市规划和交通规划类规范、交通设计类规范、道路设计类规范、交通信号控制类规范等。

一、城市规划和交通规划类法律和规范

交通设计将从城市规划和交通规划类规范中获取城市交通设施网络布局规划、城市公共交通规划、城市交通枢纽及停车场规划等的基本要求,包括其功能与性能、规模、规划指标等信息。部分常用的国家、行业和地方相关规范、标准和文件如下:

(1)城市规划类法律和规范,如《中华人民共和国城乡规划法》和《城市居住区规划设计标准》(GB 50180—2018)、《城市规划基本术语标准》(GB/T 50280—1998)、《城市规划基础资料搜集规范》(GB/T 50831—2012)、《城市规划制图标准》(CJJ/T 97—2003)。

(2)综合交通规划类规范、规程或编制方法,如《城市综合交通体系规划标准》(GB/T 51328—2018)、《城市综合交通体系规划编制办法》(建城[2010]13号)。

(3)城市道路交叉口规划类规范,如《城市道路交叉口规划规范》(GB 50647—2011)。

(4)城市公共交通及设施规划类规范或规程,如《城市轨道交通线网规划标准》(GB/T 50546—2018)、《快速公共汽车交通系统规划设计导则》(JT/T 960—2015)。

(5)停车场规划类规范,如《城市停车规划规范》(GB/T 51149—2016)等。

二、交通设计类规范

交通设计相关的指南、导则以及针对具体交通设施的设计规范较为丰富,可为各类道路、交通枢纽、停车场站、附属设施等交通设施的功能设计方法及具体设计给出要求。所需的相关指南、导则和标准及其编制情况如下(在没有国家标准的情况下列出了部分有代表性的地方标准):

(1)城市道路交通设计类规范和导则,如《北京街道更新治理城市设计导则》《上海市街道设计导则》和上海市工程建设规范《街道设计标准》(T/CECS 1235—2023)等。

(2)城市道路交叉口交通设计类规范,如《城市道路交叉口设计规程》(CJJ 152—2010)、上海市工程建设规范《城市道路平面交叉口交通规划与设计规范》(DGJ 08-96—2013)。

(3)城市交通枢纽交通设计类规范,如《城市综合客运交通枢纽设计规范》(DB11/1666—2019)、《汽车客运站建设规范》(DB32/T 1228—2008)。

(4)城市停车场交通设计类规范,如上海市工程建设规范《建筑工程交通设计及停车库(场)设置标准》(DGJ 08-7—2014)、上海市标准《机械式停车库(场)设计规程》(DBJ 08-60—2016)、《停车场(库)设置及交通设计技术规范》(DBJ 61/T 135—2017)、《城市道路路内机动车停车泊位设置规范》(DB12/T 778—2018)。

(5)交通语言设施规划与设计类规范,如《城市道路交通标志和标线设置规范》(GB 51038—2015)、《城市地下道路交通标志和标线设置规范》(DB31/T 1120—2018)、《道路交通标志和标线》(GB 5768)。

(6)交通管理设施设计类规范,如《城市道路交通组织设计规范》(GB/T 36670—2018)、《城市道路施工作业交通组织规范》(GA/T 900—2010)、上海市标准《道路交通管理设施设置技术规程》(DBJ 08-39—1994)、重庆市标准《重庆市城市道路交通管理设施设置规范》(DB50/T 548—2014)。

(7)道路绿化、照明及其他附属设施设计类规范,如《城市道路绿化规划与设计规范》(CJJ 75—1997)、《城市道路照明设计标准》(CJJ 45—2015)、《城市人行天桥与人行地道技术规范》(CJJ 69—1995)。

(8)公共交通设计类规范,如《城市道路公共交通站、场、厂工程设计规范》(CJJ 15—2011)、《城市公共交通规范》(ZBBZH/GJ 35)、《公共交通客运标志》(DB11/T 657)、《公共汽电车站台规范》(DB11/T 650—2016)、《公交专用道设置规范》(DB11/T 1163—2022)。

(9)无障碍设计类规范,如《无障碍设计规范》(GB 50763—2012)。

(10)住宅区交通组织与设计类规范,如《城市居住区规划设计标准》(GB 50180—2018)、上海市工程建设规范《城市居住区交通组织规划与设计规程》(DG/TJ 08-2027—2007)。

三、道路设计类规范

交通设计是道路等设施设计的基础和前提,其设计成果,如道路平面、横断面、纵断面设计的基本要素以及符合交通流行驶特征的几何参数将作为确定道路设计条件和设计参数的主要依据,最终的道路工程设计应进一步基于道路设计规范加以进行。道路设计所需的规范、规程等如下:

(1)城市道路综合设计类标准,如《城市道路工程技术规范》(GB 51286—2018)、《城市道路工程设计规范》(CJJ 37—2012)、《城市道路维护工程设计规范》(DB50/T 305—2008)、《城市道路车辆平均运行速度计算方法》(GA/T 1391—2017)。

(2)城市道路路线设计类标准,如《城市道路路线设计规范》(CJJ 193—2012)。

(3)城市道路路基、路面设计类标准,如《城市道路路基设计规范》(CJJ 194—2013)、《城市道路彩色沥青混凝土路面技术规程》(CJJ/T 218—2014)、《城市道路与轨道交通合建桥梁设计规范》(CJJ 242—2016)。

然而,我国以往的道路工程技术规范主要还是面向道路设施的土木工程设计要求编制的,因此,在满足一些强制性条文原则下,应充分地基于交通设计成果以适应道路交通通畅与安全功能和性能的设计要求。

四、交通信号控制类规范

交通信号控制与交通设计密切相关,共同影响着交通系统时空资源的优化,同时交通信号控制相关设备需要埋设或竖立在设施用地范围内,因此,在进行交通设计时需要为这些设备和设施设计场所并预留空间。交通控制方案设计类规范需要明确规定交通控制的实施条件、信号配时方法及相关配时参数、信号控制设备及其布设的要求等。目前,我国发布有关交通信号控制的标准、规范、规程等如下:

(1)交通信号控制方法及术语类规范,如《道路交通信号控制方式》(GA/T 527)、《道路交通信号控制系统术语》(GB/T 31418—2015)。

(2)交通信号控制设施设置、安装、维护类标准及规范,如《道路交通信号控制机》

(GB 25280—2016)、《道路交通信号控制机安装规范》(GA/T 489—2016)、《道路交通信号倒计时显示器》(GA/T 508—2014)、《道路交通信号灯设置与安装规范》(GB 14886—2016)、《道路交通信号灯》(GB 14887—2011)。

可见,我国交通信号控制相关标准局限于行业单纯的交通控制信号配时规定和信号控制硬件设施布设要求等,而缺乏与道路交通设计融合的交通控制标准或规范,因此,在运用相关规范标准时,除了一些强制性条文,应充分地应用科学、专业的交通设计方案成果。

第四节 交通设计主要内容

一、基础资料收集与整理

基础资料收集和整理是交通设计准备阶段的首要工作,重点调查五类基础资料:规划信息、供给信息、需求信息、控制管理信息、交通使用状况信息。规划信息主要用于确定交通设计的基本目的和目标,并帮助了解与交通系统及其设施相关的区位条件与需求信息等,是交通设计的输入条件。交通设施供给信息、需求信息、控制与管理信息、交通使用状况信息四项基础资料主要用于改建或治理型交通设计,特别是现状交通的供需条件与特征,是分析现状交通问题、确定交通设计优化方向的依据。交通设计约束条件的调查资料主要包括:交通设施的用地范围、规划红线、改建规模及突破红线的可能性、供给能力等。有关交通基础资料的收集与调查及分析方法详见第四章第三节,表3-1以道路交通设计为例给出了所需要收集的基础资料及其用途。

道路交通设计基础资料及其用途表　　　　　　表3-1

	资料内容	用途	资料获取要求
道路资料	道路等级	确定交叉口交通控制方式及几何设计原则	了解规划及实际情况
	设计车速、行驶车速	用于确定道路展宽渐变段长度及转弯半径等几何条件和信号相位衔接顺序	了解及实测获得
	横断面形式、纵坡、红线宽度、车道宽度、分隔带宽度等	作为交叉口空间设计及路段设计的基础资料	在1:500或1:1000的电子地图中标出
	车道数、车道功能划分	用于改善交叉口进出口道及其与路段的协调设计	在1:500或1:1000的电子地图中标出
道路沿线资料	道路沿线用地类型	用于停车及沿途进出交通和公交车停靠站设计	由规划部门提供
	沿线出入口、大型交通发生源位置等	用于路段交通安全及通行能力改善设计、公共汽(电)车交通设计	在电子地图上标明
	公交线路、公交停靠站位置	用于公共汽(电)车交通设计、行人过街交通设计	了解公交的所属情况
	停车设施的位置和管理措施	用于路段沿线安全及秩序设计	注意同时了解使用情况

续上表

资料内容		用途	资料获取要求
交通资料	机动车设计交通量(分流向和车种)	作为确定车道功能划分与信号配时方案的基本依据	一天中早晚高峰小时流量或15min高峰小时流量
	公交车流量	作为公交优先方案设计的基础数据	注意同时收集各进口流量流向
	非机动车与行人交通量及交通状况	用于确定交叉口的渠化方案(主要是机非交通流的组织及停车空间、行人驻足空间和人行横道宽度)	区分平峰与高峰
	交通控制状况(信号配时方案)	分析现状问题、改善信号控制方案以及改善方案前后对比评价等	控制方案与相应的标志标线位置(电子图)
	交通通行与禁行状况	分析现状问题、提出通行权管理措施	在电子地图等中标出
	交通管理设施状况	分析现状问题、优化交通管理设施设计等	在电子地图等中标出
事故资料	事故发生的时间	分析事故的时间分布	在电子地图等中标出
	事故发生的地点	分析事故的空间分布	在电子地图等中标出
	事故类型、事故原因	明确事故特征和症结,为制定对策提供依据	用图表表现
规划资料	城市总体规划、城市交通规划、城市交通管理规划(包括交通安全规划)	了解城市与道路的基本功能、土地利用、道路网及交通结构,宏观、中观交通管理基本措施与计划等	收集整理相应的文本
相关政策法规	交通管理法规、停车收费法规、交通发展政策、公交发展政策、环境保护方面的法规、政策	整合各类管理措施与规定	收集整理相应的文本
交通环境	废气、噪声、振动、水环境、城市景观情况	作为改善交通环境或减少污染的依据	了解污染源及污染程度
周边市民及单位意见	交通的安全性、便利性、交通环境污染状况等	以人为本,改善交通	充分听取各方面出行者和相关部门及单位的意见,反映不同人群的意见
其他	城市所在地的气候、地形和水文地质条件等	了解城市气候、地形和水文地质条件	注意与交通阻塞、事故等有关的资料

交通设计基础资料的收集与调查方法包括:资料收集、定点调查、跟车调查、实地踏勘、问卷调查,以及各类互联网数据调查等。资料收集主要用于获取城市与交通规划、道路等交通设施条件、设计约束条件等资料;交通调查(定点调查、跟车调查或互联网数据调查)用于各类交通流量、交通控制与管理状况等信息的调查;实地踏勘用于了解交通及其系统实际运行状态以及定性地了解交通设施的运行质量,设施供给条件、周边交通设施分布情况等信息也可以通过实地踏勘获取;问卷调查主要用来了解交通设施使用者(机动车、非机动车、公交、特种车辆驾驶人或乘客,以及行人等)和管理者对交通系统和设施运行状态的评价,包括对运行安全、效率、秩序、行驶环境以及便捷性等的评价,以此为依据进行交通特征与问题分析。

二、交通特征与问题分析及对策

交通特征与问题分析主要针对改建和治理改善型交通系统与设施,以基础资料收集和调查为依据,给出交通特征分析与现状综合评价,以及交通问题与明确的基本对策。

1. 现状评价

现状评价是分析交通特征与问题、把握交通基本状况的首要工作,为交通设计方案可行性分析提供基础。现状评价内容包括:交通基础设施运行效率,如通行能力、饱和度、延误、行程时间、服务水平等;安全水平,如现状事故统计、交通冲突特征、潜在事故情况等;秩序情况,如现状违法情况、冲突情况、因不当的设计和管理而导致的交通流混乱情况等;便捷性情况,如绕行距离、换乘时间和距离等。评价方法包括定性评价与定量评价两个方面,详细内容和方法参见本教材第十一章。

1)定性评价

评价内容包括:交通秩序,如道路沿途进出交通对主路交通流顺畅性的影响、交叉口混合交通流通行状况、行人穿越道路情况、枢纽交通混合情况等;交通心理环境和生态环境的感官效果;通行(时间与空间)资源有效利用情况;交通便捷性;公共交通准时性、乘客满意度等。评价方法有专家评价、实地踏勘与问卷调查评价等。

2)定量评价

定量评价试图通过设施的通行能力、通行效率(延误、速度或行程时间、公交服务品质)、交通安全性和便利性等,对交通系统做出综合评价。主要评价内容包括:

(1)设施瓶颈处的通行能力、延误、排队情况等。

(2)行程时间、平均速度及方差。

(3)交通事故的发生率(分类型)。

(4)公共交通出行方式所占的比例,公共交通的满载率、行程时间等。

(5)非机动车及行人的出行距离和换乘等待时间。

评价方法包括:基于模型的计算方法、仿真方法、实测方法、基于各类图表的分析方法等。

2. 交通问题与对策

交通问题及其产生的原因错综复杂,系统、准确地把握问题是其有效对策的关键。以道路交通为例,在以往的设计与交通管理工作中,存在诸多不被重视的问题,直接影响着交通流的安全、顺畅、效率与服务水平。常见(道路)交通问题及基本对策归纳于表3-2。

常见(道路)交通问题及基本对策　　　　表3-2

			问题点	基本对策
交叉口	交通阻塞	供给条件	道路供给能力不足	通过压缩车道宽度或利用分隔带增加车道等
			车道过宽或过窄	结合红线条件和具体情况,适度调整车道宽度
			车道功能不合理	根据流量流向分布,合理确定车道功能,设置可变车道
			机动车与非机动车混行	尽量避免非机动车与机动车混行
			信号周期过长	确定最佳周期,尽量缩短周期
			相位组合采用对称设置,导致通行时间浪费	根据流量与进出口道容量灵活组合相位
			信号相序不合理	以绿灯损失时间最少为目标优化相位衔接

续上表

		问题点	基本对策
交叉口	交通阻塞	需求条件 路网交通组织不合理	根据交通需求的时空变化特征,调整交通组织方案
		交通组织方案交通需求时空分布不均衡,需求结构不合理	合理分配道路时空资源; 制定公交优先以及以人为本的交通对策
	安全	交通岛的形式、大小与位置不合理	按交通安全与通畅行驶的要求,修改交通岛
		绿化或其他设施影响行车视距	按视距的要求,去除障碍物; 在难以去除的情况下,补充交通标志、标识与标线
		交叉口绿灯信号结束时易发生事故	充分考虑各类各流向混合交通流的通行模式和特征,确定最佳绿灯间隔
		右转机动车与直行或左转非机动车易发生冲突事故	变左转直行自行车与行人交通一体过街,并通过小半径物理渠化与右转机动车分隔
		人行横道过长,行人过街安全无保障	过长的人行横道上应设置安全待行区或安全岛
	便捷	交叉口处无障碍设计不当	无障碍设计应与相衔接的交通设施平顺连接
		人行横道存在障碍	原则上去除障碍物,否则改变人行横道位置
		人行道被占用或其环境不良	还人行道于行人,梳理步行环境,确保其连续性
	环境协调	视觉环境混杂或道路不平整导致噪声及振动问题	梳理视觉环境,改善道路平整度
	其他设施	人行横道位置不合理	综合考虑行走习惯及安全性,合理调整人行横道位置
		标志、标线不清	去除遮挡,或改变标志、标线位置
		信号灯功能不明确、不规范、不易识认	按照驾驶人的视觉习惯及正确理解,合理设置信号位置及灯组
路段	动态瓶颈	路内乱停车	明确地划定禁停区和停车区
		进出交通干扰主路交通	通过合理的管制措施和设计方案,减少干扰
		行人乱穿道路	合理确定人行横道的位置与间距
	物理瓶颈	车道宽度及车道数变更	通过合理的标线及物理分隔措施,减少车道变更导致的问题
		坡道通行能力与安全问题	增加爬坡车道,或改善下坡车道衔接道路影响
	虚拟瓶颈	公交车或其他车辆临时停车,或交通秩序混乱	改善公交停靠条件,取消或限制一些车辆的停靠,改善交通秩序等
公共交通(公交优先)		停靠站位置不合理	调整公交停靠站位置,或改善停车条件
		线路密集或停靠站形式不当	调整公交线路或改善停靠站形式
		轨道与公共汽(电)车换乘不便	协调设计
		公交专用道利用率低	考虑设置公交车与高乘载车辆(HOV)合用的多功能车道
		公交专用道设计与管理不当	整合公交线路、道路与管理条件(缩短或延长公交专用道时间)
特殊交通(生命线与救援交通)		道路不连通	确保消防、救护、工程抢险抢修交通设施无障碍连通(包括取缔停车位等),保障运行
		紧急交通与救援交通无保障	对于紧急交通和特殊交通需求较大的区域和通道,可设置公交车、HOV及紧急交通共用的混合车道

三、概略设计

概略设计阶段主要是依据所掌握的现状资料,提出概念化的交通设计理念和思想,并针对需要解决的问题,确定相应的设计方法,形成概略的设计方案,提供工程可行性决策支持,并指导详细设计。概略设计包括逻辑的、战略的和宏观对策设计,通过设计目标的确立、系统及设施供需条件的分析、交通特征与问题的提炼来形成交通设计的基本策略和重点。

以道路交通设计为例,概略设计需要给出道路功能定位、行人自行车通行保障、提高通行能力、路网交通需求均衡、改善某些节点供需关系等宏观策略,并结合其约束条件提出路段、交叉口、公共交通、行人自行车交通等的初步设计方案,以此作为评价、优化以及详细设计的基础。概略设计通常着重进行交通组织设计、设施通行能力匹配设计、空间要素布局设计等;时间优化设计、空间参数的优化设计、时空协调设计以及交通语言设计等内容则在详细设计中进行。

1. 道路功能及横断面概略设计

基于城市及区域交通的规划条件和现状条件,综合分析确定道路的基本功能,包括快速路、主干路、次干路、支路和生活区道路;进一步确定路段和交叉口的横断面形式及其空间分配,包括行人、非机动车、机动车道和分隔带布置及宽度等。

2. 路段概略设计

路段概略设计的要点包括:路段进出(接入)交通组织设计、路段行人过街交通设计、路段停车交通设计、近交叉口处的车道协调设计等。

1)路段进出交通组织

对新建道路,应根据规划道路及其沿线的土地使用性质,确定是否需要设置路段进出口及其交通组织方式;对于改建道路,则根据路段进出交通的重要度和流量及进出口位置,选择合理的交通组织方式,如封闭进出口、设置单向交通、禁止左转等。

2)路段行人过街交通处理

根据相邻路口的间距和道路沿线土地利用状况、用地类型,确定是否要设置路段行人过街设施以及类型。

3)路内停车处理

根据路网交通组织、交通流量、道路功能及沿线建筑类型,分析设置路段停车的可行性、停车位置及其形式。

4)关联交叉口车道协调设计

当两交叉口相距较近时,应将路段同相邻交叉口交通做一体化设计。

3. 交叉口概略设计

交叉口概略设计的主要内容有:非机动车和行人交通的处理、进出口道车道数的确定、车道功能划分及交通信号控制方案选取等。当通过单个交叉口本身的改善无法缓解其阻塞或事故问题时,则要考虑利用周边路网重新组织交通流,使得部分交通流分散到通行能力有富余或条件更好的路口,利用路网资源改善单点交通问题。

1) 行人自行车交通处理

道路交叉口是各类交通流分流交叉通过点,作为城市道路网的节点,首先应满足行人自行车交通的基本需求,特别是次干道或支路相交的交叉口,更应处理好行人自行车交通。因此,应根据非机动车和行人交通流量确定其通行方式(混合通行还是慢行一体通行),进一步根据交叉口空间大小给出概略的渠化和交通控制方案。

2) 车道数确定

机动车交通设计的重点是车道数确定。交叉口进口道的车道数应多于上游路段车道数,若难以满足,上游路段车道数可以考虑减少,具体数量则根据实际的交通需求量来确定;出口道的车道数至少与下游路段相同,当出口道车道数小于等于同时汇入交通流股数,或相交道路流入的右转车流设专用车道时,应以车道数匹配或出口道增设右转汇入车道为原则。

3) 车道功能确定

根据交叉口高峰时段的设计交通量数据,按各流向的流量和出口道车道数条件,概略确定所需的进口道车道功能,在流量显著动态变化的路段,可考虑设置多功能车道。

4) 控制方式确定

按照相交道路的类别、流量及事故发生情况(改建道路场合),确定是否设置信号灯。若采用信号控制,则根据流向流量和交叉口渠化方案等确定控制方式及信号相位。

4. 公共交通概略设计

根据相关规划方案,结合道路的供给条件、道路上的公交线路数及其流量,考虑是否设置公交专用车道、专用进口道或公交优先控制方案,同时确定公交停靠站的大致位置及形式、乘客过街方式等。对于较为拥挤的道路,虽然公交车流量达不到设置公交专用道的标准,但可考虑设置公交车辆与高乘载车辆(High-Occupancy Vehicle, HOV)以及紧急车辆混合使用车道。

四、设计指标

交通设计指标是确定交通设施物理要素、管理措施和服务水平评价的依据。以道路交通设计为例,其指标有:设计车速、设计车型、车道宽度、设计交通量、通行能力、饱和度、行程速度与方差、交叉口延误与排队长度、行人绕行距离等。

五、详细设计

详细设计是在概略设计方案基础上,将设计理念、思想和基本对策转化为现实,运用相应的设计方法形成实施性方案,即对交通系统和设施的空间参数以及通行时间参数进行详细的优化、评价、校核修正,包括对空间设计中具体尺寸的优化、控制信号配时设计等,同时需要进行设计方案的通行能力、排队长度、延误、服务水平等的评价,以及交通匹配性、安全性、平顺性等的校核。以下仍以道路交通设计为例介绍详细设计的相关内容。

1. 路段详细设计

路段详细设计的内容主要包括:道路的横断面设计和机动车道、非机动车道、人行道与人行横道的设计,以及路段进出(接入)交通和路内停车设计等。设计时,应特别注意各步骤之间的相互衔接与协调,并尽量保持道路断面与交通特征的统一,确保交通的连续性和无瓶颈化。

1）道路横断面详细设计

新建道路基于其功能定位和红线、交通需求量和交通流特征，改建道路基于道路功能和红线、交通量和交通流特征，确定或优化道路的横断面构成。

2）人行道与人行横道设计

人行道与人行横道设计，应充分考虑行人通行安全和顺畅的基本要求，特别应关注弱势交通群体（如老幼病残者等）。

人行道宽度可根据行人交通量和设计通行能力来确定。人行道上公共设施的位置应不妨碍行人的正常通行，并应考虑身体不便者的通行需求，进行无障碍设计。

详细设计阶段将基于交叉口间距、道路性质、车流量、沿线两侧大型交通集散点、公交停靠站的位置和路内停车等的实际情况，对概略设计阶段综合确定的人行横道位置及设施等方案进一步细化与优化。为了提高行人自行车交通的连续性和平顺性，一般宜将非机动车道、人行道及人行横道一体化考虑，如布置在同一平面上，通过不同颜色或不同方式铺装加以区别或通过绿化进行柔性隔离。

3）非机动车道设计

非机动车交通在高峰时间更为集中，非高峰时间车道利用率低。合理地利用非高峰时间非机动车道的资源是其设计的要点。非机动车道宽度可根据非机动车设计交通流量及通行能力确定。应尽可能通过隔离设施或抬高非机动车道（与人行道同平面）分隔机动车与非机动车的通行空间，最大限度地减少机非交通间的相互干扰。

4）机动车道设计

机动车道设计应保证机动车通行的连续性、安全性，避免与行人/非机动车之间的相互干扰，并尽量减轻不同车道机动车相互间的干扰。实践证明，"车道宽车成面，车道窄车成线"，亦即过宽的车道易导致车辆无序变车道通行，适当地压缩车道宽利于车流有序化，既益于交通安全，还利于提高通行能力。因此，应充分利用不同功能的城市道路，以及老城区城市道路车速低的特征，适当压缩车道宽度（一般可采用 3.0~3.25m 车道宽）。机动车道设计可利用绿化、分隔栏、标线等对交通流做不同的分隔与渠化。另外，对应于机动车交通的不同处理方案，还应辅以相应的配套设计（如标志标线），包括单向交通、可变车道、公共交通专用车道等的特殊设计。

5）路段进出交通设计

路段进出交通也称接入交通（Access to Traffic），其设计不仅要考虑车辆进出的便捷性，更要考虑如何减少对主线交通的干扰。根据概略设计阶段确定的设计方法，进行具体的交通流组织（Access Managment），完善待行、减速与加速车道等几何设计以及各种指示、指路和禁令标志设计。

6）路段停车交通设计

当路段通行能力远大于相连交叉口进出口道通行能力，且有停车需求时，可利用路段富余空间停车。停车交通设计应充分考虑交通流量、车道数、道路宽度、交叉口排队和公共交通特性、公共设施及两侧土地使用状况等因素。

2. 交叉口详细设计

交叉口详细设计需有效地分配交叉口各种交通流的通行空间和时间，以使交通流运行安全、有序,并充分利用交叉口有限的时空资源。应按照机动车交通组织-非机动车组织-行人交通组织-附属设施设计的流程协调进行。交叉口详细设计如图3-4所示。

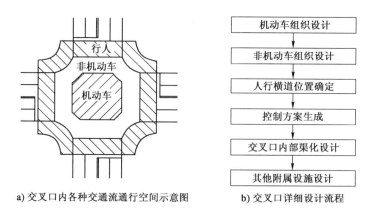

a) 交叉口内各种交通流通行空间示意图　　b) 交叉口详细设计流程

图3-4　交叉口详细设计

1) 机动车通行空间布局设计要点

机动车道空间设计主要包括车道宽度、展宽段、展宽渐变段设计,其要点见表3-3。

机动车道空间设计要点　　表3-3

设计要点	设计说明	备注
车道数	交叉口进口道车道数应较相连的上游路段车道数适当增加,具体数量应根据实际流量确定;出口道车道数至少应同于下游路段车道数,当流入的右转车流设专用车道,且出口道车道数小于同时汇入交流股数时,应增设右转汇入车道	应确保路段与路口通行能力匹配
车道宽度	进口道车道宽度可设为3.0m左右(当以小车为主时,甚至可采用2.75m),车道过宽易发生小车变道与抢道;出口道车速较高,其车道宽度应大于3.0m,或与路段车道宽度一致	注意按照实际的车型比例确定车道宽度
展宽段及其渐变段	展宽段长度应按一个周期最大停车排队数确定,展宽渐变段长度则应按设计车速和展宽横向偏移量计算确定	注意车流行驶的平顺性与安全性
左转待行区	本向最左侧车道与对向直行车行驶轨迹间有多余空间时,可设置左转待行区;若为两相位信号控制,左转车可利用本相位直行绿灯末期时间或左转专用相位通过交叉口	当待行空间较大时,可增设待行车道数
掉头车道	结合左转车道设计掉头车道,一般在停车线上游2m以上的位置设置掉头车道开口,并利用左转相位通行。当左转和掉头车数量都较大时,可将掉头车道与左转车道横向分开或在左转车道上游分开设置掉头车道	当掉头车道分开设置时,为了保障安全,应根据需要设置掉头专用信号灯

2) 非机动车交通组织设计

现行非机动车交通流通行方式是跟随同一流向的机动车同步通行。但是,非机动车交通特性较机动车有很大的差别,更接近于行人交通流特性,其特性比较见表3-4。

因此,非机动车交通组织可与行人交通一起考虑,这样既可避免非机动车与机动车同行时的相互干扰,又有益于提高交叉口的安全性,特别是规避右转机动车与直行、左转非机动车交通流的冲突。

交通流特性比较分析 表3-4

状态	机动车	非机动车	行人
排队状态	按车道依次排队	交错、紧密型排队	交错、紧密型排队
启动反应	一般需2~3s的反应时间	反应时间几乎可忽略,组团式进入交叉口	反应时间可忽略,组团式进入交叉口
启动后的运行状态	速度提高快,速度差大,驶出交叉口时速度较高	速度提高较快,速度差不大,以膨胀的状态驶出进口道	以均匀的速度缓慢离散通过人行横道线
相对强弱性	交通强者	交通弱者	交通弱者

3）人行横道设计

人行横道常见的设计方法是沿道路缘石画一条直线作为人行横道的内侧（靠近交叉口内部的一侧）边线，再向外侧偏移一个人行道宽度作为外侧边线，设置人行横道。这种设计往往会导致机动车、非机动车和行人在交叉口内相互干扰，交通混乱且交通事故频发。

人行横道设计包括位置、宽度及渠化形式，人行横道位置应在机动车与非机动车的通行空间确定之后设计，并考虑以下要点：

（1）右转机动车跨越的两相邻人行横道（当设非机动车过街横道时,应为非机动车横道）之间,应至少留有一辆标准车的长度,为右转机动车留出待行位置。

（2）左转机动车跨越的两相邻人行横道（当设非机动车过街横道时,应为非机动车横道）之间,应能保证距离超过左转车的转弯半径。

（3）设置人行横道时,应尽可能缩短行人在交叉口内步行的距离（原则上应垂直于道路中心线）,当人行横道太长时,则应设置中央驻足区及安全岛。

（4）人行横道及其两端不应是有障碍的。

4）信号配时设计

一般情况下,交通控制信号配时设计主要包括分时段的交通控制信号周期、相位、相序、绿信比及相位衔接设计,其要点见表3-5。

配时设计要点 表3-5

项目	设计说明	备注
相位设计	现状多采用对称相位； 相位组合原则：以某一向为主流向,与之没有冲突的其他相位均可与之组合在一个相位内,相位数要尽可能少	可以考虑发展的需要设专门的左转信号；无特殊需求时,无须设车道信号灯
相序设计	现状相序多为随意设置； 相序确定要考虑前后相位衔接的平顺性,间隔、损失时间应尽量小	—
最小绿灯时间	是指行人能够安全过街的最小时间； 随相位、相序组合不同而变化	—
信号灯的选取	应根据不同相位组合,选取最合适的信号灯装置	

37

设计基本原则为：
(1) 提高周期内的有效通行时间。
(2) 在满足最小周期(交通流安全通过交叉口的时间)要求的前提下，非机动车高峰时段应尽可能采用小周期。
(3) 信号配时设计应与空间设计相协调。
(4) 信号相位应根据交通流实际流量及特征灵活组合。
(5) 在保证交通安全的前提下，相序设计应使损失时间最小。

5) 交叉口内部空间处理

对于内部范围较大的交叉口，应设计左转导流线；直行车行驶轨迹不平顺时，还应设计直行导流线。除了设计机动车导流线和待行区，交叉口内无车流经过的区域，应用标线加以渠化，使各股车流轨迹明确，有利于车辆安全行驶。

6) 附属设施布局设计

附属设施包括交叉口范围内的绿化和渠化设施，道路上的灯柱、栏杆、垃圾桶、电话亭、街具等，其布局设计应确保不影响行车视距和各类交通流的正常行驶。

3. 公共交通详细设计

1) 公交停靠站设计

公交停靠站设计包括：站点位置的确定、站台形式的选择、公交停靠站及乘客候车站台几何设计、候车亭形式、站牌形式及提供信息内容等的设计。

2) 公交专用车道设计

公交专用车道设计，应在概念设计的基础上充分考虑公交线网条件，确保干线公交线路通行条件改善，同时尽可能减少对社会交通的影响。详细设计包括：优化确定公交专用车道的位置(路侧式或路中式)、公交停靠站位置以及形式。在交叉口设计时要结合专用车道设计进行专用进口车道设计，处理好交叉口转向车流与公交车流在交叉口的交织问题以及公交车辆自身的转向问题。

六、方案评价

为了分析交通设计方案的合理性、优选设计方案，有必要对交通设计方案进行综合评价。

1. 新建设施交通设计方案评价

新建设施设计方案无法进行与现状的对比评价，只能进行方案效果评价或多方案对比评价分析。常用的评价指标包括：饱和度、通行能力、延误、行程时间等运行效率指标，以及安全性、环境协调和土地资源消耗等方面的综合指标。

2. 改建、治理型交通设计方案评价

评价主要内容包括：现状和改善方案的效果、效益与成本对比分析。评价指标同上。

第四章
交通设计调查与问题分析

第一节 概 述

　　问题是需要研究讨论并加以解决的矛盾、疑难;特征是指可以作为事物特点的征象、标志等。因此,交通阻塞、事故、能耗与污染、低效等矛盾和疑难,应是需要深入研讨并加以解决(改善)的交通问题;随着时间、空间、交通组成以及对策措施而变化的交通问题征象与标志则是交通问题特征。"找到问题即解决了问题的一半",因此,本章将从交通系统的概念出发,综述城市建设与发展中所呈现出的交通问题与特征,最后对交通问题成因加以归纳,为交通设计方法和技术的展开奠定基础。

第二节 交通运输系统基本特征

一、交通运输及其特征

　　交通运输系统是国民经济最重要的组成之一,在整个社会机制中起着纽带作用,承担着人员/物资的集散、输送等重要任务,主要包括铁路、水运、道路、航空和管道五种基本运输方式,各有其适用的范围。铁路和道路组成了陆路运输系统,铁路的优势是长距离运输、速度快、成本低,但不够灵活,不适合短途运输,对运输计划的短时变化响应能力差,且其初期投资巨大,建设周期较长。相对而言,道路运输系统中,车辆的单体运量小、灵活性强,可以实现门到门的运输,但其成本较高。

根据研究和应用的区域范围不同,交通运输可分为城际交通和城市交通。城际交通是指城市之间的各级公路和轨道交通系统;城市交通则是指城市建成区内的各类道路交通、轨道交通、公共汽(电)车交通、慢行交通等系统。因城市的规模、性质、结构、地理位置和政治经济地位存在差异且各有特点,其交通需求具有明显的时空分布差异,一般是中心区交通需求强度高,而外围区则较低,时间上则在早晚(或早、午、晚)上下班时间形成高峰。因此,交通设计应在充分把握交通运输的这些特征基础上,促进多方式交通在时空上的有机协调。

二、交通系统的设施与交通方式

从本质上讲,交通是人和物有目的的移动,以高品质(安全、通畅、便捷、安心)、低成本运转与输送为目标,而不是交通工具的简单运行。广义理解交通系统,应当包括能实现人和物流动的所有交通方式。系统的基本构成包括:交通的主体(需移动的人和物)、交通的载体(交通工具与基础设施)以及交通的运行环境等。因此,交通系统的功能取决于交通设施和交通方式。鉴于道路交通在综合运输系统中不可或缺的基础作用,这里以道路交通系统为例加以讨论。

1. 基础设施类型

城市道路的等级可反映出道路的机动性(Mobility)和可达性(Accessibility)特征(图4-1)。主要的道路系统有快速路系统、干路(主干路和次干路)系统、支路系统和生活区道(街道)路系统等。快速路系统是大都市道路交通网络的主骨架,主要承担长距离的快速出行,提供最高的机动性水平,同时又以严格限制出入为前提(即出入可达性最差);干路系统又可根据其承担的交通功能而分为主干路和次干路,主要承担中长距离的出行;支路系统一般承担出行末端的交通,车辆出入道路频繁,慢行交通的优先度较高,具有很高的可达性,但速度较低,机动性水平低;生活区道路或街道(不属于市政道路)主要承担社区的交通,以慢行交通为主,机动车速度最低。为兼顾出行对机动性和可达性的要求,必须将不同功能类别的道路组合成一个级配合理的网络系统。

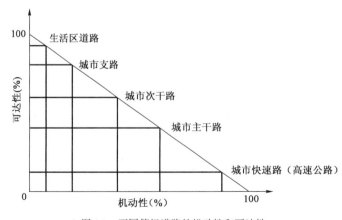

图4-1 不同等级道路的机动性和可达性

2. 交通方式类型

广义的交通方式包括陆路、水路和航空三种,其中陆路交通方式又有道路、轨道交通方式等。作为道路交通方式,高速干线公路和农村公路共同构成了公路交通运输系统,城市客运和货运交通共同构成了城市道路交通运输系统。根据交通服务对象,城市客运交通又可分为公共客运交通和个体客运交通两大类。公共客运交通又包括常规公交、快速公交、轨道交通和出租车、网约车等,近年来还出现了共享汽车和自行车模式;个体客运交通则包含私人小汽车、单位小汽车、自行车、摩托车、行人交通等。城市货运也可根据交通工具和货物的性质分为公共货运和个体货运。交通系统的交通方式构成如图4-2所示。

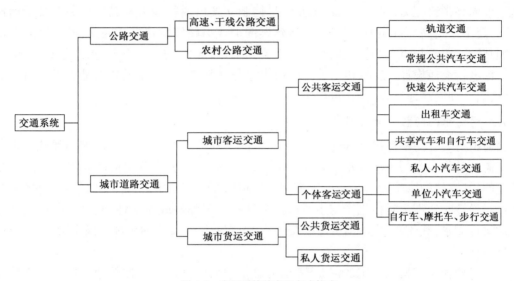

图4-2 交通系统的交通方式构成

因此,交通设计应最佳地协同不同类型的交通基础设施与交通方式。

三、交通供需特征

交通阻塞问题的本质是交通供需矛盾。交通供给是交通系统在一定的条件下所能提供的交通服务能力,与交通设施、交通方式和通行环境等密切相关;交通需求是交通主体(人和物)移动的目的地、交通方式、路径等的选择在时间和空间上的分布。以往人们总是试图从增加供给的角度,通过不断修建新的交通设施来达到供需平衡的目标。虽耗费了巨资修建大量的交通设施,却常出现"路桥修到哪,交通堵到哪"的悖谬现象。与此同时,许多设施却无法得以充分利用。究其原因,缺乏对交通供需特征及其有机关系的深入认识和有效协调,是其矛盾产生的关键。另一方面,由于城市交通设施建设需要消耗大量的土地,受到土地资源的约束,大部分城市交通系统的发展正逐步由交通基础设施建设转入交通系统重构、设施功能修复和交通智能化管理及服务,因此,更需要深入地认知与协调交通系统的供需关系,提升既有交通系统和设施的功能与性能,从而维持交通的可持续发展。城市交通供需具有如下的典型特征。

1. 交通供需的不平衡性

交通供需不平衡性主要表现在交通供需增长矛盾,以及交通设施的相对静态性与交通需求时空分布动态性之间的不平衡。前者是受资源和投入等的约束,由于交通设施建设与规模

(即交通供给)非连续性增长,而交通需求不断增长所致。特别是在我国,伴随着经济与社会的快速发展,交通需求的增长一直远远超过有限的交通设施供给能力的增长速度,所以,交通供需的不平衡更为突出。后者则是由城市的不同区位、不同交通设施及不同方向上的交通需求存在差异,以及交通需求的年变、月变、周变、日变和时变性所致。

2. 交通供给的储备性

交通设施的服务能力由其通行空间、时间、交通方式以及各要素组合后的有机关系所决定,交通设计正是基于交通需求特征,试图调整交通供给的影响要素,实现供给能力最佳化,即投入最少的资源(如交通设施用地最小化、通行时间最短化),达到最大的供给能力,而不是简单地追求提高供给能力。例如,城市道路信号控制交叉口通行能力与其信号周期及绿信比成正比,若简单地提高通行能力,则可能导致延误增加或道路资源浪费。因此,虽然交通的供给能力随其影响因素与组合的变化而存在最大值,但为降低其交通延误,往往以供给能力的最佳化为目标进行交通设计。交通供给能力的最大值与最佳值之差,体现的正是交通供给具有的储备性,当必须提高通行能力时,可以进一步加以利用。

3. 交通需求的随机性与可控性

交通出行可分为刚性出行和弹性出行,对应的交通需求分别为刚性需求和弹性需求。刚性交通需求是指生产与生活活动中必须发生的人和物的流动,在确定的时间段和空间内是相对稳定的,其直接的影响因素是城市规模、形态、布局及经济水平等,受交通供给条件的影响相对较小。弹性交通需求是指生产与生活过程中具有一定弹性或灵活性,或可以通过其他方式替代的出行需求,其流向、大小与分布受交通方式、交通组织及交通设施等因素影响,具有一定的不确定性。

在人口规模及其构成一定的情况下,出行总量中的刚性出行是比较稳定的。与刚性需求相比,弹性需求的变换频率、变化程度以及预测难度都比较大,其随机性、可控性及可调节性也比较明显。

第三节 交通设计基础资料调查与分析

交通设计目标是在满足设施规划和现状条件的前提下,实现设施的规划功能,并实现交通安全、效率、便捷和环保。因此,在进行基础资料的收集与调查时,要特别关注信息的复杂性及全面性,如全面地调查用地情况、交通产生源分布等宏观信息,以及道路沿线出入口分布、公交停靠站、行人过街、路内停车场分布等细节信息。

基础资料的调查手段有三种:资料收集、实地调查、现场踏勘。资料收集重点获取规划信息、供给信息、交通管理信息以及交通事故信息;实地调查可以获取交通需求信息、道路通畅性信息、部分交通管理信息;现场踏勘可以总体把握道路现状情况及存在的问题。

一、调查内容与相关事项

基础资料的调查和解读是交通设计工作展开的前提。面向道路交通设计的调查内容如下:

(1)规划及约束条件信息:城市规划信息(重点为土地利用性质、人口及就业情况、建筑物建设计划、道路沿线建筑物分布规划等);交通规划信息(重点为设施网络规划、红线规划、出行结构规划、枢纽及停车场规划等);交通发展战略规划信息(重点为综合交通发展战略、公共交通发展战略、设施功能定位等);交通治理与管理政策信息(重点为城市交通主管机制、公共政策、交通收费政策等);交通设计约束条件(重点为改建强度、服务水平标准等)。

15. 规划及约束条件信息

(2)交通供给信息:道路等设施资料(如断面形式、相交道路等级、交叉口间距、道路纵坡、红线宽度、车道宽、分隔带宽等);道路沿线资料(如沿线出入口、大型交通发生源位置、停车设施的位置和管理措施、公交线路及停靠站位置等);沿线交叉口信息(如交叉口进出口道横断面、车道功能等);公交相关信息(公交线路分布、站台形式、站台长度、乘客候车站形式等)。

(3)交通需求信息:区域居民出行特征,各种交通出行方式(公交、步行、非机动车、机动车等)的出行需求等。

(4)交通管理与控制信息:设施及影响范围内路网的机动车、非机动车、行人、公交等交通组织与管理信息,交叉口控制类型及信号配时情况。

(5)交通使用状况信息:道路通畅性信息,基于跟车调查或数据采集等手段,获得道路行程时间、车速、延误及延误原因等;公交服务水平信息,通过跟车调查、定点观测和数据采集等手段,获取公交行程时间、车速、延误、停车次数、乘客等车时间、车辆上下客时间等;交通事故信息,包括事故发生的时间分布、空间分布、事故类型分布特征等信息;交通潜在事故信息,通过交通冲突调查获取潜在事故信息,重点调查交通冲突类型、地点、时间、单位时间内冲突数及相应的流量、冲突导致的延误时间等。

二、交通供给信息调查

以道路为例,交通供给信息调查的重点是道路基本信息、道路沿线信息、沿线交叉口信息等,通过收集各类图纸和现场踏勘的方式开展调查。在踏勘调研过程中,同步开展供给条件不佳引发的交通问题分析。

16. 交通供给信息

1. 道路基本信息

道路基本信息调查重点收集道路等级、红线宽度、道路沿线相交道路等级、交叉口间距、道路横断面形式及宽度、公交优先车道设置情况等信息,并绘制道路现状CAD图。通过道路基本信息收集,可以分析供给方面的典型问题。以图4-3为例,调查道路是某城市东西主通道,道路等级为主干道,主要功能是东西机动化集散通道。通过道路基本信息收集,可以得到道路沿线相交道路等级及交叉口间距,调查结果反映出该道路相交道路等级较低且交叉口间距较小的问题,可能导致道路主线通行速度小于期望车速。

2. 道路沿线信息

道路沿线的交通吸引点和交通设施包括单位出入口、公交停靠站、路边机动车和非机动车停车位、行人过街通道等。道路沿线信息调查需要获得这些设施的设置位置、交通组织方式、各设施之间的间距。对于单位出入口,还需要调查出入口所属单位的性质和建设体量。道路沿线停车信息调查侧重于对机动车和非机动车停车位的设置位置及利用情况、车辆进出交通组织形式的调查,还需要调查出租车上下客区。行人过街情况调查侧重于对行人过街设施及使用情况、行为特征等的调查。

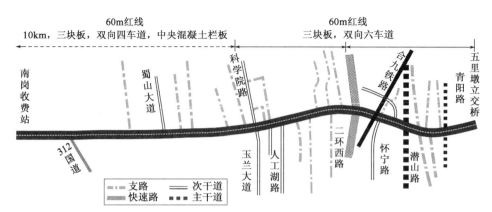

图 4-3 道路沿线相交道路等级及交叉口间距调查示意图

此外,需要调查道路沿线交通发生源的位置和性质,并需要详细调查交通出行环境,如沿线交通标志标线设计情况、附属设施设置情况、道路绿化是否影响视距等;对于交通标志,重点调查标志的位置和醒目程度、指示作用的明确度等;对于附属设置,重点调查灯杆、电线杆、垃圾箱、邮箱、电话亭、街具等的布局及其合理性。

道路沿线设施的位置、功能、交通组织信息可绘制在道路示意图中,也可用表格和探勘照片加以说明,如表 4-1 和图 4-4 所示。

道路沿线单位出入口交通信息调查统计示例　　　　表 4-1

编号	所在路段(路段编号)	出入口性质	类型	宽度(m)	进出组织形式
1	和静路(东)(11)	嘉定区安亭小学	公共建筑	24	可变更交通桩
2	新源路 3 段(19)	欧韵艺墅	低层住宅	20	右进右出
3	新源路 3 段(19)	不知名出入口	低层住宅	10	无
4	阜康西路(东)(5)	迎春公寓	中低层住宅	12	右进右出
5	新源路 2 段(2)	安亭新苑	中低层住宅	30	右进右出
6	昌吉路(西)(3)	昌吉路农贸市场	低层商业	11	无

图 4-4 道路沿线绿化与视距关系调查示意图

3. 沿线交叉口信息

进行交叉口供给信息调查之前,首先需要明确交叉口范围。交叉口设计范围包括展宽段、渐变段以及上游路段的 10~20m,设计范围相关要求参见第五章第四节。基础资料调查需针对设计范围开展,交叉口相交道路各进口均需调查到上游路段的 10~20m 范围。

交叉口调查的内容主要包括交叉口位置、相交道路等级、相交道路路段横断面设计、交叉口渠化布局模式、各进口道横断面设计、进出口道车道数及车道功能、各进口道渐变段长度及设计方法、慢行过街设计、交叉口范围内的公交停靠站和单位出入口等设计、交叉口安全防护设施设计、交叉口标志和附属设施设计等。上述设计内容可以绘制在交叉口现状 CAD 图中,也可用表格和探勘照片加以说明。

4. 公交相关信息

公交相关设施主要包括地面公交和轨道交通的步行出入口,调查内容包括公交专用车道设置情况、道路沿线公交线路分布、公交停靠站设置位置、公交车辆进出停靠站的运行情况、站台形式、站台长度、停靠线路数、乘客候车站形式等。公交线路和停靠站位置等信息可绘制在道路现状 CAD 图中,如图 4-5 所示,其他信息记录在表格中。

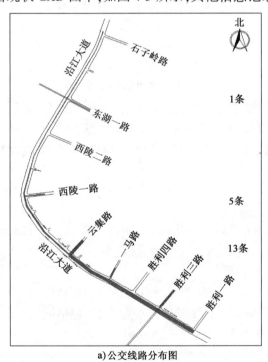
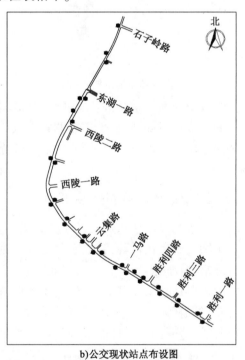

a) 公交线路分布图 b) 公交现状站点布设图

图 4-5 公交线路和停靠站位置调查示意图

三、交通需求信息调查

交通需求信息调查重点调查交叉口交通需求,同时需要调查路段及沿线进出交通、公共汽(电)车交通等需求。

17.交通需求和管理控制信息

交叉口交通需求包括各进口道各方向机动车高峰小时交通量(区分公交)、非机动车、行人高峰小时交通量。交叉口机动车交通量调查结果表示参见图4-6。

道路路段交通需求选择两交叉口之间不受排队影响的断面进行调查,双向交通流量需要分别统计,同样需要调查机动车、非机动车和行人高峰小时交通量。路段双向机动车流量分布调查结果表示参见图4-7。

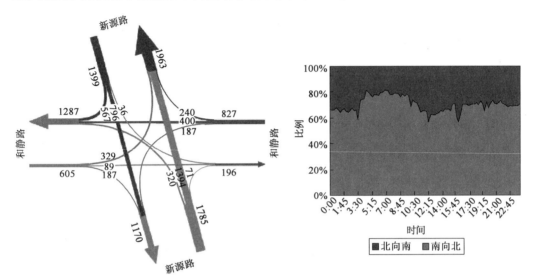

图4-6 交叉口机动车交通量调查结果示意图(单位:pcu/h)　　图4-7 路段双向机动车流量分布调查结果示意图

沿线进出交通需求是进行交通组织和渠化设计的依据,需要调查出入口机动车、非机动车和步行的高峰小时交通量,也需要调查出入口断面道路主线的各方式交通量。

公交需求调查侧重于对公交满载率、停靠站停放时间、到达频率、高峰同时到达线路数等的调查。

四、交通管理与控制信息调查

交通管理与控制信息调查的重点是道路及周边路网的机动车、非机动车、行人、公交的交通通行规则与管理条件等,重点关注交通规则(如禁行规则、单向通行、车道功能等)和交叉口交通管理措施(如限速管理、优先车道、禁止停车管理等)。

交通控制信息主要针对交叉口,重点调查交叉口控制类型,包括无控制、让行控制、绕环岛组织、信号控制等。对于信号控制交叉口,还需要记录详细的信号控制参数,包括周期、相位相序、各相位绿灯时间、绿灯间隔时间等,并绘制信号配时图。

五、交通使用状况信息调查

18.道路使用状况信息

交通使用状况信息调查的重点是获得运行安全性信息和交通通畅性信息。运行安全性信息通过收集事故数据和进行交通冲突调查获取,交通通畅性信息通过跟车调查获取。

1. 运行安全性信息收集与分析

间断流道路交通事故大多发生在交叉口内及其周边地带或交通出入、交会处,在交叉口设计时,必须调查与其相关的交通事故及潜在事故特征。交通事故信息调查主要收集事故发生的时间分布、空间分布、事故类型分布特征等;交通潜在事故信息通过交通冲突调查获取,重点调查交通冲突类型、地点、时间、单位时间内的冲突数及相应的流量、冲突导致的延误时间等。

1) 交通事故特征调查

交通事故调查内容包括:事故类型、地点、时间分布(如星期变动、季节变动、历年变化情况等)及财物损失情况。事故资料表现如下:

(1) 事故发生地点:可以投影到1∶500平面图上。

(2) 损害程度:死亡、负伤、财务损失等。

(3) 事故类型:尾撞、对撞、侧撞等。

(4) 车种及行人:四轮及以上或两轮机动车、自行车、步行者等。

(5) 当事人行为模式:右转、横穿道路、违章通行等。

(6) 天气:晴、雨、雪、雾等。

(7) 时刻:发生的时刻,区分昼夜等。

(8) 年月:年月的区别,分出季节。

以上数据都可使用符号标记到事故发生状况图中。

2) 交通潜在事故特征调查

交通潜在事故反映交通设施及其通行环境的潜在安全程度和水平,对于主动预防交通事故和改善交通安全具有重要意义。潜在事故主要发生在交通行驶环境和条件突变处,其调查内容包括冲突点及通行环境变化类型、一定时间段内的冲突数与相对应的流量,以及冲突导致的车辆紧急制动拖痕、出行延误时间等,图4-8是某交叉口交通冲突类型调查结果。

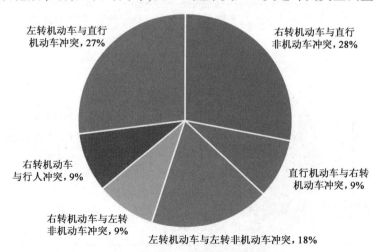

图4-8 某交叉口交通冲突类型调查结果

2. 交通通畅性信息收集与分析

交通通畅性信息包括公交和常规机动车的行程时间、车速、延误及延误原因、公交乘客候车时间、公交乘客站点停靠时间等,采用跟车调查、定点观测和监测车辆运行数据等手段获取。对于一条道路而言,跟车调查是相对简单的通畅性调查手段,调查结果可作为理论计算或仿真的检验。典型跟车调查结果参见表4-2和图4-9。

某道路机动车跟车调查数据统计　　　　表 4-2

调查序号	路段	行驶方向	行程时间（s）	行程车速（km/h）	延误时间（s）	停车次数（次）
1	墨玉路—新源路	东向西	125	16	33	1
2	新源路—泰安路	东向西	142	18	10	1
3	泰安路—曹新路	东向西	73	16	25	1
4	曹新路—曹安公路	东向西	62	28	0	0
5	曹安公路—曹新路	西向东	42	41	0	0
6	曹新路—泰安路	西向东	40	43	0	0
7	泰安路—新源路	西向东	54	32	0	0
8	新源路—泰安路	西向东	70	16	20	1

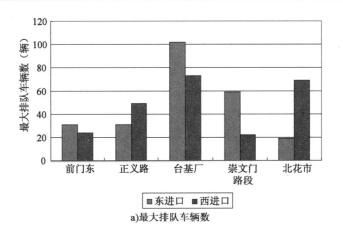

a) 最大排队车辆数

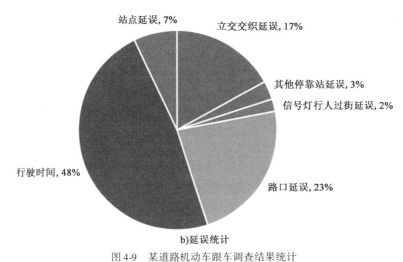

b) 延误统计

图 4-9　某道路机动车跟车调查结果统计

六、交通设计基础资料调查手段和方法

交通设计基础资料调查可以采用资料收集、各类检测设备检测、出行者问卷调查、现场观测和踏勘等方法。

交通设计需要收集相关的规划、设计、管理及政策资料,内容包括:城市规划文本、城市综合交通规划文本、公共交通规划文本、停车交通规划文本、城市交通管理规划文本、交通安全规划文本、相关的交通法规和交通政策资料、平面图(1∶500或1∶1000)、交通事故数据等。

各类检测设备可以获取交通流量、速度、占有率、视频数据等信息。

出行者问卷调查对象以交通设施周边及过路市民为主,重点获取对道路交通安全性、便捷性、有序性及通行效率等的反馈意见和主观想法。出行者和市民调查的目的是获取交通评估定性信息,通常采取问卷调查方式,通过网络和实地调查两种手段进行。问卷应根据交通改善的目标设计,可以给被调查者一定的答案选项,但应避免对其产生倾向性引导。

现场踏勘可以充分掌握现状交通问题,常见调查内容见表4-3。

现场踏勘调查内容　　　　　　　　　　　　表4-3

项目	内容
道路及其附属设施状况	路面、铺装、排水等状况,交通标志标线,信号灯、照明设施、绿化及障碍物位置,车流轨迹平顺性,视距条件
道路沿线状况	沿线出入口及其交通状况、用地情况,周边大型交通发生源位置,道路展宽的可能性,公交停靠站位置、公交运行状况、停靠站迁移的可能性
交通运行状况	交通流构成(流量、流向、车型),交通安全条件,交通秩序
交通管理与控制状况	禁行管理措施,交通管理标志标线合理性,交通控制方式,信号周期、相位相序
行人与自行车交通状况	行人过街安全性、自行车运行状况
环境状况	行驶环境、废气排放、噪声污染
市民意见	满意程度、改善建议
交通问题及基本成因	交通效率、安全、便捷性等方面的问题,以及设计、管理与控制等方面的成因

第四节　城市建设与发展及其交通问题特征

在城市规划与建设中,常因土地利用性质、规模、强度等与交通供需的矛盾,静态设施与多功能且动态的交通需求间的不协调,以及交通设施建造和管理中缺乏或缺失交通工程科学指导与技术支撑,导致诸多的交通问题。归纳其特征对于建立交通设计的宏观需求具有重要的意义。

一、城市用地与发展及其交通问题

长期以来,城市规划与建设更多地重视其形态或美观性,在我国尤为突出,导致不少"城市病"。因此,2015年底,中央城市工作会议特别提出,要加强城市设计,提倡城市修补,加强控制性详细规划的公开性和强制性。2017年3月,住建部出台了《关于加强生态修复城市修补工作的指导意见》,皆是为了补城市建设的短板,治理"城市病"。大城市在经历了"摊大饼"式的发展而遇到诸多问题(包括交通问题)后,新一轮的城市规划逐步转向发展多中心城市形态。前者易导致城市的非集约化、用地与交通不协调,特别是不利于公共交通的发展;后者若用地性质和功能布局不匹配、就业和居住不匹配,非但不能缓解中心城区的交通压力,还会由此产生大量的"潮汐式"交通,严重降低城市交通系统的弹性和稳定性。因此,城市的规划与建设必须充分地将动态交通系统的规划设计作为其主要的内容纳入其程序之中,特别是处理好城市的就业、居住、商业、文化教育等多种用地与公共交通的匹配,发展公交主导型城市与交通系统。土地利用与各种交通方式的概念性关系,如图4-10所示。

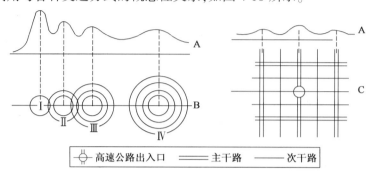

图4-10 土地利用与各种交通方式的概念性关系

A-开发强度或密度曲线;B-轨道交通线路;C-高速公路;Ⅰ-步行接驳影响区;Ⅱ-自行车接驳影响区;Ⅲ-公交车接驳影响区;Ⅳ-小汽车接驳影响区

交通是城市的动态风景线,是城市各子系统正常运行的基础。城市土地利用形态决定了城市的交通需求,也要求不同特征的城市交通体系与之适应。反之,城市交通系统的空间布局、交通方式构成和运行组织又会影响到土地利用布局和城市的空间结构。因此,城市的发展就是城市用地和城市交通系统相互促进、相互制约的一体化演变过程。在城市交通系统中,公共交通系统,尤其是大容量公共交通系统的发展对城市土地利用的影响极大,不仅最大限度地适应人们的交通需求,而且对于城市空间结构具有积极的引导作用。20世纪80年代美国学者Peter Calthorp等提出的公交导向的城市发展策略(Transit-Oriented Development,TOD)逐渐被认同,并被成功地应用到城市发展中。TOD模式是实现土地利用和交通发展互动的重要途径,我国大多数城市人口众多,土地开发强度高,具有应用TOD理念的条件。

二、交通结构与问题

城市交通结构是指在城市交通运输系统中,各种交通方式在总出行中分担比例的构成,亦即人们出行选择各种交通工具的比例。这一比值的大小,一方面取决于各种交通工具适用范围,另一方面还与城市尺度和人口规模有关(图4-11)。城市规模及人们的活动半径越大,则对快速交通方式的需求比例也就越高;城市集约化程度越高,其公共交通分担率越大。因此,公共交通系统发展的关键之一是城市用地的集约化。

合理的城市交通结构就是指各种交通方式在整个城市交通系统中分担恰当的比例;各交通方式既能在其适用范围内发挥最大优势,同时又能共同组合成整个城市的交通体系,在适应居民出行需求的同时,也不至于带来交通的阻塞,不至于超越城市的资源和环境的承载力。在我国的大城市,长期以来自行车交通占有很大的比重,虽有其必然性,但与高品质的公共交通相比也有其局限性,因而有必要适当地促进自行车出行向公共交通系统转移。

值得高度重视的是,在我国不少城市,伴随着城市机动化的快速发展,由于公共交通发展的不力,反而错误地引入了不合格的"电动自行车"交通方式;更有甚者毫无准备地发展私人小汽车交通,由此导致了城市交通质量急剧恶化(拥挤、事故、不舒适等),特别是公共汽(电)

车交通已无品质可言,难以发挥其适合于城市中长距离出行、出行效率高(人均占用道路面积最小)等优势,反而导致机动车尤其是私人小汽车和超标"电动自行车"交通量的激增。交通设计应促进交通结构的合理化,特别是应促进公共交通服务品质的提高、混合交通流的改善。

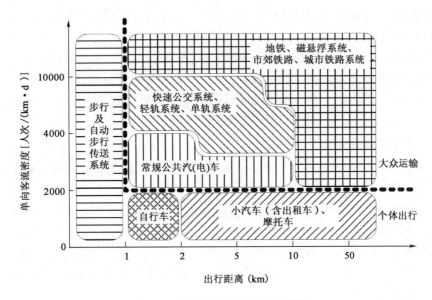

图4-11 城市常用交通方式及其适用性

三、交通机动化进程中的问题

所谓交通机动化,是用机动的交通方式替代人力、畜力方式完成人和物的移动过程。交通机动化是交通现代化的重要组成部分。我国现阶段正处于交通机动化的快速发展时期,不仅机动车拥有量正在急速增长,而且一种特殊的"电动自行车"也正在取代诸多城市的人力自行车。机动化并不等于小汽车化,不同国家、地区,在其不同的发展阶段,交通机动化呈现出不同的水平,分别有交通的摩托车化、小汽车化、公交化、轨道化等。

交通的机动化,特别是汽车交通的广泛使用,必然导致非机动化时期规划建设的城市和交通设施出现不适应性,包括交通阻塞与事故不断加剧、交通的生态与心理环境不断恶化等。国内外的经验已证明,过度依赖小汽车的交通是不可持续的。

我国应如何选择交通机动化模式尚是一个值得深入研究的课题。有的地区在交通机动化进程中,大量地发展了摩托车交通,所导致的交通问题至今仍然深刻。进入21世纪,"电动自行车"又迅速地进入了中国的城市,"电动自行车"已非自行车,更接近电动摩托车,对交通安全的威胁,特别是与公共交通相比的低效率性问题已是不争的事实,正在挑战中国城市交通的未来。若不能迅速地改善并高品质地发展公共交通,相当部分超标的"电动自行车"、摩托车交通将转为小汽车交通。显然,对于人均可利用土地和自然资源拥有量均大大低于世界平均水平、能源紧缺的中国,无节制地使用小汽车是不可行的。另一方面,一些大都市正在加速发展轨道交通。因此,为了适应交通机动化的发展,交通设计应特别面向交通的新发展与新理念、公共交通的品质化以及综合交通枢纽等形成相应的方法体系。

四、基础设施建设与交通问题

1. 交通设施建设程序问题

交通基础设施具有很强的功能性(通畅、安全等),因此其建设程序应包括:城市与交通规划、城市与交通设计、交通设施工程设计、施工建设、运行管理与服务等内容。在我国,由于"交通工程"尚是一个新兴的专业,交通设施(特别是道路)建设常侧重于土木工程内容,特别关注其力学和材料性能,甚至景观造型等,缺少对交通设施最基本功能的考虑与优化设计,致使大量的交通设施不仅难以发挥应有的作用,而且造成巨大的资源和投资浪费,甚至导致新的交通问题和严重的"交通病"。究其原因,交通系统建设与管理机制和程序的缺失,特别是交通设计的缺失至为关键,交通设施的建设犹如没有"建筑设计"的结构工程。

2. 供给满足型交通设施建设与问题

不断地修建交通设施以满足日益增长的交通需求,是较为直接的改善交通的措施之一。国内外的经验皆表明,为了改善供不应求而导致的交通阻塞问题,仅靠不断新建基础设施,用有限的资源去满足无限增长的出行需求,只会加速部分交通需求的恶性膨胀,反而会加剧交通阻塞。随着以交通系统资源最佳利用为目的的交通系统管理(TSM)、以最佳调节交通需求为目的的交通需求管理(TDM)以及交通引导城市发展(TOD)等理念的提出与发展,更加开拓了缓解交通阻塞的新思路、新理论与新方法。因此,交通设计对于 TSM、TDM 和 TOD 措施落地具有重要的实际意义。

3. 交通设施规模和结构与交通问题

交通设施的规模是指设施总量、路网规模/密度/面积率等各项指标;交通设施结构则是与其功能相关的等级结构(功能级配)、网络拓扑结构及其最佳的衔接方式等。因此,交通设施的规模和结构与城市用地和交通需求能否有机协调,直接关系到其作用和功能的发挥。

长期以来,我国的城市交通体系以非机动化及道路交通为主,因此功能较为单一。交通设施的建设也以道路工程,特别是干线道路建设为主。而且,道路资源的分配与利用未能较好地体现优先发展公交的原则,从而导致其交通设施的功能结构与交通出行需求特征及其机动性和可达性不吻合。大部分城市的快速路、主干路、次干路和支路建设比例失调,城市次干路和支路不足,甚至严重缺乏,因此导致路网整体服务能力与水平低下,已成为我国各大城市交通问题的要因之一。因此,亟须基于交通设计进行交通设施的功能和性能修补。

五、综合交通与公共交通特征及其问题

交通运输派生于经济与社会活动,因其需求特征以及不同的用地布局和交通工具特征存在多样性,所以,交通运输应是一个综合体系。如图 4-11 所示,对应于不同的运距和运能有不同的交通方式,由此形成了大城市多层次、多方式的交通网络与综合交通体系。其主要的特征有:

(1)需求多样性:交通需求随出行目的和距离、出行量及出行路径不同而呈多样性。

(2)方式多样性:对应于多样交通需求的多种交通工具和交通设施形成了多种交通方式,包括轨道交通、公共汽(电)车交通、小汽车交通、摩托车交通、非机动车交通、步行交通等。

(3)多子系统:由各种交通方式形成的若干有机相关的子系统,分别承担不同特性的交通需求,出行者的每次出行可能利用两种以上的交通方式。

(4)多层次：城市综合交通体系中的各种交通方式及其子系统分别具有不同层次的功能定位，以承担不同速度、运量和运距特征的交通需求。

公共交通(Public Transit)是指为维持日常的生活与活动、多数人可以共用、具平等性的交通服务。这里的公共交通特指城市客运公共交通，包括不同运能的轨道、公共汽(电)车、步行传送带、出租车、网约车、公共自行车乃至各类共享交通以及航空交通和水运交通等，除城市内部的公共客运交通外，还包括城际轨道和长途公交车运输及其换乘交通等。因此，公共交通具有定点、定线且运能大等基本特点，但在其方便性和准时性等方面存有劣势。

慢行交通，即非机动化交通和低速度交通，包括步行、非机动车交通和传送带交通等，是环境友好、安全便捷、任何一次交通出行都不可或缺的交通方式，与公共交通方式有机结合可构成代表发展方向的节能减排交通系统。

汽车交通在综合交通系统中仍有其一定的适用时间和空间，如通过停车换乘系统(Park and Ride, P&R)实现与公共交通的换乘、实现综合交通体系的最佳组合。汽车交通存在停车需求，在一次汽车出行的起点和终点，皆需要设置停车位，其中起点停车位应随车辆拥有而配建，终点停车位则视其用地条件以及周边路网容量而定。因此，终点停车位及其周转率的调节，常作为交通需求管理的重要手段，亦即"以静制动"之策。

任何一次交通出行可能的方式组合为：

(1)短距离出行：步行。
(2)短距离出行：步行-非机动车-步行。
(3)中距离出行：步行-公共汽(电)车或轨道-步行。
(4)长距离出行：步行-非机动车-非机动车停车换乘(B&R)-公共汽(电)车或轨道-步行。
(5)长距离出行：步行-公共汽(电)车-步行-轨道-步行。
(6)长距离出行：步行-轨道-步行-公共汽(电)车-步行。
(7)中长距离出行：步行-出租车-步行。
(8)长距离出行：步行-小汽车-小汽车停车换乘(P&R)-轨道-步行。
(9)各种距离出行：步行-小汽车-步行等。

其中，(1)~(7)是和私人小汽车无关的交通方式组合，或以公共交通为主的出行方式组合；而(8)、(9)则为与小汽车相关的交通方式组合，特别是(9)则是完全的汽车出行。不难发现，一座城市若能选择以(1)~(7)为主的交通方式组合，其城市的交通将是集约化的，且利于交通的节能减排，但交通的品质性(便利性等)将可能因其交通方式而降低；以汽车为主的出行，虽具有一定的机动性和便利性，但因其易导致交通阻塞，所以无论对于出行者还是整个交通系统，都可能是低效的，而且受制于目的地的停车条件还可能产生停车困难问题。

综合交通运输系统结构，应由城市的形态和交通规划所决定，而其各类交通方式间能否实现最佳(通行能力匹配、平顺与便捷等)衔接，则与交通设计(功能性)密切相关。因此，高品质的综合交通运输体系规划与设计，应以交通出行的安全性、通畅性、方便性、高效率以及低成本为其基本目标，同时兼顾交通运输系统的公益性，特别是节能、减排、节省资源等。

我国城市的交通体系在21世纪之前，主要是以非机动交通和公共汽(电)车交通为主，并形成了相应的土地利用形态。由于未能处理好混合交通流的有机组合与协调关系，导致交通流的行驶状态常是"混乱"的，特别是未能给公共汽(电)车交通分配应有的通行时空资源和应有的行驶环境(如较少设置公交专用道和交叉口优先信号)，整个交通系统质量较低。

进入21世纪,我国城市交通的机动化迅速加快,与既有交通设施和用地体系的矛盾不断显现,特别是由机动车、公交车、非机动车及行人共同构成的交通流"混合"状态加剧,公共汽(电)车交通质量更加恶化,停车供需矛盾突出(停车设施严重短缺、随意侵占道路和城市公共空间停车现象十分普遍),交通阻塞、事故及交通能耗与排放问题严重。另一方面,伴随着我国经济与社会的全面振兴和高速发展,大都市发展大运能交通系统、公共汽(电)车交通优先、公共自行车交通、重视行人交通等方兴未艾,已成为综合交通体系发展的新特征。

因此,面向综合交通体系和公共交通系统的交通设计,应强化其交通的系统性并促进其功能整合,加强公交优先、交通换乘点和枢纽及停车交通的优化设计。最终实现交通系统的和谐,即交通系统构成和谐、交通与未来和谐、交通与社会(公平性和安全性等)和谐、交通与环境(生态和心理等)和谐、交通与资源(能源和土地等)和谐,用最小的投入获得系统的最大和谐。

六、城市生态环境与绿色交通及其问题

交通的机动化,特别是小汽车的迅速发展,虽然带来了交通的机动性和便利性,但同时加剧了交通资源的消耗,并导致交通拥堵,且派生了大气污染、振动、噪声等城市生态环境的恶化。另一方面,也严重地影响了城市生活与移动的心理环境。小汽车出行所产生的人均能耗及环境污染无疑要远大于公共交通方式。小汽车的行驶工况,如加速、减速、急速等是能耗加大且环境污染的又一原因。交通的拥堵常导致交通流处于频繁的加减速和急速状态,从而加剧了交通能耗和环境污染。

绿色交通(Green Transportation)是21世纪出现的新概念,其基本含义是基于可持续发展原则,以缓解交通拥堵、降低污染、减少能耗、促进社会公平性等为标志的和谐、高品质交通运输系统。绿色交通提倡步行、自行车与公共交通方式,尽量减少高能耗、高污染和低效率交通方式的使用。如Chris Bradshaw所提出的绿色交通体系中规定了绿色交通工具的优先次序:步行、自行车、公交车、合乘车等。因此,为了改善城市的生态环境,应推进绿色交通的发展,特别是在城市规划、交通规划与政策等层面,构筑最佳的绿色交通体系,在交通设计阶段以实现交通系统的和谐性、交通流行驶工况的最佳化为目标。

19.交通阻塞问题与特征

第五节 交通阻塞问题与特征

交通阻塞是指某类交通流因某种原因在某时间和空间位置上出现了一定程度排队或延误的现象。因此,交通阻塞问题特征随交通流的构成、阻塞原因、阻塞时间和空间而不同。交通流的构成主要有行人交通流、非机动车交通流和汽车交通流(包括小汽车与公交车等),导致其阻塞的基本原因是交通供需的矛盾。交通需求是由不同目的和方式的出行而产生的,具有时空变化特征;交通供给则由交通基础设施和通行条件所决定。以道路交通为例,不同等级的道路、交叉节点、交通枢纽、停车场,以及交通管理和行驶环境等决定了道路的通行能力。因此,交通流的状态随其供需条件不同而呈动态变化,交通阻塞程度和特征也呈相应的规律性。本节主要以道路交通为例,介绍各类因素导致的交通阻塞问题及其特征,特别讲述我国城市交通阻塞问题和特征以及各类瓶颈现象与成因。

一、通行能力不足型交通阻塞

1. 交叉口进口道通行能力不足问题

道路交叉口承担着相交道路间通行权的交换功能,因此交叉口某进口道可能的通行时间必然较其上游路段减少,特别是信号控制交叉口。因此,适当地增加进口道数和优化车道功能,可提高交叉口进口道的通行能力。但当受资源条件所限或资源不能充分利用时,将导致交通拥堵。我国诸多城市干路交叉口进口道车道数与路段差异不大,因此导致交叉口通行能力不足。以路段单向三车道、交叉口四相位信号控制为例,假定路段单车道标准车辆通行能力为1000pcu/h,交叉口单车道标准车辆饱和流量平均为1800pcu/h,各相位绿信比均取0.25,路口与路段通行能力对比见表4-4。

路口与路段通行能力对比　　　　　　　　　　　表4-4

路段车道数	进口车道数	路段通行能力 (pcu/h)	进口通行能力 (pcu/h)	路口-路段 通行能力比值	通行能力差值 (pcu/h)
3	3	3000	1350	0.45	-1650
3	4	3000	1800	0.6	-1200
3	5	3000	2250	0.75	-750
3	6	3000	2700	0.9	-300
3	7	3000	3150	1.05	150
3	8	3000	3600	1.2	600

对比结果表明,当进口道不做拓宽时,其通行能力不足路段通行能力的一半;当车道数增加为路段的两倍时,其通行能力接近于路段值。因此,在进行交叉口交通设计时应特别考虑各类交通流通行能力的基本要求,对交叉口的通行空间(包括车道数、车道功能与组合、人行横道与非机动车道宽度)和通行时间(信号周期、相位数、相序及绿信比)等做出优化设计。

2. 交叉口出口道通行能力不足问题

不少城市道路交叉口出现交通阻塞是因其出口道设计车道数与下游路段车道数相同,特别是治理型交叉口,受道路红线的限制,往往只能通过压缩出口车道(宽度或车道数)增加进口车道数,从而致使出口道通行能力不足,常导致车流不能顺畅地流出而滞留在交叉口内部,进而可能导致整个交叉口的交通阻塞甚至瘫痪。如改善前的北京市前门东大街-正义路交叉口(图4-12),北出口仅有一个出口车道,但常常同时汇入的车流有三股,致使南向北的直行车流无法流出,下一相位西进口的左转车流也无法汇入,从而产生严重的交通拥堵,甚至影响到整个交叉口的运行可靠性与效率。

因此,交叉口出口道车道数,原则上应基于汇入的进口道车道及其信号控制方案,以最不利汇入条件为约束加以确定。若难以满足汇入条件,则只能以流出条件为约束,对流入车道数及其信号控制方案进行优化。同时,为了预防阻塞,还应考虑出口道的通行能力与其下游路段通行能力相匹配。

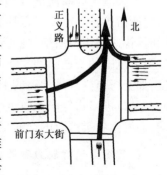

图4-12　交叉口出口道通行能力不足问题

3. 城市主干路交叉口间距不当问题

不少城市,特别是我国城市的大部分主干路普遍存在三个典型特征,即交叉口间距较短、主干路相交道路等级过低、道路沿线单位开口密集。主干路交通流的通行常被频繁干扰,难以达到或接近其设计车速,且易发生交通事故,导致道路功能降低。仅以上海市四平路改善前的沿线情况为例(表4-5),即可说明这些特征。

上海市四平路主干路相邻交叉口间距调查表 表4-5

交叉口间距(m)	<100	100~200	200~300	300~400	400以上
交叉口数量(个)	4	4	7	2	4

另一方面,与城市主干路相交的道路等级缺乏合理性,很多支路直接与主干路相交,使得原本承担长距离出行的主干路还要同时为大量的短距离出行提供服务,降低了主干路的功能,并降低其通行能力与运行速度。如上海市四平路(改善前),沿线相交道路等级的分布(表4-6)也说明了这一情况。

与上海市四平路相交道路等级调查表(改善前) 表4-6

相交道路等级	主干路	次干路	支路
数量(条)	2	6	13
比例(%)	9.5	28.6	61.9

再一方面,主干路沿线常有大量的路侧开口,其进出交通严重地影响主干路车流的通行。如上海市的四平路(改善前)、徐家汇路等主干路沿线路侧开口情况(表4-7),即可说明这一点。

主干路(四平路、徐家汇路)沿线路侧开口情况调查表 表4-7

机动车进出开口数	允许左转开口数	行人过街开口数	开口最小间距	开口最大间距	平均间距
45	32	0	63m	885m	367m

注:开口间距为同侧侧向开口之间的净距离,尚未计算交叉口的影响。

二、通行能力不匹配型阻塞

1. 连续流与间断流衔接部通行能力不匹配问题

连续流与间断流衔接部系指城市快速路出入口或进出匝道与普通道路接合部。连续流出口与所衔接普通道路通行能力的不匹配,将导致出口车流滞留甚至排队延伸到快速路主线。同时,快速路出口所衔接的普通道路通行能力与其下游交叉口通行能力的不匹配,将进一步导致更大范围的交通阻塞。我国城市快速道路的进出口与普通道路的衔接部普遍靠近交叉口布设,如上海市内环高架路的上匝道进口多位于地面交叉口的出口道附近,而下匝道出口则距地面交叉口进口道停车线较近(有的不足150m)。所以,常因连续流与间断流通行能力的不匹配,而发生各类严重的交通阻塞。

2. 交织区通行能力不匹配问题

在立交的合流交织区、快速路进出口与主线的合流及分流交织区,常因汇入或分流的车道数不匹配,以及交织段或加减速车道长度不足,而出现通行能力不匹配的情况,从而导致不同程度的交通阻塞。

3. 跨河(路)通道两端衔接设施通行能力不匹配

对于跨越河流的桥梁或者跨越道路的跨线桥,一般上桥处通行能力大、下桥处通行能力小,会导致车流在下桥处拥挤,产生严重的交通阻塞。在我国大量水网地区城市的桥梁普遍存在这类情况。

三、通行时空资源浪费及通行能力挖掘不足型阻塞

1. 潮汐交通导致的交通问题

潮汐交通是指在早晚高峰时段,不同方向交通需求不均衡的现象,常会导致道路的一侧空闲而另一侧交通拥堵,交通系统的可靠性和效率下降。因此,相应的道路横断面不宜采用中央隔离带断面设计。

2. 公交线路过度重复导致交通阻塞问题

城市的一些道路过多地集中通行公交线路,不仅导致公交运能的过剩,还可能导致公交停靠站区域交通严重阻塞。一些城市片面地追求公交直达率且公交线路多设于城市主干路上,常导致城市道路交通严重阻塞。同时,还导致一些不合理的交通现象,即公交覆盖率低、主干路交通压力过大(特别是公交站点)、乘客过多地被吸引至主干路上。公交覆盖率低亦即服务半径过大,必将降低公交服务水平和吸引力,最终导致城市交通出行方式向个体交通方式转移,如向自行车、电动自行车、摩托车乃至小汽车交通转移,无疑加剧了城市交通阻塞和降低交通效率。另一方面,公交线路的过度重复还将浪费其运能。再一方面,公交线路过多地设于主干路上,不仅加大乘客步行距离,还导致行人过多地汇集于本以汽车交通为主的主干路,且频繁地穿越主干路,增加交通事故。

3. 通行能力挖掘利用不足型阻塞

1) 交叉口通行能力挖掘利用不足

交叉口通行能力与饱和流量和有效绿灯时间密切相关。由于我国道路交通流具有较高的混合性(行人、自行车、电动自行车、摩托车、小汽车以及公交车等的混合),道路与车辆性能差异较大,使得交通流的饱和流量和有效绿灯时间明显低于先进水平。从图2-6可以看出,要提高路口通行能力,一方面要提高路口的饱和流量,同时还要提高交叉口运行效率,增加有效绿灯时间。

路面上多种交通混合通行是城市交通的普遍现象,并非我国特有,也非必然拥堵。混合交通流的无序才是导致通行能力降低、交通阻塞乃至交通事故的根源。行人、自行车、公共交通与机动车(大型车和小型车)交通流在驶入交叉口内部时,不同进口道和不同流向的各类交通流相互影响,如改善前的北京市东单-台基厂交叉口(图4-13),各类交通流在绿灯时段无法以饱和流率通过交叉口,从而影响了交叉口的通行能力,降低了通行效

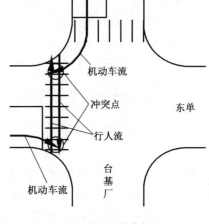

图4-13　行人过街冲突点

率。不受信号控制的进口道右转机动车常不按《中华人民共和国道路交通安全法》停让行人和自行车交通,不仅严重影响正当通行的行人和自行车流,也降低了右转车的通行能力。

2) 路段通行能力挖掘不足问题

道路和交通条件组合不当导致通行能力降低。路段实际通行能力受其道路条件(道路宽度、横断面形式、侧向净空、坡度、视距、沿途过街、进出口分布及停车条件等)和交通条件(车辆组成、交通混合状况)影响。长期以来,我国的道路建设主要侧重于土木设施建设,而对于其交通功能,特别是影响通行效率和安全的多因素优化设计甚是不足,因此道路路段实际通行能力有时只能达到其基本通行能力的一半,常导致严重的交通阻塞甚至事故。另一方面,又因实际通行能力的不足,而进行了大量的道路扩建与改造,不仅造成土地资源和投资的巨大浪费,还带来新的交通问题。

机动车路边停放不当导致路段通行能力下降。机动车的随意停放无疑对于机动车出行者是便利的,然而不当的停车,如在路段通行能力不足的区段停车,或在邻近交叉口处停车,将会极大地降低道路的通行能力。我国诸多城市机动车停车场建设相对滞后,特别是21世纪前建设的大量建筑物普遍配建停车场不足甚至缺失,因此导致大量机动车利用公共空间停车,特别是路边停车。由于路内停车便利,所以成为停车者的首选,不仅占用人行道或机动车道,车辆的频繁进出还常导致路段通行能力和交通安全性的下降,进一步加剧交通阻塞。

3) 快速路交织区通行能力挖掘不足

交织区内的车辆变换车道受到交织区长度的限制,若长度不足,车辆须在交织区内被迫减速等候可能的交织机会,不仅影响本车道及相邻车道交通流的通行,还会对非交织车辆造成影响。因此,交织段长度、出口车速、入口车速、交织区间车速、出口流量等都将影响交织区通行能力。若不能最佳地进行交织区的优化设计,则可能造成交织区拥堵。此外,交织长度不当还可能导致驾驶人冒险进行车道变换,引发交通事故。

20. 交通安全问题与特征

第六节　交通安全问题与特征

交通安全问题分析常从交通事故和交通潜在事故的发生时间、空间、主体、肇事类型四个方面进行。交通事故潜在事故的引发涉及五个关键因素,即人、车、路、环境、规则,其中人的行为不当是引发交通事故的主要原因。鉴于本章重点探讨交通设计方面的问题,所以关于交通安全问题的分析将侧重于交通规划、设计以及管理对交通安全性及其程度的影响。

一、车辆超速型交通事故

1. 非高峰时段交通事故

研究发现,严重交通事故多发生于交通平峰期。其中,大城市及特大城市事故多发时段为9:00—11:00、14:00—16:00、0:00—1:00;中小城市事故多发时段为10:00—12:00、15:00—17:00、20:00—23:00。这是因为"十次事件九次快",非高峰时段的车辆行驶速度较高,驾驶人和行人易麻痹大意;夜间事故(尤其是重大交通事故)多发则主要由车速过快或突变、照明条件不良所致。所以有必要从交通设计和交通管理两个方面对交通流的行驶条件和行驶环境加以优化。

2. 城市主干路与快速路交通事故

一般而言,城市快速路和主干路因其道路条件和行驶环境良好而较普通道路安全。然而根据我国道路交通事故统计,占城市道路的比例小于20%的主干路上发生的交通事故数量却占所有城市道路事故的70%。究其原因,正如第四节所归纳,我国的城市主干路普遍还兼具次干路乃至支路的功能,亦即功能和通行环境混杂且缺乏高品质的交通优化设计与管理,所以设计速度较高(40~60km/h)的主干路交通与频繁进出和穿越主干路的混合交通流间发生冲突的概率较高,导致交通事故高发。

另一方面,我国的城市快速路及其进出口区域交通事故也呈多发之势,且多为追尾事故。这是因为高速道路的交织区及进出口、与普通道路衔接区等的交通优化设计不足,加之高速行驶的车辆频繁变换车道,且没有明确的交织行驶规则所致。

3. 机动车驾驶人肇事比例及危害程度

机动车包括各类汽车和摩托车等机动车辆乃至超标的电动自行车。各种交通方式事故统计数据表明,由机动车辆引发的交通事故比例高达93%,导致的死亡人数占比达88%以上。因此,可以认为机动车交通事故处于主导地位,且其事故危害程度以及经济损失均很严重。另一方面,在由机动车引起的交通事故中,机动车与机动车间发生的事故占比约为75%,主要因机动车行驶速度高、驾驶人行为不当、车辆自身原因(质量、维修保养、安全性能不过关)、交通安全设施不当或缺失以及道路线形等所致。再一方面,机动车与行人及非机动车间发生的事故占比分别为7%及5%,这类事故主要发生在机动与非机动交通混行道路、人行横道过长和右转缘石半径过大(含右转无渠化)的交叉口、人行横道不当等地方。主要原因是交通行驶条件与环境(交通安全设施等)优化设计的缺失,以及交通主体安全行为的不规范。

二、潜在交通事故问题

1. 无信号控制交叉口与交通事故

道路交叉口的交通效率和安全性,与其信号控制方式密切相关。当交通量较小时,常采用无信号控制或基于停车让行、减速让行和干路先行标志管理交叉口,但易发生潜在的交通事故。我国关于各种控制方式的事故比例统计数据表明,无信号控制交叉口交通事故死亡比例达50%以上,基于停车让路标志管理的交叉口交通事故死亡率大于40%;采用信号灯、人工指挥等控制的交叉口死亡比例则小于10%。深入考察可发现,一方面,是因为出行者无意识或无视停车让行规则;另一方面,出行者不完全了解和理解停车让行规则;再一方面,与无信号控制及停车让路管理交叉口的道路线形和视距以及照明不良有关。根本原因还是交叉口通行环境与条件缺乏精细化交通设计。

2. 混合交通与交通事故

当交通流存在冲突或交织且无序混合行驶时,由于其速度和质量的差异,若不遵守相关交通法规,则易导致交通的混乱乃至潜在事故。根据我国道路交通事故统计,在混合(无序)交通条件下发生的交通事故比例约为53%,其中引起死亡的比例约为60%。以一块板道路为例,因机动车与非机动车混行,超车或变道时常需要借用对方的道路资源,不同速度的交通流便出现交织,从而容易引起交通事故;同时公交车进出停靠站时需要借用非机动车道,导致部分非机动车绕至机动车道上不安全行驶,且公交乘客上下车时易与行驶中的非机动车冲突,机动车与非机动车之间以及非机动车与行人之间交通事故多发。

另一方面,行人过街交通与行驶中的机动车交通无序混行,处理不当时也会发生诸多的交通事故。根据道路交通事故原因统计,在我国由行人引起的交通事故中,约90%为行人违法穿越车行道引起的。其主要原因,除存在行人过街行为的不规范性问题外,行人过街系统和设施的设置缺失或不当是主因;此外,也与机动车在人行横道处很少按照道路交通安全法的要求停车让路有关。因此,交通设计与管理应将改善混合交通的有序性和安全性作为主要任务之一。

21. 交通其他问题

第七节 交通环境问题与特征

本书所论述的交通环境不仅包括生态环境,还包括出行环境、通行与视觉环境和心理环境等。因此,交通环境问题的解析应从以下几方面进行:

(1)步行出行环境:步行道环境、过街设施条件、步行信息指引环境、无障碍通行条件。
(2)公交出行环境:公交车辆行驶环境、公交站台候车环境、公交系统换乘环境。
(3)机动车行驶环境:主要是机动车信息指引环境等。

一、交通废气与噪声污染问题

1. 交通拥挤与交通废气排放问题

交通阻塞问题的加剧,将导致机动车在交叉口、公交停靠站、出入口等交会区减速、停车、怠速、加速现象频发,加大机动车运行速度的波动。车辆的频繁变速和怠速行驶不仅导致交通流的不顺畅,也增加了机动车的油耗及废气排放。

2. 交通状态与交通噪声污染问题

随着交通拥堵状况的加剧,交叉口或道路连接部等区域的机动车出行者为降低其出行延误,常出现变换车道和违法抢行现象,而后随行的车辆为了提示潜在的危险性,多发生鸣喇叭和紧急制动现象,便加剧了交通噪声污染。另一方面,道路的不平整不仅会导致车辆的振动,也会派生交通噪声。

二、慢行交通通行环境问题

1. 慢行交通过街及管理设施

在我国,相当多的城市道路交叉口及路段上的人行横道长度较长,缺乏中央安全驻足保护设施、行人及非机动车安全设施(包括与机动车道之间的有效隔离设施、慢行交通专用信号灯、安全岛等),导致行人过街安全没有保障。另一方面,由于行人及非机动车交通缺乏明确的通行权及保障措施,客观上造成行人及非机动车违法过街现象频繁。此外,大部分交叉口行人正当过街时,常受到右转和左转车辆的干扰,不仅易引发交通事故,而且降低了交叉口的通行能力。

2. 人行道通行环境

我国一些城市道路的人行道被侵占情况突出,如某些地方人行道不足甚至缺失,有限的人行道还被电线杆或树木侵占(图4-14),导致行人根本无法正常通行;或存在机动车、非机动车随意占用人行道停车现象(图4-15),造成行人通行不畅,恶化了行人交通的通行环境,而且迫使行人违章在自行车道甚至机动车道上通行,造成交通流的无序混合与相互干扰,进一步降低了交通的安全性及通行效率。

图4-14 被电线杆等侵占的人行道　　　　图4-15 随意占用人行道停车

3. 盲道问题

我国大部分的人行道上皆设置了盲道,但不少仅流于形式,盲道的连续性以及安全性缺乏保障,部分路段的盲道中断或被侵占,存在严重的安全隐患(图4-16~图4-18)。

图4-16 被机动车占用的盲道　　　图4-17 中断的盲道　　　图4-18 导向河里的盲道

4. 慢行交通系统性问题

主要表现在:不少城市仅将行人和自行车交通作为附属性交通方式,缺乏明晰、完善的系统,通行空间和通行权不连续、被侵占、无保障;行人与自行车交通与相关的交通系统和设施之间缺乏有机联系。如有些城市的地铁站与过街地道,两个距离相近的通道间不相通,走过街地道的行人只能先上地面,行走一段距离再进入地铁站,极大影响了慢行交通与公共交通的有机整合,降低了慢行交通系统的服务水平及交通系统的有机联系性。特别是在我国,对于交叉口自行车交通,至今未能推广应用科学有效的交通设计方法。

三、公共交通行驶环境问题

1. 机非混行道路上公交车停靠问题

我国不少城市道路采用了"一块板"的道路横断面,导致公交乘客与非机动车在停靠站附近互相严重干扰(图 4-19)。当公交车靠站时,常挤压或占用非机动车的通行空间(图 4-20),不仅引起公交车进站延误,还会导致路中停车、乘客不得不穿越非机动车道上下车,增加了上下客的时间,对乘客安全也不利。同时,停靠的公交车辆占用了非机动车的行驶空间,阻碍了非机动车流的正常通行,常使部分非机动车流绕至公交车的左侧通行,与左侧上游的机动车流互相干扰;部分在公交车右侧的非机动车流与上下公交的乘客也产生冲突。因此,这类道路上的公交停靠站附近常是交通拥堵点和事故多发点。

图 4-19　公交乘客与非机动车互相干扰　　　　图 4-20　受挤压的非机动车流

2. 公交站台乘客候车环境问题

对于客流量大的公交停靠站,由于站台容量不足,高峰时期无法容纳候车乘客,常造成乘客占用道路候车。同时由于视距不良,乘客无法判断等待的公交车辆是否到达,致使乘客在道路上走动,不仅占用了机动车道资源,还降低了车辆通行效率,导致乘客候车环境恶化,交通安全无法保障,从而降低了公交的服务水平(图 4-21)。

图 4-21　候车空间不足的公交站台

3. 公交站台候客设施及站牌问题

公交停靠站的站牌和站亭等设施是影响乘客候车环境的重要因素。近年来与此有关的改善措施方兴未艾,如某些停靠站添加了盲文信息等,但仍有极大的改善空间(图 4-22～图 4-24),如面向乘客需求特征设置公交停靠站遮雨棚和人性化服务设施等。应进一步优化布设公交站台及附近的附属设施,如站牌(服务内容、形式和位置)、垃圾箱位置等,使其易于辨认、不阻挡视线、不占用通道和候车空间等,以提高公交候车服务水平。

图 4-22　不当的盲文站牌位置　　　图 4-23　无雨棚的停靠站　　　图 4-24　站牌不当的公交站

四、机动车行驶环境问题

1. 公共交通低分担率导致的交通问题

高水平的公共交通对于吸引个体采用集约方式出行具有极其重要的作用。然而不少城市的公共(汽车)交通覆盖率和准时性和便捷性差,导致公共交通分担率低,甚至低于20%,大量的出行转向机动车、摩托车、电动自行车、助动车等个体交通工具,不仅加剧了人均道路资源的占用,还致使环境恶化,并进一步形成混合交通流,致使交通阻塞严重,不利于交通系统的可持续发展。

2. 交通指示系统不完善问题

交通指示(语言)系统直接影响到汽车交通的行驶环境。机动车交通由出发地至目的地的移动,常需要在多路径中做出选择,而且随其交通状态(交通阻塞或突发事件)的变化而不断调整选择。由交通标志、标线及信息板等构成的交通指示(语言)系统对于这种选择具有极其重要的作用。当城市交通指示系统缺失或内容不清、不完善或不便识认时,易导致交通的无谓绕行,从而增加交通需求量,一方面加剧了交通阻塞,另一方面也增加了交通污染。同时,还增加了出行时间和交通的不便性,降低了包括机动车在内的交通出行服务水平,进而恶化交通行驶环境,影响出行者的心理环境。

第八节　交通问题成因剖析

交通设计相关的调查和问题分析为揭示问题成因,形成有效的防治方法和科学技术体系提供了基础依据。从本质上讲,交通阻塞是由供给和需求不协调所致。影响供给能力及其分布的因素包括交通规划、交通及其设施设计与建设、系统的管理与控制;影响交通需求总量及其时空分布的因素包括城市与交通规划、交通组织管理与控制方式、交通服务和交通(尤其是公共交通)发展政策与方案、交通出行行为等。交通安全和秩序问题的主要成因是交通流在同一时间或空间存在冲突或干扰,与交通安全主体的行为密切相关。本节将着重论述与交通设计相关的内容。

一、城市与交通规划及交通问题

交通规划是基于城市的发展战略与规划,与城市规划互为关系的专业体系,广泛地涉及交通体系结构、交通与土地利用关系、交通设施功能结构与规模等。因此,城市与交通规划对于交通问题具有结构化的影响。

1. 城市道路网规划与交通问题

长期以来,城市的交通基础设施建设主要侧重于主干路或城市快速道路,而低等级道路的比重相对较低,与主干路相交的道路往往等级过低,主干道路网的疏解能力不足,从而导致大量车流主要集中于主干道路网。城市主干路网同时承担长距离、短距离及绕行交通,其交通压力及交通秩序矛盾较为突出,因此,在进行交通规划时需要对城市道路网络结构进行适当的调整,并通过用地功能的调整强化主干路的交通功能,或弱化其商业功能。

2. 红线规划与交通问题

道路红线规划存在的问题主要体现在两个方面:一是道路交叉口红线缺乏拓宽,二是规划红线缺乏前瞻性。由此间接地导致道路交叉口的空间条件先天不良,造成进口道与出口道通行能力不足或不匹配等问题。此外,红线规划的量化依据不足,缺乏对整条道路的前瞻性定位,导致很多道路规划红线经常变动,或因道路改建大幅度拆迁等问题。

3. 公交规划与交通问题

在城市公交线网规划中,常因各种公交方式之间的换乘衔接缺乏科学的考虑,从而形成地铁枢纽站、长途客运站与周边公交的"先天性"接驳不良问题。公交线网中,大量的公交线路布设在主干路及主要枢纽点,线路的重复率高,出现一站多线、近邻住宅区的支路却无公交的问题。另外,公交站距过短及换乘距离过长、大型枢纽换乘不便,致使大量出行者不愿选择公交出行,从而直接影响并降低公交线网的服务水平、吸引力,进而增加其运营成本。

4. 停车规划与交通问题

停车场是道路交通极为重要的附属设施。停车场布局不当或建设不足,导致了大量的机动车和非机动车占用道路停放,迫使行人转至非机动车道通行,自行车则行驶在机动车道,造成交通秩序混乱、安全隐患和交通阻塞等问题。另一方面,由于交通需求分布不均衡,停车泊位供应直接关系到汽车交通需求的分布,所以,如何基于停车需求管理理念,利用静态交通供应调整动态交通需求分布,同样是停车规划应特别予以关注的问题。

二、交通设计与交通问题

1. 道路横断面设计问题

1) 空间资源利用问题

长期以来,我国城市道路的干路大量采用三块板或一块板横断面形式,前者在路段上能够实现机动车流与非机动车流的分离,有利于减少机非交通流的相互干扰,但是在交叉口处仍存在诸多问题。伴随着我国交通的机动化,非机动车交通量迅速下降,三块板横断面的硬质分隔,已使早期的非机动车道资源无法综合利用。另一方面,非机动车交通高峰早于机动车,高峰过后的非机动车道常处于闲置状态,而此时的机动车道却处于拥挤状态。因此,不当的道路横断面形式直接影响到道路资源的有效利用,甚至导致道路资源的浪费。

2) 机动车单车道宽度过宽问题

机动车单车道宽度,我国长期以来采用 $3.5 \sim 3.75\mathrm{m}$,侧向安全距离为 $0.5\mathrm{m}$;无中央分隔带、双向四车道的干路设计机动车道总宽度通常为16m。对于以小型车为主或车速较低（低于40km/h）的城市道路交通流而言，显然该宽度过宽。采用宽车道不仅会导致土地资源和道路红线资源的浪费，增加建设成本，同时还会引起车辆违章超车或并行现象，影响交通安全和秩序乃至效率。

2. 交叉口交通设计问题

1）交叉口混合交通流混乱问题

我国相当多的城市道路平面交叉口交通秩序不甚理想，客观上这一现象是行人、自行车和机动车交通的混合通行导致的。但混合交通不是我国所独有的，世界上几乎所有的城市道路平面交通都是混合的，这不应是秩序不良的致因。因此，亟须我们深入破解我国城市道路交叉口的交通秩序混乱问题。

观察现实城市道路交叉口的交通现象，非机动车所采用的与机动车相同的通行规则及通行控制信号，是导致交叉口非机动车、行人、机动车三股交通流在有限空间上严重交织和冲突、交叉口交通流有序性、安全性和通行能力极大降低的主要原因。尤其是无信号控制和两相位信号控制条件下的交叉口，问题更为突出。

另一方面，当非机动车采用与行人相同的通行规则（模式）时，交叉口的交通冲突将大幅减少。冲突点均合并分布在慢行交通过街横道沿线，益于有效地提高交叉口的交通秩序、交通安全水平和通行能力。

2）通行能力匹配性问题

交叉口进口道资源不足是引发道路交通阻塞的主要因素。当车辆通过信号控制交叉口时，通车时间一般仅相当于路段可通行时间的一半，因此，交叉口进口道上每条车道的通行能力不到路段通行能力的一半。所以，平面交叉口规划设计须使进口道通行能力与其上游路段通行能力相匹配，首先须增加交叉口处的红线宽度，进而增加进出口的车道数。

另一方面，交叉口进口道车道还应与出口道相匹配，当交叉口某出口道车道数小于一个信号相位内其他进口道放行的车道数，即进口道与出口道通行能力不匹配时，交叉口内部将会出现交通拥挤乃至堵塞状态。

3）进口道车道功能与交通需求不匹配问题

交通需求具有随机波动性，特别是早晚高峰与平峰不同时段的交通需求分布不均，当交叉口车道功能划分与交通需求分布不匹配时，将导致各车道排队长度分布和延误分布不均，部分进口道还会出现超长排队或空闲状况。因此，可进行交通优化设计，设置可变车道，并通过标志和信号配时对其车道功能与交通需求加以最佳协调，进而改善交通。

4）内部空间设计问题

在现实中相当多的平面交叉口内部均缺乏必要的渠化设计，如缺乏左转导流线及有效隔离渠化、直行导流线、右转导流线及有效隔离渠化、禁止车辆通行区域的导流线，停车线设置位置不科学等，所以车辆通过停车线后其行驶轨迹易自由无序，在混合交通流量较大时，易互相干扰，从而导致通行效率低下、安全性差、秩序混乱。

5）安全设计问题

交叉口若缺乏或交通安全设计不合理，将导致交叉口内部不同流向车流存在冲突。例如，某交叉口（图4-25）的右转机动车与直行非机动车在一个相位内存在冲突，机非交通互相影响,对交通安全及通行效率极为不利。

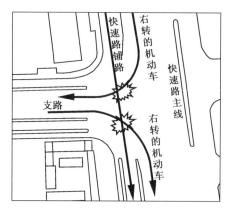

图 4-25　右转机动车与辅路直行车流冲突

6）行人过街设施问题

不少城市道路交叉口行人过街横道过长,且无中央驻足区。当行人一次无法通过交叉口时,只能站在路中高速行驶的机动车交通流之间等待通过,无安全保障。另外,行人过街还常受到同一相位的右转机动车或左转机动车交通流的干扰,致使其在绿灯时段依然无法安全过街。

3. 道路沿线交通设计问题

1）路段进出（接入）交通问题

在三块板及一块板断面形式的道路上,其沿线侧向开口的进出（接入）交通通常允许"左进左出"。当单位开口间距较小时,进出车辆频繁穿越主线车流,不仅影响道路交通的正常秩序与安全性,还降低了道路的通行能力。

2）路段进出口视距问题

在道路沿线的开口处,由于绿化及其他设施（如天桥的桥墩等）设置不当,使得进出车辆的视距不良（图 4-26）,驾驶人常因没有足够的反应时间避让而发生交通事故。

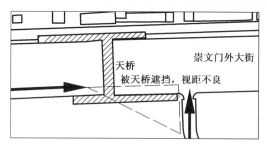

图 4-26　路段进出口视距不良

3）路内停车与交通问题

机动车路边停车是将车辆就近停放于路内的人行道、自行车道以及机动车道内,占用一部分交通空间。其优点是停车方便、易于进出;但更有其缺点,即缩减道路容量、导致交通拥挤与不安全。鉴于路内停车弊大于利,所以原则上应逐步取消,特别是影响交通安全与通畅、通行能力不足的地点均应禁止路内存车。不得已时,当路外停车设施严重短缺又不影响交通,或为紧急车辆时,可允许路内临时停车,但须辅以严格的限时和收费等管理措施。

4）路段行人过街与交通问题

在不少城市，与人行横道衔接的人行道及分隔带上欠缺无障碍处理或处理不当，不利于行人便捷、安全、顺畅通行。另一方面，用于确保行人交通安全、防止机动车或非机动车随意驶上人行道、避免行人任意横穿道路的安全设施也相对欠缺；路段人行横道的设计也没能做到既保障行人过街的安全性和便捷性，又尽量减少行人过街对车辆通行的干扰。

5）附属设施设计与交通问题

道路附属设施，如公共电话亭、电线杆、排水管道、各类标志标牌等，当设置不当时将对道路的交通功能产生诸多影响。如占用人行道空间、影响交叉口视距等；道路照明设施因受到遮挡而影响其照度，进而不利于交通安全；排水口若设置于行人通行区域或机动车行驶轨迹范围，则会影响其通行环境；各类隔离设施布局不当，则可能影响到交通行驶轨迹和视觉环境。

6）交通与景观协调设计问题

道路空间范围除设置有交通设施、附属设施，还有景观和绿化等，若交通设施与景观设施设置不协调，将影响道路的交通功能。如道路绿化侵占必需的交通空间、绿化的树冠遮蔽交通标志和照明、绿化高度和位置不当影响视距等。交通与景观的不协调将会直接或间接地影响到交通通畅性和安全性，并可能影响到交通设施的改善。

4. 公共交通相关设计问题

1）公交专用道在交叉口进口道的处理问题

公交专用道在道路上的处理分为两个区段，其中路段部分设置于路侧或路中，通行权处理较为明确；在交叉口区域，受到其空间和交通条件的限制，公交专用道或延续为专用进口道，或终止为回收线。若处理不当，不仅会影响公交专用道的功能，而且会导致整个交叉口的通行效率下降。

2）公交乘客路段过街交通设计问题

当行人过街横道与公交车站未协调设计时，如紧挨着公交停靠站在下游设计人行横道，则行人过街易发生事故。这是因为，当公交站台上有车停靠，同时有行人过街时，来自站台上游的车辆难以发现被公交车遮挡的行人。所以，人行横道应尽量设置于公交停靠站的上游。当受到条件限制，必须设置于公交停靠站下游时，离开站台边缘的距离也应保证安全距离的要求，一般应大于30m，以保证公交车后续的车流视距良好。

3）公交停靠站附近非机动车交通处理问题

在横断面为一块板的道路上设置公交停靠站，当公交车辆进出站、乘客上下车时，必将占用非机动车道，非机动车只能在公交车后待行或者与公交车辆交织后进入机动车道行驶，从而导致公交停靠站处的交通秩序混乱，交通事故多发。因此，有必要系统地对公交停靠站周边的交通做优化设计，以确保其交通的通畅与安全。

4）换乘交通设计问题

良好的换乘系统是提高公交服务水平和分担率的重要基础。我国不少城市的公共交通换乘尚未形成系统，而且普遍存在换乘距离和等候时间过长、缺乏换乘和指路信息服务、换乘不方便等问题，导致出行者不愿意选择公交换乘出行，习惯于一次到达；公交线网直达线路比重较高、线路重复严重。因此，增加了公交车流量，不仅加剧了交通系统的阻塞，恶化了公交服务水平，反而加大个体交通方式的选择比例，同时还浪费公交运能，增加了公交运输成本。所以，有必要对公交换乘枢纽及其系统进行优化设计。

5. 交通语言系统与交通问题

1) 交通语言标准化问题

交通语言(标志、标线、标识)系统是协调各类交通出行者和交通系统及交通管理等的重要手段。交通的普适性要求交通语言系统必须是标准化的。我国交通的机动化和交通服务的改善方兴未艾,因此其交通语言系统正在形成,标准化也在进行中。现实中,交通标志标线和标识等在各地自成体系的情况仍然较多。

2) 标志可视性差

交通标志是交通语言系统最基本的组成部分。在现实中的不少道路上,由于机动车交通标志设置在机动车道与非机动车道的分隔带上,受其上的绿化和广告牌等遮挡,标志的可视性差,常导致车辆驾驶人为寻找交通标志而减速慢行。另一方面,短距离内常设置过多的交通标志和标识,使得利用者无法快速提取有用信息,或为获取必要的信息而突然减速慢行,从而引发追尾事故或违章变道等。

3) 交通语言内容不完整

主要表现有:在施行禁行或限制管理的区域内缺乏交通指引标志,无法引导交通流改变行驶路径,导致绕行交通量增加,加剧城市路网交通压力;无信号控制交叉口缺乏让行或停车让路标志,特别是行人及自行车过街横道前的停车让路标志的不完善等;道路衔接段缺乏限速标志以及必要的警告标志,常导致车速突然变化,引发交通事故;道路线形或行驶环境发生变化的地段缺乏相应的标志标线,存在安全隐患。

三、交通管理与交通问题

交通管理主要用于调节交通供需关系和各类交通流通行权,是改善交通的重要措施。主要的措施包括:交通流组织管理、通行权(限制与禁止及优先)管理、速度管理以及交通信号控制管理等。交通管理措施使用不当会导致交通问题,当交通基础设施建成后,基于交通管理改善交通往往是关键性措施。

1. 交通控制与交通问题

1) 右转车辆交通控制不当

对于干路上的交叉口,其右转车流量往往较大,在严格车让人法规下,右转机动车道和直右车道通行能力下降,无控制的方式易引发过大延误。

2) 行人信号控制不当

行人信号灯设置不当,或行人相位绿灯时间、行人黄灯清空时间不足等,都会导致行人和机动交通流的冲突,从而导致交通事故。

3) 绿灯间隔时间设置不当

两个信号相位绿灯时间间隔矩阵是信号控制中确保交通安全最重要的参数,必须按照道路与交通流的实际数据科学地设计。若绿灯时间间隔矩阵设计不合理,则绿灯末尾车辆(特别是自行车和行人交通)未清空时紧接相位的车辆就驶出,会导致交通冲突和安全隐患,而且容易发生交通死锁,无法保证交通的可靠性,还会影响通行效率。

4) 交通控制策略参数问题

交通控制策略参数主要包括：控制子区（交叉口群）、相位差、周期、相位数及相序、绿信比。信号协调控制不当会导致上游或下游交叉口交通严重阻塞；单点控制参数设置不当会导致时空资源分配不均衡且不协调，造成空间资源浪费，导致交叉口可靠性及通行效率下降。

5) 公交优先控制问题

公交优先控制是提高公交运行效率和服务水平的重要措施。然而，不少城市的交通控制系统尚未能有效地实施公交优先控制，特别是多方向优先协调控制、公交系统化优先控制等很是不足。

6) 信号控制与交通设计结合问题

道路空间资源与时间资源及其动态的交通需求应合理地组合，即车道功能布置和绿灯时间分配应与交通需求有效结合，以达到提高通行能力、减少延误的目的。然而，现实中的道路交通设施建设不仅缺乏交通设计，而且交通设计与交通控制不结合或不合理结合，常导致如下问题：

(1) 不同相位的交通流饱和度不均衡，造成饱和度偏高的相位一直超负荷运行，而饱和度偏低的相位其绿灯末期无车辆通行，浪费绿灯时间；

(2) 同一相位内各流向饱和度不均衡，造成在该相位绿灯期间，饱和度高的流向通行时间不足，而饱和度低的流向会出现车道闲置。

2. 交通组织管理与交通问题

1) 网络交通组织问题

不少城市的干路网与支路网级配不合理，支路网密度偏低，同时又没有采取必要的交通组织措施以最佳地调节道路网络的功能，从而致使干路承担支路的集散和通达功能，整个道路网的综合功能下降；还造成交通秩序紊乱、冲突现象频发等问题。

2) 微循环系统问题

城市交通基础设施建设常重视"主动脉"的干路网络，而"微循环"的支路网络或小间隔道路网络却始终未能得到有效建设、疏通和利用，使得交通拥堵改善和治理往往只局限于主干路路网的建设与改善，未能充分挖掘支路网的功能，更加剧了干路交通功能的混杂性，弱化了改善交通的作用。

3. 交通秩序管理与交通问题

道路交通秩序管理是基于通行需求、通行条件及环境，关于交通通行权的交通组织管理非常重要的内容之一，直接影响着整个交通系统的运转效率与安全性。

1) 交通枢纽秩序管理问题

城市火车站、汽车站等对外交通和市内交通的集散场所，通常受到用地限制，公交车、出租车、行人交通空间均不足，导致各类交通流相互影响，降低枢纽的服务水平。

在我国，交通枢纽的通行空间常被商贩占用，缺乏专用有序的步行系统和有效的交通导向（地铁、公交与出租车的接驳位置）信息，对乘客亦缺乏有效的管理，致使场站内交通秩序混乱，旅客不能迅速、便利地集散，枢纽交通效率下降，且存在安全隐患。

2) 公交站点秩序管理问题

公交停靠站处常存在公交车辆间、公交车辆与社会车辆及行人和非机动交通间相互严重干扰的现象。特别当同一站点停靠过多线路时,公交站点的秩序更加混杂,采取系统而有效的交通设计与管理对于改善公交站点交通状况至关重要。

3) 路段及交叉口秩序管理问题

道路(特别是老城区的道路)沿线常分布有大量的接入进出口,有的路侧进出口交通吸引量大且高峰集中(如中小学校、医院或大型企事业单位等),若不能进行有效的交通组织(包括停车交通组织、进出交通转向组织等),必将导致路段路侧进出口处交通秩序混乱,特别在高峰期间出现交通阻塞,并存在安全隐患。交叉口附近的支路或重要路侧进出口管理不当,会严重地影响交叉口的秩序、通行能力及安全性。

第五章 城市道路交通设计

第一节 概　　述

　　城市道路是交通基础设施的重要组成部分,交通运行状况直接影响到出行者的出行质量。城市道路交通设计以实现交通的安全、通畅、环保、有序、便捷、高效率,并最终构筑和谐交通系统与出行环境为目标。

　　城市道路交通设计在相关基础资料的调研和解读(第四章已详细讲述)基础上进行。本章将重点讲述城市道路交通设计体系中的网络衔接设计、道路横断面和交叉口设计、道路沿线交通设计、交通稳静化设计等相关内容,公共交通系统设计将在第六章介绍,交通语言系统设计则在第十章进行详细论述。

　　交通设计具体内容随道路等级以及交通功能的不同而有差异,主干路以交通功能为主,为市域范围内较长距离出行提供服务,其"通行"功能优于"通达"功能;次干路是城市内部联络性道路,兼有集散交通和服务性功能,实现交通的"通"与"达";支路是次干路与街坊内部道路的连接线,以服务性功能为主,不仅满足"通达"功能,还应满足公共汽(电)车交通线路行驶的要求。同时,近年提出了"街道"概念,指的是两侧建有各类建筑物、功能活动多样的道路。街道更强调满足慢行需求,根据沿线建筑使用功能与街道活动分为不同类型。

　　针对不同等级道路和街道交通功能的差异,从实现城市道路安全、效率、有序等目标出发,可将城市道路交通设计内容概括如图 1-2 所示。

学习本章前需要先掌握"交通工程""交通规划""道路几何设计"等课程相关的基础知识,特别是城市道路连续和间断交通流理论、通行能力计算方法等。学习本章后,可以掌握城市道路交通设计的一般流程、设计要点和基本方法。

第二节 城市道路功能定位与网络衔接设计

一、道路/街道功能定位与规划设计标准

城市道路从等级上可分为快速路、主干路、次干路、支路等类型;从功能上,根据其在生产、生活服务等方面所起作用的不同,又可分为交通性道路、生活性道路、居住区道路和步行街等。为了使各类道路在城市路网中充分发挥其功能,并对其进行优化设计,必须明确各类道路的基本功能:是交通性还是生活性道路?是客运交通为主还是货运交通为主的道路?

1. 道路功能定位原则

1) 基于现行规范原则

《城市道路工程设计规范》(CJJ 37—2012)和《城市道路工程技术规范》(GB 51286—2018)将城市道路分为快速路、主干路、次干路和支路四类,并规定了各类道路的主要功能和建设要求。上海市工程建设规范《街道设计标准》(DG/TJ 08-2293—2019)将街道划分为五个类型,分别是商业街道、生活服务街道、景观休闲街道、通行性街道和综合性街道。

2) 与土地利用相适应原则

城市土地开发强度应与城市所提供的交通系统运输能力相协调,道路网络容量对城市土地开发强度也有一定的制约。由于城市规模和土地使用性质的不同,对城市道路功能也有不同的要求。为满足不同的出行目的和方式,作为交通主要承载设施的城市路网,不仅应层次分明,而且应该功能清晰,即各种交通工具与出行主体在各类道路上应有不同的通行优先权。

3) 基于实际服务对象的功能定位原则

道路功能和等级划分不仅应确定道路规划标准,而且应考虑各类道路的优先服务对象,为制定建设标准提供依据。快速路为机动车服务,尤其是为大运量客运车辆服务;主干路优先服务机动车和公共交通,但需考虑非机动车和行人的通行与穿越;次干路需考虑机动车和非机动车通行,公共交通优先;支路除机动车通行外,应充分考虑慢行交通的通行需求。此外,还要通过管理措施,强化与保证道路的规划功能。基于道路等级和实际通行交通特征,可通过车速管理,进一步确定车道宽度,设置信号灯、出入口间距以及公交车站点等。

2. 城市快速路功能定位及规划设计标准

快速路具有很强的通过性交通特征,且交通容量大,行车速度快,服务于市域范围的长距离交通及对外交通。快速路主要的交通特点是连续流、单车道通行能力达到1500pcu/h 以上、进出交通以匝道相连、主线中央设有分隔带、车辆可以保持 70~80km/h 行驶速度。车道宽度一般为 3.5~3.75m,小型车专用道可降至 3.25m。

3. 城市主干路功能定位及规划设计标准

主干路以交通功能为主,它与快速路共同构成城市交通主骨架。主干路为市域范围内较

长距离出行提供服务,其"通行"功能优于"通达"功能。一般为双向4~6车道,相向行驶的机动车道间应设中央分隔带或分隔栏,机动车与非机动车道间应设分隔带或分隔栏,相交道路交叉口一般为平面交叉口,交通流为间断流;信号控制交叉口间距一般为500~800m;设计车速60km/h,车道宽度为3.25~3.5m,干线公共汽(电)车交通线路常布置于主干路上;一般情况,主干路非机动车道和人行道宽度较次干路/支路相应的宽度窄一些。

4. 城市次干路功能定位及规划设计标准

城市次干路是城市内部区域间联络道路,兼有集散交通和服务性功能。其服务对象的多样性决定了其功能的多样性:既要汇集支路的交通,又要疏解来自主干路和部分快速路的出入交通,兼有"通"和"达"的功能。次干路两侧地块出入对其主线交通影响较大;公交线路大量布置在次干路上;同时,次干路需要汇集较多的非机动车和行人交通。

一般而言,城市次干路交叉口间距为300~500m。当骨架路网密度较高时,次干路密度可略微降低。一般情况下,次干路非机动车道和人行道的宽度较主干路的宽,次干路单车道宽度3~3.5m(具体取用时应根据道路交通条件确定)。交通功能强的次干路中央宜设分隔带或分隔栏,机动车与非机动车道之间应设分隔带或分隔栏。

5. 城市支路功能定位及规划设计标准

城市支路是次干路与街坊内部道路/公共通道的连接线,以服务性功能为主,主要服务于非机动车和行人交通,允许汽车低速通行。城市支路要求能通行公共汽(电)车交通,非机动车系统一般也基于支路网络构筑。城市中必须建立一个密度足够的支路网,其长度应占路网总长的一半左右。在市区建筑容积率大的地区,支路网密度应为全市平均值的2倍以上。发达的支路网络是避免干道出现节点阻塞或局部瘫痪的重要基础。

城市道路系统的通达性或可达性功能主要由支路来实现,因此要求支路网具有较高的密度。城市的一般区域内支路密度应达到3~6km/km²;中心地区、商业繁华区,其支路网密度应达到6~10km/km²,以利于人流和非机动车交通的集散。支路道路横断面可为一块板,单车道宽度可采用3m。城市中心区车行道宽度5.5m以上、能够通行机动车的道路均应纳入支路管理,可采用机动车单向行驶方式。在条件允许的情况下,路段范围可路内停车。

6. 街道功能类型及规划设计理念

街道指在城市空间内,设有人行道的道路与其两侧建构筑物(含界面)共同构成的具有复合功能的城市公共空间(图5-1)。包含道路红线以内及至沿路建构筑物界面形成的三维空间,由机动车/非机动车道、步行区、交叉口、综合设施带、沿街界面等组成。综合考虑沿街活动、街道空间景观特征和交通功能等因素,街道可以划分为商业街道、生活服务街道、景观休闲街道、通行性街道与综合性街道五大类型。

图5-1 道路与街道设计界面和空间布置对比

商业街道应形成紧凑的街道空间，注重提供与商业活动相关的空间与设施，适应商业活动需求，兼顾社会性活动，营造丰富、活跃的空间形象与氛围；生活服务街道应兼顾沿街商业活动、邻里交往交流、休闲活动需求，提供相应空间与设施，营造温暖亲切的空间形象与氛围；景观休闲街道应注重安排景观绿化空间以及与各类运动、休闲、游憩活动相关的空间与设施，营造绿色生态环境与轻松氛围；通行性街道应协调各种交通方式，提供连续、必要的步行与骑行空间环境；综合性街道应根据功能类型与活动需求构成，对相应的空间与设施进行统筹安排。

为了提供街道各类服务，需要在机非之间或人非之间综合性布置各类街道设施，为车行、步行、街道活动以及市政配套等服务，包含交通设施、照明设施、服务性设施、环卫设施、无障碍设施、市政设施、景观小品及其他设施，如路灯、交通标志、非机动车停放、公交车站、机动车临时停车位、室外配电箱以及废物箱、座椅、书报亭、阅报栏、小型商业设施、遮蔽设施、座椅等休憩设施。

从道路到街道，是机动车交通空间向人的出行和生活空间的回归，是路权从"主要重视机动车通行"向"全面关注人的交流和生活"的转变，从"强调交通效能"向"促进街道与街区融合发展"的转变，这种转变对道路规划、设计、管理都提出了更加精细化、人性化、智慧化的新要求。

二、城市道路网络衔接设计

城市道路网必须具有合理的等级结构和衔接方式，以保障各类交通流由低一级道路向高一级道路有序汇集，并由高一级道路向低一级道路有序疏散，从而通过对不同等级道路交叉口的最佳管理与控制，实现不同出行距离和不同类别交通的合理分流，实现道路网络交通功能的最大化和交通运转的高效率。美国城市道路网的建议级配结构为主干路、次干路、集散道路、地区道路的长度分别占道路总长度的5%～10%、10%～20%、5%～10%、60%～80%。日本名古屋规划道路网的级配结构为快速路、基干道路及其他道路长度分别占路网总长度的3.3%、13.3%、83.4%。国外交通机动化水平较高的城市其干路网规划指标大致处于同一水平，干路网密度为 $2.5\sim3.5\ km/km^2$，支路及以下水平道路的长度约占规划道路总长度的80%。

各等级道路网络的衔接关系制约其路网交通功能的发挥，应结合土地利用性质与规模对城市区域内的交通网络组成进行优化，以保证主干路、次干路、支路所承担交通功能的明确，充分利用道路资源。

支路功能定位为生活性道路，用以衔接日常活动与交通出行，主要承担工作、购物、休闲等进出集散交通；区域次干路功能定位为连接性道路，用以汇集多条支路上的交通，并将其连接到交通主干路；区域主干路功能定位为交通性干道，是城市交通的主通道，用于通行大量、高速的交通流，主干路沿线在原则上不设置各类产生或吸引交通的出入口。不同等级道路之间的衔接基本准则见表5-1，合理的道路交通网络构成示例见图5-2。

不同等级道路之间的衔接基本准则　　　　　　　　　　表5-1

主线道路等级	相交道路等级
城市快速干道	城市快速路、城市主干路（立交）
城市主干路	快速干道（立交）、主干路、交通性次干路
城市次干路	主干路、次干路、支路
城市支路	次干路、支路

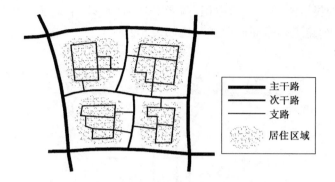

图 5-2 合理的道路交通网络构成示例

这种道路交通网络连接基本准则,试图尽可能发挥各级道路的功能,减少主干路可能受到的干扰,以提高其运行速度、通行能力以及交通流的平顺性;次干路充分发挥其辅助作用,同时也为非机动车交通提供通道;支路发挥其生活性道路的作用,成为主干路与道路沿线各地块连接的纽带。

三、城市道路网络功能优化基本措施

对于城市道路网络现状,若其衔接模式和实际使用功能不协调,可参照道路网络衔接基本准则(图5-2),根据现状各道路的功能定位及衔接特征,通过交通组织和交通流微观优化设计等手段来强化或弱化道路的功能。

对于路网中的主干路,若与其相交道路较密集,且道路等级过低,为强化主干路的交通功能,可对低等级的支路实施右进右出管理,以减弱低等级道路对主干路交通的影响,提高主干道车辆行驶速度。

对于路网中的次干路,当其通过性交通功能过强时,应适当弱化其功能,以强化其连接性作用。可以通过设置公交专用车道、适当允许沿线部分进出口交通左转进出等方法降低次干路过度的通过性。

第三节 道路横断面优化设计

一、道路横断面形式设计

城市道路横断面设计是道路交通设计的重要内容,不仅直接关系到不同等级道路的基本功能,还直接影响到通行效率和安全性。城市道路横断面组成要素通常包括机动车道、非机动车道、人行道、中央分隔带、机(动车)非(机动车)分隔带(以下简称机非分隔带)、路缘带、绿化带,当可以停车时还包括临时停车带等。

1. 连续流道路横断面设计

22. 道路横断面形式

连续流道路(快速路)横断面形式分为高架式、地面式、地堑式,高架式快速路横断面又分为整体式和分离式,各种断面形式如图5-3所示。

各种横断面形式需要视用地条件选择,地面式横断面形式投资最少,但占地最大;高架式和地堑式则通过增加投资来减少土地占用,两者对环境的影响有较大区别。在土地资源满足需求的前提下,各连续流道路横断面形式对比如表5-2所示。

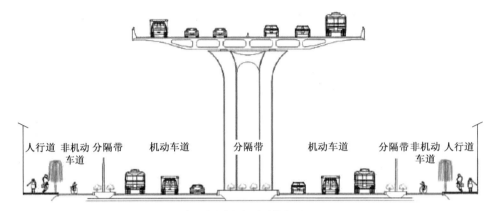

a) 整体式高架快速路横断面

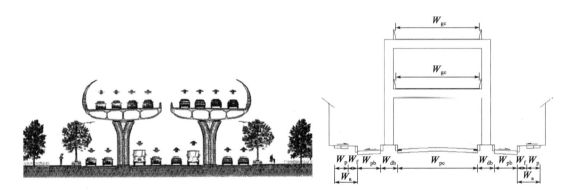

b) 分离式高架快速路横断面

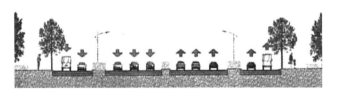

c) 地面整体式快速路横断面(城区型)

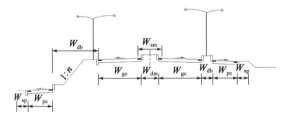

d) 地面整体式 快速路横断面(郊区型)

图 5-3

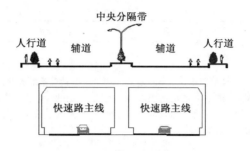

e) 隧道式快速路横断面(地堑式横断面)

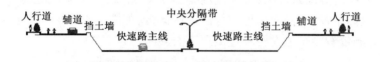

f) 路堑式快速路横断面(地堑式横断面)

图 5-3 连续流道路(快速路)横断面形式

W_{gc}-含路缘带的快速机动车道宽；W_p-人行道宽度；W_f-设施带宽度；W_a-路侧带宽度，含人行道、设施带、绿化带宽度；W_{pb}-非机动车道路面宽，含路缘带宽度；W_{db}-两侧分隔带宽度；W_{pc}-含路缘带的机动车道或机动车、非机动车混行的车道宽；W_{sm}-中间分隔带宽度，含路缘带宽度；W_{dm}-中间分隔带宽度；W_{sp}-保护性路肩宽度

连续流道路(快速路)横断面形式对比   表 5-2

评价指标		高架式断面	地面式断面	地堑式断面
安全性		安全性较好	安全性最好	安全性最差
资源(用地情况)		占地面积小，匝道占用一定用地，适用于红线较窄情况	占地面积最大，适用于红线较宽情况	占地面积最小，但地下排水、铺设地下管线困难
效率(主辅衔接)		较为不便，且高峰时段容易在匝道处发生拥堵	通过主辅分隔带开口衔接，较方便	通过道路横断面上的隧道出入口衔接
景观环境	照明	一般需要两套照明设备：一套用于地面辅路，一套用于快速路主线	与主干路照明相似，可以选择一套照明设备或者两套照明设备，与照明设备本身及快速路横断面形式有关	至少需要两套照明设备：一套用于快速路主线(地下)，一套用于地面辅路。除照明设备外，对排水设备要求也较高
	噪声	主线噪声较大，需在高架桥两侧设置隔音壁，对沿高架桥两侧居住市民的生活造成一定影响	噪声较小，与一般的城市主干路类似，可考虑在中央分隔带、主辅分隔带及人行道上设置绿化以降低噪声	由于地堑式快速路主线位于地下，因此主线对周围环境无噪声影响。地面道路噪声与一般的城市道路相同

续上表

评价指标		高架式断面	地面式断面	地堑式断面
景观环境	绿化及景观	对城市道路景观有一定的破坏作用,对环境的破坏也较大,高架桥下绿化成活率较低,效果不佳	对城市景观基本上没有影响,有一定的改善优化作用。此外,绿化的成活率较高,效果较好	对城市景观没有破坏,有一定的改善优化作用。此外,绿化的成活率较高,效果较好

对比整体式高架和分离式高架,分离式高架造价更低,结构可靠性更高,但分离式高架的地面空间被分割成四个板块,同向车道被分割成两部分,如图5-4所示。换道不便带来车道利用率不均衡,且分隔带右侧车道左转和左侧车道右转不便。

a)实景图

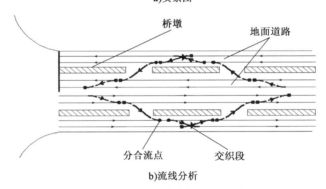

b)流线分析

图5-4 分离式高架地面道路实景及车行流线分析

快速路辅路机动车车道数的确定应满足规划年预测交通量的需求,并应遵循快速路出入口衔接段通行能力匹配原则。此外,还应综合考虑道路红线的约束。在不同断面形式下,辅路机动车车道数可参考表5-3设计。

辅路机动车车道数设计　　　　　　　　　　表5-3

断面形式	辅路单向最少机动车车道数(条)	辅路机动车道应实现的功能
高架式(单幅)	2~3	满足辅路左、直、右各流向车辆交通需求
高架式(双幅)	3~4(桥下一般为2条)	满足辅路左、直、右各流向车辆交通需求

续上表

断面形式	辅路单向最少机动车车道数(条)	辅路机动车道应实现的功能
地面式	2	满足出入口处辅路机动车道数的连续性要求;满足辅路机动车辆的交通需求
地堑式	2	满足辅路左、直、右各流向车辆交通需求

快速路平面选择不同横断面形式时,应做好快速路主线衔接设计。高架式快速路横断面变化为地面式时可参考图5-5、图5-6设计,辅路向两侧偏移。地面式快速路横断面变化为高架式快速路横断面时,衔接部设计方法与图5-5类似。地堑式快速路横断面变化为地面式快速路横断面时可参考图5-6设计,在隧道敞开段之前,地面车辆需变道至道路外侧,因而有辅路渐变段。该长度可采用交叉口渐变段长度计算公式计算。隧道敞开段长度与隧道深度有关。

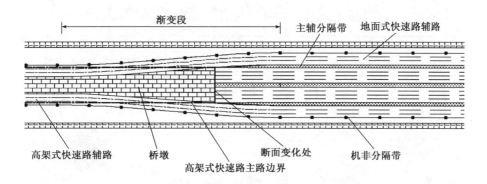

图5-5　高架式断面与地面式断面衔接示例

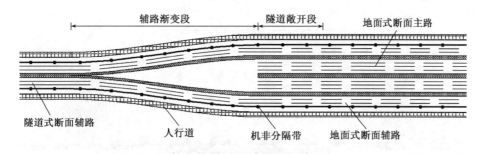

图5-6　地堑式断面与地面式断面衔接示例

2.间断流道路横断面设计

间断流道路(干路、支路)的横断面形式分为:一块板、两块板、三块板、四块板、慢行交通一体化一块板、慢行交通一体化两块板。各等级道路推荐的横断面设计形式参见图5-7。

23.道路横断面优化设计示例

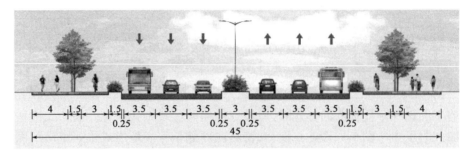

a) 主干路道路横断面设计示例1

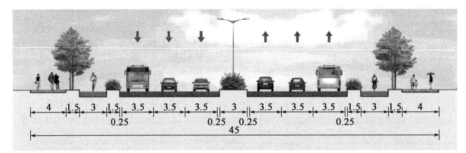

b) 主干路道路横断面设计示例2

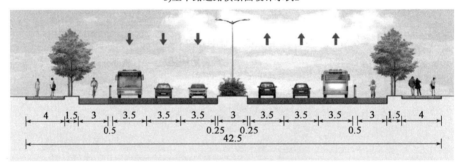

c) 主干路道路横断面设计示例3

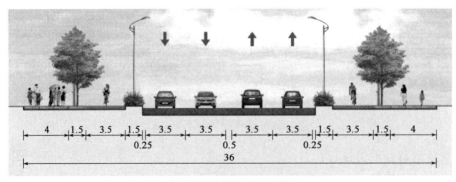

d) 次干路道路横断面设计示例1

图 5-7

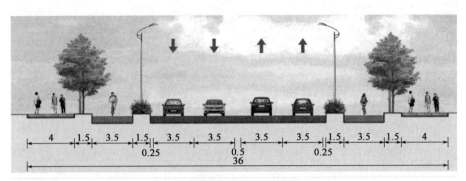
e) 次干路道路横断面设计示例2

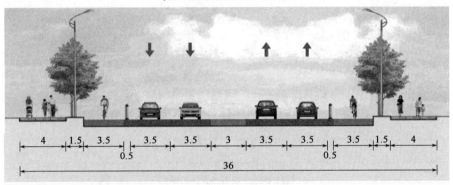
f) 次干路道路横断面设计示例3

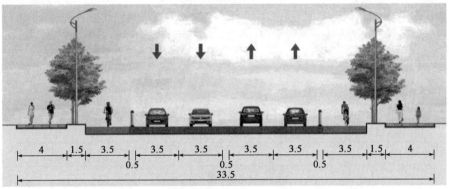
g) 次干路道路横断面设计示例4

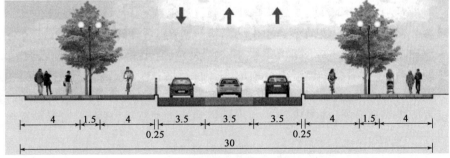
h) 支路道路横断面设计示例1

图 5-7

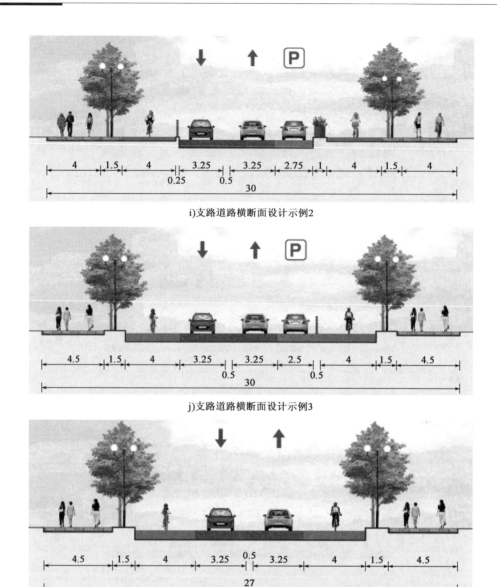

i) 支路道路横断面设计示例2

j) 支路道路横断面设计示例3

k) 支路道路横断面设计示例4

图 5-7 间断流道路(干路、支路)横断面设计示例(尺寸单位:m)

主干路应设置中央隔离设施,减轻横向干扰,减少冲突,提高运行车速;视公交网络规划和客流预测设置公交专用车道;机动车与非机动车应该分隔,可使用分隔带或分隔栏;机动车道数可设计为双向 4~6 车道。次干路可不设中央隔离设施,道路宽度允许时可设置 2~3m 的中央双向左转车道,作为沿线单位进出交通的左转待行区;机动车与非机动车应分隔,可使用分隔带或分隔栏。对于交通量较小的次干路,视需求情况设置机动车和非机动车路边停车带。支路不应设置中央隔离设施,应提供舒适的步行道和非机动车道,视需求情况设置机动车和非机动车路边停车带。

3. 公交专用车道横断面设计

公交专用车道(Bus Lane)的横断面主要保障公交优先通行,兼顾社会车辆通行,沿线行人与自行车交通量一般较多。路中及路侧公交专用车道横断面设计示例分别如图 5-8 和图 5-9

所示。公交专用车道与其他车道通常采用栏杆或单黄线隔离,主要目的是禁止其他车辆驶入公交专用车道,保证公交车辆通行不受干扰。

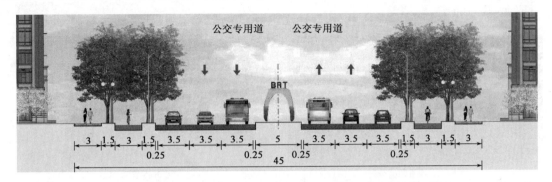

图5-8 路中公交专用车道横断面设计示例(尺寸单位:m)

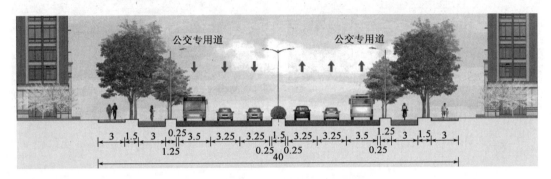

图5-9 路侧公交专用车道横断面设计示例(尺寸单位:m)

4. 街道横断面设计

街道承载非机动车和行人出行及休憩等多种功能。应采用降速槛等设计措施及限速管制手段(如限速20km/h),迫降机动车通行速度,以保障街区交通安全与环境宁静。同时应考虑步行与活动空间、附属设施、沿街建筑界面、交通设施之间的关系,从宁静、舒适、安全、便捷、与环境相融合等角度进行横断面设计。街道横断面设计及横断面改善示例如图5-10、图5-11所示;在道路空间允许的条件下,也可采用图5-7中的支路横断面设计建议。

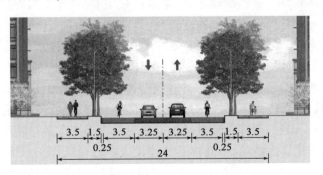

24.街道交通设计

图5-10 街道横断面设计示例(尺寸单位:m)

一般机动车道宽度取2.75~3.0m,机、非间可采用单黄线隔离。人行道设计应尽量宽敞;绿化布置应尽显艺术感,行道树相邻乔木间可穿插布置绿篱或各种形状的花坛、石雕、树桩等街头装饰"家具",使之高低、大小错落有致;门前屋侧可布置一条绿篱或杂以小花坛带;中间留出人行道的宽度,应能满足两个大人手牵一个孩子和两辆手推车可对向宽舒通过的需要,宽度可取大于3.0m。

图5-11 街道横断面改善示例

二、机动车道宽度设计

机动车道宽度由机动车道数和单车道宽度决定。对于新建城市道路,机动车道数由规划年设计小时交通量、设计通行能力、道路红线决定;对于改建道路,机动车道数可由规划年设计小时交通量、现状交通运行状况、道路红线、改建工程量等决定。原则上主干路车道数不大于单向三车道(含公交专用车道),次干路车道数不大于双向四车道,支路车道数不大于双向三车道。

单车道宽度与道路等级、道路断面形式、道路行驶车型、设计车速等相关,直接影响道路通行能力及安全水平。车道过宽,则行驶速度较高,且车速分布离差增大,还会频繁出现超速和超车现象,当流量较大时,车辆易违法并行(如3条车道并行4排车流),导致行驶秩序混乱、安全性下降,进而降低交通的效率。对于新建道路,车道过宽将增加对土地资源的占用;对于改建道路,车道过宽则可能增加拆迁量。车道宽度过窄,则可能不满足车辆通行的基本要求,导致如行驶速度降低、通行能力下降、易引起车辆侧向刮擦、增加驾驶人心理压力、导致安全性和舒适性下降等问题。因此,合理设计机动车道宽度可以提高车辆行驶的安全与效率,改善交通秩序,且能够降低土地资源消耗,节省拆迁及建设成本。

车道宽度的标定可以通过理论公式计算,也可以通过调查不同宽度下车流的流-密-速特征进行回归分析,本节特介绍机动车单车道宽度的确定方法。路段机动车单车道宽度取3.25~3.75m,建设条件受限时,可通过论证下浮车道宽度;道路主体车型为客车时,可使用较小的单车道宽度,例如上海市中环线快速路主线中央两车道的单车道宽度设计为3.25m。

1. 车道宽度计算方法

单车道宽度由汽车宽度和侧向安全距离两部分组成,各个国家在标定时都基于相应的车辆特征、道路条件而定。其中,汽车宽度为汽车车厢的总宽度,侧向安全距离指同向或对向行驶时两车厢之间的安全间隙以及车厢与侧石之间的侧向安全距离。根据城市道路行车道的不同相对位置,侧向安全距离 B' 的计算公式及适用情况可分为四种,见表5-4。示意图如图5-12所示。

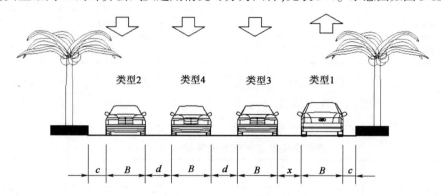

图5-12 车道宽度标定图示

B-汽车宽度(m);c-车身边缘与侧石边缘间的安全间隙(m);d-同向行驶汽车间的安全间隙(m);x-反向行驶汽车间的安全间隙(m)

侧向安全距离 B' 的计算公式及适用情况　　　　表5-4

序号	行车道相对位置	计算公式	城市道路等级		
			主干路	次干路	支路
1	一侧靠边,一侧反向行驶	$B' = \dfrac{x}{2} + c$	×	×	√
2	一侧靠边,一侧同向行驶	$B' = \dfrac{d}{2} + c$	√	√	√
3	一侧反向行驶,一侧同向行驶	$B' = \dfrac{x}{2} + \dfrac{d}{2}$	√	√	√
4	两侧均为同向行驶	$B' = d$	√	√	×

c、d、x 的值是随着车速而波动的,下面介绍我国经验公式。

$$x = 0.17 + 0.016(V_1 + V_2) \tag{5-1}$$

$$x + 2y = 0.45 + 0.02(V_1 + V_2) \tag{5-2}$$

式中:$V_1 + V_2$——会车速度(km/h)。

当 $V_1 + V_2 = 15$km/h 时,$y = 0.2$m;$V_1 + V_2 = 40$km/h 时,$y = 0.3$m。当速度范围为 15～40km/h 时,上述公式所计算的路面宽度可保证82.5%的载货汽车不驶出计算宽度。

国外也有一些其他经验公式,如萨马哈也夫经验公式、波良可夫经验公式、斯特拉霍夫经验公式等。

2. 路段机动车单车道宽度设计

国内外相关研究表明,车速是影响车道宽度的最主要因素,也是最容易与车道宽度产生量化关系的交通特性。国内外相关等级道路车道宽度推荐值见表5-5。

国内外相关等级道路机动车道宽度推荐值(单位:m)　　　　　　　　　　表5-5

道路等级 (设计车速)	国外		国内	
	一般值 (美国、英国、加拿大、澳大利亚)	较窄值 (日本)	规范要求	实际应用
主干路(60km/h)	3.3~3.6	3.25~3.5	3.5~3.75	3.5
次干路(40km/h)	3.0~3.6	3.0~3.25	3.5	3.0~3.25
支路(≤30km/h)	3.0~3.3	2.75	3.0~3.25	2.75~3.0

杭州市基于对不同车道宽度条件下车流平均车速和车道宽度关系的调查研究,得到不同等级道路合理车道宽度[已纳入浙江省地方行业标准《城市道路机动车道宽度设计规范》(DB33/1057—2008)]。道路路段车道合理宽度推荐值见表5-6。

道路路段车道合理宽度推荐值(单位:m)　　　　　　　　　　表5-6

设计车速 (km/h)	快速路	主干路		次干路		支路	
		新建	改建	新建	改建	新建	改建
>80	3.5~3.8	—	—	—	—	—	—
60~80	3.4~3.7	3.3~3.6	3.2~3.6	—	—	—	—
50~60	—	3.2~3.5	3.1~3.5	—	—	—	—
40~50	—	3.1~3.4	3.0~3.4	3.0~3.3	2.9~3.3	—	—
30~40	—	—	—	3.0~3.3	2.9~3.3	2.9~3.2	2.8~3.2
20~30	—	—	—	—	—	2.9~3.2	2.8~3.2
<20	—	—	—	—	—	2.8~3.1	2.8~3.1

注:1. 四车道以上的双向道路内侧车道增加0.15~0.25m安全距离;
　　2. 当设有非隔离设施时,外侧车道增加0.25m安全距离;
　　3. 当大车混入率超过15%时,应将车道宽度增加1~2档(0.1~0.2m);
　　4. 当大车混入率超过30%时,应将车道宽度增加2~3档(0.2~0.3m);
　　5. 对于中心城区交通量大且条件受限的区域,建议采用下限值;
　　6. 对于外围组团间连接道路或主城区与组团间通道,建议采用上限值。

快速路主线机动车单车道宽度应按照《城市快速路设计规程》(CJJ 129—2009)进行设计,条件受限时,经过论证,快速路主线机动车单车道最小宽度可按表5-7选取。快速路辅路机动车单车道宽度根据道路等级选取。

快速路主线推荐最小车道宽度(单位:m)　　　　　　　　　　表5-7

设计车速 (km/h)	内侧(靠路中) 供小汽车行驶	中间 供小汽车行驶	外侧(靠路边) 可供货车及大型车行驶
100	3.5	3.5	3.75
80	3.5	3.25	3.75
60	3.5	3.25	3.75

3. 交叉口机动车单车道宽度设计

对于交叉口出口道，因同一相位可能有多股车流在此合流，所以其宽度原则上与路段车道宽度相同，基本确定原则见表5-8。

交叉口出口道车道宽度确定基本原则　　　　　　　　　　　　　　表5-8

拓宽情况	新建	改造
有拓宽	同路段车道宽度或低1档	同路段车道宽度或低1档
无拓宽	同路段车道宽度	同路段车道宽度或低1档

注：低1档即车道宽度的下限值减少0.1m。

交叉口进口道的车道宽度除与车辆宽度有关，还与饱和流量密切相关，通常不应高于路段车道宽度。交叉口进口道车道宽度可参照表5-9选用。

交叉口进口道车道宽度（单位：m）　　　　　　　　　　　　　　　表5-9

路段设计车速（km/h）	主干路		次干路		支路	
	新建	改建	新建	改建	新建	改建
60~80	3.10~3.40	3.00~3.40	—	—	—	—
50~60	3.00~3.30	2.90~3.30	—	—	—	—
40~50	3.00~3.25	2.90~3.25	2.90~3.20	2.85~3.20	—	—
30~40	—	—	2.85~3.15	2.80~3.15	2.80~3.10	2.80~3.10
20~30	—	—	—	—	2.80~3.10	2.75~3.10
<20	—	—	—	—	2.75~3.05	2.75~3.05

注：1. 四车道以上的双向道路内侧车道及外侧车道增加0.15~0.25m安全距离；
　　2. 当无机非隔离设施时，外侧车道增加0.25m安全距离；
　　3. 当大车混入率超过15%时，应将车道宽度增加1~2档（0.1~0.2m）；
　　4. 当大车混入率超过30%时，应将车道宽度增加2~3档（0.2~0.3m）；
　　5. 对于中心城区交通量大且条件受限的区域，建议采用下限值；
　　6. 对于外围组团间连接道路或主城区与组团间通道，建议采用上限值。

4. 公交专用车道宽度设计

公交专用车道宽度设计与路段常规机动车道相似，但由于公交车辆一般较宽，因此其单车道宽度需要适当增加，合理的设计宽度可参照表5-10选用。

公交专用车道合理宽度推荐值（单位：m）　　　　　　　　　　　　表5-10

设置位置	路段	出口道	进口道
路侧	3.45~3.75	3.40~3.75	3.25~3.65
路中	3.30~3.50	3.25~3.50	3.20~3.40

三、非机动车道与人行道设计

非机动车道宽度需要保证非机动车的通行安全、连续,并避免与行人、机动车之间的相互干扰。人行道的设计要充分考虑到行人通行的安全性、畅通性和舒适性,尽量避免与车辆共用通道。

1. 宽度设定

非机动车道和人行道的设计宽度需要满足最小有效通行宽度的要求,考虑到电动自行车和自行车共用车道的需要,非机动车道单向行驶最小宽度不得小于2.5m,人行道最小有效通行宽度不得小于2m。在满足最小有效通行宽度的条件下,根据非机动车/步行的流量与设施通行能力进行通道宽度设计;非机动车道和人行道通行能力受交通流特征影响,三轮车、畜力车通行的非机动车道单位宽度的非机动车通行能力略低;携带行李、推婴儿车或轮椅较多的行人通行道路,单位宽度的行人通行能力略低。对于生活和服务功能较强的街道而言,人行道宽度除了要满足步行通行需求外,还需要满足人们生活、休憩、交流等活动需求。

从道路功能分析,支路承载非机动车和行人出行及休憩等多种功能,是慢行交通优先通行通道,应设置更宽的非机动车和人行道;主干路主要承载机动车出行,非机动车道和人行道满足出行功能即可,可适当降低非机动车道和人行道宽度。

2. 隔离措施

非机动车道与机动车道之间可用绿化带、栅栏或仅用画线的方法进行隔离,尽量避免机非混行。也可以让非机动车道与人行道高度相同(即非机动车道与人行道共板),非机动车采用与行人相同的通行规则,但非机动车道与人行道之间必须设置隔离,可以设置设施带隔离,也可以设置绿化、护栏等隔离。设施带用来设置公共设施,如公共电话亭、灯杆(慢行交通辅助灯)、防火栓、街具和各类标志标牌等,附属设施不得妨碍行人和自行车的正常通行。另外,考虑到身体不便者的通行需求,应做好无障碍设计,在交叉口或道路步行空间有变化处做好盲道设计。

3. 改建道路关于非机动车道的考虑

(1)如果非机动车道宽度不小于7m,而非机动车流量较小,可将非机动车道分为两部分,分别供机动车与非机动车使用。但应处理好车辆停靠点、公交停靠站和交叉口区域各类交通流的混行,以确保交通的安全性。

(2)如果非机动车交通量存在明显的时变性,可对非机动车道进行动态管理。如在非机动车早、晚高峰时段,禁止机动车利用非机动车道通行;平峰时段,允许机动车出入非机动车道或临时停车。

四、分隔带及其宽度设计

分隔带包括中央分隔带、机非分隔带、人行道与非机动车道分隔带。分隔带用以分隔不同类型的交通流,同时可以调节道路景观环境、布置附属设施。鉴于路口道路资源相对紧缺,分隔带设计宽度通常取用满足其交通功能条件下的最小值。

中央分隔带可用于设置路段行人过街中央驻足区、进行交叉口展宽,最小宽度为0.5m。用于设置行人中央驻足区时可设置2.0m。机非分隔带用于分隔机动车与非机动车,也用于设置交通标志、路灯等设施,为避免遮蔽驾驶人视线和灯光,应使用高度1.0m左右的灌木,宽度宜设计为1.0m。人行道与非机动车道之间的分隔带通常会种植乔木,为行人和非机动车遮光挡雨,设置行道树以优化行走空间;放置电话亭、垃圾桶、座椅等街具;设置路边非机动车停放点等,最小宽度为1.5m。

第四节 平面交叉口交通设计

交叉口是道路通行能力的瓶颈,往往制约整条道路乃至路网的服务水平。道路平面交叉口交通设计的主要目的是:通过路段和交叉口进口道、进口道和出口道、出口道和路段通行能力的有效匹配设计,以及进出口道和交叉口内部各类交通流渠化设计,在实现通行安全和有序的前提下,以期在有限的交叉口范围内,充分利用其空间和时间资源,达到交叉口通行效益的最大化。

一、平面交叉口范围

为了明确设计对象,需要确定交叉口的设计范围。参考中华人民共和国国家标准《城市道路交叉口规划规范》(GB 50647—2011),交叉口交通设计范围及各部分构成如图5-13所示,包括图中交叉口内部范围及其相接路段。

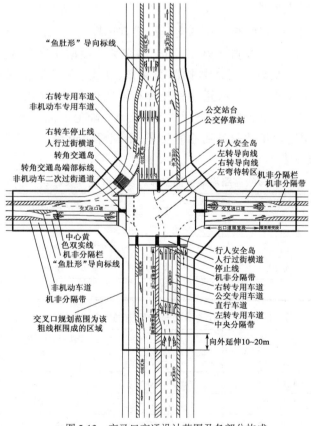

图5-13 交叉口交通设计范围及各部分构成

二、平面交叉口交通设计内容

交叉口详细设计主要内容包括:各进口相交道路横断面设计、进口道展宽段渠化设计、进口道车道功能设计、进口道渐变段设计、交叉口渠化布局设计、进口道停车线及行人过街通道设计、内部区域精细化设计、交叉口范围内公交停靠站及进出交通设计等。各进口相交道路横断面设计的目的是实现路段和交叉口的匹配,设

25.平面交叉口交通设计内容

计方法参见本章第三节;交叉口范围内的公交停靠站设计参见第六章,交叉口范围内的进出交通设计参见本章第八节。其他内容可以归纳为以下三部分。

1)交叉口渠化布局设计

交叉口布局设计,即为交叉口内各个交通对象分配合理的通行空间,如慢行交通组织方式、右转渠化岛设计等。

2)进、出口道渠化设计

包括进出口道展宽段渠化设计、进口道车道功能设计、渐变段设计、停车线设计、行人过街通道设计等。

3)交叉口内部精细化设计

交叉口内部渠化设计,包括导流线、渠化岛、左转弯待转区、右转交通流渠化设计以及交叉口内部综合渠化设计等。

三、平面交叉口选型设计

为保障交通流行驶的安全性,交叉口的交叉形式宜选择规则的四路十字交叉,应避免五岔及其以上的多路交叉、畸形交叉或斜交角小于45°的交叉。根据交通管控方式不同,平面交叉口可分为信号控制交叉口(A类)、无信号控制交叉口(B类)和环形交叉口(C类)三种。其中,无信号控制交叉口又可分为低等级道路只允许右转通行交叉口(B1类)、减速让行或停车让行交叉口(B2类),以及全无管制交叉口(B3类)三类。确定平面交叉口的控制类型应满足安全、舒适、通达、节约用地及生活服务功能的要求,不同等级道路、不同类型街道沿线平面交叉口交通管控方式建议见表5-11、表5-12。

不同等级道路沿线平面交叉口交通管控方式建议　　　　表5-11

相交道路	主干路	次干路	支路	公共通道
主干路	A	—		
次干路	A	A		
支路	A、B1	A	A、B2、B3	—
公共通道	—	A、B1	A、B2	B3

不同类型街道沿线平面交叉口交通管控方式建议　　　　表5-12

相交街道	商业街道	生活服务街道	景观休闲街道	交通性街道
商业街道	A、B2、B3	—		
生活服务街道	A、B2、B3	A、B2、B3	—	
景观休闲街道	A、B2、B3	A、B2、B3	A、B2、B3、C	—
交通性街道	A、B1、B2	A、B1、B2	A、B1、B2	A

在交通强度较低的地区,支路和支路以下等级道路相交的交叉口,可规划为平面环形交叉口。基于区域的交通组织规划,可设置必要的(时段性或永久性)禁行机动车或非机动车交叉口,或纯步行交叉口。

四、交叉口范围红线拓宽设计

平面交叉口设计应保证进口道与上下游路段通行能力相匹配,为此,新建道路可以增宽交叉口处的红线宽度,改建型道路则要尽可能挖掘交叉口处的空间资源,以增加交叉口进出口道车道数。新建平面交叉口进口道展宽段长度和宽度应根据规划交通需求量和车辆在平面交叉口的排队长度确定。中华人民共和国国家标准《城市道路交叉口规划规范》(GB 50647—2011)规定:

26.平面交叉口红线及进出口道设计

(1)除支-支交叉口之外,其他新建平面交叉口进口道规划红线宽度,应根据式(5-3)确定其比路段红线宽度应予展宽的宽度。

$$W_1 = r \times W_2 \times n \qquad (5-3)$$

式中:W_1——进口道规划红线的展宽宽度(m);

W_2——路段平均一条车道规划宽度(m);

r——进口道展宽系数,按表5-13取值;

n——路段车道数。

进口道展宽系数　　　　　　　　　　　　　　表5-13

路段平均一条车道规划宽度(m)	3.00	3.25	3.50	3.75
展宽系数 r	1	0.85	0.71	0.60

(2)进口道规划设置公交港湾停靠站时,红线展宽宽度 W_1 应按《城市道路交叉口规划规范》(GB 50674—2011)中的公式(8-6)计算,并还应增加3m。

(3)进、出口道部位机动车道宽度大于16m时,规划人行过街横道须设置行人过街安全岛,W_1 必须增加2m。

(4)路段上规划有路缘带和较宽的分隔带时,W_1 应扣除路缘带和分隔带可用于进口道展宽的宽度。

(5)新建平面交叉口进口道展宽段及展宽渐变段长度应符合表5-14的规定。

平面交叉口进口道展宽段及展宽渐变段长度(单位:m)　　　表5-14

交叉口	展宽段长度			展宽渐变段长度		
	主干路	次干路	支路	主干路	次干路	支路
主-主	80~120	—	—	30~50	—	—
主-次	70~100	50~70	—	20~40	20~40	—
主-支	50~70	—	30~40	20~30	—	15~30
次-次	—	50~70	—	—	20~30	—
次-支	—	40~60	30~40	—	20~30	15~30

注:进口道规划设置公交港湾停靠站时,交叉口进口道展宽段还应加上公交港湾停靠站所需的长度。

(6)改建平面交叉口进口道规划红线的展宽宽度和长度,应视拆迁条件确定其比路段红线应予展宽的宽度与延伸的长度。

(7)新建平面交叉口出口道规划设有公交港湾停靠站时,其规划红线应在路段规划红线的基础上展宽3.0m;上游进口道规划设有右转专用车道时,应相应增加右转出口道;出口道展宽段长度,视道路等级,取30~60m,主干路取上限,支路取下限,有公交港湾停靠站时,还应增加设置停靠站所需的长度。展宽渐变段长度取不小于20m。

(8)改建平面交叉口出口道规划红线的展宽宽度、展宽段长度和展宽渐变段长度应根据拆迁条件确定。

(9)平面交叉口转角部位红线应规划成圆曲线或切角斜线(圆曲线的切线),必须满足安全停车视距的交叉口视距三角形界线的要求,根据《城市道路交叉口规划规范》(GB 50647—2011),安全停车视距 S_s 应符合表5-15的规定。视距三角形界线内,不得规划布设任何高出道路平面高程1.0m的物体。平面交叉口视距三角形如图5-14所示。

交叉口视距三角形要求的安全停车视距　　　　表5-15

路线设计车速(km/h)	0	50	45	40	35	30	25	20
安全停车视距 S_s(m)	70	60	45	40	35	30	25	20

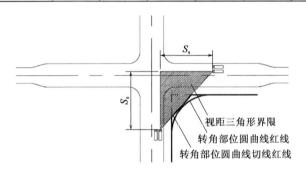

图5-14　平面交叉口视距三角形

五、平面交叉口渠化布局设计

平面交叉口渠化布局设计模式主要有三种:非机动车与机动车采用相同通行规则、设置右转实体渠化岛、自行车与行人采用相同通行规则。

1. 非机动车与机动车采用相同通行规则

该模式是目前使用最多的平面布局模式,如图5-15所示。非机动车与机动车采用相同的通行规则,根据机动车信号通行。该方式对非机动车出行者而言最熟悉,但对于无信号控制和两相位信号控制交叉口而言,非机动车与机动车交通冲突非常多,交叉口运行秩序混乱、安全性差、损失时间多、通行能力损失严重。该模式在左转非机动车流量较小或交通流冲突数不高的情况下适宜使用;交叉口为四相位控制且非机动车遵章率高时也可以使用。

2. 设置右转实体渠化岛

该模式是在交叉口内部转角处设置渠化岛,给右转车辆提供专用的通道,适用于小夹角的畸形交叉口,如图5-16所示。

近年来,我国不少城市开始出现如图5-17所示的设置硬质渠化岛的交叉口。其主要的出发点是为右转机动车提供专用车道,让其提前驶出交叉口(不管各进口是否需要设置右转专用车道),常导致右转专用车道的使用效率低下,且过街的慢行交通常受到高速行驶的右转机动车的威胁,极不安全。

 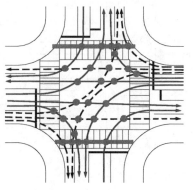

27.平面交叉口渠化布局设计

图 5-15　非机动车与机动车采用相同通行规则设计示例

当设置路侧式公交专用车道，或对应于交通流向的动态变化需要调整进口道车道功能，或交叉口面积较小，或慢行交通量较大时，这类硬质渠化岛的问题便会凸显出来。因此，不管是前期的工程建设与投资，还是后期的实际使用效果，以及为此进行的改造工程皆表明，对称地建设这类硬质渠化岛弊大于利，只有在畸形交叉口内可以谨慎地采用。一般情况下，只需通过施画标线的方式进行交通流的渠化（图5-18）即可。

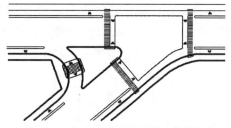

图 5-16　交叉口内部设置右转实体渠化岛

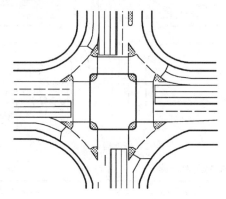 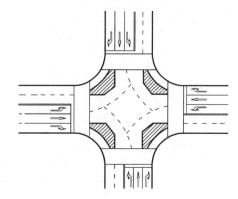

图 5-17　设置硬质渠化岛的交叉口　　　　图 5-18　基于标线的右转车流渠化模式

3. 非机动车与行人采用相同通行规则

在交叉口范围内，自行车过街方式与行人相同。新建及改建力度较大的交叉口，在交叉口范围内可以抬高非机动车道，使其与人行道处于同一平面，如图 5-19 所示。对于改建工程量小的交叉口，交叉口范围内的行人与非机动车不在同一平面通行，为了使非机动车采用与行人相同的方式过街，特别是左转非机动车采用二次过街的方式通过交叉口，可如图 5-20 所示采用分隔栏等措施对自行车交通流加以渠化。

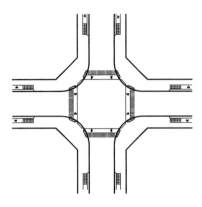
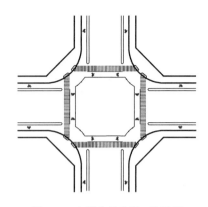

图 5-19　慢行交通一体化通行　　　　图 5-20　左转非机动车二次过街

自行车与行人采用相同的通行规则后,将交叉口三种交通方式简化为两种,即机动车和慢行交通(包括行人和自行车),可以极大地减少交叉口混合交通流的冲突点数,对于提高混合交通流的有序性、安全性和各类交通流的通行能力与效率具有极其重要的意义和价值。图 5-21、图 5-22 分别为两种通行方式下,交叉口某一进口的非机动车与其他流向非机动车、机动车和行人交通流的冲突点分布图,各类冲突点数量的对比见表 5-16。

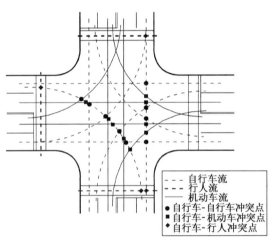
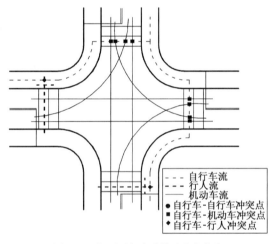

图 5-21　传统通行方式的冲突点分布　　　　图 5-22　新型通行方式的冲突点分布

两种通行方式的冲突点对比表　　　　表 5-16

类型	非机动车-机动车	非机动车-非机动车	非机动车-行人
传统方式	9	9	4
新型方式	8(可与行人流冲突点合并)	0	2(交织)

行人与自行车采用相同的通行规则后,不仅其冲突点数量显著减少,冲突点的空间分布也仅集中在过街横道处,可以通过简单的信号控制进一步予以消除,混合交通流的相互影响可以降到最低程度。以往的非机动车-机动车、非机动车-非机动车冲突点主要分布于交叉口内部,而且位置分散,是导致交通流混乱无序的根源,也不利于有效实施交通信号控制。

4. 其他渠化布局模式

当平面交叉口各方向行人交通量均较大、右转机动车与过街行人相互影响较大时,可以在常规信号控制相位基础上单独设置一个全向行人过街相位,并设置更多的行人过街横道,参见图5-23。当交叉口非机动车交通量较大时,也可以采用非机动车停车线提前设计模式,这时需要设置早起的非机动车相位,参见图5-24。

图5-23 设置全向行人过街相位模式

图5-24 非机动车停车线提前设计模式

六、进出口道渠化设计

1. 进口道机动车道数设计

交叉口进口道机动车道数的确定,应以保证进口道与路段机动车通行能力匹配为目标,并以进出口道红线为约束。一般应遵循以下原则:

(1)新建交叉口进口道机动车道数应根据各流向的预测交通量来确定;无交通流量数据时,可参考表5-17中的推荐值,进口道宽度在路段宽度基础上增加拓宽值。

新建交叉口进口道机动车道数推荐值　　　　表5-17

路段机动车道数	1	2	3
交叉口进口道机动车道数	1~2	3~4	4~6

(2)改建交叉口进口道机动车道数和车道宽度,应根据实测或各流向的预测交通量加以确定。

(3)治理型交叉口进口道机动车道数和车道宽度,应根据实测的各流向交通量及可实施的治理条件确定。

2. 停车线设计

交叉口某进口道停车线的位置,由该进口道与左右侧相邻进口道的各类交通流间最不利的冲突条件来确定,直接影响到交叉口的交通安全与通行效率,并不是越向交叉口内部施画停车线使得交叉口越小越好。其设计还应考虑以下因素:

(1)停车线宜垂直车道中心线设置。

(2)有人行横道时,宜在其后1~2m处设置,以保证机动车制动后不会停止在横道线上;两条及以上车道的道路,机动车停止线距离人行横道线不宜小于3m,以提升外侧机动车道视野;畸形交叉口,或特殊需要时,停车线应后退更大的距离。

(3)停车线位置不应对相交道路流入的交通流构成影响,如不影响右侧进口道左转专用车道流入的交通流按其轨道流出。

(4)停车线的位置要保证其左转机动车流按正常轨迹行驶,不至于撞到本进口道和左侧进口道的中央分隔岛,且要避免出现与对向左转交通流相撞情况的发生。

3. 进口道展宽长度设计

进口道展宽段应尽可能确保不同车道功能效益的最大化。改建及治理型交叉口,当其左转车设计流量达到设置左转专用车道条件且设有中央分隔带时,应在满足行人过街中央驻足区空间要求的条件下,充分利用分隔带空间增加左转专用车道。

(1)进口道长度L_a由展宽渐变段长度l_d与展宽段长度l_s两部分确定(图5-25)。

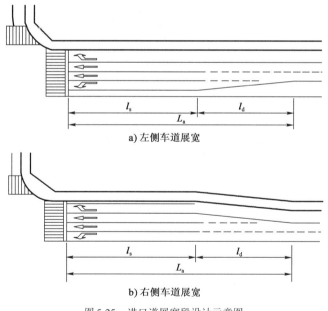

图5-25 进口道展宽段设计示意图

l_d和l_s分别按下式计算:

$$l_d = \frac{v \times \Delta w}{3} \tag{5-4}$$

式中:v——进口道计算行车速度(km/h);
Δw——横向偏移量(m)。

$$l_s = 10N \tag{5-5}$$

式中：N——高峰每一信号周期的左转或右转车的平均排队数。

（2）无交通流量数据时，新建、改建交叉口进口道长度可参照表5-18的数据设计。

治理型交叉口进口道 L_a 的最小长度　　　　表5-18

路段计算行车速度(km/h)	最小长度(m)	路段计算行车速度(km/h)	最小长度(m)
60	60	40	40
50	50		

（3）治理型交叉口用地有限，无法满足上述要求时，也可采用表5-17的数据确定。

（4）为了协调进口车道与公交停靠站的行驶条件，当向右侧展宽的进口道上游设置公交停靠站时，应将两者做一体化协调设计。

（5）道路平均间距小于200m的路网区域交叉口、短距交叉口或生活功能街道交叉口可结合实际展宽需求和用地条件综合确定进出口道长度及渠化设计，宜结合交叉口服务功能进行一体化设计。

4. 进口道车道功能设计

车道功能划分（对应于不同的流向和流量需求，优化分配车道资源）直接关系到能否合理地利用进口道车道资源，且影响其通行效率。一般情况下，车道功能划分不仅考虑进口道流入交通流的需求特征，还应考虑信号控制等条件，是一个理论性和适用性极强的交通设计过程。改建型交叉口进口道的车道功能设计可基于实际的道路交通条件进行；新建交叉口可根据预测交通量和道路条件进行，或先基于经验划分车道功能，待通车后再根据实际交通流的运行状况，对车道功能、信号配时和渠化方案进行调整。

5. 交叉口渐变段标线设计

交叉口进口道与路段车道间是否合理地衔接与过渡，直接影响到交叉口乃至整条道路交通流的运行状况。为实现路段车道与交叉口转向车道间交通流的有序过渡，可设置鱼肚形导流标线（简称鱼肚线）。鱼肚线对于使各流向交通流平顺驶入交叉口进口道、提高交通流行驶安全性避免车辆违章具有重要的作用。

鱼肚线设置方法：当进口道向右侧展宽且左转车道从直行车道分出时，采用鱼肚形标线加以渠化，如图5-26所示。鱼肚线长度和展宽渐变段长度相同，最高点在鱼肚线的1/2处，高度以与左转车道右侧边线相切为宜。

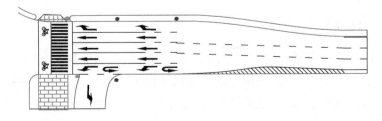

图5-26　进口道右侧展宽时左转车道的鱼肚形标线示意图

6. 出口道展宽设计

新建及改建交叉口的出口道车道数应与上游各进口道同一信号相位流入该出口道的最大进口车道数相匹配；出口道每一车道宽不应小于3.25m；治理型交叉口，条件受限制时，出口车道数可比同时流入最大进口车道数少一条；治理型交叉口出口道每一车道的宽度不宜小于3.25m；当出口道为干路，相邻进口道有右转专用车道时，出口道需要设置展宽段；在展宽的出口道上设置公交停靠站时，应利用展宽段的延伸段设置港湾式公交停靠站(图5-27)。

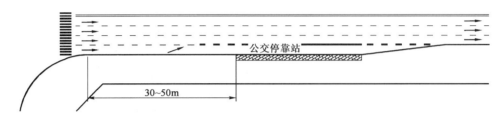

图5-27 设有公交停靠站的出口道设计示意图

出口道的总长度由出口道展宽段和展宽渐变段组成。出口道展宽段长度由缘石转弯曲线的端点向下游方向计算，不设公交停靠站时，长度为60~80m；设置停靠站时，再加上公交停靠站所需长度，须满足视距三角形的要求。出口道展宽渐变段长度 l'_d 应按式(5-6)计算：

$$l'_d = (20 \sim 30)\Delta w \qquad (5-6)$$

式中：Δw——展宽的宽度(m)。

条件受限制时，渐变段长度不应小于30m。

7. 交叉口上游设置掉头车道

技术手段：于交叉口上游距离停车线一定距离处设置掉头车道(图5-28)。为确保掉头车辆不与对向车道的交通流产生冲突，应辅以专用的掉头信号灯。

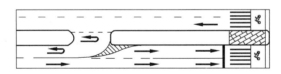

图5-28 交叉口掉头车道模式

适用条件：适用于进口道无增加车道的空间，或无左转车道的情形，但应注意设置专用掉头交通信号，且出口道 + 中央隔离带车道宽度应满足掉头半径要求，一般需要9m及以上，极端条件下不小于8m。

七、交叉口内部精细化设计

为使各类不同流向的交通流在交叉口内部安全、有序、平顺地通行，平面交叉口内部应适当采用交通安全岛、路面标线及交通流向标志等进行交通流的渠化设计。渠化的流线和标志、标线应清晰、简洁、明了；应将各流向交通流的非行驶面积用标线或适当的实体交通岛加以渠化。另外，交叉口内部的车行道宽度应适当，避免因过宽而引起车辆并行、抢道现象；右转专用车道应按转弯半径大小进行车

28.平面交叉口精细化设计

道的适当加宽设计。

1. 导流线

当交通流进入交叉口区域范围时,为了让其平顺地实现流向分流,应施画鱼肚线(图5-29)、车道功能线、虚实车道线等标线引导车辆进入相应的车道;当车辆由停车线驶入交叉口内时,为了让各种流向的车辆行驶轨迹规范、平顺、避免发生冲突,应采取规范交通流行驶空间和轨迹的措施,如通过导流线引导或限定各股交通流的行驶轨迹。

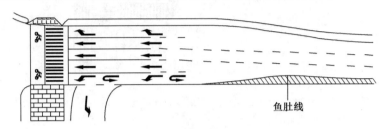

图5-29 鱼肚线设计示例

2. 左弯待转区设计

左弯待转区是指当同向直行道绿灯亮时,左转弯车道的车辆前移到待左转的区域,等待左转通行权(图5-30)。设置左弯待转区有利于引导左转弯车辆行驶轨迹,减少左转车辆在交叉口停留时间以提高交叉口周转效率,但缩短了相邻相位清空时间,导致相邻相位交通事故风险上升。

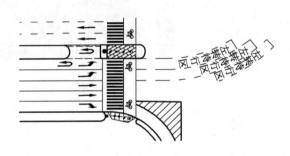

图5-30 左弯待转区设计示例

3. 右转交通流渠化设计

为保障过街行人安全,需要尽量降低右转机动车速度,视其车型应尽量采用小的转弯半径,一般宜采用12~15m,即使大车也不宜超过20m。另外,为了保障右转机动车能够有让过街行人的待行空间,相邻的行人过街横道之间应预留约6m(待行一辆右转小车)的间距。另一方面,为避免过街行人和非机动车违章穿行,交叉口转角处应设置绿化或分隔栏等隔离设施(图5-31)。

4. 交叉口内部综合渠化设计

平面交叉口内部区域应采用导流线、行人过街安全岛以及交通流向标志标识等进行渠化设计(图5-32)。其中,为凸显行人交通优先,过街安全岛上的铺装应按人行横道线宽度铺设人行道板。

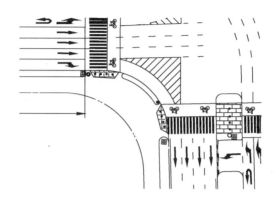

图 5-31　右转转角设计示例

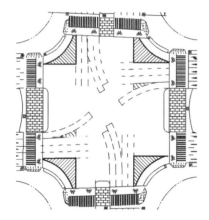 

图 5-32　交叉口内部渠化设计示例

八、典型交叉口设计案例

1. 干路交叉口设计

对于干路交叉口设计，在满足通行安全、有序的前提下，尽量提高机动车通行能力，应增加机动车道数和进、出口道展宽设计。机动车道宽度超过 16m 时，应在人行横道中央规划设置行人过街安全岛（图 5-33）。

2. 街道交叉口设计

对于街道交叉口设计，应以保障慢行交通安全性、舒适性为主，机动车能够在交叉口平稳有序疏解即可，进、出口道原则上不进行展宽（图 5-34、图 5-35）。为降低机动车运行车速，提高慢行交通过街安全性，应设计小缘石转角半径。《城市道路交叉口规划规范》（GB 50647—2011）和《城市道路交叉口设计规程》（CJJ 152—2010）中规定交叉口路缘石半径最小为 10m，但研究发现，8m 缘石半径可以满足公交车转弯要求，5m 可以满足小客车转弯要求。

第五章 城市道路交通设计

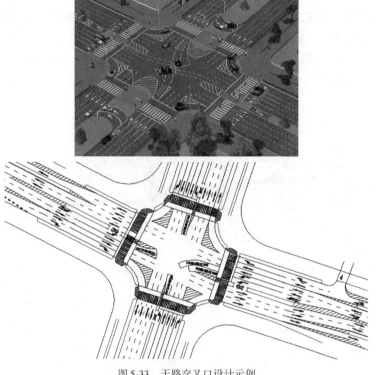

图 5-33 干路交叉口设计示例

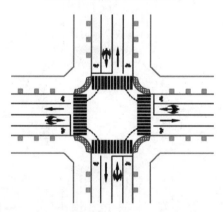

图 5-34 支路交叉口设计示例

a)改造前　　　　　　　　　　　　　　　b)改造后

图 5-35 街道交叉口改造案例

101

3. 交叉口与路中式公交专用车道停靠站一体化设计

路中式公交专用车道的停靠站通常结合交叉口一体化设计。常规公交专用进口道停靠站台设置在专用车道右侧，车辆右侧开门。快速公交停靠站台设置在专用车道左侧，车辆可左侧开门。常规路中式公交停靠站与交叉口一体化设计示例如图 5-36 所示，快速公交停靠站与交叉口一体化设计示例如图 5-37 所示。

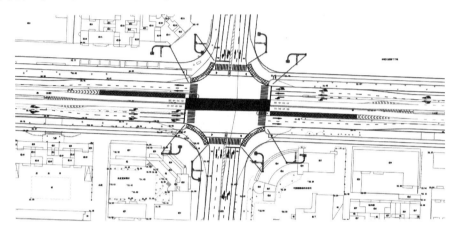

图 5-36　常规路中式公交停靠站（阴影部分）与交叉口一体化设计示例

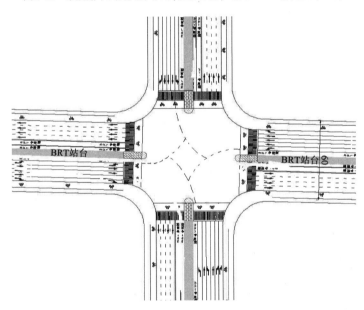

图 5-37　快速公交停靠站与交叉口一体化设计示例

第五节　步行交通优化设计

慢行交通系统是指由非机动车和行人交通等组成的系统。与机动车相比，行人和非机动车的交通流特性相对接近，在进行交通流组织与管理时，宜将慢行交通流做统一考虑。

以往的道路设计中,多显"车本主义",慢行交通未得到应有的重视,非机动车和机动车交通常被安排在同一空间内通行,不仅互相干扰、安全性与运行效率低,而且造成空间资源的极大浪费。随着"以人为本"理念的推广,人们对慢行交通设施的连续性、舒适性、便捷性,尤其是安全性等的要求在不断提高。慢行交通过街系统的优化设计是改善其通行条件的重点。鉴于本章第四节已经介绍了慢行交通中人行道及非机动车道设计,因此本节以系统综合效益最优为目标,重点介绍行人过街通道位置、间距和路段过街横道渠化设计方法。

一、行人过街天桥及地道设计

无论在交叉口还是在路段,人行横道都是最普遍的过街设施,具有较强的适用性。相对于人行天桥和地道而言,人行横道为行人提供了较平坦且舒适的过街通道,行人无须"上天入地",是十分人性化的设施。而天桥和地道一般占用较大的空间、投资较大,且会对原有的城市环境与景观造成不良影响。当天桥和地道设计不当时,还会引起行人在天桥和地道之外穿行。

若道路为快速路或交通型主干路、两侧存在大量人流来往的大型吸引点,可结合实际条件与需要谨慎地设置行人天桥或地道。具体条件如下:

(1)快速道路的过街设施必须修建为行人天桥或地道。

(2)城市主干路及次干路交叉口(进口道单向三车道以上,且无中央分隔带的干路)的行人过街设施,应采用地面行人过街横道;若周边建筑物地下或地上具有联通可能性,可结合建筑布局设置与建筑物功能区联通的步行天桥或地道。

(3)商业区道路交叉口,或道路两侧存在大量人流来往的大型吸引点,可结合实际条件和需要设置行人天桥或地道,但同时需要设置地面行人过街通道。

行人穿越城市主次干路的流量较大而又不宜设置人行天桥或地道的交叉口,可设行人过街专用信号,其相位时长应根据过街行人所需过街时间而定(行人过街步行速度可取1.0m/s)。

二、交叉口行人过街横道设计

1. 行人过街横道设计原则和方法

(1)应设在车辆驾驶人容易看清楚的位置,尽可能靠近交叉口,与行人的自然流向一致,并与车行道垂直,以缩短行人过街的步行距离。

(2)当行人过街穿越机动车道长度大于16m时,为了缩短行人过街时间,确保过街行人安全及减少冲突交通流的等待时间,应在过街横道中间设置安全岛,其宽度应大于2m。道路未设置中央隔离带的情况下,可以通过压缩单车道宽度增设行人过街中央驻足区,参见图5-38。

(3)人行横道的宽度与过街行人数及通行信号时间相关,应基于行人交通量和单位宽度行人通行能力确定。

(4)人行横道位置宜平行于路段人行道的延长线并适当后退,当不考虑非机动车与行人一体通行时,可取后退距离 $a=1m$;当有右转机动车通行时,为了减弱右转机动车对相邻的两个进口道过街行人的影响,其横道线不应相交,且至少应留有停放一辆右转车的空间,后退距离宜取 3~4m,参见图5-39。

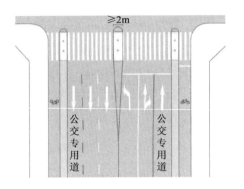
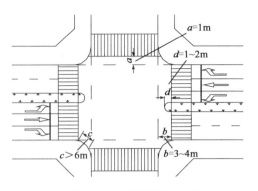

图 5-38　行人过街中央驻足区设计示例　　　　图 5-39　行人过街横道设计示例

(5) 相邻过街横道间的缘石部分(参见图 5-39 的 c),其长度应不小于一辆小车的长度,即 5～6m,并应设置护栏等隔离设施(图 5-40)。

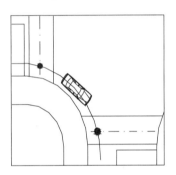

图 5-40　交叉口相邻过街横道设计示例

(6) 当设置行人过街中央驻足区时,应在满足各转向轨迹的条件下设置驻足区保护岛,参见图 5-41,其顶端至横道线距离宜为 1～2m(参见图 5-39 的 d)。

图 5-41　行人过街中央驻足区保护岛设计示例

(7) 行人过街横道及与之衔接的人行道和交通岛等连接处,皆应设置平缓的无障碍坡道,且不得有任何阻碍行人通行的障碍物(交通安全辅助设施除外)。

(8) 为了确保行人交通的安全,防止机动车或非机动车随意驶上人行道,也避免行人任意横穿道路,在不希望各类交通流随意穿行处,可设置绿化带或分隔栏。

2. 交叉口人行横道宽度设计

通常,人行横道宽度根据其高峰小时设计行人流量确定,通行能力一般可取 1800 人/绿灯小时/0.75m。以下介绍基于一定服务水平的人行横道宽度设计方法。

1) 人行横道宽度阈值

考虑行人通行的基本要求和舒适性,人行横道的最小宽度不应低于 2.0m。一般情况下,一个负荷行人所需的横向空间为 1.0~1.8m,一个带小孩的大人所需要的横向宽度为 0.9~1.0m,城市道路上同时出现肩挑重物的两人的概率很小,所以人行横道的最小宽度取两个带小孩的大人相向行走时所需的宽度再加上两个人的安全距离(取 0.2m)。即人行横道的最小宽度为:0.2 + 1 + 0.2 + 1 + 0.2 = 2.6(m),可取 2.5m 或 3.0m。

2) 人行横道宽度计算模型

人行横道具有"时间-空间"复合特性,人行横道服务水平就是行人数除有效的"时间-空间"所得到的绿灯期间每一行人可利用的面积。基于平均面积模量 M 对应的服务水平,可得到人行横道宽度计算公式如下:

$$W_p = \frac{M(q_i + q_o)}{v_p g_p} \tag{5-7}$$

式中:q_i——进入人行横道的过街行人流率(人/s);

q_o——离开人行横道的过街行人流率(人/s);

W_p——人行横道宽度(m);

g_p——行人信号绿灯时间,包括绿灯闪烁时间(s);

v_p——行人步行速度(m/s);

M——平均面积模量,即每个行人的通行面积(m^2/人)。

对应不同服务水平的人行横道宽度最小值计算公式见表 5-19。行人过街横道宽度应按需设置,行人流量小时,可以设置 1m 的过街横道;行人过街流量很大时,也可以设置 10m 的过街横道,参见图 5-42。

不同服务水平的人行横道宽度最小值计算公式　　　表 5-19

服务水平	A	B	C	D
计算公式	$\dfrac{3(q_i+q_o)}{v_p g_p}$	$\dfrac{2(q_i+q_o)}{v_p g_p}$	$\dfrac{1.2(q_i+q_o)}{v_p g_p}$	$\dfrac{0.5(q_i+q_o)}{v_p g_p}$

图 5-42　行人过街横道宽度设计示例

3. 交叉口人行横道设计案例

各类交叉口渠化布局下的行人过街横道设计案例参见图 5-43。

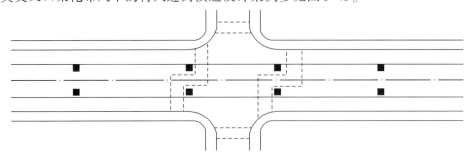

a) 高架道路下的人行横道设计

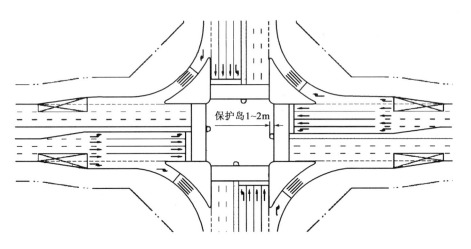

b) 有转角交通岛交叉口的人行横道设计

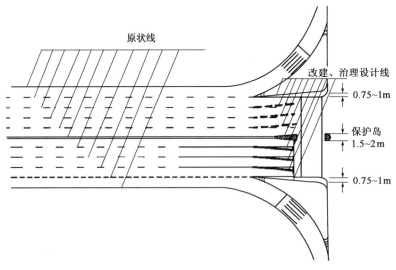

c) 采用减窄交通岛设置安全岛

图 5-43

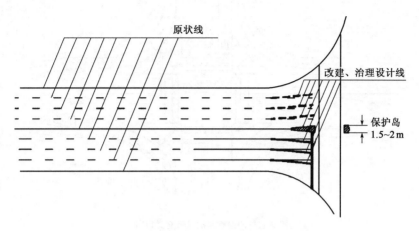

d) 利用转角曲线扩展空间设置安全岛

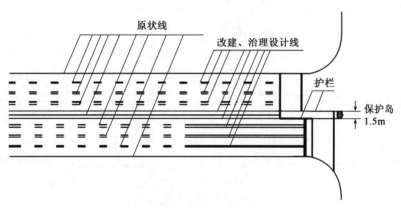

e) 采用减窄进出口车道宽度设置安全岛

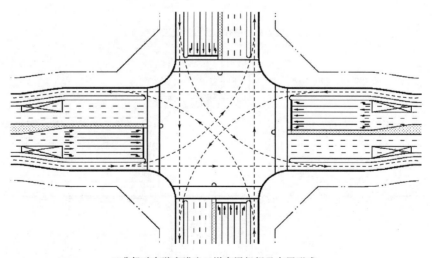

f) 非机动车独立进出口道交通组织及布置形式

图 5-43

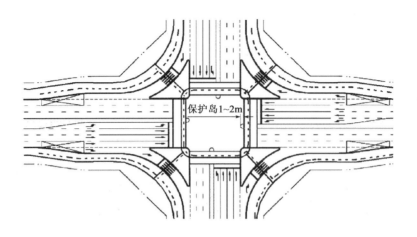

g) 设置交通岛的慢行二次过街交叉口布局

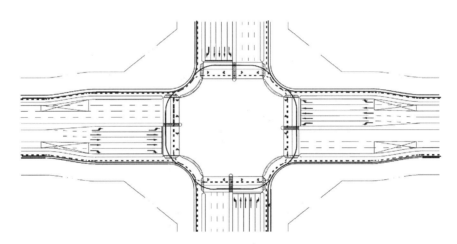

h) 无交通岛的慢行二次过街交叉口布局 1

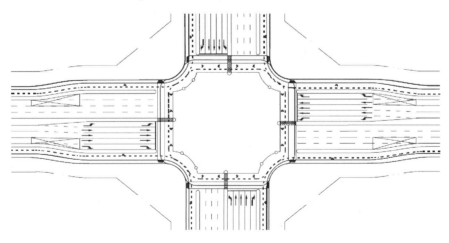

i) 无交通岛的慢行二次过街交叉口布局 2

图 5-43 典型交叉口行人过街横道设计示例

注：图中实线表示行人流线，虚线表示非机动车流线。

三、路段行人过街交通设计

1. 路段行人过街横道交通设计原则

路段行人过街横道的设计既要保障行人过街的安全性和便捷性,又要尽量减少行人过街对机动交通的干扰。

1)人性化原则

充分尊重大多数行人的心理与行为选择,使行人自然地利用过街设施,而不是强迫行人利用不合理过街设施。

2)安全和效率原则

充分利用道路条件和车流规律,选择类型合适的过街设施,采用恰当的控制与管理方式,最大限度地确保行人的通行时间和空间及过街的安全,并减弱行人过街对机动车交通的影响。

3)经济性原则

尽量提高设施的经济性,让有限的资金最大限度地发挥作用。

4)便捷性原则

应注重过街设施的舒适性与便捷性,充分考虑老年人、儿童和残障人员等群体的通行权利和交通需求,提供宜人的步行环境。还应特别注意处理好换乘公共交通的慢行交通对通行便利性的要求。

2. 过街位置选择

一般情况下,交叉口处应设置行人过街横道,再根据交叉口间距、道路性质、车流量、沿线两侧大型交通集散点及公交停靠站位置、路边停车等情况增设路段式慢行交通过街横道。在主干路和次干路的路段上,过街横道间距宜为200~300m。在支路和街道路段上,过街横道间距应控制在100m以内,最大间距不能大于150m,参见图5-44。

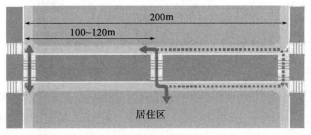

图5-44 街道行人过街横道间距

为确保过街安全,在下列地段不宜设置过街横道:

(1)弯道、纵坡变化路段等视距不良的地方。

(2)车辆转弯进出较多,又不能禁行的地方。

(3)交通瓶颈路段。

另外,当在信号控制交叉口附近必须设置行人过街横道时,宜对其实施信号控制,并与该交叉口进行协调控制。

3. 视认性

路段行人过街横道应该配以相应的交通标志、标示,包括注意行人标志、行人过街横道标志、行人过街横道预警标示等。

4. 路段二次过街横道设计

当道路宽度超过四条机动车道时,应设中央行人驻足区(岛),如图 5-45 所示。另外,过街横道沿线应进行无障碍设计。有中央分隔带时,可利用中央分隔带设置驻足区;没有中央分隔带时,可通过栅栏来设置中央驻足区,其面积的计算方法与交叉口二次过街驻足区面积计算方法相同。

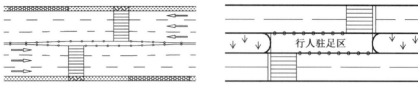

图 5-45　路段行人二次过街设计示例

四、行人过街横道精细化设计

行人过街横道的设计需要保障视认性和便捷舒适性,可以采用彩色铺装、特殊标线、突起铺装等方式。在设置行人过街天桥或地道时,依然需要设置地面行人过街横道,为不方便的出行者提供服务,参见图 5-46。

图 5-46　行人过街横道精细化设计示例

第六节　立体交叉交通设计

立体交叉的功能是将同时出现的且存在相互冲突的交通,通过设施在空间上加以分离。立交作为一种现代建筑,首次于 1925 年出现在法国。美国许多城市更多地采用菱形或其变形的简单形式立交。我国内地第一座立交修建于 20 世纪 50 年代的乌鲁木齐,随后在北京、天津、上海、广州等诸多地区得到了广泛应用。

立交作为一种交通设施,在功能上,主要服务于不同交通设施之间交通流转换;在物理空间上,则通过(左、右转)匝道将不同的交通设施相连;在交通流性质上,通过分流、合流、交织实现各种交通流之间的重组,保证各流向交通的连续性。

一、立交的功能

按照功能性质,一般可以将立交分为三类:

(1)系统(枢纽)型立交。其主要功能是为高速及快速、大运能的道路设施之间提供快速的交通转换,多为高速(城市快速)道路间的交叉形式。

(2) I型集散服务型立交。主要连接高速(城市快速)道路和其他等级道路,其主要功能是集散交通,集聚低等级道路上的交通流,向高等级道路转移,避免过多的高等级道路和低等级道路之间的物理连接;同时通过服务立交,实现高速道路交通向次等级道路网络扩散。

(3) II型服务型立交。主要连接城市主干路和主干路,其主要功能是提高交叉口通行能力、消除交通瓶颈等。

二、立交的形式

立交形式复杂多样,不同的地理特性、相交道路条件、交通功能,任何两座立交的形式不可能完全一样。然而,根据立交匝道形式及拓扑结构特征,还是可以对立交的形式进行分类的。

1. 匝道形式

基于交通流运行特征,可将立交的匝道分为两大类:单向式(交通流单向行驶)、双向式(交通流双向行驶),其中单向式匝道又可以分为六种:曲线形、对角形、反向曲线形、环形、半定向式、定向式(图5-47)。曲线形、反向曲线形仅承担右转功能,环形、半定向式、定向式仅承担左转功能,而对角形则同时承担左转和右转交通。双向式匝道允许车辆双向行驶,用于低等级立交形式中。

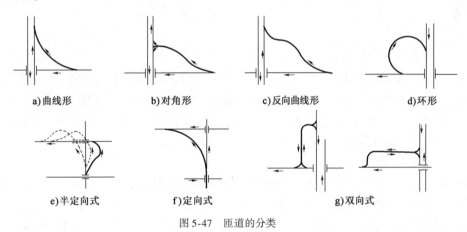

图 5-47 匝道的分类

2. 立交形式

不同类型匝道在拓扑空间上通过组合即构成各种立交形式。以四肢立交为例,根据其组成匝道的拓扑形状和结构,可以将立交大致分为八类,即:菱形、单点菱形、苜蓿叶、部分苜蓿叶、定向式、环形、单象限式、组合式(图5-48)。

三、立交交通流运行特征

1. 立交基本组成单元

立交的基本组成单元包括三部分:相交道路主线路段、匝道、匝道与主线衔接区。其中匝道与主线的衔接区又可以分为四类:合流区、分流区、交织区、冲突区。立交主线、匝道主体的交通特性相对较为简单,而各单元间的衔接部分则由于交通流的合流、分流、交织以及冲突等行为,导致其交通流特性相对复杂。因此,有必要对合流区、交织区的交通特性进行分析。

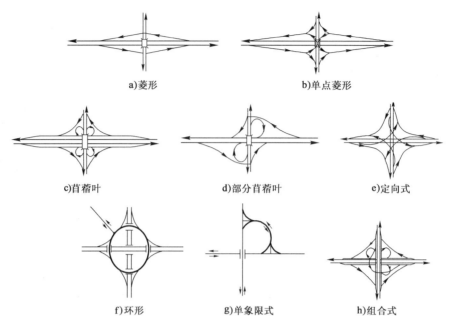

图 5-48 立交的分类

2. 合流区交通运行特性

合流就是匝道车辆汇入主线道路的过程,是两股不同性质(不同车速、不同车行角度)的车流在有限的空间内通过调整行驶方向、行驶速度、跟车时距,实现车流的汇合。根据合流区的交通流运行特征,可以将合流行为分为三类,即自由合流(主路车流优先)、强制合流、交替通行合流(主路和次路车流优先等级相同)。

1) 自由合流运行特性

按照交通规则,次路车辆进入主线前必须在主线车流中出现了可插入空当时才能驶入。在理想的情况下,每辆车将接受一个临界空当 T_c,当主线车流中车头时距 t 小于临界空当 T_c 时,匝道车辆必须减速甚至停车等待,继续寻找主线中的可接受空当,直到出现大于临界空当的车头时距时,匝道车辆才驶入主线(图 5-49)。

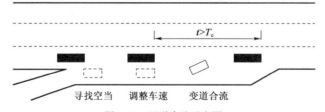

图 5-49 匝道合流示意图

2) 强制合流运行特性

当主线交通量较大,车流中出现临界空当的概率较低时,匝道车辆往往不能容忍过长的等待时间,在主线没有出现可接受空当的情况下也实行强制合流(图 5-50)。由于匝道车辆强制合流,导致主线车流中安全车头时距减少,提高了合流区追尾、侧碰等交通事故发生概率;同时,主线为了避免与强制合流车辆间的冲突,也换道至相邻车道,从而加剧了合流区交通运行的复杂性。

3）交替通行合流特性

交替通行是针对城市快速路匝道合流区交通量过大而实行的通行规则,此时匝道车辆与主线车辆进入合流区具有相同优先等级。交替通行的规则是不同流向交通流在通过冲突点时都没有优先权,车辆按1∶1的比例逐辆通过交会路段。按照交替通行规则,主线车辆延误增大、效率降低,而匝道车辆延误减小、效率提高。因此,交替通行主要适用于两股交通流优先级差别较小的路段。

3. 交织区车辆行驶特性

立交中,进出匝道(先进后出)相距较近时,流入匝道车辆驶入主线和主线车辆驶出时在较短的距离内由于行驶轨迹相互交叉而形成交织区。

图 5-50　强制合流

交织区内交通流的复杂性主要是由车辆变道所引起的。一般来说,车辆变换一次车道需要 4 个步骤,即在主线车流中寻找空当、调整车速、实行变道、调整车头时距,如图 5-51 所示。

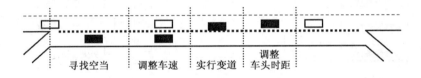

图 5-51　单向变换车道基本过程

匝道交织区的交通流包括流入与流出两股流。交织区内车辆换道模式可分为三种:A 类、B 类、C 类,如图 5-52 所示。A 类换道为匝道车辆向主线车流变道,此时,匝道车辆为了尽快合流进入主线,主要在交织区首端选择换道;B 类为主线车辆向辅助车道变道,此时,驶离主线车辆为了完成操作,主要在交织区中部选择换道;C 类则是 A 类与 B 类均存在的情形,主要发生在交织区尾端,此时,汇入主线车辆与驶离主线车辆必须完成其操作,因此,它们在换道中可以接受更小的车头时距。

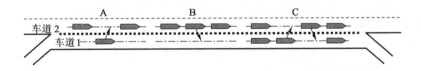

图 5-52　交织区内车辆换道模式

根据交织区运行特征,影响交织区通行能力的主要因素有:交织区长度、交织区宽度、交织率。交织车辆完成变道操作必须确保有足够的交织长度,交织长度不足则必然使交织速度降低,最终导致交织区通行能力的降低。随着主线流出量的增大,流入匝道通行能力减小;同时,随着主线总流量的增大,流入匝道通行能力也相应减小。

四、立交选型方法

立交选型是立交规划与设计中的重要基础问题之一。一个好的立交方案可以为交通流提供顺畅、便捷、安全的交通条件;相反,如果立交方案未能充分考虑其交通需求特征、周边约束因素,将诱发新的交通问题。从原理上,立交选型问题可以描述为:在确定设置立交的前提下,根据有限个约束条件(用地约束、通行能力约束等),基于效用评判指标,从多个立交形式中选择综合效用最高,且满足其约束条件的立交形式作为推荐方案。

1. 立交选型考虑因素

立交选型应考虑的基本因素有:相交道路的等级、立交在路网中的功能、设计速度、立交场址的地形/地物等用地条件、交通量、造价以及立交中是否设有收费站等。图 5-53 归纳了影响立交选型的基本因素。

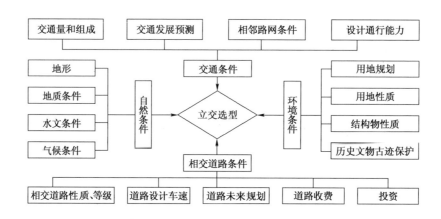

图 5-53 立交选型影响因素

2. 立交选型流程

根据国内外经验,立交选型的基本流程包括 6 个步骤:

(1) 确定新建立交或重建立交。
(2) 根据相交道路性质、交通特性确定立交性质,即确定立交为枢纽立交或一般立交。
(3) 根据相交道路条数,确定立交的肢数(3 肢、4 肢、5 肢或更多)。
(4) 列举约束条件,包括用地、资金等。
(5) 判断立交设计性质,有复杂情况或简单情况之分。
(6) 各立交方案评价比较,确定最优方案。

3. 立交方案评价方法

评价立交的方案是一项复杂的工作,评价目的与角度不同,其评价方法与评价指标也不同,以下主要介绍两类基本的评价方法。

1) 成本效益法

成本效益比(Cost/Benefit)和经济分析是常用的立交评价方法,其中成本效益法在实际中相对比较常用。立交成本计算相对较容易,一般包括:初期建设成本、用地成本、搬迁费、维护费用等。而立交的效益计算则较难,因为效益涉及多个方面,包括工程效益、经济效益、安全效益、环境效益等,这些效益指标中有定量的,但大多数为定性指标,且各种效益对立交方案的确定影响程度也不一样。因此,立交方案评价的重点应该是立交效益的计算。

2) 计算机仿真方法

随着计算机技术的发展,近年来,研究人员利用仿真技术评价立交方案的成果越来越多,这些仿真软件包括:CORSIM、PARAMICS、TRAF-NETSIM、PASSER、VISSIM 等。仿真方法主要是通过模拟车辆在立交范围内的交通行为,计算立交内的延误、停车率、行程时间、尾气排放等,可以避免繁杂的模型分析与计算,非常直观地再现立交内车辆的运行特性。但是,由于仿真模型需要进行参数的标定,且每一次仿真都要对每种方案进行建模,当备选方案较多时,工作量仍然较大。

第七节 连续流与间断流交通衔接设计

高速道路(城际高速公路、城市快速道路)等以匝道进出的道路上的交通流为连续流,以交叉口相连的道路上的交通流为间断交通流。本节重点介绍快速路匝道与其衔接的普通道路交叉口间的交通协调设计方法。

一、快速路出入口匝道分类

由于城市用地和道路几何条件的限制,城市快速路的匝道多数按平行式布置。作为快速路与普通道路网连接的匝道,按其功能分类包括驶出快速路的匝道(出口匝道或下匝道)和进入快速路匝道(入口匝道或上匝道)。快速路的出入口匝道往往成对与普通城市道路相连。

1. 出入口匝道纵向位置分类

匝道与普通道路纵向衔接的位置,表征匝道衔接点与交叉口的距离,是决定匝道关联普通交叉口交通设计的重要参数。

1) 连接路段型匝道

当进口匝道布设在交叉口进口道上游,出口匝道布设在进口道下游,车辆能够在路段上完成进出匝道和车道转换时,称此类匝道为连接路段型匝道,可认为匝道对交叉口的交通流影响较小。

2) 连接交叉口型匝道

当出(入)口匝道落地点与下(上)游交叉口距离较短,进出匝道车流直接通过交叉口进出口道集散,交叉口车流运行明显受到匝道车流影响时,称此类匝道为连接交叉口型匝道。

2. 出入口匝道横向位置分类

匝道横向位置,即匝道与普通道路连接点在横断面上的位置,对普通道路关联路段和交叉口的交通将产生不同的影响。

1) 内侧式匝道

匝道连接普通道路的位置在该道路靠近中央分隔带的 1~2 条车道的匝道为内侧式匝道(图5-54),适用于匝道流出交通以左转和直行为主,普通道路交叉口流向以直行和右转为主的情形。

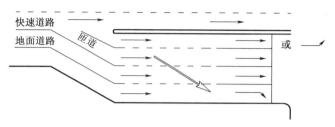

图 5-54 内侧式匝道横向位置示意图

2) 中间式匝道

连接位置在道路横断面中间部,两侧均有普通道路机动车流可以通行的匝道为中间式匝道(图 5-55),适用于匝道流出交通以直行为主的场合。

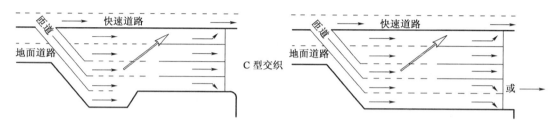

图 5-55 中间式匝道横向位置示意图

3) 外侧式匝道

衔接位置位于机动车道外侧、与非机动车道或人行道相邻的匝道为外侧式匝道(图 5-56),适用于匝道流出交通以直行和右转为主的情形。

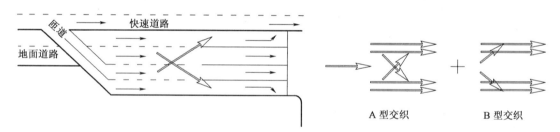

图 5-56 外侧式匝道横向位置示意图

匝道的横向位置与交织类型和衔接路段的交通流组织方式密切相关。当不采取禁行和分隔措施时,"外侧式匝道"和"中间式匝道"都可对应于左转交织区或混合交织区,"内侧式匝道"对应于右转交织区和混合交织区。具体的交织类型视具体的路段和交叉口交通情况确定。

二、快速路出入口匝道常见问题及成因分析

快速道路系统常见的问题主要表现为出入口匝道及其衔接的普通道路交叉口的排队和拥堵现象。究其问题成因,主要有以下几点。

1. 匝道与普通道路连接位置及其交通问题

匝道与普通道路衔接点的横向位置大部分靠其道路外侧车道,导致进出匝道及其衔接道路车流相互交织严重,易出现"入口匝道进不去,出口匝道出不来"的现象,交叉口服务水

平下降。

（1）出口匝道与普通道路交通流交织过程复杂，出口匝道的交通流要经过多次变换车道才能驶入交叉口不同流向的进口道，导致其进口道的通行能力、系统可靠性和稳定性下降，易出现出口匝道排队延伸至高架道路主线的情况，如图5-57所示。

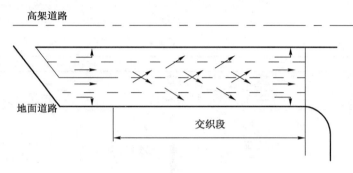

图5-57　匝道衔接路段交织过程示意图

（2）近交叉口出口道外侧设置的快速路入口匝道前，易出现右侧进口道右转车流与对向进口道左转车流间的冲突现象，如图5-58所示。

（3）当同侧进出匝道同时临近布置于交叉口进出口道外侧时，普通道路主线驶入进口匝道的车流与出口匝道驶入普通道路的直行车流易产生严重交织，如图5-59所示。

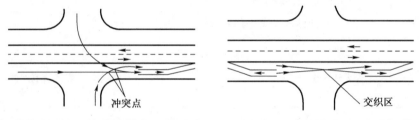

图5-58　交叉口下游进口匝道前交通冲突　　　图5-59　进出匝道交通在交叉口的交织

2. 高架快速路桥墩在交叉口范围布设问题

设于交叉口内部或其附近的高架桥墩会对交通流的运行轨迹和通行能力产生较大影响；高架桥墩的不当布设还会影响车辆的视距，成为交通安全隐患并影响交通流的通行能力。因此，布设高架道路桥墩时应基于沿途交叉口的车辆运行轨迹、视距等的要求，确定其桥墩的位置。

3. 快速道路辅路系统规划设计问题

快速道路辅路系统包括快速路直接连接的道路和周边区域的相关道路。常存在以下的基本问题：

（1）匝道衔接的交叉口出口道车道数或通行能力不足，导致交叉口交通堵塞。

（2）设置出口匝道的交叉口进口道过渡段及车道数不足，导致交叉口交通阻塞及出口匝道超长排队至主线。

三、改建型快速路出入口匝道优化设计方法

1. 建立道路交通诱导与信息服务系统

对出入口匝道的交通需求进行合理的疏导，及时发布快速路及其衔接道路的交通运行状

况信息,引导驾驶人合理地选择行驶路径。

2.选取合理的交通组织和信号控制方案

进出口匝道衔接的交叉口汇集了大量的交通,其运行情况复杂,应进行有效的交通组织与交通信号控制。图 5-60 和图 5-61 给出了衔接路段交织区长度不足而采取的无交织设计模式。

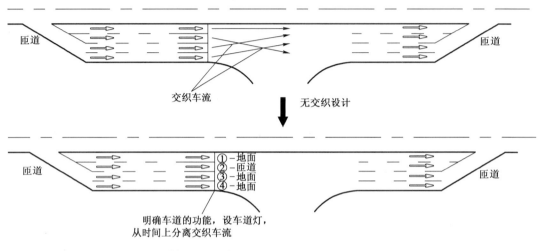

图 5-60　无交织设计方法——细化车道功能

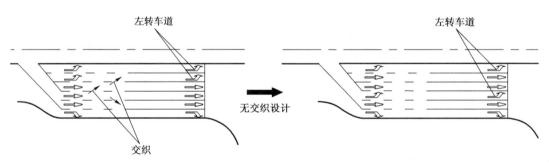

图 5-61　无交织设计方法——调整车道功能

3.完善标志标线

(1)交通组织标志:包括分流标志、禁行标志、禁止左转、禁止右转标志。该类标志除了在禁止地点提前设置外,还需要在更上游交叉口出口道设置[图 5-62a)]。

(2)指示标志:对应于禁止的流向,为实施分流措施所设置的掉头标志和指路标志等[图 5-62b)]。

(3)车道功能标志与标识:为提前分流或对应一些非常规的车道功能划分而设置的标志与标识[图 5-62c)]。

(4)地面渠化标线:为改善进出交叉口内车流运行的复杂性而设导流线、渠化岛等地面标线,以明确交叉口内的通行权。

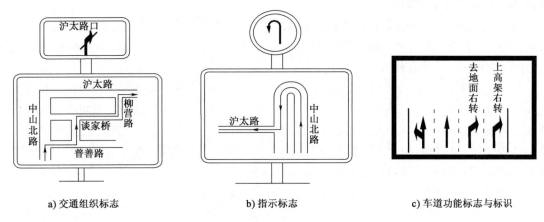

a) 交通组织标志　　　　　b) 指示标志　　　　c) 车道功能标志与标识

图 5-62　快速道路衔接交通标志示例

四、新建快速路出入口匝道优化设计方法

新建快速道路进出匝道及其衔接交叉口的交通设计,应尽可能考虑其设施功能的合理化与最佳化,即合理地进行匝道的纵向与横向布置设计、衔接交叉口交通优化设计,以避免无谓的交织,综合提高系统效率。

1. 出入口匝道形式的选取

匝道的基本形式有平行式(直接式)匝道和定向式(相交式)匝道。前者是匝道与快速路纵向平行连接;后者是匝道与相交道路衔接,连接道可为弯道或坡道。

平行式匝道一般适用于有较宽辅路系统的快速路,适应于多流向分流的要求,但是对所衔接的道路交叉口冲击较大;定向式匝道常用于高架快速路特定方向分流的情况,对辅路交叉口影响较小。新建快速路匝道,应根据交通需求量预测分析结果、实际的道路与交通条件合理地选择匝道形式。

2. 出入口匝道在其衔接道路上位置的确定

1) 确定匝道横向位置留意点

匝道横向位置的确定首先应考虑快速路及其衔接道路的几何条件。高架快速道路的匝道设置为平行式时,受高架路限高、连接路段长度等的限制,其横向位置以外侧式及中间式为宜;定向式匝道,因不受高架道路净空条件的限制,其位置的选择条件有相当的弹性,一般将衔接点设在快速路辅路相交的横向道路上。

(1) 出口匝道横向位置及其适应性:为了减少交织、降低交通流紊乱程度、提高通行能力,出口匝道的纵横向位置应综合考虑流出交通的流向与流量特征、衔接的普通道路到达流量组成特征加以确定。

①内侧式匝道:适用于高架或平面快速路出口匝道交通量以左转为主,且衔接道路左转流量不大的情形。但当出口匝道同时有大量右转车流量时,因其与衔接道路的直行和左转车流存在交织,易导致衔接区段交通的紊乱,所以不宜采用内侧式匝道。

②外侧式匝道:适用于高架快速路出口匝道交通量以右转为主,且衔接道路右转流量不大的情形。但当出口匝道同时有大量左转流量时,因其与普通道路的直行和右转车流存在交织,

所以不适合采用外侧式匝道。

③中间式匝道:适用性较广,对于高架式快速路,可将衔接道路转向车流在匝道连接点上游提前分流,避免不必要的转向交织。从上海等城市快速道路平行式出口匝道的使用情况来看,中间式出口匝道具有较好的适用性。

(2)进口匝道横向位置及其适应性:当进口匝道横向位置采用内侧式布置时,衔接道路不上匝道的交通流与相交道路右转上匝道车流之间存在冲突;若采用外侧式,又将存在相交普通道路右转不上匝道的车流与上匝道的各转向交通流的冲突。因此,应视其交通流特征选取匝道的适当位置,也可通过对相交道路右转车流实施有效的信号控制,较好地解决以上的冲突问题。中间式匝道横向布置可较好地避免此类冲突问题的发生。

2)匝道纵向位置

匝道与衔接道路的纵向连接点离开停车线的距离,应大于匝道流出交通与衔接道路交通的交织段长度与停车排队长度之和。交织段长度应以满足新建快速路及其辅路系统的服务水平为目标,根据匝道及其衔接道路预测流量和交织比来确定。因匝道纵向位置的确定还受到城市道路网密度的限制,所以应视实际情况采取封禁部分支路的转向车流或者在衔接路段采取无交织设计措施加以改善。

3. 出口匝道衔接路段交通组织方式

1)交通组织方式分类

城市快速路出口匝道衔接路段指快速路出口匝道与其衔接道路连接点至前方交叉口车辆排队队尾的一段距离。车流相互之间的交织是衔接段交通的核心问题。绝大部分出口匝道衔接路段右侧设有右转车道,因此,衔接道路右转车流与其出口匝道车流无交织,这里所讨论的交通组织主要指直行和左转交通流相关情形。

(1)组织方式Ⅰ:无禁行和分隔条件下,出口匝道车流和衔接道路车流经过交织后通过交叉口,如图5-63所示。

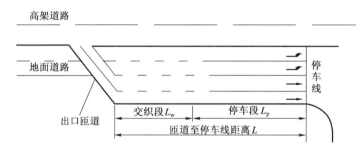

图5-63 出口匝道衔接路段交通组织方式Ⅰ

(2)组织方式Ⅱ:出口匝道和衔接道路车流间设有物理分隔的交通组织形式,如图5-64所示。这种组织方式避免了衔接路段交通的交织,尤其在交织段长度不能满足需求时,有利于维护系统的有序性,提高服务水平,是一种有效的组织方式。

(3)组织方式Ⅲ:禁止某流向车流在交叉口转向的交通组织方式。通过禁行衔接道路或出口匝道的某流向,以减少交叉口进口道的交织。被禁行的转向车流,可以在上游或下游交叉口绕行,亦可在前方交叉口掉头到达目的地。这种组织方式适用于交通交织量大,交织段长度不能满足要求,同时周边路网有分流条件的情况。

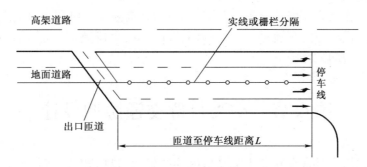

图 5-64　出口匝道地面衔接路段交通组织方式 Ⅱ

2) 出口匝道交通组织方式适用性分析

为了保证出口匝道衔接段的通畅,交通管理者应根据道路交通的实际情况选取衔接路段交通组织方式。合理的交通组织方式也是实施有效的交通控制方案的前提。

(1) 组织方式 Ⅰ 的适用性:

① 通行能力匹配性考虑:允许出口匝道衔接段车流交织运行时,若交织长度不足,则交织区通行能力不足以容纳地面和匝道的车流量,系统将出现排队和阻塞。因此,确定衔接路段的组织形式时,应保证交织段通行能力,以及衔接道路与出口匝道到达车流量的匹配。

② 服务水平的考虑:对于新建或改建交叉口,交织段需要满足一定的服务水平。对于允许交织的交叉口,为了保证系统的稳定性,建议交织段服务水平不宜低于 C 级。当客观情况不能满足以上条件时,建议考虑其他的交通组织形式。

若客观条件可以满足以上要求,则存在交织段的进口道可保持较好的运行秩序,连续流和间断流能够实现平顺过渡。现实中不少道路交叉口间距较小,所提供设置交织段的条件有限,且出口匝道衔接路段多为交通繁忙区,因此其交通组织应避免交织。

(2) 组织方式 Ⅱ 的适用性:当出口匝道与普通道路衔接区段做无交织设计时,其出口匝道与普通道路上的交通流将各行其道。由于这两类设施间交通量存在不均衡系数(交通量之比)$\sigma(0,+\infty)$,所以易导致单位绿灯时间内能够通过的车辆数减少。当不均衡系数明显偏离 1 时,设施的利用率将折减。当 $\sigma \to 0$ 或 $+\infty$,通行能力将明显下降。研究表明,如果以折减率 30% 作为限制条件,当 $\sigma < 0.4$ 或 $\sigma > 2.5$ 时,组织方式 Ⅱ 将不适用。

在交织段长度足够的情况下,或不均衡系数较大偏离 1 时,为了充分利用现有道路资源,不宜采用无交织设计。

3) 其他组织方式和控制方法的选用

对于组织方式 Ⅰ 和 Ⅱ 都不能满足的情况,可以考虑禁行或实施交通控制方案;禁行左转车的出口匝道,可以考虑让其在前方(下游)路段掉头行驶,或者在下游交叉口实施左转。相当多的出口匝道衔接路段采取了禁左或禁右的交通组织方式,有利于简化交叉口交通流的混杂,提高其通行能力和服务水平。但这种交通组织方式将影响某一向车流的通行权,将矛盾分散转移至周边的道路。此外,对于过饱和交叉口,应对其上游(出口匝道或衔接的普通道路)实施流入控制或交通诱导。

4. 入口匝道与普通道路衔接路段交通组织方式

与出口匝道衔接路段的多种交通组织方式相比,入口匝道衔接路段的交通组织方式较为简单。主要原因是入口匝道车流的运行主要受到匝道自身流入状况和条件的限制,仅与关联交叉口的信号控制相关。一般情况下,交通管理者为了提高交叉口和出口道运行的有序性,会对同一交叉口其他进口道的车流进行必要的调整或引导,以避免汇入进口匝道的车流与继续行驶于衔接道路车流间的冲突。

第八节 交叉口群交通协调设计

在城市道路网络中常常存在若干交叉口因连线较短、排队较长、路径关联,而形成密切相关的多个交叉口。对于这类交叉口,往往改变其中之一的道路、交通或管理条件,就会很大地影响整体的交通运行状况,有必要就其交通协调设计进行专门讨论。交叉口群内各交叉口的交通流关联性强、随机性弱。将交通关联度较大的若干相邻交叉口加以组合,可使得多个交叉口整体优化后的方案能够更好地适应区域范围的交通需求状况,称这类交叉口集合为交叉口群。与一般交通控制系统,如 SCOOT、SCATS 中的子区概念不同,划分交叉口群时,不仅强调其相近性原则,更加注重信号控制道路网络中交通流运动的规律性及其供需关系的动态性。以交叉口群为单位进行协调控制,可使得交通控制方式更为灵活,控制效果更为显著,控制方案也更加科学。

一、交叉口群的基本概念

城市道路,特别是我国的城市道路网络普遍存在交叉口间距短且交通关联性强的情况。这些交叉口往往需要进行交通的协调管理与控制,称这类城市道路交叉口集合为"信号控制交叉口群"。

城市道路信号控制交叉口群是关联性较强的若干交叉口的集合,是交通管理及协调控制的最小网络,也是研究复杂交通系统的基本单元,其交通阻塞对于诱发大范围区域交通拥堵具有关键性作用。

城市道路网络中的交叉口经常出现车辆严重排队,导致上游交通中断、引起排队的"多米诺效应",导致局部甚至整个路网的瘫痪。所以交叉口群交通的协调设计、管理与控制对于防治拥堵十分重要。

二、交叉口群的划分原则

交叉口群划分的主要依据是若干交叉口间的关联性和关联度,涉及交叉口的拓扑条件与间距、通行能力、交通量和交通管理措施等。由于交通需求是动态变化的,所以交叉口群的划分也是动态的。

1) 距离原则

离线协调控制时的车流离散特征研究发现,随着行驶距离的增大,车流的离散程度变高,同时,由于沿线不受信号控制的支路及出入口驶入车流的影响、下游停车线车辆的到达常常呈现随机状态,所以协调控制的总体效益逐渐下降。因此,当交叉口间距大于某一阈值时,不宜将其纳入同一交叉口群内协调控制。

2)协调方向流量原则

当交通负荷较大时,上下游交叉口之间需要进行协调控制的直行车流或左转车流的流量增大,且到达的随机性明显降低,特别是早晚高峰期间,如果不对两个交叉口关联相位的车流进行协调控制,则交叉口间的延误将会大为增加,同时使停车次数大幅度增加。相反,如果两交叉口的转向流量及交叉口间距较大,则下游车流到达的随机性强,两交叉口之间的交通关联性大为降低,不宜进行协调控制。

3)信号周期原则

交叉口协调控制的基本原则是,两交叉口之间的交通负荷度及信号周期较为接近。当各交叉口交通负荷相差悬殊,将关键交叉口信号周期时长作为交叉口群的共同周期时长时,则次要交叉口由于其执行信号周期时长远大于单点信号控制条件下的最佳周期时长,延误显著增加,从而使整个交叉口集合的交通效益下降,所以不宜将此交叉口纳入群控制中。

三、交叉口群匹配设计的原则

1. 通行能力匹配设计

交叉口群通行能力匹配设计的目的是保证交叉口群内部交通流行驶条件的无瓶颈,使各关键点和断面的通行能力保持相近的水平。

(1)交叉口进口道与出口道通行能力匹配设计。对于交叉口群内的节点,要求出口道车道数不少于同一相位汇入的进口道车道数。

(2)路段与交叉口通行能力匹配设计。对于交叉口群内各交叉口及其连线(路段),要求各交叉口进口道车道数大于连线的车道数。

2. 饱和度均衡设计

为使交叉口群内各个交叉口及其各进口道的通行时间能够得以充分利用,不致造成通行时间浪费,或某些方向的排队过长,交叉口群还需要按照等饱和度原则,设计交叉口或特定进(出)口道特定流向的车道数、车道功能和交通控制方案,使各个交叉口的同一相位各个流向饱和度、不同相位的饱和度大致相等。其设计包括通行空间的协调优化、以最小延误(或排队长度)为目标的信号配时(最佳周期、相位、相序、相位差)、信号迟启或早断等内容。

3. 协调控制

交叉口群车流协调控制包括路段车流协调控制、路径车流协调控制等。路段车流协调控制是指以上下游交叉口间车流状态(排队/延误)最佳(最小或可接受)为目标,根据车流离散规律进行的协调控制。路径车流协调控制是以交叉口群内动态的关键路径交通效益最佳和交叉口间排队相互影响最小为目标,进行的交叉口间周期、相位和相序协调控制。路段车流协调控制属于微观层的协调控制,路径车流协调控制则属于中观层协调控制,两者皆要求满足交叉口群的一些约束条件。另一方面,交叉口群之间还需进行群协调控制,以适应宏观层交通流趋势变化特征和关键路径协调的需求。

制订交叉口群协调控制方案时,复杂且关键交叉口的相位相序方案对整个交叉口群的协调控制具有决定性的影响。首先应初步设计该交叉口控制信号的相位相序基本方案,再基于一定优化目标求解交叉口的信号配时方案。周边交叉口控制信号的相位相序方案和相位差等的设置,应以实现关键交叉口的相位相序和信号配时方案为前提,从而实现交叉口群的协调控制。

4. 公交优先优化设计

从广义上理解，"公交优先"是指有利于公共交通系统发展的一切政策和措施；狭义的理解，是指通过交通设施建设、交通管理及控制等措施，在通行空间和时间上赋予公共交通，特别是赋予公共汽(电)车交通优先的通行权和保障。

公共汽(电)车交通优先在技术层面主要分为两个方面：①公交专用车道，包括路段上的公交专用车道、交叉口的公交专用进口道以及单向系统中公交逆行专用车道等；②交叉口公交优先通行信号控制。一般而言，公交车辆在交叉口的延误时间要远超过其在路段上的延误，由此还会导致公共汽(电)车交通的不准时，因此交叉口公交优先信号控制是降低公交车辆总延误、提高公交准点率的重要措施之一。

公交优先设计基本思路为：首先进行公交线网及其通过空间的优化设计，以实现资源的最佳利用、改善公交优先通行的条件、提高公交系统可控性，这也是改善公交系统的最基本的基础工作；然后，实施公交优先信号控制与最佳调度管理。

交叉口群的公交优先优化设计，应特别进行多个交叉口同时为公交提供通行空间和信号优先的协调优化设计，避免因不当的优先措施导致公共汽(电)车和交叉口群的交通阻塞与事故等。

四、交叉口群交通组织

交通组织方案以道路、交通设施的时间和空间资源利用最佳化为目标，使机动车、非机动车和行人等三类交通流的通行权合理划分，达到通行安全、有序、通畅和便捷的目的。交通组织方案的制订，还应考虑交通与城市环境、景观以及绿化等的协调。作为交叉口群的交通组织原则，应考虑：

(1) 在保证道路网功能的前提下均衡路网流量。
(2) 不同道路的优先次序为：主干路、次干路、支路和生活区道路。
(3) 最大限度减少交叉口群交通流的交织与冲突。

五、交叉口群空间协调设计方法

交叉口群协调设计包括基于交通流特征和优化设计目标所开展的关于几何条件和控制信号等的协调设计。其中，交通空间设计是基础，决定着交叉口群的结构关系，交通控制信号协调设计是协调交叉口群动态交通流与静态空间条件间的重要技术手段。另外，交叉口群空间协调设计，还应考虑道路几何条件和沿线的交通集散点分布情况，对道路两侧开口、公交停靠站及其位置、路边停车、交通组织与路面交通渠化等的协调优化设计，以调节各交叉口的通行能力和交通流量的有机关系，从而达到平衡交叉口群饱和度的目的。

1. 交叉口群通行能力匹配设计

无谓地提高道路的通行能力将造成交通(通行空间和时间)资源的浪费。衡量交通设施的合理性并不是看其通行能力的大小，而是由需求和供给共同确定交通饱和状态，与适当饱和度相对应的通行能力才是合理的。在进行交通设计，特别是新建设施交通设计阶段，交通量往往是具有一定不确定性的预测值，因此，不能只用交通饱和度来衡量设计的合理性，还要通过衡量关联交叉口间的通行能力匹配性来评价其设计的合理性。一般情况下，先选取一个关键节点,以满足其通行能力匹配为目标,优化设计相邻节点,使其方案达到最佳。

设计的输入参数为交通需求矩阵、路段机动车道数、信号相位分配情况,输出参数为两个交叉口间的车道数关系。下面以两个信号控制平面十字交叉口为例(图5-65),介绍交叉口的协调设计。

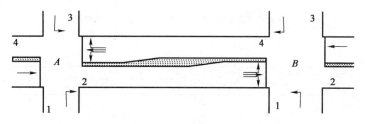

图5-65 交叉口协调设计示意图

设A交叉口i进口机动车道总数为N_i^A,i进口驶向j出口的进口车道数为$N_{i,j}^A$,i进口驶向j出口车流的绿信比为$\lambda_{i,j}^A$,饱和流量为$S_{i,j}^A$。设交叉口南进口编号为1,编号按逆时针方向依次增加。假定B交叉口道路及交通条件为已知量,通过以下模型来寻求A交叉口的匹配关系:

$$\sum_{i=1}^{3} N_{i,4}^B \lambda_{i,4}^B S_{i,4}^B = \sum_{i=1,3,4} N_{2,i}^A \lambda_{2,i}^A S_{2,i}^A \qquad (5-8)$$

$$\sum_{i=1}^{3} N_{4,i}^B \lambda_{4,i}^B S_{4,i}^B = \sum_{i=1,3,4} N_{i,2}^A \lambda_{i,2}^A S_{i,2}^A \qquad (5-9)$$

上述模型物理含义非常简单,即驶向B交叉口4号出口道的车道通行能力之和等于A交叉口2号进口道的通行能力;同时,驶向A交叉口2号出口道的车道通行能力之和等于B交叉口4号进口道的通行能力;此外,交叉口通行能力不大于路段通行能力。研究发现:

(1)交叉口相交道路等级越高,交通量越大,信号控制相位数随之增加,导致各相位损失时间增加;为保障通行能力匹配,车道供应量将增加。该结论与实际交通情况相一致。

(2)A交叉口2号进口车道数平均取值与B交叉口汇入车道数相近,随着B交叉口直行汇入车道数增加,A交叉口2号进口车道数取值范围与B交叉口汇入车道数的差值增大。

2. 两相邻交叉口一体化设计

1)近距离交叉口展宽协调设计

对于两个相邻交叉口,其间距较小时应特别需要进行协调渠化设计。当交叉口间距小于交叉口进口道最小长度时,认为两个相邻交叉口构成一个畸形交叉口;当交叉口间距大于交叉口进口道长度但小于交叉口最小间距时,两个交叉口需要进行一体化设计。上述两种情况的渠化设计简图可参考图5-66。当两交叉口距离较近,且需偏移中心线、增加进口道时,应将两交叉口间连线进行协调设计,当有需求时可在渐变段中央位置设置行人过街横道。

2)近距离交叉口左右车道置换设计

当两交叉口距离很近,又有大量的车辆通过交叉口时,由于难以在短连线的路段上完成交织,常导致两交叉口的交通阻塞。作为改善措施可将左右转车道进行置换设计,并对各流向的交通流实施信号控制,如图5-67所示。应特别注意的是,由于这种车道布局设计有悖于常规,所以一定要提前设置提示标志。

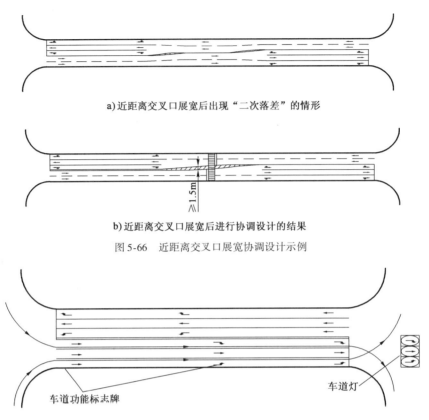

a) 近距离交叉口展宽后出现"二次落差"的情形

b) 近距离交叉口展宽后进行协调设计的结果

图 5-66　近距离交叉口展宽协调设计示例

图 5-67　近距离交叉口左右车道置换设计示例

第九节　城市道路沿线交通一体化设计

一、道路沿线一体化设计理念

城市道路在承担交通通过功能的同时,还需衔接周边小区用地的使用服务需求,保证沿线交通出行、生活休憩、社会活动得到充分满足和合理组织。为了使得各类城市空间资源实现良性交互、和谐共享,有必要对道路沿线交通和相关服务设施进行一体化组织设计。

城市道路沿线交通设计的主要对象包括但不限于路段通过交通、沿线进出交通、路内停车交通、慢行交通以及区域内公交和公共服务设施等。在对不同交通对象和交通需求进行一体化组织时,应考虑以下设计原则:

①兼容性原则。道路沿线空间资源分配应同时兼顾机动车、非机动车、行人等全部道路使用者的出行服务需求,并合理配置路段的交通和非交通功能,使其与之对应的街道类型匹配。

②连续性原则。路段内交通流线组织和路权划分应保持空间连续、功能一致。对于交通性道路,应优先保证主线车流运行连续,减少其他交通对象的运行干扰;对于非交通性道路,应避免不必要的流线冲突,减少道路功能空间的分隔阻断。

③共享性原则。合理规划和布局路段中多种交通对象混合使用的空间区域,并对共享空间内的交通运行和组织模式进行必要考量。当共享空间内存在较大安全隐患或难以通过精细

化设计或管理措施进行有序组织时,应考虑从规划层面转移或消除相冲突的交通需求。

④人本性原则。强调安全、绿色、智慧、友好的交通设计理念。应注意设计方案和其他道路市政设施的相互协调,避免沿街树木、护栏等对过街行人、标志标线的遮挡干扰。对于共享道路空间,应优先保障行人等群体的出行需求和通行安全。

二、道路沿线进出交通设计

道路沿线进出交通是指路侧出入口或支小道路等进出道路主线的交通,对主线交通流将产生合流、分流甚至冲突等干扰,因此,需要根据主干路的功能、沿线进出交通的需求与特征进行交通流的优化组织与渠化设计。

进出交通管理(Access Management)是针对联系城市用地与交通的连接道路进行规划、设计与管理的措施,同时需维持或提高周围道路网内交通的安全性、通行能力和交通流通行效率。在做进出交通管理时,须以进出交通、主路交通和绕行交通三者综合效益的最优为目标,既要考虑车辆进出的便捷性,又要减少进出车辆对主路交通的干扰,力求避免左进左出。

29.道路沿线进出交通设计

1. 出入口宽度设计

道路沿线进出交通不能影响道路正常运行。为降低进出交通与道路主线交通之间的相互影响,在不设置信号控制的沿线进出交通出入口,进出交通设置的进出口机动车道数不能多于一条。在城市道路上设置的机动车双向通行的出入口车行道宽度宜为7~11m(图5-68),单向通行的出入口车行道宽度宜为5~7m(图5-69)。

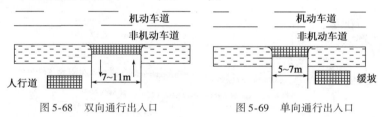

图5-68 双向通行出入口　　图5-69 单向通行出入口

2. 进出交通组织设计

对于不设置信号控制的进出交通出入口,道路沿线进出交通的组织方式包括允许左转进出和右进右出两种。

允许左转的交通组织方式(图5-70)对于进出交通而言便捷性更高,但存在较多的冲突点,要求主线车速较低,且主线交通流存在进出交通左转的可穿越间隙。这种交通组织方式通常在主线机动车交通流量不大的城市支路上使用。

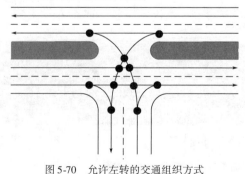

图5-70 允许左转的交通组织方式

城市支路、交通功能弱的次干路、上下游交叉口相交道路等级均高于本道路的路段、紧急救援类(医院、消防队等)进出口应采用允许左转的交通设计模式。为减弱进出口对主线的影响，可设置左转待行区(图5-71)。待行区减弱了左转或掉头车辆等待对向车流可穿越间隙时对相邻车道车辆的影响，安全性与通行效率高。在道路几何条件允许的情况下，建议采用此模式，如道路中央有足够可用空间设置待行区，或原道路有中央分隔带的道路形式。

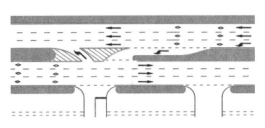

图5-71 设置左转待行区的交通组织方式

城市主干路沿线一般单位进出口应选择右进右出交通组织方式。为防止车辆违章左转进出，对于三块板道路或无中央隔离设施的路段，也应在出入口位置封闭重要隔离带或设置护栏隔离，引导进出车辆通过交叉口或路段掉头来代替左转进出的路径，如图5-72所示。该模式冲突显著减少，主线通行能力和速度较高，但进出交通绕行较严重，会增加其上下游掉头开口的交通压力。该模式适用于主要道路交通流量较大、出入口左转需求量不大，且路段分隔带足够宽、有掉头条件的情形。

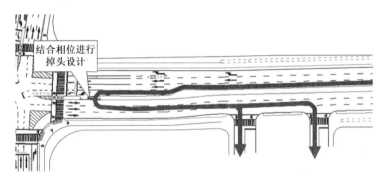

图5-72 右进右出交通组织方式

当主干路车流密集、单位进出车辆较多时，应在右转右出组织的单位进出口处设置加减速车道，如图5-73所示。增加右转车辆蓄车区提前将右转车与直行车分离，可减少右转车换道进入或离开所引起的交织，运行效率和安全性最高。但该模式同样进出交通绕行大，且需要道路有足够的宽度，适用于主线流量大、右转进出交通流量大且主路有拓宽余地的出入口处。

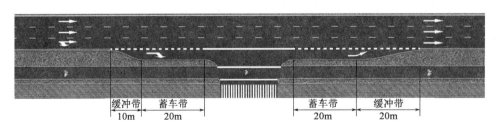

图5-73 设置加减速车道的右进右出交通组织方式

3. 人车共享空间精细化设计

除需要进行机动车交通设计,单位进出口还需要特别重视非机动车和行人的交通设计。对于新建、改建道路上的大院、小区,应为步行者、骑车者和驾驶人设置独立的进出口,避免不同进出交通流和动、静态交通混合无序,同时驾驶人使用的进出口应依据进出高峰期的交通量设立缓冲空间,尽可能地减轻对小区外部交通流的影响,如图5-74所示。

图 5-74　小区出入口

人行道在单位开口处的高程应保持不变,并采用与人行道类似但有所区别的铺装形式,机动车通过设置缓坡进出单位,如图5-75所示。

图 5-75　单位开口处人行道处理方式

在机动车流量较大的支路,人行道通过缓坡放低至与机动车道相平,并设置人行横道线,保证行人通道的连续性,如图 5-76 所示。

图 5-76　支路处人行道处理方式

三、道路沿线停车设计

30. 道路沿线停车设计

1. 路内停车设置条件

当道路通行能力有一定余量,且有停车需求时,可设置路内停车场来缓解停车难问题。路内停车是一种经济合理的停车方式,但其占用紧缺的道路面积,容易影响道路的通行功能。因此,在设置路内停车位时,应满足以下条件。

（1）道路等级

①当有停车需求且有停靠条件时,路内停车可设置于交通量较小的支路或次干路。除专门进行道路拓宽或设置港湾式停车区的情况,交通集散功能较强的支路不宜设置路内停车场。

②一般情况下,城市快速路、主干路、次干路的主道不宜设置路内停车场。

③路内停车场的设置应因地制宜。一些非机动车流量小的道路及近期新建、扩建的道路,道路等级可能较高但交通量较小、道路利用率低,可视需求开辟路内停车场。

（2）道路断面

①路内停车场的设置宜优先选择机动车行车空间,一方面方便车辆进出和停放,另一方面可减少对其他交通方式空间的占用。

②在机动车行车空间紧张且慢行交通流量较小的情况下,可考虑占用非机动车道或人行道设置部分停车位。

（3）道路宽度

设置路内停车泊位时,车行道路面实际宽度必须满足相应要求（表 5-20）。若道路宽度小于最小路宽,则不得在路内设置停车位。

设置路内停车泊位的道路宽度　　　　　　　　　　　　　表 5-20

通行条件	车行道路面实际宽度(m)	泊位设置
机动车双向通行	≥12	可两侧设置
	8~12	可单侧设置
	<8	不可设置

续上表

通行条件	车行道路面实际宽度(m)	泊位设置
机动车单向通行	≥9	可两侧设置
	6~9	可单侧设置
	<6	不可设置

(4)服务水平

设置路内停车场时,应将原道路交通量换算成标准小汽车交通量 V,然后按车道布置,计算每条车道的基本容量以及不同条件下路内障碍物对车道容量的修正系数,获得路段交通容量 C,当 V/C 小于 0.8 时,容许设置路内停车场。设置路内停车场条件与道路服务水平的关系见表5-21。

设置路内停车场条件与道路服务水平的关系　　　　表5-21

服务水平	交通流动情形		V/C	备注
	交通状况	平均行驶速度(km/h)		
A	自由流动	≥50	$V/C ≤ 0.6$	容许路内停车
B		≥40	$0.6 < V/C ≤ 0.7$	容许路内停车
C		≥30	$0.7 < V/C ≤ 0.8$	容许路内停车
D		≥25	$0.8 < V/C ≤ 0.9$	视情况考虑是否容许停车
E	堵塞	约为25	$0.9 < V/C ≤ 1.0$	禁止路内停车
F		<25	—	禁止路内停车

2.路内停车空间布局

1)纵向位置设计

路内停车纵向位置设计主要考虑距交叉口距离。当路内停车路段紧邻信号控制交叉口时,随着停车区与停车线距离的增大,车均延误呈减小的趋势。且当距离大于某一值时,车均延误就维持在一个定值。因此,为减弱路内停车对道路动态交通的影响,设计时必须保证停车带到交叉口停车线满足最小距离值,即车均延误在可容忍值以下时所对应的距离,可采用延误分析方法确定此距离。

当两个交叉口距离较近时,设置路内停车位要保证不影响交叉口排队,如图5-77所示。

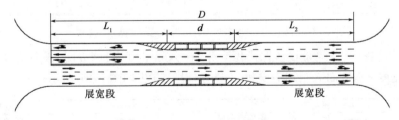

图5-77　近交叉口间路内停车设置示例

图5-77中,D 为交叉口间距离;L_1 为前方交叉口进口道最大排队长度加15~20m;L_2 为上游交叉口出口道基本拓宽长度加15~20m;d 为容许设置路内停车区段长度。显然,$d = D - L_1 - L_2$。一般,如果 $d < 20m$,则不宜设置路内停车位。

当路内停车路段有单位出入口时,为保证车辆进出的安全,要求确保在单位出入口驶离车辆的视距三角形内不设置路内停车位。

2)横向位置设计

横向位置设计分左侧路内停车带和右侧路内停车带两种情况阐述。左侧路内停车带是在单行道或双向通行道路通过压缩中央分隔带设置,这种设置方式在国外较常见。右侧路内停车带在国内较普遍,除了考虑不影响主线交通运行外,还需考虑对行人与非机动车的影响。

路内停车场按其在道路横断面的不同位置,可分为占用机动车道、非机动车道或人行道停车场三种形式;按几何形状又可分为港湾式和非港湾式停车场两种。

(1)占用机动车道的路边停车带设计

占用机动车道的路边停车包括非港湾式和港湾式两种形式。非港湾式占用行车道停车,而港湾式指在路边压缩人行道或分隔带开辟部分道路供机动车停放,虽然通道被压缩,但停车位并未实际占用其空间,因此归为占用机动车路边停车一类。

①占用最外侧机动车道或机非混行车道设置停车带,如图5-78所示。这种停车带的进出车辆易与主线行驶的机动车和非机动车交通产生交织,特别是右侧上下车者易与非机动车交通产生冲突,应谨慎采用。

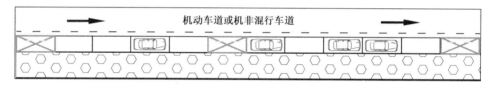

图5-78 占用最外侧机动车道或机非混行车道设置停车带

②在机非混行道路或机动车专用道路,可通过局部压缩人行道设置港湾式路边停车带,如图5-79所示。这种设计要求人行道有足够宽度且行人流量较少。

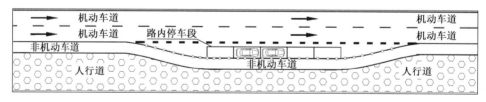

图5-79 后退非机动车和人行道设置港湾式路边停车带

③可通过压缩机非分隔带设置路内停车带,在分隔带宽度≥4m时,设置方法如图5-80所示;在分隔带宽度<4m,而人行道有宽度富余时,设置方法如图5-81所示。

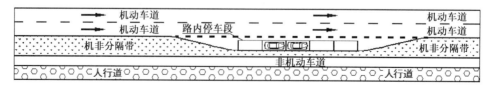

图5-80 沿机非分隔带设置港湾式路内停车带(机非分隔带宽度≥4m)

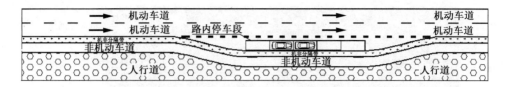

图 5-81　沿机非分隔带设置港湾式路内停车带(机非分隔带宽度<4m)

港湾式路边停车带设计的主要控制参数有车辆驶入曲线 C_1、停放车辆长度 L、车辆驶出曲线 C_2 和路边停车场深度 Z，如图 5-82 所示。

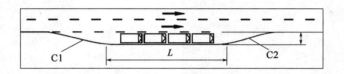

图 5-82　港湾式路边停车设计示意图

停放车辆长度的计算公式为

$$L = n \times w + (n-1) \times d \qquad (5\text{-}10)$$

式中：L——路边停车场停放车辆长度(m)；

n——路边停车场泊位数；

w——平均每辆车长度(m)；

d——停放车辆间的距离(m)，建议为 0.5~1m。

参考相关规范及研究成果，路内停车带深度 Z 应稍大于车辆宽度，因此停放车辆为小型车时可取 3m，为大型车时可取 3.5m。车辆驶入段曲线和驶出段曲线应该与车辆的行驶轨迹吻合，方便车辆的到达与离开，渐变段长度可取 6~7m。

(2)占用其他通道或设施的路边停车带设计

此处主要指占用机动车道以外的非机动车道、人行道或分隔带而设置的停车带。

①利用三块板道路富余的非机动车道设置停车带(图 5-83)。此时进出停车带的停车交通易与非机动车和主线机动车交通产生交织，应辅以相应的管理措施。

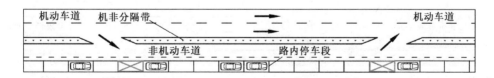

图 5-83　利用三块板道路非机动车道设置的停车带

②在机非隔离过渡区域设置停车带。通过取消原机非分隔带或压缩非机动车道和最外侧机动车道布置停车空间。此时，应注意在停车带和非机动车道之间设置一定软性隔离或做局部抬升，如图 5-84 所示，避免车辆上下客过程与非机动车侧向冲突。

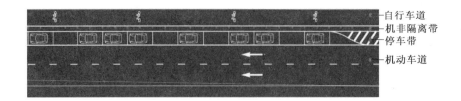

图 5-84 停车带设置在机动车和非机动车道之间并设置软性隔离

③利用分隔带行道树之间空隙设置停车带。图 5-85 所示为机动车道直接进出停车带的形式。此时应注意进出停车带的车辆易与主线机动车交通流产生相互影响,存在安全隐患。因此,可以借用非机动车道驶入停车带,驶出时直接进入机动车道,如图 5-86 所示。

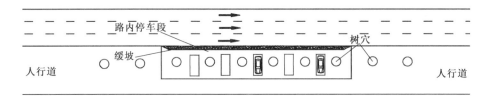

图 5-85 利用机非分隔带空间设置停车带(直接进出式)

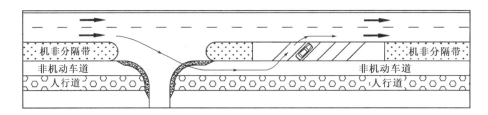

图 5-86 利用机非分隔带空间设置停车带(非机动车道进,机动车道出)

(3)路内停车带形式适用性分析

上述各种路内停车带形式是对应于不同的道路与交通条件提出的,各有优缺点和适用条件,表 5-22 对此进行了归纳分析。

路内停车带形式及其优缺点和适用条件　　　　　表 5-22

路内停车带形式	优点	缺点	适用条件
港湾式路内停车带	停车方便,有效利用空间,机动车停车与行驶于一体,有利于城市美观和交通安全	对非机动车和行人交通有一定的影响	适合停放车辆较多,并有空间设置港湾式停车带的路段,慢行交通应一体化处理
利用(机动车和非机动车)车道停车	投资小,停车方便,有效利用城市空间	对机动车流和非机动车流影响较大,尤其是高峰期间,安全性降低,对环境影响也较大	适合停放车辆较少,机动车和非机动车流量皆较少的路段
利用人行道停车	投资较小,对动态交通影响较小,充分利用城市空间	车辆停放、驶离耗时较长,对行人和机动车流皆有一定干扰。须增强人行道结构强度	适合人行道空间较大且行人流量较小,有充分安全保障的地方,须与盲道相协调

3. 路内停车泊位设计

1) 停放方式及设计尺寸

(1) 单个车位设计

参考《城市道路路内停车位设置规范》(GA/T 850—2021),采用平行式排列方式的停车位分大、小两种尺寸。大型停车位长 15.6m、宽 3.25m,适用于大中型车辆。小型停车位长 6m、宽 2.5m,适用于小型车辆。条件受限时,宽度可适当降低,但不应小于 2m。

按照排列方式,停车位分为平行式、垂直式和倾斜式三种(图 5-87)。平行式为泊位与道路呈平行排列,垂直式为泊位与道路垂直排列,倾斜式是泊位与道路呈一定角度排列,常见的斜列式角度有 30°、45°和 60°几种。

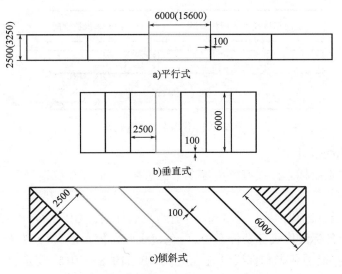

图 5-87　停车位按照排列方式分类(尺寸单位:mm)

不同停放方式占用道路宽度不同,车辆停驶的耗时和等长度道路的泊位容量也不同,不同停放方式的特点见表 5-23。

路内停车泊位停放方式对比　　　　　　　　表 5-23

形式	平行式	垂直式	倾斜式
优点	占用机动车道面积小,交通影响小	相同长度道路泊位数量最大,停驶耗时长	停驶耗时短,相同长度道路泊位数量较大
缺点	车辆进出较慢,相同长度道路泊位数量少	占用机动车道面积最大,交通影响最大	占用机动车道面积较大,交通影响较大
适用条件	适合横向空间小、相邻道路流量较大、停车种类多的情况	适合道路空间较大、相邻道路流量较小的情况	适合停车需求大但横向空间相对较小的道路

(2) 车位组合设计

多个停车泊位相连组合时,每组长度不宜大于 60m,每组之间应留有不小于 4m 的间隔,如图 5-88 所示。

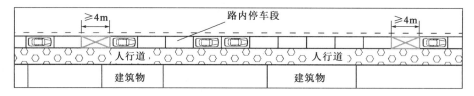

图 5-88　车位组合设计示例

(3) 停车保护空间设计

设置路侧平行式停车位时,应考虑驾驶人下车的安全隐患,在车流量较大或者车速较快的区域,宜在停车带靠近机动车道一侧设置保护空间,提高驾驶人上下车的安全性。空间的宽度根据车门打开后占用的长度确定,建议宽度取值为 0.5~1m,如图 5-89 所示。

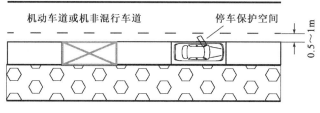

图 5-89　停车保护空间示例

2) 相关标志标线设计

路内停车带的主要标志标线有路内停车带标志牌、地面停车位编号和停车位标线等。

(1) 标线设计

根据《道路交通标志和标线　第 3 部分:道路交通标线》(GB 5768.3—2009)规定,停车位标线线宽 0.1m,蓝色标线代表免费停车位,白色代表收费停车位,黄色为专用停车位。

根据《城市道路交通标志和标线设置规范》(GB 51038—2015)规定,出租车、非机动车及机动车的停车位标线应采用白色,专属机动车的停车位标线应采用黄色。机动车停车位标线宽度宜为 0.06~0.1m。大中型车辆宜采用长 15.6m、宽 3.25m 的车位尺寸;小型车辆宜采用长 6m、宽 2.5m 的车位尺寸,极限宽度不应小于 2m。

机动车限时停车位标线应为虚线边框,虚线的线段及间隔长度均应为0.6m,线宽应为0.1m,在车位内标注允许停车的时间,数字高度应为0.6m,应和限时停车标志配合使用。

占用非机动车或机非混行车道的路内停靠方式,为提醒驾驶人或非机动车注意,宜在上游道路设置两组及以上注意前方路面状况标线,如图5-90所示。

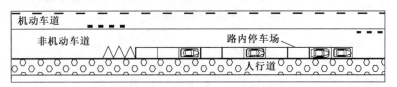

图5-90　注意前方路面状况标线示例

(2)标志设计

路内停车带应在停车带两端设置停车位标志,可以对停车位标志附加图形或采用辅助标志,形成不同功能和性质的停车位标志,如图5-91所示。

图5-91　路内停车位标志

两端道路之间的泊位每超过50个宜增设一块道路停车场标志牌,连续跨越多条道路的路内停车带宜于停车带与跨越的每条道路交叉口路口设置道路停车场标志。

四、道路沿线非机动车停车设计

1. 停放位置设计

(1)利用人行道上乔木间的空间、物理分隔带或设施带布置非机动车停车位,如无类似分隔带,则可设置在靠近非机动车道的人行空间上,如图5-92所示。该方式对用地条件的要求较低,优点在于停放和取车方便。

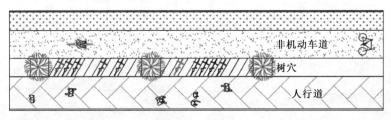

图5-92　利用人非分隔设置非机动车停车带

(2)利用机非分隔带设置非机动车停车位,如图5-93所示。该方式适用于机非分隔带上有行道树,且宽度不小于1.5m的情况。优点是可有效地利用非通行空间的资源,在非机动车停车带和机动车道之间可增设花架等隔离设施,既美化景观,又可防止非机动车直接进入机动车道;缺点是存取车需要穿过非机动车道,易产生行人与非机动车冲突。

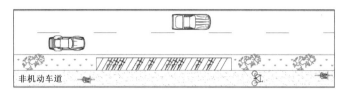

图 5-93　利用机非分隔设置非机动车停车带

2. 停车方式设计

考虑到绿化带宽度的限制以及停车的方便性，一般采用单排一侧倾斜式停车方式；用地限制较小时，可以采用单排一侧垂直式停车方式，如图 5-94 所示。

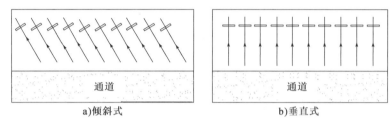

图 5-94　路边非机动车停车位停放方式设计

3. 自行车停车设施设计

自行车停车设施设计的基本要求如下：

①允许自行车"前进"或"后退"式停靠时，要提供可与前轮车锁配合使用的架子，并需保证车体的直立停放；

②自行车停靠设施需将单个设施元素连接到统一框架上，以减少人为破坏，方便停车的同时保证安全性；

③自行车停放设施宜根据周边环境或者区域特色进行协调性设计，满足停车需求的同时，赋予景观功能。

推荐使用的设计形式如图 5-95、图 5-96 图所示。

图 5-95　自行车架单体设计示例

图 5-96

图 5-96　组合停车架设计示例

4. 公共自行车停车点设计

公共自行车停车点作为自行车交通服务的中转站，主要提供停车和管理的服务。一般设施主要包括自行车、停车桩和服务终端，若有需要，可额外设置亭、棚等辅助设施，方便统一管理。图 5-97 为公共自行车停车点设计示例。

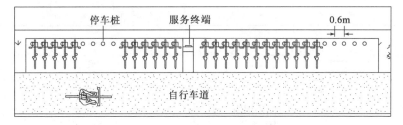

图 5-97　公共自行车停车点设计示例

停放位置与布点处周围环境相关，多设置在路边，停车租赁点的设计应遵循简单、精致、耐用和留有余地的原则。我国一般将停车桩间距做到 0.6m 或以上，停车桩数目根据该停车点的需求进行确定，一般应适当多于自行车数量，为使用者顺利还车提供预留空间。

公共自行车停车点停车电子设备主要包括锁车器和站点控制器两种。

（1）公共自行车锁车器

锁车器又称锁止器，是由读卡器和控制模块组成的能够自动锁住公共自行车的室外装置，市民只需要刷卡就能从锁车柱上取车，还车时能够自动锁住公共自行车。该设备可全天候工作，通过总线通信将数据发送给站点控制器，同时带有借车、还车语音提示及故障语音提示功能。采用直流电源供电，安全可靠，内置大容量记忆芯片可保证信息在断电情况下永久保存。色彩及外形可根据不同城市形象定制设计，如图 5-98 所示。

图 5-98　公共自行车锁车器设计示例

（2）公共自行车站点控制器

每个公共自行车站点安装一台公共自行车站点控制器，该控制设备与公共自行车锁车柱实时通信，同时通过无线通信与管理中心服务器交换数据，实现系统联网。站点控制器配有查询终端，方便市民查询借还车信息等。

五、道路沿线一体化设计案例

1. 主线进出车流、慢行交通协调设计

进出口或支路车辆进出主线速度过慢会对路段交通运行连续性产生影响，但通行速度过快又会对路段慢行交通运行安全造成危险。图5-99、图5-100分别为通过渠化岛和后退人行过街横道线预留进出车辆让行空间，以及通过展宽车道配合渠化岛合理组织进出车辆车速变化的设计示例。

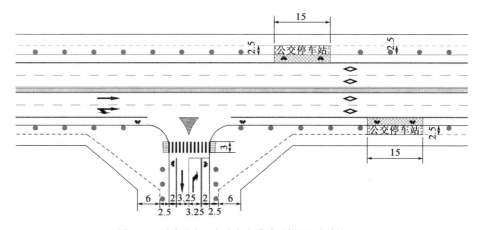

图5-99　干路进出口右进右出设计示例（尺寸单位：m）

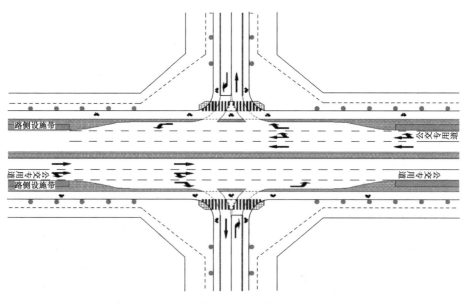

图5-100　干路进出口展宽车道设计示例

2. 路内停车与人行道、非机动车道协调设计

有非机动车专用道,但是没有机非隔离带时,可利用人行道多余宽度在机动车道与非机动车道间设置港湾式路内停车带。此时,停车带区间的非机动车道可与机动车道共面,并采用间断的物理隔离,或将非机动车高程提高至行人道的高程,并做"慢行一体化"处理,如图5-101所示。

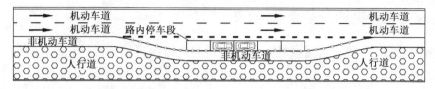

图5-101 机动车道与非机动车道间设置港湾式路内停车带

3. 路内停车与人行横道协调设计

考虑到行人过街的安全,规划的路内停车带不应与人行横道相交。人行横道应该设置在路内停车带上游,可保证驾驶人和过街行人的视距要求。图5-102中的驾驶人和过街行人的视距良好,可大大地提高过街交通的安全性。

图5-102 人行横道与路边停车协调设计示例

4. 支路多要素一体化协调设计

结合稳静化设计理念,图5-103给出了支路弯曲线形一体化协调设计示例。该例利用道路中线偏移空间协调布置路侧功能区,实现了人行过街、临时停靠区、应急车道、停车位及公交停靠站等一体化协调布置。

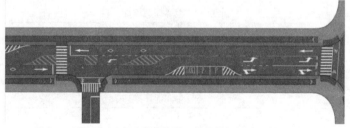

图5-103 支路弯曲线形一体化协调设计示例

第十节 交通稳静化设计

31. 交通稳静化设计

一、稳静化的定义

车辆超速是造成市区大部分交通事故的重要因素。有些情况下,超速行驶是由于道路基础设施给予了驾驶人错误的信号,使其并未意识到车速已经大大超过了其所处情形的限制。

交通稳静化是道路设计中减速技术的总称,即通过物理设计或其他手段(如政策、立法、制定技术标准等),降低机动车对居民生活质量及环境的负效应,优化出行环境,提升机动车、行人、非机动车的安全性,同时减轻噪声、振动等环境污染。其关键在于改变驾驶人对道路的感知,从而使其以合适速度驾驶。

二、稳静化设计措施及效果

交通稳静化设计是通过流量控制与车速控制的措施达到设计目标。流量控制是借助物理设施削减、疏导道路上的交通流量。典型的措施有:道路全封闭、交叉口半封闭、交叉口对角分流、设置中央分隔带、强制转向岛等。车速控制主要通过道路的几何形状调整来实现,根据对道路的改变形式,可以分为垂直偏移、水平偏移和收窄。垂直偏移是通过道路纵向偏移使车辆减速,如设置减速拱、减速台、交叉口抬高等;水平偏移是通过道路平面偏移使车辆减速,如设置交叉口环岛、环形交叉口、减速弯道、路段横向偏移等;收窄是通过缩减道路路段某处的宽度使车辆减速,如设置交叉口瓶颈、路段收窄、路段中心岛等。各种稳静化设计措施对控制车速、限制流量和提高安全性的定性分析如表5-24所示。

稳静化设计措施的作用效果　　　　　　　　　表5-24

稳静化设计措施	作用效果		
	速度控制	流量控制	安全性提高
流量控制设计			
全封闭	●	●	○
交叉口半封闭	●	●	○
对角分流	●	●	○
中央分隔带	○	●	▼
强制转向岛	○	●	▼
垂直偏移车速控制设计			
减速拱	●	●	▼
减速台	●	▼	▼
交叉口抬高	●	▼	▼
水平偏移车速控制设计			
交叉口环岛	●	▼	●
环形交叉口	▼	▼	●
减速弯道	●	▼	○
路段横向偏移	▼	▼	○
收窄车速控制设计			
交叉口瓶颈	●	▼	●
路段收窄	●	▼	▼
路段中心岛	●	▼	●

注:●-效果显著;▼-效果一般;○-效果弱或无效果。

三、路段稳静化设计

1. 全封闭设计(Full Closure)

全封闭是指在路段机动车道设置物理障碍,阻止机动车通行,但允许非机动车及行人通行,以达到减少车流的目的。可采用的障碍包括障碍岛、墙体、大门、短柱、桩等。其适用于穿越交通量较大,周边路网发达且车辆易于绕行的地区。一般而言,该方法较少使用。此外,设计时应该注意消防车、救护车等紧急车辆可以强行通过这些物理障碍。

研究显示,该方法可减少44%的日交通流量。优点包括:保证行人和非机动车的通行;有效减少交通流量,降低车速;提高行人、非机动车过街安全性。缺点包括:增加机动车绕行距离;给本地居民车辆及紧急救援车辆通过带来不便;投资成本大,封闭道路影响区域内的商业活动受到限制。该方法的设计示例如图5-104所示。

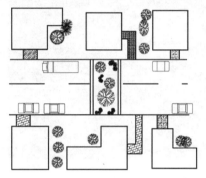 

图5-104　全封闭设计示例

2. 减速拱设计(Speed Hump)

减速拱是指沿着机动车道路横断面,设置在道路上方以降低车辆速度的凸起区域,一般有6～15cm高,是一种常用的速度控制措施。其断面形式有圆曲线、抛物线及正弦曲线三种。在接近路缘石的端部设置渐变段,以利于路面排水。

研究显示,该方法可使85%位运行车速平均降低约23%;可减少约22%的日交通流量;可减少约41%的交通事故率。优点包括:工程造价相对较低;设计合理,便于行人、非机动车通过;有效降低机动车行驶速度,提高交通安全性。缺点包括:影响路面视觉美观;行车舒适性降低;车辆减、加速过程增加噪声和空气污染;降低紧急救援车辆速度,增加其延误。该方法的设计示例如图5-105所示。

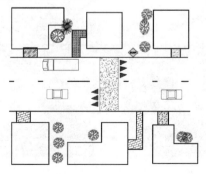 

图5-105　减速拱设计示例

3. 减速台设计(Speed Table)

减速台是平顶式减速拱,它的表面是一个宽度可以容纳单个标准小汽车的平台,平台一般由砖或其他纹理材料建筑而成。通常将平台部分的高度设计为与道路两旁的人行道同高,利用其平台部分加以纹理化处理,即可形成垫高的人行横道。减速台的宽平台使其设计速度比减速拱更高。

研究显示,该方法可使85%位运行车速平均降低约18%;可减少约12%的日交通流量;可减少约45%的交通事故率。优点包括:工程造价相对较低;对大型车辆而言,减速台比减速拱更加平坦;降低机动车行驶速度,提高交通安全性。缺点包括:非纹理材料影响道路美观,而提示性、美观性较好的纹理材料价格较高;车辆减、加速过程增加噪声和空气污染;降低急救车辆速度,增加其延误;增加道路维护成本。该方法的设计示例如图5-106所示。

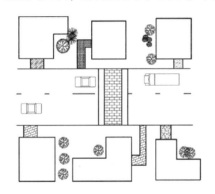

图5-106 减速台设计示例

4. 减速弯道设计(Chicanes)

减速弯道是指通过拓展路缘或设置路侧障碍,使道路两侧路缘交替延伸,从而使道路呈现S形,以达到降低车速的目的。路缘拓宽、路侧障碍的形状可以是半圆、三角形和方形,为引起注意,路缘拓展区域或路侧岛屿内应该种植树木等纵向景观元素。

研究显示,该方法可使85%位运行车速平均降低约15%。优点包括:可容纳更多交通流量;便于大型车辆的通行;道路改造费用相对较低。缺点包括:道路改造工程以及景观绿化建设成本较高;要求精确设计,以确保车辆不会偏离车道;损失了设置路边机动车停车位的可能性。该方法的设计示例如图5-107所示。

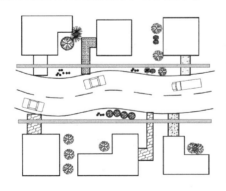

图5-107 减速弯道设计示例

5. 路段横向偏移设计(Lateral Shift)

路段横向偏移设计与减速弯道设计相似,但是道路线形仅做一次偏移,道路线形在横向偏移处前后都保持不变。因仅做一次偏移,所以车辆通过速度一般高于连续减速弯道。由于可以保持较高速度,该方法可以应用于高等级道路。为防止驶入对向车道,利用中心岛分离对向交通是典型的路段横向偏移。

研究表明,该方法对车速及流量影响较小。优点包括:可容纳更多交通流量;便于大型车辆的通行;道路改造费用相对较低。缺点包括:损失了设置路边机动车停车位的可能性;道路改造工程以及景观绿化建设成本较大;要求精确设计,以确保车辆不会偏离车道。该方法的设计示例如图5-108所示。

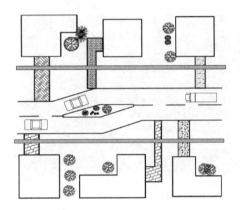 

图 5-108　路段横向偏移设计示例

6. 路段收窄设计(Choker)

路段收窄是指通过拓展人行道、路侧绿化带和道路中心线,窄化道路断面,以达到降低车速的目的。通常分为单车道收窄和双车道收窄。

研究表明,该方法可使85%位运行车速平均降低约14%;可减少约20%的日交通流量。优点包括:便于大型车辆的通行;具有较好的美学视觉;可同时控制速度和交通量。缺点包括:如果不配以垂直或水平速度控制措施,则减速效果有限;容易导致机非车流交织;损失了设置路边机动车停车位的可能性;可能限制车道的进出;若使用不当,会造成安全问题或交通拥堵。该方法的设计示例如图5-109所示。

图 5-109　路段收窄设计示例

7. 路段中心岛设计

路段中心岛设计是车道窄化的一种措施,设置在道路中心线的位置上。为吸引注意力,中心岛应足够大(至少1.8m宽,6m长)。它通常需要景观处理,通过绿化给驾驶人及行人提供宜人的景色,并给行人提供安全的停驻点。一般适用于拥有双车道的社区出入口处和街道较宽、行人过街需要较长时间的地点。

研究表明,该方法可使85%位运行车速平均降低约4%;可减少约10%的日交通流量。优点包括:提高行人过街安全性;设计合理,可提高道路的美观性;可同时控制速度和交通量。缺点包括:如果不配以垂直或水平速度控制措施,则减速效果有限;如果中心岛过长,对车速限制的作用将会减弱;损失了设置路边机动车停车位的可能性。该方法的设计示例如图5-110所示。

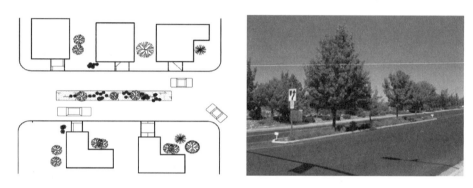

图5-110 路段中心岛设计示例

8. 路内停车场设计

路内停车场(图5-111)可设置于交通量较小的支路或次干路上,不仅可以缓解停车难问题,还可以通过降低车速实现路段稳静化。

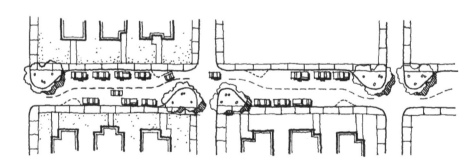

图5-111 路内停车场设计示例

四、交叉口稳静化设计

1. 交叉口半封闭设计(Half Closure)

交叉口半封闭设计是指在交叉口处设置物理障碍,阻止一个方向的机动车通行,但允许非机动车及行人通行,以达到减少车流的目的。可采用的障碍包括障碍岛、墙体、大门、短柱、桩等。

研究表明,该方法可使运行车速平均降低约10%;可减少约42%的日交通流量。优点包括:能够保持行人及非机动车良好通过;提高行人过街的安全性;可有效地降低机动车交通量;不影响紧急救援车辆的通行。缺点包括:增加本地居民车辆的绕行距离;限制道路两边商业发展;机动车可能对障碍进行绕行,导致半封闭设计失效。该方法的设计示例如图5-112所示。

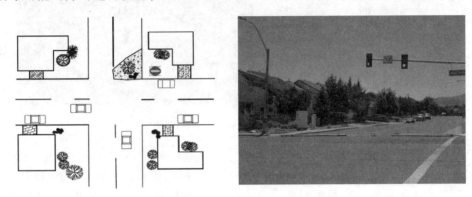

图5-112　交叉口半封闭设计示例

2. 对角分流设计(Diagonal Diverter)

对角分流是指在交叉口设置对角线方向的障碍物,阻止机动车在交叉口处直行或左转,以达到减少车流的目的。可采用的障碍包括障碍岛、墙体、大门、短柱、桩等。

研究表明,该方法可减少约35%的日交通流量。优点包括:能够保持行人及非机动车良好通过;可有效地降低机动车交通量。缺点包括:增加了社区内部车辆和紧急救援车辆的绕行时间;实施费用高。该方法的设计示例如图5-113所示。

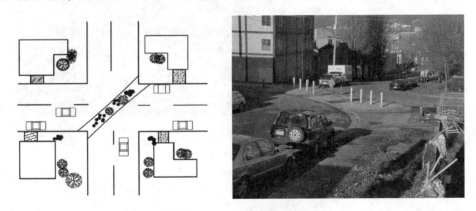

图5-113　对角分流设计示例

3. 交叉口中央分隔带(Median Barrier)

交叉口中央分隔带是指在交叉口设置中央分隔带,阻止与分隔带平行方向的机动车左转,阻止与分隔带相交方向的机动车直行和左转,以达到减少车流的目的。

研究表明,该方法可减少约31%的日交通流量。优点包括:减少横穿主干路的交通量;通过禁止危险的转弯行为,能够提高道路交叉口的安全性。缺点包括:占用了部分道路通行权;限制了本地车辆和紧急救援车辆的转向通行。该方法的设计示例如图5-114所示。

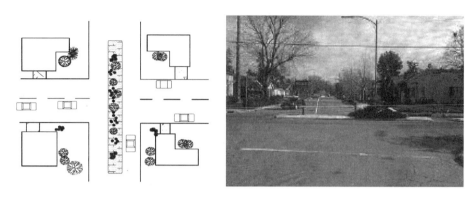

图 5-114　交叉口中央分隔带设计示例

4. 强制转向岛设计(Forced Turn Island)

强制转向岛设计是指在交叉口处设置障碍岛,阻止机动车向某个方向行驶,以达到减少车流的目的。障碍岛的设置可以根据对机动车流向的限制要求而定。一般而言,适用于支路与主路相交,且支路直行车流存在交通安全问题或主路车流左转存在安全隐患的交叉口。

研究表明,该方法可减少约31%的日交通流量。优点包括:通过禁止危险的转弯行为,能够提高道路交叉口的安全性。缺点包括:可能会将该道路交通问题转移到其他道路上;影响本地居民出行的便捷性。该方法的设计示例如图 5-115 所示。

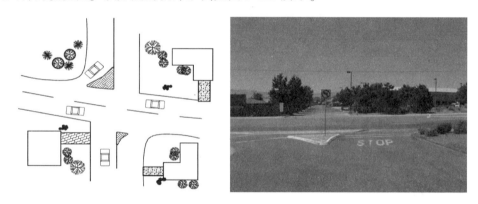

图 5-115　强制转向岛设计示例

5. 交叉口抬高设计(Raised Intersection)

交叉口抬高设计是指对整个交叉口进行抬高,四周与各进口道以斜坡形式过渡,通常抬高至略低于人行道的高度,将交叉口的步行空间连为一个整体,同时达到降低车速的目的。

研究表明,该方法可使85%位运行车速平均降低约1%。优点包括:大型车辆通过时的振动影响比减速拱缓和;提高行人和机动车的交通安全性;可同时对两条街道起作用。缺点包括:非纹理材料影响道路美观,而提示性、美观性较好的纹理材料价格较高;车辆减、加速过程增加噪声和空气污染;减缓行驶速度的作用较小。该方法的设计示例如图 5-116 所示。

6. 交叉口环岛设计(Traffic Circle)

环岛是设置在交叉口中央位置的圆形交通岛,车辆沿其周围环绕行驶,以达到降低车速的目的。

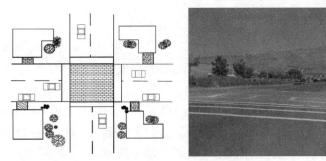

图 5-116　交叉口抬高设计示例

研究表明,该方法可使 85% 位运行车速平均降低约 11%;可减少约 29% 的平均事故率。优点包括:有效降低行驶速度;可同时对两条街道起作用。缺点包括:需要必要的景观绿化投资;不利于大型载货汽车通行;损失了设置路边机动车停车位的可能性。该方法的设计示例如图 5-117 所示。

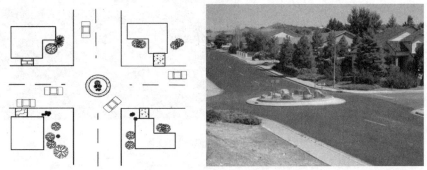

图 5-117　交叉口环岛设计示例

7. 环形交叉口设计(Roundabouts)

环形交叉口设计是指在交叉口中央设置较大的环岛,同时在交叉口的进出口道设置导流岛,引导车流按环形轨迹行驶,以达到降低车速的目的。相较于环岛设计,环形交叉口设计通常应用于交通量较大的交叉口。

研究表明,该方法可降低 37% 的平均事故率。优点包括:与交通信号相比,可提高交通安全性;减少交叉口排队长度;有效降低行驶速度;美化道路景观。缺点包括:需要必要的景观绿化投资;初期建设费用较高;损失了设置路边机动车停车位的可能性;增加了行人走行距离和走行时间。该方法的设计示例如图 5-118 所示。

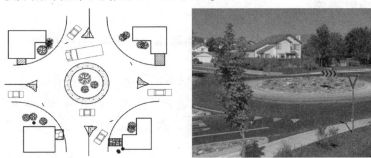

图 5-118　环形交叉口设计示例

8. 交叉口瓶颈设计(Neckdown)

交叉口瓶颈设计是指延伸交叉口处路缘,减小交叉口宽度及右转车流转弯半径,以达到降低车速的目的。通过缩短行人穿越交叉口距离和凸起的交通岛,使得机动车容易注意行人,是一种"行人化"交叉口设计方法。

研究表明,该方法可使85%位运行车速平均降低约4%;减少约10%的日交通流量。优点包括:提高行人舒适性和安全性;大型车比较容易直行和左转;为设置路边机动车停车位提供了条件;控制流量和速度。缺点包括:需配以垂直或水平速度控制措施;增加了大型车辆右转的难度;导致非机动车与机动车交织。该方法的设计示例如图5-119所示。

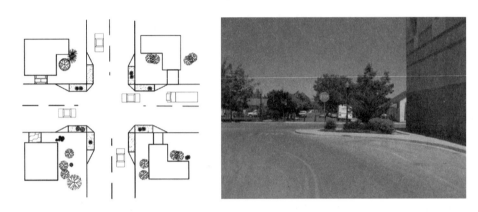

图5-119 交叉口瓶颈设计示例

第十一节 人文景观设计

交通设计以功能为向导,以满足人的需求为根本,而人文景观则是人类生活中的基本诉求之一,故而人文景观化对提升交通设计的品质至关重要。人文景观化的必要性条件包括界定视觉边界、确定步行尺度、景观化、舒适性、通透性、协调性,以及设施在使用过程中的维护和更新。这些条件看似简单,但大都与社会和经济标准密切相关。本节主要介绍这些条件与交通设计的关系。

一、道路视觉边界界定

道路需要有明确的边界,以使道路独立出来,使道路使用者的注意力集中于此,从而成为一个功能性的场所。

从视觉角度,一般从垂直和水平两个方面界定道路的边界。在垂直方向上,与建筑物的高度、围墙和沿街的行道树发生关联;在水平方向上,边界取决于道路长度和间隔的距离。通常情况下,建筑物是构成边界的主要因素,此外,围墙、树木及地面的高差也会对边界界定产生显著的影响。

垂直边界受比例适度和绝对数值两方面影响。街道越宽,就需要越多的体量和高度定义边界。分析建筑的高度,应考虑三个主要因素:其一是人类尺度,即可以辨认出人形的最远距离;其二是亲密尺度,即可以分辨出人的面孔的最远距离;其三是可以清晰辨认物体的可视角度。研究表明:27°是人类可清晰辨别事物的最大视角,当建筑物高度为三层(约 12m)、建筑宽度为 10m、道路宽度接近 24m 时,即接近这一最大视角(图 5-120)。此时,建筑物将表现为一个自成一体的世界,而周围的事物则形成相对独立的环境。亲密尺度更小一些,要求建筑物的高度不超过 15m、建筑宽度不宜超过 8m、道路宽度不超过 16m。但由于人们位于街道之间,会不停地移动头部并转换方向,上述数据在描述道路尺度上有较强的局限性。故而有学者提出主体的视角应以 12°(高宽比为 1∶4)为界线,从而使主体建筑成为环境的一部分而非主体,行人只是通过其轮廓意识到其存在。当高宽比达到 1∶3.3 时,建筑的限定感则会引起人的注意;当高宽比达到 1∶2 时,限定的感觉则十分强烈。而当高宽比缩小至低于 1∶5 时,人就不会有置身其中的感觉。

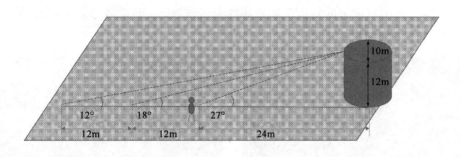

图 5-120　视角与街道和建筑尺度的关系

高宽比与视觉感受的关系如表 5-25 所示。表中的结论亦适用于交通中运动感官的评估:当人处于运动中,眼前呈现出透视景观,即可应用高宽比基本定位人的视觉感受。此处有两个重要的尺度依据:建筑、道路占有统治地位,并划定道路的有效空间尺度;建筑渐渐呈现出轮廓形态的远景效果尺度。而道路尺度的设计,多介于两者之间的尺度范围。

高宽比与视觉感受的关系　　　　　　　　　　　　　　　　　　　　　表 5-25

高宽比	视角	建筑的地位	环境的地位
1∶2	27°	自成一体	似有若无
1∶3	18°	在视域中的主导	与建筑相当
1∶4	12°	环境的一部分,观察者只能感受其轮廓	视域的主体

另外,很多精心设计的行道树在塑造道路边界上发挥着类似甚至超过建筑的作用。例如,美国弗吉尼亚州纪念碑大街的建筑高度与水平视距之比为 1∶7.2,格拉西亚大道为 1∶5,但是街道两旁四排紧密排列的行道树则为道路明确的新的边界,并创造出了良好的空间感。

在道路边界设计中,在水平边界上还应考虑沿街建筑的间距。建筑的水平间距越大,空间限定感越低,如图 5-121 所示。从图 a)~图 c),随着建筑间距的增加,出行者的视线渐渐失去约束。如果建筑之间的间距足够大,行人朝马路对面张望或沿街行走时,目光很容易越过建筑而造成空间限定感降低。此时,也可以通过行道树限定道路的边界。

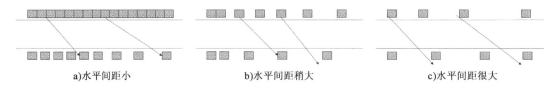

a) 水平间距小　　　　b) 水平间距稍大　　　　c) 水平间距很大

图 5-121　建筑间距与视线

如图 5-122 所示,图 a)中道路两侧的建筑低矮,高度基本小于街道宽度的一半,故而街道的边界感很弱,在此道路上行走或驾驶,不容易产生置身其中的感觉。图 b)中,建筑物的高度虽然显著超过建议范围,但是两侧建筑稳定的起伏规律契合了出行者的视觉需求,故而不会有压抑感。Crociferi 街道的高宽比达到了 1∶0.3,但是置身其中仍然有愉快的感觉(图 5-123)。因此,虽然建筑的高度对街道的舒适性和宜居性会造成冲击,但应考虑具体的环境形式,并做出合适的设计。

a) 两侧建筑低矮　　　　　　　　　　b) 两侧建筑高耸

图 5-122　旧金山市场街

图 5-123　Crociferi 街道

二、步行尺度

道路景观设计的另一个重要问题是如何确定人行空间的比重。它受多重因素的影响,包括行人习惯的空间大小、步行的原因及道路的等级等。虽然舒适的步行尺度不像机动车道宽度一样有精确的标准,但利用人均占用面积、步行速度、横向穿越可能性等参数,可辅助获得行人在道路上行走的感受。通常,人行道上每分钟、每米的宽度上如果人数少于2人,街道会令人感到空旷;通行3~4个人,不会使人感到拥挤;直到达到8个人,人们都可以随心所欲地采用任何步速。随着人数继续增加,闲适的步行仍然可以实现,而拥挤的感觉大约是从每分钟、每米13人的流量开始的。在此之后,整个街道的通行速度都会降低。一旦超过某一临界值后,则会出现一定的碰撞,使人开始感到不悦。

我国目前采用人均占用面积作为人行道服务水平分级指标,并参考行人纵向间距、横向间距和步行速度等指标进行分级,具体标准见表5-26。

人行道服务水平分级标准   表5-26

指标	服务水平			
	一级	二级	三级	四级
人均占用面积(m²)	>2.0	1.2~2.0	0.5~1.2	<0.5
纵向间距(m)	>2.5	1.8~2.5	1.4~1.8	<1.4
横向间距(m)	>1.0	0.8~1.0	0.7~0.8	<0.7
步行速度(m/s)	>1.1	1.0~1.1	0.8~1.0	<0.8
最大服务交通量[人/(h·m)]	1580	2500	2940	3600

三、景观化

在此,景观化主要针对绿化设计。合适的绿化设计不仅可以强化道路的公共空间感,区分步行区域、机动车区域及公共活动区域,枝干、枝叶的跃动还可带动道路上光线的变化,树影的摆动、树叶飘落,都会使行人感到愉快,挑战着视觉更精细的感受。从环境角度,绿化景观设计应注意以下问题:

(1)绿化种植位置。为充分发挥树木的作用,应将其沿路缘种植,从而有效地将行人与车辆、车辆与车辆、行人与行人分开。树干与枝条交织成一个屏障,形成若隐若现的柔性隔离。道路两侧的树木还可以为停放的车辆提供绿荫和空间。

(2)绿化树种选择。一般而言,落叶树种比常绿树种更适合栽植。落叶树种在冬季允许阳光照射到街道上,而此时阳光不仅非常需要,还可以提升城市的亮度与活力,斑驳跳跃的光影会成为人行道上的风景。

(3)行道树种植间距。为形成荫翳的效果,行道树之间需要保持适度的密度。实践中,最佳树距约为4.5~7.5m,而树距达到9m的道路,往往需要种植4排行道树。

(4)行道树与交叉口间距。为防视线受阻而发生交通事故,行道树应距离交叉口12~15m以上。

(5)基于人的特征控制道路视域元素。慢速行驶有利于人们以一种友好的方式将视觉信息传递至大脑。因此,当道路设计车速较低时,可以考虑在车行道与人行道之间设置较为柔和的隔离;而当设计车速较高时,应通过行道树将两者彻底分隔开来。

四、舒适性

好的道路总是让人倍感舒适,并乐于前往。要因地制宜地利用环境要素,为行人提供情理之中的保护。例如,人们倾向于到阳光明媚或者树荫浓密的地方,与其相关的舒适性指标在一定程度上可以定量评估,从而为提升道路的舒适性提供了依据。

五、通透性

为获得通透性,可采取一些微妙的方式。例如,可通过沿街的枝干、树叶和藤蔓将行人"拉进"围墙。

六、协调性

协调性高的道路,其两侧的建筑很少大起大落。建筑层数较少(2~5层)时,相邻建筑高度差应尽量避免超过两层。层数7~8层时,高度差可控制为1~2层,避免超过3层。

七、维护与管理

道路及沿线建筑等设施均会经历老化、破损甚至淘汰的过程,故而维护与管理是保持沿途景观的关键。一方面,人们不愿意使用年久失修的道路;另一方面,道路沿线布满灰尘,灰尘颗粒吸收光线,会导致建筑物显出单调乏味的模样。应使用品质优良的材料,在保证耐久性的同时,便于设施的维护和整修。

第六章 公共汽(电)车交通设计

第一节 概　　述

32. 公共交通系统

公共交通系统是城市客运的主体,在人口密集的大都市尤其如此。公共汽(电)车交通是公共交通系统的重要组成部分,相对于轨道交通等大运量公共交通方式而言,公共汽(电)车交通有灵活、便利和节省投资等特点。随着快速公交系统(Bus Rapid Transit,BRT)等新型公交模式的深入研究与实践,公共汽(电)车交通系统的覆盖面和适应性将进一步扩展和增强。在全世界交通拥挤日趋严重、交通污染与交通事故等问题日益突出的背景下,优先发展公共交通对于促进城市经济发展、改善出行环境的作用尤其重要。

然而,公交车辆运行状态不稳定、准点率低、速度慢、乘车不方便、候车时间长等问题一直制约着公共汽(电)车交通系统服务水平和吸引力。为了提升公共汽(电)车交通在道路交通系统中的竞争力,优先发展公共交通系统,需要系统地学习和掌握公共汽(电)车交通优化设计方法。

从广义上理解,"公交优先"是指有利于公共交通系统发展的一切政策和措施;从狭义上理解是指通过交通设施建设、交通管理及控制等措施,在通行空间和时间上赋予公共交通优先通行权。公共汽(电)车交通设计的主要任务是落实公共汽(电)车交通的"空间优先"和"时间优先"。"空间优先"主要是通过公交专用车道、交叉口公交专用进口车道和公交停靠站的优化设计加以实现;"时间优先"则体现在公交信号优先控制方面。

本章首先介绍公共汽(电)车交通系统优化设计的体系和基本内容,之后讲述基础资料的调查与收集、公共汽(电)车交通优先设计、公共汽(电)车停靠站优化设计等内容,最后简要介绍交叉口信号优先控制的基本方法。在学习本章之前,应首先了解公共汽(电)车交通系统规划、交通管理与控制等相关基础知识。

第二节 公共汽(电)车交通优先设计体系

一、公共汽(电)车交通系统概貌

广义的公共交通系统包括常规公共汽(电)车交通、轨道交通和出租车交通等。根据线路承担功能和等级的不同,常规公共汽(电)车交通还可以细分为干线公交、普线公交、支线公交和需求-响应公交。本章重点阐述常规公共汽(电)车交通系统的设计理论与方法。公共交通系统框架如图6-1所示。

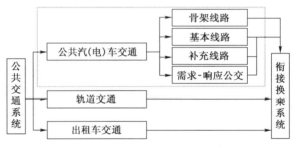

图6-1 公共交通系统框架

1)骨架线路

骨架线路是实现跨区域客流在空间上快速、集中转移的公交线路,是联系土地集中功能区的纽带、城市各级组团间及组团内部的主要客流走廊,在公交线网体系中起骨架作用。其中,快速公交系统作为一种新型公交方式,以支撑骨架公交线路交通为主要功能,正在被不断推广。

2)普通线路

普通线路是对骨架线路的补充和完善,用以服务城市各组团间或组团内乘客的中短距离出行需求,并承担与轨道交通、骨架公交线路、公路及客运港口等枢纽间的换乘衔接,应依据骨架线路和换乘枢纽布局加以设置。

3)补充线路

补充线路以填补公交空白点或稀疏区域为主要功能,服务于城市边缘组团的交通出行需求。线路的设置可利用抽疏中心区重叠线路的资源,或根据客流需求在公交空白区新开线路等措施来实现。补充线路对缓解城区边缘组团居民乘车难问题具有较大作用。

4)需求-响应式公交

这种公共交通方式兴起于20世纪70年代,没有固定线路,不按照固定时刻表运行,对实时的出行需求进行响应式服务。早期的需求响应式公交用户通过订车电话预约等方式预订车辆,车辆的行驶线路由调度中心通过无线通信进行管理。随着互联网和出行服务相关技术的发展,需求响应公交的服务模式也在不断变化。目前的需求响应式公交,乘客可以通过手机应用预约连续多日服务,也可以预约单次出行。同时,出行服务的定价也呈现多样化的发展趋势。

二、公共汽(电)车交通优先设计

1. 总体设计内容

公共汽(电)车交通设计以提供舒适、便捷和安全的公共出行环境为目标,是充分发挥公交设施功能,促进公交系统高效运行的重要保障,也是发挥系统运输效能、提高公交吸引力的重要途径。

按照交通设计基本程序,公共汽(电)车交通设计可以概括为基础资料的调查与收集、方案设计及优化与方案评价分析三个主要阶段,如图 6-2 所示。本章主要介绍基础资料的调查与收集、方案设计与优化两大部分内容,方案的综合评价部分将在第十一章进行介绍。

2. 公共汽(电)车交通设计基本思路

公共汽(电)车交通设计的基本思路可以依据公交车辆的运行过程进行论述(图 6-3)。公交车辆从首末站出发,经中途停靠站、交叉口、正常路段等最终到达另一个(或同一个)首末站,完成一班运输任务。显然,公共汽(电)车交通设计应围绕公交车辆的整个行驶过程展开。按其行驶过程,可分为中途停靠站交通设计、交叉口优先设计与控制和普通路段交通设计三个主要部分。本章第四节将重点介绍路段和交叉口公共汽(电)车交通优先设计。

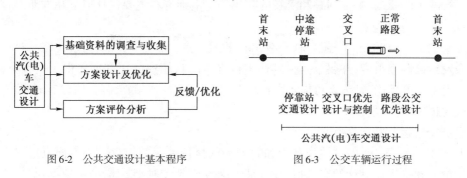

图 6-2 公共交通设计基本程序   图 6-3 公交车辆运行过程

第三节 基础资料调查及收集

公交基础资料是进行公交系统服务质量、使用情况、交通流运行状况、安全性和相关运营分析的基础,也是进行方案优化设计的依据和前提。本节首先讲解基础资料的主要作用,之后介绍基础资料的主要调查方法。

一、基础资料的作用

1. 分析现状问题

公共汽(电)车交通设计工作需要有的放矢。基础资料的作用之一即为交通设计提供需求,通过调查和数据分析对现有的公共汽(电)车交通系统特征与问题进行分析,寻找影响其运行效率的关键因素;归纳影响公共汽(电)车交通吸引力的主要问题,从而确定交通设计的重点。

2. 确定设计依据

公共汽(电)车交通设计依据主要有两大类：其一，国家和地方的相关规范、标准与条例等；其二，交通规划、交通管理规划、公交规划等宏、中观研究所确立的公共汽(电)车交通系统发展方案、目标和指标。这两大类基础资料是交通设计展开的基础，也是交通设计要落实的目标。

3. 预测未来需求

公共汽(电)车交通设计虽然处于相对微观的层面，但仍需要面向未来的发展需求，进行近期和中、远期结合的考虑。因而，基础资料中还应该包括未来需求预测的内容。

二、基础资料调查内容

1. 基础资料需求

需要收集的资料主要围绕公共汽(电)车交通优先设计的依据和公交系统特征两大方面展开。设计依据包括相关规范、标准和规划方案等。公交系统特征包括交通网络状况、公交网络分布图、公交客流资料、公交车辆运行时刻表、公交发车频率和服务时间、公交车辆在路网中各路段的行程时间以及公交运力和收费情况等。

2. 交通调查资料

交通调查资料主要围绕公共汽(电)车交通系统的需求、服务和运行状况展开，以分析和发现系统运行的主要瓶颈、主要问题和潜在的趋势等。基础资料主要包括以下几方面内容：

1) 乘客起讫点调查

该调查的主要目的在于了解各种乘客出行的起讫点。针对一条或几条线路，将设计好的问卷调查表发给被调查乘客，并要求其在到达出行终点时将填完的表交回。由于这种方法可能会增加乘客上下车的延误，且乘客可能不方便填写(特别是对站立的乘客)，所以有时也可采用邮资付讫形式通过邮寄回收表格。

2) 公共交通运行状况调查

主要收集上车、下车、停站泊位利用和时刻表的执行情况等信息。一方面，可供交通设计时确定车站位置和待优化设计的交叉口，作为研究公交车辆交通管理措施的依据；另一方面，也是优化运行线路和时刻表的基础数据。

3) 载客量调查

在被调查线路沿途的一个或几个车站上设置观测员，每个观测员记录车辆特征、到达和离去时间、上下客的人数和离站时车上的人数。这种调查一般选择乘客最多的车站进行。此数据对于了解车内服务水平等具有意义。

4) 跟车调查

观测员乘坐被调查的公交车辆，记录每个车站上车、下车的人数及站间车上的人数、车辆通过沿线各控制点的时间，有时还要记录付费的形式。在乘客较少的线路上，观测员有可能跟踪调查几名乘客，记录他们上车、下车的车站。

5) 车速和延误调查

公交车速度和延误调查基本内容与方法为：观测员在一天中的不同时段乘坐拟调查的车辆，记录其通过各控制点的时间、延误与成因。除了常规的行驶延误之外，公交车辆延误还应包括：

乘客上车、下车引起的延误；车辆比时刻表规定的时间提前到站、驾驶人可能人为在站点延长靠站时间而产生的延误；司乘人员换班所导致的延误等。车速和延误调查可以与前述跟车调查结合进行。

6）服务质量调查与评估

公交服务质量反映了乘客对公交企业所提供服务的一种感知。服务质量评估对于公交企业具有重要的意义，一方面，通过服务质量的评估，公交企业可以获知吸引现有及潜在乘客的关键要素；另一方面，公交企业可以了解采取哪些方式能够帮助获得公众和社会的更多支持。

7）新兴调查方式的运用

随着数据处理技术的发展，手机数据、社交网络数据、公交IC卡数据等多样化的数据在公交调查中发挥出重要作用。相较传统调查方式，这类调查数据量大，且一般能够获取长时间、连续的统计特征，因而受到广泛的重视。

第四节　公共汽(电)车交通优先设计

公共汽(电)车交通优先设计的目的在于改善公交车辆的行驶环境，实现公交系统优先、保证交通系统中各交通流[公共汽(电)车、行人、非机动车、机动车]间相互干扰最小、降低交通事故率、提高通行效率和便捷性等。本节首先讲解公共汽(电)车交通系统优先设计的内涵，然后分公交专用道和交叉口优先设计两部分详细介绍优先设计的基本思想、方法和技术。

一、优先设计内涵

1. 基本问题

交通行驶环境的复杂性常导致车辆的运行速度低和可靠性差等问题。公交车辆运行过程中，不可避免地会受到交通流内外因素所产生的不可预料的干扰。外部因素包括：混行的社会车辆性能和运行状态、道路行驶条件及交通流的阻抗、信号控制的随机延误和乘客需求的变化。内部因素包括：运营管理要素、时刻表以及公交车的编排等。这些因素彼此交错就使得公交车的运行变得更加复杂，公交车辆的运行速度和可靠性难以保证。公共汽(电)车交通设计的核心内容是系统的效率化和可靠性设计，亦即从路段和交叉口两方面，研究如何通过交通设计手段提高系统的总体运行效率和可靠性——快速、便捷、可靠与准点。

换乘衔接与安全问题。换乘衔接可以分为普通站点换乘和枢纽换乘两部分。换乘衔接不便，如换乘距离长、过街换乘设施设计不当及信息服务缺乏等，将很大程度地影响出行者的舒适度和系统的便捷性。本节主要针对普通站点换乘问题进行讨论，包括交叉口、路段换乘过街系统和停靠站信息服务系统设计等内容。同时，在影响公共汽(电)车系统安全的因素中，行人过街系统的安全性尤为突出，如何结合站点的布局，设计安全的过街系统也是本节需要讲述的一个基本问题。

2. 优先设计主要内容

公交车行程时间由路段行驶时间、交叉口因信号控制引起的延误时间和公交车进站停靠时间三部分构成。分别改善这几部分的通行条件，均可以缩短公交车辆的行程时间、提高公交车运行的效率与可靠性,进而提高其服务水平。所以,公交优先主要应实现以下三个目的。

(1)道路沿途行驶优先(公交专用车道优先设计):通过减少公交车辆在沿线行驶过程中的干扰来提高行程车速及其平稳性,主要措施有设置公交专用路、公交专用车道,减少道路沿途进出交通对公交的影响等。

(2)交叉口通行优先(交叉口公交优先设计与控制):通过给予公交车辆在交叉口处的优先通行权,以减少其信号控制延误,主要方法有设置公交专用进口车道并实施优先通行控制。

(3)公交停靠站处通行优先(公交停靠站交通设计):合理的停靠站形式、长度及位置,可以有效地减少公交车辆进出停靠站的时间损失;公交换乘枢纽的有序化设计,可以非常有效地减少公交车辆进出枢纽的时间。

二、公交专用车道优先设计

1. 设置专用车道的基本考虑

在道路空间资源有限的情况下,分配通行空间给公共汽(电)车交通的必要性在于:

(1)交通的本质是实现人和物的安全与效率化移动,因此基于移动的人和物的量及其重要度分配道路资源更具有合理性。

(2)需要通过空间资源分配上的优先,体现公交相对于小汽车的优势,吸引更多的用户选择公交方式出行,落实公交优先发展的战略。

(3)公共汽(电)车对道路设施的使用效率明显高于小汽车:一条公交专用道或公交专用路运送能力约为20000人/(h·方向),而一条小汽车道的运送能力一般不超过3000人/(h·方向)。

(4)修建公交专用车道或专用路,较建造大容量轨道交通系统更为节约成本,建设周期短,也更具适用性。

图6-4描述了道路饱和度与公交车流量之间的关系,可以据此将设置公交专用道归纳为四种情况。

33. 公交专用道设计(一)

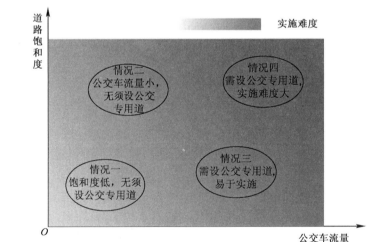

图6-4 设置公交专用道的四种情况

情况1——当客流需求不高、道路有富余的通行能力时,不需要提供公交优先通行权。

情况2——虽然道路接近饱和,但由于公共车流量和乘客量相对较低,没有必要提供公交优先通行权。

情况 3——道路上有足够多的公交车,此时有必要提供公交优先通行权,同时由于道路饱和度较低(道路有富余的通行能力),提供公交优先权对其他交通并无明显的不利情况。

情况 4——该情况是最需难以处理的情况,当最需要提供公交优先通行权的时候,道路也达到或接近其通行能力,分配路权给公交车将会显著影响其他道路使用者的利益(除非通过新建车道提供额外的通行能力)。

在发展中国家的城市,许多道路已达到或接近其通行能力,所以在设置公交专用道时最常见的情况是最后一种,此时公交优先通行权的提供需要政策与法令的保障。

2. 公交专用车道的设置条件

是否设置公交专用车道,应从需求和供给两方面进行分析。需求条件,亦即设置专用车道的交通条件,主要考虑待设专用车道的道路沿线公共汽(电)车交通流量以及客流需求量等;供给条件,亦即由于道路资源有限,专用车道的设置可能会减少社会车辆的可利用通行资源,不同道路对社会车辆交通和公共汽(电)车交通优先权的定位不同,需要根据道路与交通的规划定位和实际的运行条件加以权衡。

1) 道路条件

一般认为一辆公交车占用的道路资源相当于多辆小汽车所占的空间,因此,设置公交专用车道可以提高道路空间的使用效率,道路条件是设置公交专用车道的充分条件。通常在下列情况下不宜设置公交专用道。

(1) 拟设置公交专用车道的道路仅为一车道且是周边唯一的交通通道,无其他可转移交通的道路。

(2) 一般情况下,实施专用道时,道路车道数应具备不低于双向 4 车道的条件。当然,整条道路调整为公交专用路的情形除外。

2) 交通条件

设置专用车道的本质目的是实现"人"的优先,提高交通系统总体的运行效率。设置专用车道的道路,通常同时也承担大量的社会车辆交通需求,设置专用车道不应引起道路及周边路网上社会交通流的严重拥挤,且要有相当的客流和相应的公交车流量。因此,设置公交专用车道的交通条件,需要从提高道路利用效率的必要性出发,包括路段客流量的大小、公交车辆的行程速度、公交车流量和道路的通行能力条件等。

3. 路段公交专用车道设计方法

专用车道设计主要包括专用车道的位置、宽度以及专用车道的隔离和视认性三方面。专用车道位置和宽度的确定主要考虑专用车道的功能和道路条件,最佳地满足公交优先和社会交通流顺畅运行的要求;专用车道的隔离和视认性则要便于公交车流和社会车流明确各自的通行空间。

1) 路段公交专用车道布置方式

公交专用车道在道路断面上的位置可分为:路中型、次路边型和路边型。三种形式的选择,应基于道路条件、公交车流特征及停靠站的纵向位置等确定。

(1) 路中型公交专用车道(图 6-5):适用于有中央设站空间的快速道路及主干道路,公交停靠站台设于中央分隔带上。为解决路中型专用道公交车停靠右开门问题,站台需做偏移设计,因此公交车辆行驶轨迹的顺畅性可能受到影响(可以左侧开门的车辆除外)。另外,乘客将利用交叉口人行横道过街上下公交站台,也可以设置单独的过街横道服务乘客。

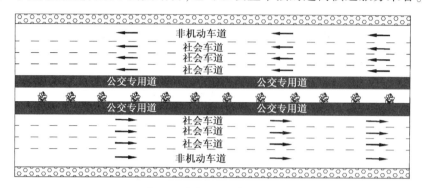

图 6-5　路中型公交专用车道

路中型公交专用车道因不受沿线进出交通的干扰,所以其运行速度较高,尤其在道路两侧有较多车流频繁进出或临时停车的主干道,被认为是较理想的公交专用道的方案。

(2)次路边型公交专用车道(图6-6):将公交专用车道布设于次外侧车道,此时的最外侧车道可作为进出交通流的辅道,服务于沿线相交支路及路侧进出交通。该类型公交专用车道可以减弱沿线进出交通流对公交车辆行驶的影响,然而公交车辆进出停靠站时与外侧车流存在交织,同时外侧车道的车流驶入主线需要跨越公交专用车道(图6-7)。因此,这种情况下,公交专用车道对其他车道是一个虚拟的分隔带,最外侧车道利用率较低,具有很大的局限性。

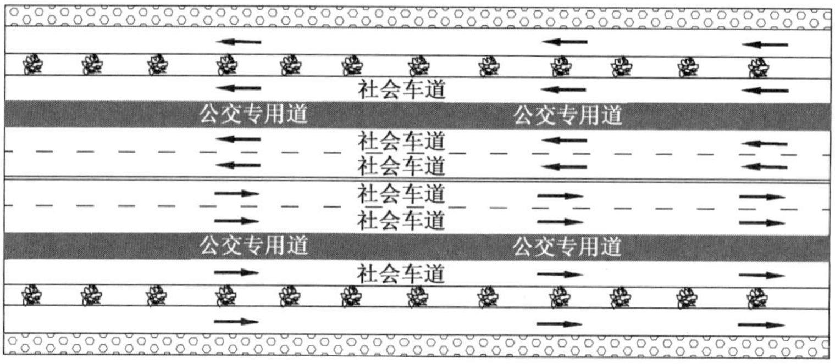

图 6-6　次路边型公交专用车道

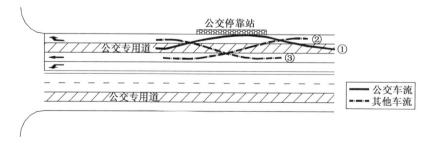

图 6-7　次路边型公交专用车道各车流行驶状况

(3)路边型公交专用车道(图6-8):路边式公交专用车道适用于设置在停靠站距比较小的路段,可以直接沿边缘车道进出停靠站,不必穿越其他机动车道,但受道路沿线出租车上下客及进出道路车辆的影响,总体运行效率会下降。

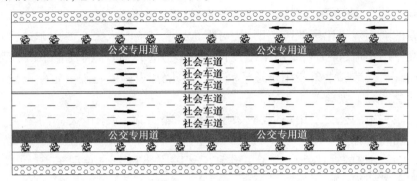

图6-8 路边型公交专用车道

专用道适应性对比。路中型和路边型公交专用车道是较为常见的布置形式,表6-1归纳比较了两种形式公交专用车道的优缺点。

公交专用车道优缺点比较　　　　　　　　　　　　　　　　　表6-1

形式	优　点	缺　点
路中型	①不与支路车流冲突; ②不影响其他车辆临时停车; ③不影响其他车辆右转; ④与慢车道车流的混合少; ⑤受社会车辆干扰小,专用性强; ⑥公交车辆行驶顺畅,速度较高	①直行公交车与左转车辆在交叉口存在冲突,须增加左转专用相位或禁止社会车辆左转; ②右转公交必须提早驶开公交专用车道,且无法在进口道靠站; ③设站成本稍高,且需要有足够站台空间(长度和宽度); ④进站时轨迹可能不够平顺,舒适度会受到影响; ⑤乘客进出站需穿越机动车道
路边型	①公交行驶、靠站较符合常规习惯; ②乘客在人行道上下车,不必穿越车行道; ③右转弯公交车易于行驶; ④成本低,易于实施,管理简单	①受其他车辆临时停车、其他车辆乘员上下车或装卸货物的影响; ②公交车与支路车流冲突,行驶不顺畅; ③公交车与其他右转交通相互影响; ④容易被其他车辆违法占用; ⑤左转公交必须提早驶离公交专用车道

2)公交专用车道的宽度

在路段上,公交专用车道的宽度与一般车道宽度基本一致。当公交专用车道延伸到交叉口进口道停车线时,其宽度可较路段适当压缩,但不得小于3.0m。公交专用车道和乘客站台宽度建议值如表6-2所示。

公交专用车道和乘客站台宽度建议值　　　　　　　　　　　　表6-2

设计项目	建议值(m)
路段车道宽	3.40~3.75
站台车道宽	2.75
乘客站台宽	2.0以上

3)公交专用车道的隔离及视认性

(1)公交专用车道的隔离须满足以下两点功能:允许公交车在必要时驶离专用车道;禁止社会车辆在特定的路段或特定的时间驶入专用车道。隔离方法主要有以下两种:

①基于交通标线的分离:用黄色标线标出公交专用车道,并在车道中央标明"公共汽

车"字样,表明该车道只供公共汽(电)车使用,不允许其他车辆驶入(不包括紧急抢险车和救护车等特种车辆),但公共汽(电)车可以驶离专用车道。

②硬质分离:在道路上使用侧石、道钉、栅栏区分专用车道与社会车道;还可利用公交车底盘比小汽车高的特点,在专用车道进口处设置障碍,阻止小汽车驶入。

硬质设施的隔离效果比标线隔离明显,可阻止社会车辆驶入公交专用车道,但公交车辆也不便驶离公交专用车道,特别当专用车道只有一条车道时,一旦车辆发生事故,后续车辆无法超车,也难以救援,易造成整条专用车道瘫痪。为此,隔离设施应每隔一定距离设置开口,便于公交车辆在紧急情况下驶离专用车道。

对于分时段实施的公交专用车道,应采用画线分隔措施;对于全天候的公交专用车道,可考虑设置硬质隔离设施。

(2)公交专用车道的视认性。为了更有利于驾驶人辨认公交专用车道,可采用一些措施增强公交专用车道的视认性。

①铺设彩色路面:把公交专用车道路面用规定的某种颜色铺装,与一般车道形成色彩反差,以利于驾驶人辨认。

②设置标识/标志与标线:在车辆进入公交专用车道之前,给予足够的提示,主要通过交通标识/标志牌和地面车道标线来实现。公交专用车道在下列地方应有专门标志:

a.专用车道起点设置标识与标志,提示公交车和社会车辆驾驶人注意专用车道的起点及前方车道功能区别。

b.路段上设置提示出租车和右转车在适当的位置进出专用车道的标志。

c.专用进口车道标志,提示交叉口处公交专用车道功能或提示右转车变道的标志或公交专用道回收线标识等。

34.公交专用道设计(二)

三、交叉口公交专用进口道设计

交叉口公交优先设计的核心目标之一是协调各类交通流,降低公交车辆在交叉口的延误以及公交优先对社会车辆通行效益的影响。基于公交优先的考虑,交叉口公交车辆延误的影响因素包括:小汽车交通流的排队会增加公交车辆通过交叉口的延误时间,设置公交专用进口道是缓解这一问题的主要措施;当公交停靠站设置于交叉口附近时,会增加车辆通过交叉口的延误,停靠站与交叉口做一体化设计可以缓解这一影响。

另外,公交优先的核心是人的优先,因此,在交叉口确保乘客方便且安全地到达和离开公交站点,也是优先设计必须考虑的重要内容。

1.设置公交专用进口道的基本考虑

交叉口公交专用进口道也有内侧和外侧之分。布设在内侧的专用进口道有利于左转和直行公交线路的通行;布设在外侧的专用进口道则有利于右转和直行公交线路的通行,但易与右转社会车辆存在交织,需要辅以相应的信号控制措施。专用进口道设计需要考虑如下因素。

(1)公交车辆占有一定的比例。当总流量为 1100～2500pcu/h、进口道公交车比例在 20%～30% 之间时,应设公交专用道。

(2)公交车辆行驶轨迹平顺。若路段设置公交专用车道,为使公交车辆行驶轨迹平顺,最好将专用道顺延到交叉口,也有益于提高公交车辆通过交叉口的效率。

(3)交叉口人均通行效率。当道路资源有限时,若设置公交专用进口道对其他车辆通行效率影响过大,亦即导致整个路口人均通行效率下降,则不宜设置公交专用进口道。

2. 公交专用进口道设计方法

公交专用进口道在交叉口横断面的布置设计,与道路交叉口的整体交通条件、公交停靠站位置、停靠站形式等密切相关。主要的公交专用进口道设计方法如下。

1) 路侧型公交专用进口道

这种方法适用于路段已经设置路侧式专用道的情形,利于公交车辆平顺行驶。当交叉口设有展宽段时,公交专用进口道沿展宽段设置,该方法存在着公交车与右转车的交织,若右转车流量不大,右转车可共用专用进口道;若右转车流量较大,则将路侧式公交专用进口道毗邻的进口道设为右转专用车道,并辅以右转专用相位。设计方案如图6-9所示。

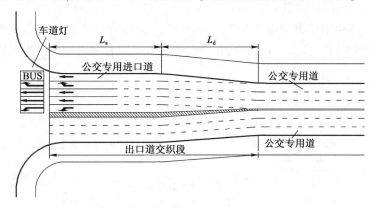

图6-9 未设停靠站的路侧型公交专用进口道示例
L_s-滞留长度;L_d-减速长度

当停靠站设于交叉口附近时,宜与进口道展宽一体化设计,不仅易于减轻公交车行驶的不平顺性,同时可以省去加速过渡段,公交车进站停靠完毕后直接行驶至专用进口道,如图6-10所示。

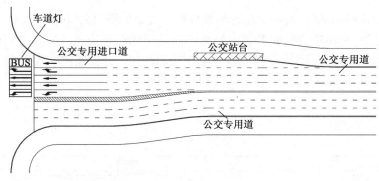

图6-10 设有停靠站的路侧型公交专用进口道示例

2) 次外侧型公交专用进口道

不论路段是否设置公交专用车道,只要交叉口公交车比例达到一定值,或公交车辆通行效益低于其他车辆,均可以考虑设置次外侧型公交专用进口道。

若路段专用车道设置在次外侧车道,进口道上游未设停靠站,则可直接将专用道延伸至进口道作为公交专用进口道,如图6-11所示。

图 6-11 未设停靠站的次外侧型公交专用进口道示例

3) 路中型公交专用进口道

路段公交专用道沿中央分隔带设置时,为保证公交车辆行驶的连续性,可直接将路段专用道延伸至进口道;当左转社会车辆较多时,在公交专用进口道右侧设左转专用进口道(图6-12)。

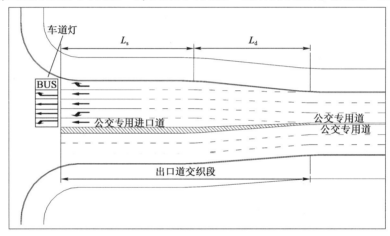

图 6-12 未设停靠站的路中型公交专用进口道示例
L_s-滞留长度;L_d-减速长度

当进口道设置停靠站时,为减少左转车辆与直行公交车辆的交织,仍将左转车道设置于公交专用进口道的左侧,左转社会车辆可利用公交停靠站处的超车道进入左转进口道(图6-13)。此时左转社会车辆将会与直行的公交车辆存在交织,因此,在设计快速或干线公交专用道时应谨慎使用。

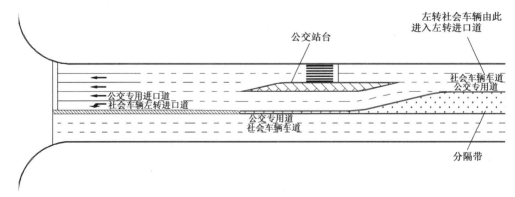

图 6-13 设有停靠站的公交专用进口道模式 1

当道路条件受限时,进口道可不设超车道,宜采用图 6-14 所示的渠化设计模式。值得注意的是,此时为了减轻公交停靠对交叉口通行能力的影响,公交停靠站规模(停靠线路数)不宜过大,一般停靠线路以 3~5 条为宜。

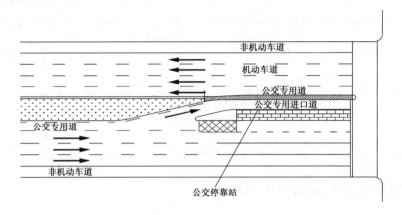

图 6-14　设有停靠站的公交专用进口道模式 2

4) 锯齿形公交专用进口道

若设置一条公交专用进口道,公交的延误仍较大,可以考虑设置锯齿形进口道(分为全部锯齿形和部分锯齿形),进一步给公交车辆以优先权。设置锯齿形公交专用进口道时,在进口道通行区域内设置两条停车线,前一停车线为公交车停车线,后一停车线为社会车辆停车线,并对应于两条停车线设置相应的信号灯,如图 6-15 所示。

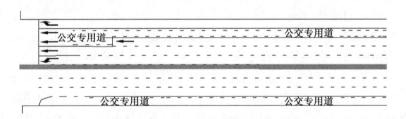

图 6-15　锯齿形公交专用进口道示例

锯齿形公交专用进口道的设置依据主要为公交车辆的流量、比例及需要的优先等级。路中型、路侧型和次外侧型公交专用道皆可设置锯齿形进口道。锯齿形进口道必须以信号协调控制为技术支撑,其实施技术性和管理要求较高。

锯齿形公交进口道长度 L 可按式(6-1)计算,在没有详细资料的情况下,可取 50~80m。

$$L = \frac{V_{d1}H_c + V_{dB}H_B}{N_B}r_m \tag{6-1}$$

式中:V_{d1}——锯齿形进口道社会车辆到达率(辆/s);
　　　H_c——社会车辆车头空距(m);
　　　V_{dB}——公交车到达率(辆/s);
　　　H_B——公交车平均车头空距(m);
　　　N_B——公交专用进口道设置条数;

r_m——有效红灯时间(s)。

3. 专用道在交叉口出口道的处理

出口道公交专用道的起点离开人行横道的距离 l_r，应大于相交道路进口道驶入的右转车辆变换车道所需的距离，一般可取 30~50m；交织段长度宜取 40m，如图6-16所示。

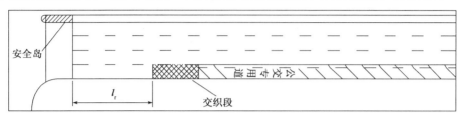

图6-16 设置在路侧的公交专用出口道示例

四、公交停靠站与交叉口一体化设计

当公交停靠站位置在交叉口附近或交叉口范围时，公交车辆进出站易受到交叉口排队长度的制约，同时，交叉口车辆的通行也受进出停靠站的公交车影响，因此公交停靠站与交叉口须进行一体化设计，尤其是路中型专用车道条件下更须进行一体化处理。

1. 交叉口范围公交停靠站位置适用性分析

综合考虑公交换乘和乘客过街的便利性，公交停靠站一般宜设在交叉口附近。公交停靠站在交叉口范围的布置有进口停靠站和出口停靠站之分。一般而言，当停靠站设置在交叉口进口道时，部分公交车辆可以利用红灯信号时间完成停靠，但在绿灯期间到达的公交车辆靠站会造成部分绿灯时间的浪费，特别是绿灯末期到达的公交车辆，往往因为停靠上下客而错过绿灯信号，只能在下次绿灯时间通过交叉口，反而增加延误。同时，进口道停靠站还会影响其他车辆的通行。当路中型公交停靠站设置在出口道时，可以有效避免相位绿灯时间的损失，也易于实施公交优先控制，但若周期公交停靠需求大于停靠站容量，可能导致公交车排队延伸至交叉口，造成交叉口交通阻塞。因此，为减弱公交停靠对道路交叉口通行能力的影响，一般将公交停靠站设在交叉口出口道。特别需要指出，当每周期公交车到达量大于出口道停靠站容量时，需重新优化公交停靠站的位置、容量，或者考虑将公交停靠站设置于进口道。

当公交停靠站近交叉口进口道设置时，公交站形式及其与停车线的距离、公交车到达站点的时刻及停靠时间、公交调度模式（站站停还是跨站停靠）等都将直接影响到交叉口车流通行效率。若采用非港湾式停靠站，则站点区域可能存在交通流冲突（图6-17）：当停靠站多个车位中有空位时，后来的公交车辆往往利用相邻车道绕行进站，此时车流②与相邻车道上的车流③以及将要驶离停靠站的公交车①相互冲突。这些冲突不但影响相邻社会车道的车流正常运行，也将影响公交专用进口道和停靠站的通行能力。

当公交停靠站设在出口道展宽车道上（图6-18）时，对交叉口交通流通行的影响相对较小，只要满足高峰小时同时进站的车辆数小于停靠站容量，预防公交车排队溢出，减弱公交站对交叉口运行的影响。

当公交停靠站实行公交车依次进出站，后到达的公交车只能等待前面的车辆驶离时才能离站时，不但可以消除公交站区域车辆间的相互影响，且可减弱公交停靠站对相邻车道交通的影响。

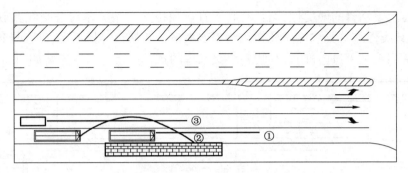

图 6-17　进口道公交站区域交通交织与冲突现象

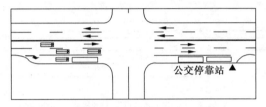

图 6-18　出口道拓宽段上的公交停靠站示例

2. 交叉口进口道路侧型停靠站设计

当停靠站设置在交叉口进口道附近时,可采用图 6-19 所示的设置模式,同时对右转社会车辆进行控制,使其与公交专用车道通行权在时间上分开。

由于左转公交车辆在进口道附近靠站后再左转,需变换多个车道,对交叉口通行能力将造成很大的影响。因此,左转公交线路的停靠站不应设于进口道,而应在通过交叉口后的出口道附近设置。

3. 交叉口进口道路中型停靠站设计

交叉口进口道路中型停靠站模式如图 6-14 所示。这种模式适用于转向公交车辆较少的交叉口,乘客可以通过交叉口人行横道进出公交停靠站。

4. 交叉口出口道路侧型停靠站设计

停靠站设在出口道,有益于减弱停靠站对交叉口通行能力的影响,但当高峰小时同时进站的车辆数大于站台容量时,停靠站不应设在出口道,如图 6-20 所示。

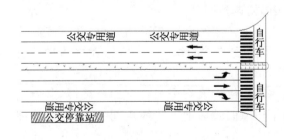

图 6-19　交叉口进口道路侧式停靠站示例

图 6-20　交叉口出口道路侧型停靠站示例

5. 交叉口出口道路中型停靠站设计

由于交叉口是大量乘客汇集和疏散的场所,路中型停靠站距离交叉口行人过街设施较近,可以提高乘客上下站台的便捷性,而且有利于直行和相交道路的左转公交线路驶出交叉口后停靠。但是,该类停靠站要求停靠公交线路不能太多。若站台容量不足,则会导致出口道停靠公交车排队溢出至交叉口内部,将影响整个交叉口的正常通行。基本方案如图6-21所示。

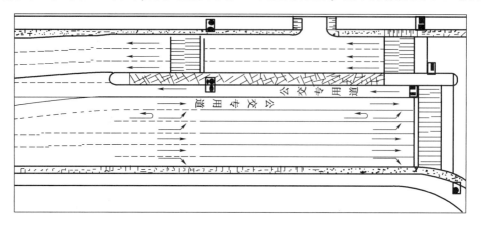

图6-21 交叉口出口道路中型停靠站示例

6. 公交停靠站行人过街交通设计

公交靠站后将有大量的乘客需要过街。当停靠站近交叉口时,行人可以利用交叉口人行横道过街。当公交停靠站设置在路中时,受站台容量的限制,若行人较多,不能使其尽快离开站台,所产生的拥挤会严重影响公交车辆的停靠时间及其顺利通行。在这种情况下,可以考虑在交叉口出口道设置两组人行横道,如图6-21所示。

行人过街设施不仅包括人行横道,还包括人行天桥和地道等。天桥及地道虽可以在空间上将慢行交通与机动车辆分离、消除冲突,但其结果往往是给过街行人、自行车带来不便。立体过街设施除高速道路(城市间高速公路、城市快速路)外,对于普通的城市道路而言,无论在慢行交通通行的方便性(走行距离增加,体力与心力消耗),还是日常的综合管理(交通管理、公共管理和设施养护管理等),以及建设成本方面,皆有诸多缺陷。普通的城市道路服务的机动车交通流属间断流,为了给予相交道路的机动车交通提供通行权,间断交通流必须进行通行权转换,交叉口的过街行人及非机动车可以利用这部分时间穿越道路。因此,除非为了连接道路两侧商业或办公空间,一般不考虑设置慢行交通立体过街设施。为了行人交通安全,提高行人和机动车通行效率,必要时须设置交通信号并实施协调控制。

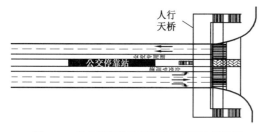

图6-22 公交停靠站及其通道的平面布置示例

当公交停靠站设置在道路中央,并且确需要(结合周边建筑空间综合利用)修建立体过街设施时,可采用图6-22、图6-23所示的天桥系统。这是基于提供行人安全与良好通行环境、避免因修地下通道而破坏地下管线空间、减少日常管理与养护成本的考虑。当然,如果结合地下空间的综合利用,可以考虑修建地下行人过街通道。特别应强调的是,即使修建立体过街设施,还应为老人、儿童、残障人士等群体以及愿意等候信号过街的行人保留行人过街横道,只有这样才是真正意义的"以人为本"。

图 6-23 公交停靠站及其通道的断面示例

第五节 公交停靠站交通设计

35. 公交停靠站设计

一、基本设计思想与内容

公交停靠站交通设计,包括停靠站的位置、站台形式和站台规模(长度和宽度)、线路数以及站台附属设施(站牌及候车亭、隔离设施等)设计。设计适当与否,直接影响到公交停靠站容量及通行能力、站台服务效率与安全。

公交停靠站台的形式有两种:一是非港湾式停靠站,二是港湾式停靠站。非港湾式停靠站即公交车直接沿路边停靠,当道路车道数有限、交通量较大或有多条公交线路通行时,这种停靠站形式易造成道路的动态瓶颈;港湾式停靠站可以避免道路的动态瓶颈,但需要占用一定的土地,并需要一定的投资,而且当容量及停靠线路数不能正确确定时,仍可能导致道路出现间断性瓶颈。

公交中途停靠站是提供公交车辆停靠、乘客上下车服务的设施。因此,公交停靠站的形式与规模应满足公交线网规划的要求,同时需充分考虑道路性质、沿线两侧用地性质、换乘需求与便利性、相关交叉口交通状况及可能的用地等的约束条件。设置公交停靠站时应遵循:

(1)安全性设计:保证乘客的安全。
(2)便捷性设计:方便乘客上下公交车、换乘与过街。
(3)安全、效率化设计:有利于公交车安全停靠、平顺驶离。
(4)效率化设计:与路段及交叉口通行能力相协调。

停靠站交通设计首先要在道路网络上考虑停靠站点布局问题,包括站点合理间距和详细位置的确定等,应从满足乘客的便利性、服务水平及公交系统总体运行效率最佳出发加以综合分析确定;其次,结合具体的道路条件,以实现通行能力和资源利用最佳化为目标进行停靠站形式及其空间渠化设计;再次,进行公交站点乘客集散交通设计,即乘客进出站和过街系统及相关的慢行交通系统设计。

因此,公交停靠站的交通设计可分为两大部分:面向效率和便捷性的站点位置优化设计;面向效率、安全和便捷性的停靠站详细设计。

二、停靠站位置优化设计

1. 公交站点的合理间距

公交线路的站距长短直接影响到公交的行程时间以及服务的便捷性。站距的确定一般应考虑公交线路所通过道路的等级、公交线路的功能定位及走向、沿线交通吸引点分布等因素。

城市快速道路或交通性主干路上的公交线路应以快速、大容量公交为主,为确保其公交车辆快速、大运量通行,宜采用较大的公交站距,可取 800~2000m;城市主干路上的公交线路主承担干线公交的功能,其站距还需结合道路交叉间距确定,可取 500~800m;城市次干路和支路沿途通常分布较密集的交通产生与吸引点,其上的公交线路将以集散快速和干线公交乘客为主,因此公交站距不宜太大,一般可取 350~500m。

2. 公交站点位置

公交停靠站的位置除了需要考虑根据所服务城市的规模等计算的合理站距以外,主要还是由沿线居住区、购物中心、体育馆、主要办公建筑及学校等主要出行产生和吸引点的交通需求所决定。停靠站位置考虑的因素包括客流需求、可达性、停靠站附近的交通状况及信号控制等,其位置设置的原则如下:

(1)公交停靠站应结合服务半径和客流需求较均匀地分布,且数量不宜过多。

(2)交叉口是客流的集散地,停靠站可建于交叉口附近,与交叉口的过街设施做一体化设计。

(3)停靠站应与沿线的其他交通方式合理衔接,方便换乘。

(4)行人步行到车站的距离应尽可能缩短,并且在两条或两条以上公交路线的交叉点上,停靠站应设置在使乘客换乘步行距离最短的地方。

(5)停靠站的位置,必须使公交车辆与其他车辆及行人所发生的干扰或冲突减至最小,因此在选择站台位置时,必须考虑附近的交通状况以及两侧侧向进出口分布,尤其是公交与转弯车辆所发生的冲突、公交并入其他车流的能力等。

(6)公交专用道的公交线路在交叉口必须进行转向操作时,停靠站设置在转向后道路的出口道上为佳。

(7)信号控制道路上所有交叉路口信号是否有联控,对站台位置的选择有很大的影响。根据曼斯丹法则(Von Stein's Law),一般而言,当路段上所有交叉口采用联控信号时,公交站台采用在进口道与出口道交替设置的方式,公交所产生延误最小。

3. 公交停靠站与交叉口的距离

路段停靠站离开交叉口的距离,应保障车辆停靠不对交叉口运行产生不良影响,同时交叉口排队也不应影响公交车辆的正常停靠。

(1)当公交停靠站设置在交叉口上游时,离开停车线的距离应满足:

在道路展宽增加车道情况下,公交停靠站应设在展宽车道分岔点之后至少 15~20m 处,并在展宽车道长度之上增加一个公交站台长度,且做一体化处理;无展宽时,公交停靠站位置应在外侧车道最大排队长度之后 15~20m 处,站台长度基于实际停靠需求确定;对于新建交叉口且非港湾公交站情况,按道路等级:主干路上距停车线至少 100m;次干路至少 70m,支路至少 50m。

(2)公交停靠站设置在交叉口下游时,离开出口道横道线的距离按如下原则确定:

无信号灯控制交叉口,公交停靠站(站台长度范围)必须在视距三角形之外;当下游外侧展宽增加车道时,公交停靠站应设在外侧车道分岔点向前至少 15~20m 处,并做一体化处理;

在新建交叉口,且设非港湾公交停靠站时,其主干路、次干路和支路上的位置离开上游横道线的距离分别至少为80m、50m和30m。

综上所述,公交停靠站位置选择基本标准如表6-3所列。

公交停靠站位置选择基本标准　　　　　　　　　表6-3

标准		选择方案			
		交叉口下游	交叉口上游	路段中	
				远离人行横道	靠近人行横道
安全	乘客活动安全	√		√	
	公交车行驶安全	√		√	
	其他交通活动安全		√		√
车辆营运	方便行人活动		√		
	方便公交车转弯	√	√	√	√
	公交车、机动车冲突少	√			
对交通流的影响	公交车红灯右转对交通影响小	√		√	
对毗邻土地使用与发展的影响	商业活动	√	√		
	土地使用	√	√		

三、公交停靠站交通详细设计

1. 不同类型道路停靠站设计

停靠站的设计,应该针对不同的道路条件,因势利导,充分利用道路资源,同时能够较好地解决乘客的过街问题。以下分别就一块板道路、两块板道路和三块板道路等三种情况介绍停靠站交通详细设计方法。

1) 一块板道路路段公交停靠站

一块板机非混行道路,为了改善公交靠站时与非机动车交通的严重交织,在有条件时尽可能利用人行道多余宽度,运用如图6-24所示的处理方法,亦即非机动车绕至公交站台后通行。

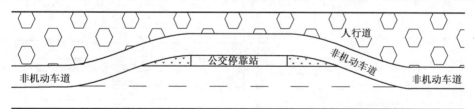

图6-24　借用非机动车道和人行道设置港湾式公交停靠站

优点:避免了公交车靠站时与非机动车交通间的冲突,适用于公交车靠最外侧车道行驶与停靠、有相当非机动车交通通行的路段。

缺点:非机动车道较窄时,停靠站处的道路断面需拓宽;非机动车流量较大时,会给乘客上下公交车造成不便;当人行道较窄时或非机动车流量较大时,这种处理有一定的困难。

2) 两块板/四块板道路路段公交停靠站

(1) 路侧型公交停靠站

利用两块板(或四块板)道路将非机动车道与人行道及公交停靠站做一体化设计,可彻底避免慢行交通流和机动车流间的冲突,基本设计模式如图 6-25 所示。此时的中央分隔带可作为行人过街安全岛,乘客及行人可通过"二次过街"系统过街,慢行交通在公交停靠站外侧的慢行空间里通行。

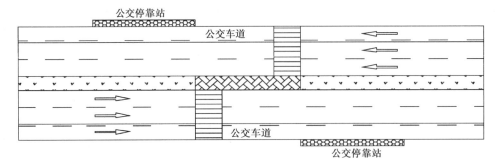

图 6-25　两块板道路路侧型公交停靠站设计示例

(2)路中型公交停靠站

在两块板道路中设置路中型公交停靠站,需要调整部分中央分隔带,采取图 6-26 所示的设计模式,进行公交停靠与行人过街一体化的处理。

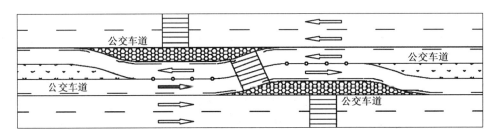

图 6-26　两块板/四块板道路路中型公交停靠站设计示例

(3)外凸式港湾停靠站

当道路红线受限时,公交停靠站可通过压缩道路车道宽度、部分压缩车道宽度、部分拓宽机动车道,或适当偏移中心线(当无中央分隔带时)并压缩车道,设计成外凸式港湾停靠站,如图 6-27 所示。

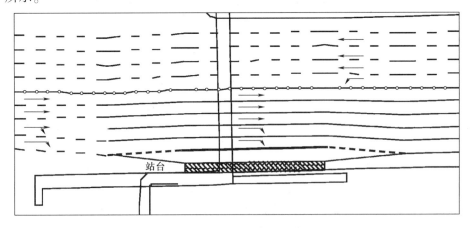

图 6-27　外凸式公交港湾停靠站示例

优点:可以起到港湾式停靠站的功能,在无法拓宽道路建港湾式停靠站、而机动车道宽度较宽时,可采用这类停靠站,既可改善停靠站处交通,也减少了工程量与投资。

缺点:当车道总宽度无条件时,难以设计出外凸式港湾停靠站。另外,因为停靠站处车道压缩,车辆行驶轨迹会受到影响,须辅以相应的平顺性设计加以改善。

3)三块板道路路段公交停靠站

(1)路侧型公交停靠站

停靠站采用尾尾相接,在停靠站上游设置行人过街横道,公交停靠站周边的细化设计如图 6-28 所示。通过局部压缩车道宽度,运用分隔栏设置中央驻足区,为乘客二次过街提供条件,并辅以必要的行人过街信号控制系统。

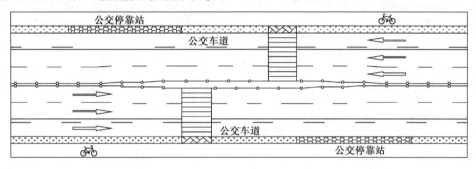

图 6-28　三块板道路路侧型公交停靠站设计示例

(2)借用分隔带或慢行交通空间设置港湾式公交停靠站

在有较宽的机动车与非机动车交通流分隔带、或较宽的人行道时,可以借用分隔带或慢行交通空间设置港湾式公交停靠站,具体设计模式如图 6-29、图 6-30 所示。

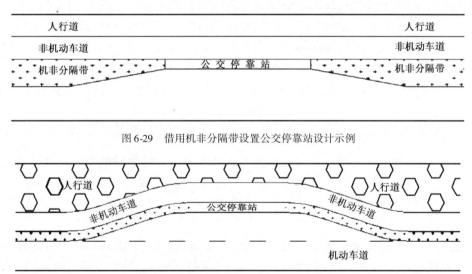

图 6-29　借用机非分隔带设置公交停靠站设计示例

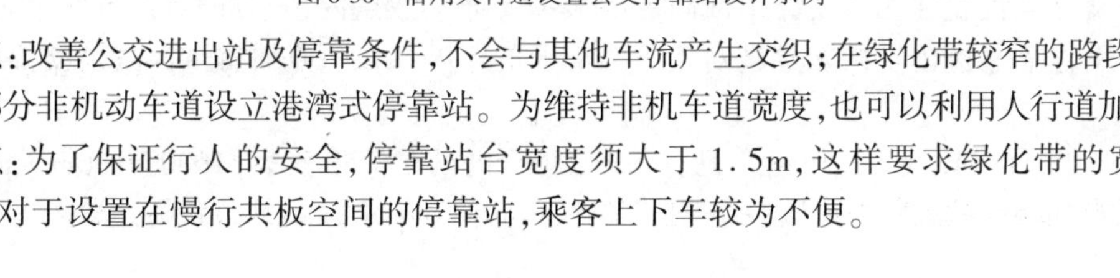

图 6-30　借用人行道设置公交停靠站设计示例

优点:改善公交进出站及停靠条件,不会与其他车流产生交织;在绿化带较窄的路段,可以考虑占用部分非机动车道设立港湾式停靠站。为维持非机车道宽度,也可以利用人行道加以拓宽。

缺点:为了保证行人的安全,停靠站台宽度须大于 1.5m,这样要求绿化带的宽度大于 4.0m;相对于设置在慢行共板空间的停靠站,乘客上下车较为不便。

(3) 借用非机动车道设置公交停靠站

针对我国早期修建的三块板道路非机动车道较宽的特点,为了充分利用道路资源,可采用图 6-31 所示的公交停靠站模式。此时的非机动车交通在公交停靠站上下游适当的位置处上下人行道,以绕过停靠站,减少其与公交车间的相互影响。

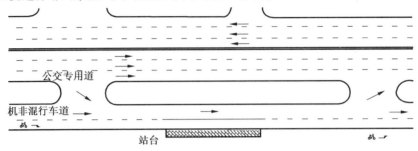

图 6-31　借用非机动车道设置公交停靠站设计示例

优点:可利用非机动车道资源,节省因道路拓宽而增加的工程量与投资,避免公交车占道停靠对路段机动车通行能力的影响。

缺点:由于公交车进出站时需要变换车道,故该模式停靠站仅适用于进站停靠的线路不多,非机动车流量不大的情形。

(4) 路中型公交停靠站

兼顾既有三块板道路的大规模改善,可建设路中型公交专用车道,其停靠站设于原机非分隔带上,两侧的非机动车道进一步改建为社会交通通道。此时为解决行人过街交通,可设置三段式行人过街系统,如图 6-32 所示。

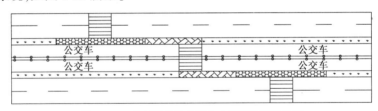

图 6-32　三块板道路路中型公交停靠站设计示例

2. 公交停靠站形式选择

公交停靠站形式按其几何形状可分为港湾式和非港湾式停靠站两类。非港湾式公交站点不仅对社会车辆的通行能力有较大影响,而且也不利于公交车辆安全停靠和顺利驶离;港湾式公交停靠站则可以减少对左侧交通的干扰,尤其对较窄的道路或饱和度较高的道路,其作用更加明显。

在快速路和主干路及郊区的双车道公路上,公交站点不应占用车行道,应采用港湾式停靠站,其站台长度应基于停靠线路和车辆数需求加以确定。另外,当主干路两侧路网较密,可以考虑将公交站点设置在相邻支路上或附近的大型交通集散点内,一方面可以方便乘客,而且可以减少公交停靠站进出及乘客穿越对主干路交通的影响。以下是设置港湾式公交停靠站的基本条件:

(1) 机非混行的道路,且机动车只有一车道,非机动车流量较大[1000 辆/(m·h)],人行道宽度≥7.0m 时。

(2)机非混行的道路,高峰期间机动车、非机动车交通饱和度皆大于0.6,且人行道宽度≥7.0m时,可考虑设外凸式港湾公交站点(非机动车交通流在驶近公交站点时借人行道行驶)。

(3)在分隔带上设置公交停靠站,最外侧机动车道宽度+分隔带宽度≥7.0m时。

考虑到路段与交叉口通行能力的协调,也可参考表6-4所列的条件选择停靠站形式。

公交停靠站形式选择 表6-4

路段车道数	路口车道数	公交停靠站形式
1	—	人行道宽度足够时,设置港湾式公交停靠站
2	2	尽量创造条件设置港湾式公交停靠站
2	3或4	设置港湾式公交停靠站
3	3或4	路段交通负荷较大时,设置港湾式公交停靠站,较小时则可不设置
3	5或6	设置港湾式公交停靠站
4		不设置港湾式公交停靠站

3. 停靠站线路容量

1)主要影响因素

公交停靠站线路容量的概念是指在满足一定进站排队概率且不影响社会交通的情况下,公交站台所能停靠的最大线路数量。显然,该容量与道路条件(主要是指车道数及横断面布置情况)、停靠站位置、形式与规模,社会车流量,公交发车与到达频率、停靠时间,停靠站通行能力等密切相关。停靠站通行能力是指单位时间内停靠站最大能服务的公交停靠车辆数,是确定停靠站线路容量的基础。另一方面,道路路段饱和度越小,其公交停靠站可容纳的线路数越多,考虑到乘客在站台上不应长距离前后移动(一般不宜超过50~60m),故公交停靠站同时靠站的车辆数不宜超过5辆,据此结合不同线路公交车的到站频率以及公交停靠站的服务能力,可以确定停靠站的线路容量。若超过此线路容量,则需将现有停靠站做横向分流,或设置路外小型公交车枢纽。

2)提高公交停靠站容量的方法

公交停靠站容量由站台长度、站台形式及公交线路构成等所决定。因此,可以从以下几个方面提高其容量。

(1)设置辅站:在停靠线路较多的情况下,可以在主站的前方或后方约30m处设置辅站,将发车频率较低或停靠时间较短的公交线路安排在主站前方的辅站上,以降低主站发生阻塞的可能性。停靠线路太多时,也可以设立前后两个辅站。

(2)纵向拉疏:即将停靠站分成两个部分,每一个子停靠站设计长度在25~35m,容纳2~3辆公交车辆同时停靠。两个子停靠站间距30~50m。

(3)横向拉疏:在道路横断面上同时设置两排公交停靠站,亦即两个子站,其中右侧的停靠站利用非机动车道或拓宽道路形成。每一个子站设计容纳4~5辆公交车辆同时停靠,长度在50~60m。为了确保快速、大容量公交线路行驶的平顺性,一般应将其停靠站设在内侧,而支线或非重要线路停靠站则设在外侧。

4. 公交站牌设计

公交停靠站站牌是提供公交信息服务的重要窗口,其设计应充分考虑:提供公交线路的运行时刻表;提供公交网络及公交线路之间的换乘信息;接收调度指挥中心发送的公交车辆离开站点的位置和预计到站时间信息等。为了提供上述信息,充分实现公交停靠站站牌的功能,可考虑采用占用道路空间小、表面积较大的四面体箱形站牌,如图6-33所示。

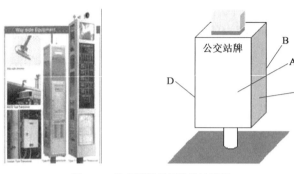

图6-33　公交停靠站站牌设计示例

箱体四个侧面的设计如下:

(1)A面:面向车道,用大号字标出当前停靠站和下站站名,以公交车上乘客能看清为主要考虑。

(2)B面:面向人行道,提供各条线路的到站动态信息(到站时刻、或公交车离开站点的距离),以及前后停靠站站名等。

(3)C面:为左侧面(以站台上乘客为参照),标明各条线路到达本站的时间表,以及从本站出发到达主要节点的预计行程时间。

(4)D面:为右侧面,标明公交网络图以及各线路之间的换乘关系。

站牌可做成灯箱体,以便于夜间易于寻找。在不影响提供公共交通信息的前提下,可以在适当的地方放置公益广告或少量的商业广告。

第六节　快速公交系统交通设计

一、快速公交系统交通设计概述

1. 快速公交系统的定义

快速公交系统起源于巴西库里蒂巴,目前已获得了国际广泛认同。快速公交系统是利用改良型的公交车辆、运营在公共交通专用道路空间上、保持轨道交通运营管理特性和较高运能,同时具备普通公交灵活性的一种便捷快速的公共交通方式,如图6-34所示。如今,快速公交系统已遍布拉丁美洲各大城市,并引起了很多国家的重视。目前北美、欧洲、日本、澳大利亚、韩国等都建造了快速公交系统。我国的北京、济南、常州、杭州、广州、厦门等城市也建有不同规模的快速公交系统。一般而言,快速公交普遍具有如下特征:

(1)使用12m以上经过改良的公交车作为运营车辆。

(2)享有专用路权,往往在道路中央或两侧开辟快速公交专用车道。

(3)贯彻以乘客为本的服务宗旨,提供水平登降、车下售检票方式等人性化服务。

(4)采用灵活的线路布设与运行组织模式,发挥快速公交线路作为公共交通骨干网络的作用。

（5）运用公共交通智能化管理手段，提升运营管理水平，为乘客提供内容丰富的系统运营状态信息。

（6）运力和服务水平接近甚至达到轨道交通水平，但造价和运营成本相对低廉。

图 6-34　里昂快速公交系统

2. 快速公交系统的构成

为了充分体现快速公交系统的优越性，并保证其运营后各项功能有效发挥，完整的快速公交系统应具备以下六个主要部分：

1）车辆

快速公交系统的营运车辆采用的是经过先进技术改良的公交车辆，其独特的外形设计充分展现出快速公交的先进性、现代化。车辆的地板结合站台设置，采用多门上下、水平上车，大大提高了乘客上下车的效率。另外，在客流量较大的快速公交走廊选用大容量铰接车辆可提高整个系统的运送能力，同时也降低了系统的运营成本。在环保方面，快速公交车辆符合严格的环境标准，有效降低了沿线的交通污染排放。

2）枢纽车站

快速公交系统的车站与枢纽设施应充分体现快速公交系统的交通功能及与城市土地利用相结合的功能。交通功能主要体现在能使乘坐快速公交的乘客上下车并能够做到集中换乘，尽量减少乘客的换乘距离和换乘时间。另外，快速公交系统的车站采用岛式站台，在站台上设置收费系统、信息管理服务系统等，这不仅方便乘客了解公交运营的实时情况，也节约了乘客的上车时间。为区别于普通公交车站，快速公交车站的设计应具有显著的建筑特征，以便于乘客识别。与城市土地利用相结合的功能则主要体现在快速公交系统的规划建设需要与当地的土地规划与使用协调一致，应体现出公共交通引导城市用地发展的原则。

3）道路空间

快速公交系统的车辆主要运行在专门的公共交通专用车道或道路上，这不仅保证了系统运营的速度，也避免了与社会车辆混行所带来的安全隐患，降低了公交车辆发生交通事故的概率。设置快速公交车道主要是在现有道路上专门为快速公交车辆运行开辟专用路权，其设置形式受多种因素的影响，如道路交通状况、建设投资成本、沿线客流需求等。根据不同的情况，快速公交专用道的设置方式大致有道路中央式、道路单侧双向式、道路边侧式、逆向式、全封闭高架式、全封闭隧道式、导轨式及公交步行专用街。

4) 线路与乘客服务

线路规划是建设快速公交系统的关键环节和重要内容,而为乘客提供高品质的公交服务是快速公交系统建设的最终目的。由于快速公交车辆是经过改良的公交车辆,它具有普通公交的特性,在线路组织规划上具有很大的灵活性,同时它又运行在专门的公交道路上,具有轨道交通的某些特性。因此,快速公交线路既可以采用轨道交通建设形式,在主要道路上建设主干线,与常规公交形成无缝衔接以集散主走廊以外的客流,也可以采用常规公交模式,多线路并行,使快速公交线路形成网络,直接服务于主走廊以外的区域。另外,由于快速公交不可能像常规公交那样为乘客提供点对点的服务,乘客需通过其他交通方式从出发地到达快速公交车站或从快速公交车站到达目的地,这就要求快速公交车站提供便捷的换乘服务。

5) 票制票价与收费系统

票制票价的主要内容包括票制、票价水平、特殊票价、运营收入分配机制、公共财政补贴机制等几个方面,它的合理程度直接决定着快速公交对于出行者的吸引力以及运营的财务可持续性。收费系统大多采用站内收费,即在公交枢纽或公交车站内设置收费系统设施完成收费,这种形式提高了乘客上下车的速度,以使整个系统的运营能力和效率提升。收费系统的设计需要与快速公交系统的整体运营管理体制相协调。

6) 运营保障体系

运营组织机构和运营保障设施共同构成了快速公交系统的运营保障体系。

运营组织机构主要是指项目从规划、建设到开通运营的整个过程中所涉及的管理机构。根据将要建设快速公交系统的城市的当地实际情况,组织机构可全部由政府部门组成或由政府和私人合作。国内建设实施快速公交的城市,通常都是将公共交通作为城市的基本公共服务,政府在政策、财政、路权和用地等方面大力支持,以高标准、低票价的服务吸引客流,促进城市交通出行向更为可持续的结构转移。

运营保障设施主要包括三个系统,第一是智能公交调度系统,具体分为车辆自动定位、视频监控、实时指挥等子系统,能够实时掌握出行客流变化和系统运营状况,对于突发事件可及时做出有效响应,提高了快速公交系统的调度管理水平;第二是公交优先通行系统,主要就是指设置于走廊沿线交叉口处的公交优先设施,充分体现"公交优先"政策,提高系统运营速度和准点率;第三是运营信息的采集和处理系统,为公交决策部门与规划人员进行系统运营评估与优化提供实时公交运营数据支持。

3. 快速公交系统的交通设计

如同常规的公共汽(电)车交通优先系统,专用道、停靠站、信号优先、乘客过街与信息服务等是快速公交系统交通设计的主要内容。需特别注意的是,应根据快速公交系统的规划定位、功能要求与特征、设计目标和具体实施条件等进行因地制宜的优化与精细化设计,并考虑与常规公交、轨道和其他交通方式的衔接,确保其运能和服务水平及运输效率的高品质化。其中,专用道布设等优先设计内容与第四节相类似,本节不再赘述。相对而言,快速公交车站是快速公交与常规公交的主要区别之一。快速公交系统的停靠站、换乘站、首末站及其附属设施构成了乘客与系统之间的交互界面,应当体现出更多的人性化与个性化。车站及其附属设施应当使用方便、舒适、安全,并考虑残障人士、老人、儿童和孕妇的使用需求。虽然这类人群只占日客运量中较少的部分,但能突破性地提升系统在人们心中的形象,改变人们对公交的传统看法,利于吸引客流。除此以外,快速公交车站及其附属设施应当外观鲜明、突出,构成城市尤其是大都市的一道景观,给乘客以视觉上的愉悦,体现快速公交的时尚与先进。

二、快速公交站点布置

布置快速公交站点,除了考虑合理站距以外,主要还应考虑沿线居住区、购物广场、体育馆、主要办公建筑及学校等主要出行产生和吸引点的交通需求,而这些地点往往也是普通公交车站的密集点。因此,可以参照普通公交的站点来设置,其位置设置的原则如下:

(1)车站应较均匀地分布,且数量不宜过多;交叉口是客流的集散地,停靠站可建在交叉口附近,与交叉口的过街设施一体化设计。

(2)线路交会数过小的集散点,设置快速公交停靠站不经济,因此,集散量小于5000人次,或线路交会数小于5的集散点不宜布设车站。

(3)快速公交停靠站应设置在平坡或坡度不大于1.5%的坡道上,当地形条件受限制时,坡度最大不得超过2%。

(4)停靠站应设在平直的路段上,不宜设在拐弯处。

(5)停靠站不但应与沿线的其他公交线路和地铁合理衔接,换乘方便,而且快速公交线路应自成系统。

三、站点功能区分析

快速公交站台既要满足快速公交车辆上下客及等候的空间需求,还要满足乘客进出站、购票及候车的需求。因此,快速公交站台功能包括快速公交车辆停靠功能及乘客服务功能。

1. 车辆停靠功能

快速公交车辆停靠功能分析主要是停靠区分析,停靠区包括上下客停靠区和等候区,等候区有进站等候区和红灯等候区(当站点设在交叉口时),如图6-35所示。

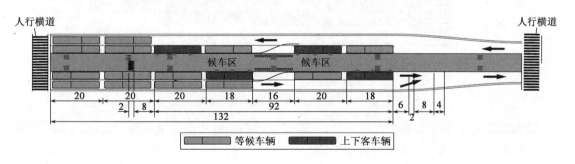

图6-35 快速公交车辆停靠功能区分布(尺寸单位:m)

1)上下客停靠区

上下客停靠区的大小决定着快速公交车站的车辆通行能力,而系统中关键停靠站的通行能力一般就是系统的通行能力。因此,上下客停靠区的分析要从停靠站通行能力分析开始。

2)等候区

(1)进站等候区

进站等候区车位的数目主要由发车频率和快速公交车辆的停靠时间决定,国外成功的快速公交系统中,车辆的停靠时间通常为20s,一条线路的发车频率一般不超过1min,但因交叉口信号灯的影响,前后有可能会形成小车队,因此至少设置一个进站等候车位是必要的。在大型交叉口出口道处,因上游信号灯周期较长,容易形成车队,因而要多设进站等候车位,若车位不够,排队排到交叉口中,将严重影响整个交叉口的通行能力。

(2)红灯等候区

设在交叉口进口道的快速公交站台,若不设红灯等候车位,快速公交车辆在等候红灯时会使后续车辆不能进入上下客车位,从而影响站台的利用效率,增加行车延误。

交叉口红灯期间,快速公交车辆可能的排队数计算如下:

$$N = F \cdot \frac{T_r}{1 - F/S} \tag{6-2}$$

式中:N——快速公交车辆可能的排队数;
F——快速公交专用道每小时流量;
T_r——红灯时间;
S——快速公交车道饱和流率,信号控制交叉口进口道一般取 600 辆单铰接车/h。

2. 乘客服务功能

站台的进出区、售票区、验票闸门及站台的尺寸设计都必须足以处理预测的客户流量峰值。对于预期的候车旅客人数,应提供足够大的空间,以使用者感到舒适为宜,充足的乘客空间有助于减少扒窃和其他犯罪事件的发生。通过增加车站总长,可以使狭窄的车站获得部分乘客空间。快速公交站台内部布局如图 6-36 所示,站台要有无障碍通道,并在验票闸门的设计中充分考虑特殊人群的使用。验票闸门的前后要留有至少 6m 的进出站排队空间。

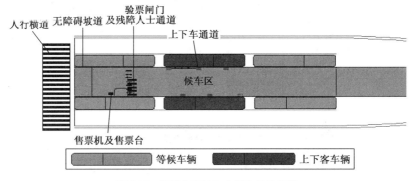

图 6-36 快速公交站台内部布局示意图

站台除了满足乘客的乘车需求以外,还要尽量创造出舒适的环境以吸引客流,提供遮蔽设施、乘客信息、电话、照明、安全设施等。

四、乘客信息服务系统设计

此系统主要为乘客在出行前、出行中、出行后提供静态和动态的导乘信息,方便乘客出行。在站台上通过车站 LED 显示屏、广播系统及其他文字及语音方式为乘车者提供车辆到站信息、交通换乘信息、天气新闻等社会信息;通过电子车辆位置显示牌(站节牌)提醒乘客目前车辆行驶位置;通过提供有效的信息服务,使乘客更好地利用乘车时间,同时使换乘衔接更为高效,提供给乘客多种换乘方案,为乘客提供全方位的信息服务。此系统由软件和硬件两部分组成。软件包括乘站信息服务软件、监控调度中心信息服务软件和数据库。硬件包括站台 LED 显示屏、站节牌、站台语音广播、触摸屏等外设。乘客服务信息系统的设计原则有以下几点。

（1）高可靠性：设备和系统选择时必须具有较高的可靠性，系统中关键设备具备兼容性和扩展能力，软件系统具有良好的容错能力和可靠性。既要满足技术规范要求，也要符合实际工作环境需要，且在发生故障时易于维护。

（2）良好的可操作性与可用性：系统应简单易用，支持自动执行模式，同时能够方便地切换到人工方式，以便应对突发特殊情况。

（3）灵活的参数设置：系统可通过多种参数设置实现不同的运行方式，以最大程度适应用户的使用方式变更。对于站台内的乘客信息服务系统，应最大程度支持远程更新和集中管理，尽可能减少重复工作量。

（4）先进性：在保证可靠性的基础上选用最新的技术及设备，确保系统的先进性。

（5）开放统一性：系统整体设计应充分考虑与其他系统的数据接口、技术方案和设备具有良好的互联、互操作能力及升级能力，遵循统一与开放相结合的原则。

（6）兼容性和可扩展性：系统设计应基于当前系统基础上进行系统的设计建设，同时要保证系统的可扩展性，确保系统易于扩展；系统能提供多路与其他应用系统的数据接口。系统设计充分考虑兼容性，以适应硬件、软件系统不断升级换代的发展趋势和需要。

（7）安全性：所有设备必须有相应的防护措施，符合国家和行业的有关规定。系统应保证数据在传输和存储过程中的安全性和保密性。

（8）标准化和规范化：系统按国际标准、国家标准、行业标准进行设计，遵守各种通用技术标准和协议。

（9）处理能力强：系统具有较高的处理速度和较强的处理能力，以保证系统的服务时间，满足快速处理和统计查询等需求。当出现通信故障及部分设备故障时，系统在保障数据完整性的前提下，不影响业务的处理。

第七节 有轨电车系统交通设计

一、线路敷设形式和路权形式设计

1. 线路敷设形式设计

有轨电车的线路布置一般采用地面线，便于维修和更换，可以较大降低运营成本。有轨电车的线路布置形式有中央布置、单侧布置和两侧布置三种，可根据实际线路情况和道路条件，选择最合适的布置形式，以提高有轨电车运营过程的安全性。

2. 路权形式设计

有轨电车的路权可划分为三个等级，分别用 A 级、B 级和 C 级表示（表6-5）。

有轨电车路权等级 表6-5

等级	路权	内容
A 级	全封闭路权	专用通道，不与其他交通方式混行，不允许有平交道口
B 级	半封闭路权	专用通道，不与其他交通方式混行，但允许有平交道口
C 级	共享路权	开放式线路，与其他交通方式混行，共用通道

有轨电车通常采用的是 B 级路权的设计方式，同时为了保障行车安全，在平交道口处采取必要的信号优先和限速措施。部分对旅行速度和正点率要求较高的线路，如机场线、火车站线等，可选择 A 级路权的设计方式。而在中心城区，为了最大限度减少对其他交通方式的影响，可在部分路段采用 C 级路权的设计方式。

二、横断面设计

除了有轨电车专用路外，其他路权形式的有轨电车都要与机动车（或非机动车）平行运行于城市道路之上。有轨电车车道与机动车道在道路横断面的空间布置方式主要分为三种：中央式、单侧式和两侧对称式。

1. 中央式布置

将有轨电车车道布置于道路中央的两条车道之上，这种布置方式称为中央式。该方式典型的道路横断面如图 6-37、图 6-38 所示（T 指有轨电车行车道，A 指机动车行车道，P 指机动车停车道）。

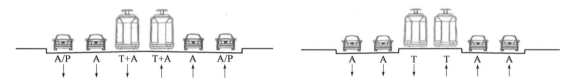

图 6-37　中央式车道的典型断面（共享路权）　　图 6-38　中央式车道的典型断面（封闭路权）

中央式有以下方面的优点：

（1）路段中的行驶车速容易得到保证，体现快速、可靠的特性。

（2）行人与非机动车被组织到道路的外侧，不与有轨电车相邻，产生的冲突较少，安全性高。

（3）只对路口的左转交通有影响，交叉口的交通组织和信号控制较简单，交叉口通行效率高。

（4）对沿线两侧的单位车辆出入干扰较小，对于需要左转的车辆产生的冲突，可以采取先右转后在临近交叉口掉头的措施来解决。

（5）车站形式灵活，可选择岛式或侧式站台。

（6）两条线路可以共用一套电杆。

中央式也有以下方面的缺点：

（1）车站设置在路中央，乘客上下车必须穿越道路，便捷性和安全性降低，车站还需要设置安全护栏来保护乘客。

（2）现有道路在改建过程中要占用中央道路资源，对机动车有较大影响。

2. 单侧式布置

将双线的有轨电车车道布置于道路的一侧，这种布置方式称为单侧式。该方式典型的道路横断面如图 6-39、图 6-40 所示。

单侧式有以下方面的优点：

（1）站台可以设置在大型集散点集中的道路一侧，使得沿线多数乘客乘车方便。

（2）对原有城市道路的改造比较方便，只需在一侧拓宽即可，改造时对机动车行驶的影响较小。

(3) 车站一般为岛式站台,节省道路空间。
(4) 双向线路可以共用一套电杆。

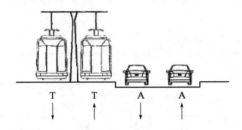 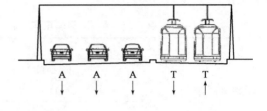

图 6-39　单侧式车道的典型断面　　　图 6-40　单侧式车道布设于单行道上的情况

单侧式也有以下方面的缺点:
(1) 对布设有轨电车一侧的单位车辆出入干扰很大。
(2) 与同向机动车右转车流形成交织,交叉口信号控制较难处理,降低了交叉口的部分通行能力。
(3) 该侧的非机动车道一般会被占用,需采取措施减轻对该向非机动车行驶的影响。

需要特别注意的是,当单侧式车道布设于单行线上时,需将与机动车单行方向一致的有轨电车线路靠近机动车道布置,以避免机动车与有轨电车对向行驶。

3. 两侧对称式布置

将双线的有轨电车车道对称地布置于道路两侧,这种布置方式称为两侧对称式。该方式典型的道路横断面如图 6-41 所示。

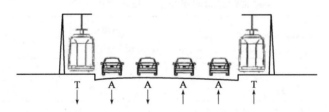

图 6-41　两侧对称式车道的典型断面

两侧式有以下方面的优点:
(1) 站台设置在人行道上,乘客上下车方便。
(2) 对原有城市道路的改造比较方便。
两侧式也有以下方面的缺点:
(1) 对两侧的单位车辆出入干扰很大。
(2) 与同向、逆向的机动车流冲突点多,交叉口信号控制很难处理,造成机动车延误增多。
(3) 线路转弯时,有一侧的转角需要占用大量用地,以满足线路最小转弯半径的需求。
(4) 两侧线路分别需要架设电杆,造成浪费。
由于该种布设方式的缺点明显多于优点,因此较少采用。

三、有轨电车行驶特性分析

本部分从介绍有轨电车车辆类别及其与交通相关的车辆特性入手,分析影响其行驶特性的若干因素。

1. 有轨电车的车辆类别及特性分析

有轨电车车辆可分为钢轮钢轨式有轨电车与胶轮导轨式有轨电车,具体类别及应用城市见表6-6。

有轨电车车辆类别及应用城市　　　　表6-6

分类		应用城市
钢轮钢轨式有轨电车	传统有轨电车	大连
	ALRT系统	多伦多
	APS系统	波尔多
胶轮导轨式有轨电车	庞巴迪GLT系统(现已停产)	南锡
	劳尔Translohr系统	上海、天津
	庞巴迪APM系统	北京、广州

两种制式有轨电车相比:

(1)钢轮钢轨式有轨电车车内空间、载客量比胶轮导轨式有轨电车大。

(2)钢轮钢轨式有轨电车受转向架、钢轮-钢轨摩擦性能限制,在爬坡、转弯、加速、减速方面的性能不如胶轮导轨式有轨电车。

(3)两种制式的有轨电车车内、外噪声比较接近。

(4)目前钢轮钢轨式有轨电车技术比较成熟,单列列车成本比胶轮导轨式低。

两种制式有轨电车的主要技术指标对比见表6-7。

两种制式有轨电车主要技术指标对比　　　　表6-7

主要指标		钢轮钢轨式 (以Citadis为例)	胶轮导轨式 (以Translohr为例)
尺寸	车辆长度(m)	22~50	25~46
	车辆宽度(m)	2.3~2.65	2.2
	运能(以32m列车,4人/m^2计)	200~220	160~170
技术性能	最大速度(km/h)	70	70
	最大坡度(%)	8	13
	最小转弯半径(m)	20	11
	供电电压(V)	750	750
	最大瞬时(降级)加速度(m/s^2)	1.1	1.3(0.5)
	最大瞬时(降级)减速度(m/s^2)	1.1	1.3(0.5)
	紧急减速度(m/s^2)	3	5
	供电方式选择(种)	3	2
噪声(dB)	车辆停靠时,车位处	62	62
	以40km/h运行,车内	71	69
	以40km/h运行,车外7.5m处	76	78

由表6-7可知,两种制式的有轨电车虽然在多个方面存在差别,但总体来说差别较小,不同的车辆性能导致的有轨电车行驶特性差异不大。

2. 有轨电车车身长度

有轨电车的车身长度一般为 25～50m,车体的长度取决于铰接的车辆段数,铰接车辆段越多,则车体越长。

有轨电车较大的车身长度会影响到诸多控制因素：

(1)绿灯间隔时间。绿灯间隔时间中需包含车辆行驶过自身长度所需要的时间,由于有轨电车车身较长,若仍采用基于社会车辆的绿灯间隔时间,则难以保证各种交通流在交叉口的安全运行。

(2)有轨电车最小绿灯时间。当有轨电车发生串车现象时,为避免红灯期间到达的有轨电车出现二次停车现象,排在队尾的有轨电车应在最小绿灯时间内驶出交叉口停车线。小汽车的车身长度仅为有轨电车的 1/6～1/8,因此,基于社会车辆的最小绿灯时间将不再适用于有轨电车行驶的情况。

(3)有轨电车绿波带宽。协调控制不仅需要求得社会车辆最大绿波带宽,还必须满足有轨电车对绿波带宽的要求。当有轨电车发生串车现象时,有轨电车绿波带宽需满足位于队尾的有轨电车也能在绿波中通过沿线交叉口。

3. 有轨电车加减速度

有轨电车一般情况下的最大瞬时加减速度为 $1.3 m/s^2$,在不利环境下的降级操作仅为 $0.5 m/s^2$,大大低于社会车辆加减速度,相比公交车辆也较低。

较低的加速度减速度会对若干控制参数产生影响,如黄灯时间及绿灯时间间隔时间。以黄灯时间为例,黄灯启亮,离停车线很近因而无法正常停止的车辆允许通行。黄灯时间应保证驾驶人不处于进退两难区与选择通过区。黄灯时间的计算与交通流参与者的减速度有关,因此,相比社会车辆及公交车辆,有轨电车可能需要更长的黄灯时间,需计算其时长。

有轨电车较低的加减速度对其进出停靠站也有一定的影响,有轨电车需要更长的时间以及行驶距离进行停靠站,其与公交车辆的行驶特性对比如图 6-42 所示。

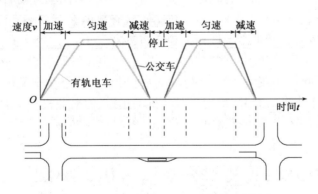

图 6-42　有轨电车与常规公交车辆行驶特性对比

四、与道路交通协调设计

1. 乘客交通协调设计

有轨电车站台与人行道不同的位置关系,决定了乘客交通不同的组织方式。

当站台中央布置形式时,站台位于轨道与机动车之间,乘客候车时,与机动车之间的干扰较大。为了确保乘客乘降安全,要在站台四周(上、下车门处除外)设置安全护栏。此外,乘客上下车需要横穿道路,存在安全隐患,可视客流情况建设必要的过街天桥或地下通道。

当站台两侧布置时,站台设置于人行道上,与公交车站处于同一位置;乘客不需要穿越道路,安全性高,同时便于与公交车实现无缝接驳。

当站台一侧布置时,站台设置于人行道上,与公交车站处于同一位置,便于与公交车实现无缝接驳;但另一侧乘客上下车需要横穿道路,存在安全隐患。此种形式可视客流情况建设必要的过街天桥或地下通道。

2. 行人交通协调设计

当站台中央布置时,行人被组织到道路外侧,对有轨电车的干扰较小;只有横过马路的行人对有轨电车存在干扰,一般通过路口信号灯控制解决。

当站台一侧和两侧布置时,行人被组织到道路次外侧,与有轨电车相邻。由于行人的随意性大,因此该形式存在安全隐患,需要设置物理隔离,以保证行人安全。

3. 路口交通协调设计

当有轨电车线路中央布置时,对路口左转交通有影响,对直行及右转交通无影响,因而有轨电车系统对交叉口通行能力的影响较小。为解决有轨电车与左转交通冲突,可考虑增设左转专用相位解决。

当有轨电车线路一侧和两侧布置时,有轨电车一侧或两侧布局对同向、左右转交通均产生影响,同时对垂直方向右转交通也有影响。可在同方向增设左右转信号灯解决各相位交通的冲突。但相位增多,必然会影响到交叉口通行能力,进而影响全线道路的通行能力。

4. 路段交通协调设计

当有轨电车线路中央布置时,有轨电车位于道路中央,两侧单位出入口接机动车道,路段出入的右转车辆对有轨电车没有影响,而左转车辆对有轨电车有影响。可采取各个出入口只准右进右出,左转车辆可在邻近交叉口掉头等措施解决。

当有轨电车线路采用单侧和两侧布置时,由于有轨电车线路敷设于道路两侧,单位车辆出入与有轨电车交叉干扰影响较大。为了减少车辆进出与有轨电车交叉,需要关闭部分单位的开口,车辆进出可几个出入口合并,借用一段非机动车道,但对非机动车的影响较大。此外,公交车停靠和路边临时停车会占用有轨电车行车道,容易造成冲突。

第八节 公交信号优先控制

前面各节主要介绍了公共汽(电)车交通空间优先设计基本知识点。本节将着重介绍另外一种公交优先的措施,即通行时间优先。实际上,公交车运行过程中很大一部分受阻时间为发生在信号控制交叉口的停车延误。若要降低停车延误,仅靠通行空间的优先设计显然不够,还应实施公交通行信号优先。本节内容包括两个部分,第一部分介绍公交信号优先设计的基本思想,第二部分简要介绍公交优先控制的主要策略。

一、信号优先设计的基本思想

公交优先控制早在20世纪60年代左右即在我国、欧洲、北美等实施,现已在世界诸多城市得到了普遍的应用。实际运行结果证明,多样的优先控制方法可以显著降低公交车辆在交叉口处的延误,并提高公交系统运行可靠性。

1. 优先控制的目标

公交信号优先要达到的目的是降低车辆延误、提高车辆运行的可靠性。同时,信号优先还需考虑到公交车交通对普通车辆运行效益的影响。根据目前研究和实践的进展,可将公交优先控制目标归结为如下三类。

最小延误目标:其基本考虑为降低公交车辆以及所有车辆在交叉口的延误,提高公交车辆的运行速度。

可靠性目标:随着研究的深入,人们逐渐发现相对于延误而言,公交车辆运行的可靠性是影响公共汽(电)车交通系统效率和服务水平(吸引力)更为重要的因素,简单的公交车辆延误最小化,可能会造成"早点"的车辆更"早"地运行,反而加剧了公交运行的不准时,或者增加车头时距的偏差。因此,公交车辆准点(发车频率低时常采用)和车头时距均衡(发车频率高时常采用)两个指标也常作为优先控制的目标。

最佳性能指标(Performance Index,PI)值目标:公交优先控制常会影响交叉口的非公交车流(社会机动车流、行人/自行车流等)的通行效率,进而可能导致综合交通效益的下降。因此,仅以公交车辆的效益指标作为控制目标,无法反映优先控制对非公交车流的影响,也无法反映交通系统综合效益的优劣。所以,将公交效益指标和非公交车流效益指标整合在一个控制目标中加以优化控制,综合指标即是PI值,也是公交优先控制中常用的优化目标。

2. 优先控制基本方式

一般而言,为公交车辆提供信号优先有两种方式,其一为离线控制,即通过离线优化方案为公交车辆提供优先。其二为在线控制,即通过在线实时调整交通控制方案为公交车辆提供优先。

离线控制:主要通过调整离线方案中的信号控制参数,包括周期、绿信比、相位相序和相位差等,使其更加有利于公交车辆。在国外的研究中,一般将这一思路下的控制策略称为被动优先策略(Passive Priority Strategies)。此时的控制目标一般为最小车辆延误或最小PI值。在一些研究中,面向公交优先的交通组织、交叉口车道布置等,也作为离线优先控制的内容。一般研究认为,在公交车流量较大、车辆运行状态稳定的情况下,这一控制方式能取得较好效益。

在线控制:即通过控制系统响应实时优先需求来实现公交优先。其主要优势在于能根据实时的优先需求和交通状况进行控制策略优化。这种控制策略在国内外研究中一般归为主动优先控制策略(Active Priority Strategies)和实时优先控制策略(Real-Time Priority Strategies)。这种方式需要准确的公交实时到达信息,以便系统能够进行相应的实时控制方案调整。

二、公共汽(电)车优先控制主要策略

20世纪70年代左右,美国和一些欧洲国家开始尝试各种控制方法以减小公交车在交叉

口的延误。在早期的控制策略中,主要采用被动式公交优先控制模式,包括短周期、公交专用相位等。随着信息、控制和通信技术的发展,特别是车辆自动定位系统(AVL)及全球卫星定位系统(GPS)的发展,公交优先控制逐步发展到基于实时数据的主动优先模式。近些年来,随着高性能计算机等新技术的出现,控制策略更是发展到基于智能交通系统环境的公交车实时控制层面。

1. 被动优先策略(Passive Priority Strategies)

被动优先主要是通过收集公交车辆运行的历史数据,预测需要的优先等级。为了减少其他设备的投入及易于操作,被动优先往往采用以下方法。

(1)调整周期长度(Adjustment of Cycle Length):在交叉口饱和度不增加(拥挤程度不恶化)的前提下,采用短周期可以有效地减小车辆的延误及排队长度。

(2)重复绿灯(Transit Movement Repetition in the Cycle):在一个信号周期内,给予公交车辆多次通行时间,从而有效地降低公交车辆的总延误。

(3)绿灯时间分配原则(Green Time Bias Towards Transit Movement):对于公交车辆的进口方向,在分配绿灯时长时,应考虑公交车辆的运行情况,以降低拥挤程度、减少车辆延误。

(4)相位设计方法(Phasing Design Bias Towards Transit Movement):保证公交车辆优先通行的特殊相位设计。

(5)面向公交运行的协调绿波(Linking for Transit Progression):以低车速的公交车辆为协调控制对象,设置合理的相位差以减少公交车辆的运行延误。

被动优先主要考虑了公交车辆和其他社会车辆平均通行情况和运行特性的不同,虽然通过上述基本方法可以部分减少公交车辆的信号控制延误,但无法适应交通需求的实时变化,在公交流量不大或者运行随机性很大时,被动优先策略的局限性会暴露出来。

2. 主动优先策略(Active Priority Strategies)

相对被动优先而言,主动优先控制策略相对复杂。它主要是依靠检测器对公交车辆运行情况进行识别分析,实时调整交叉口信号控制方案,从而实现公交车辆的优先通行,主要采用以下控制方法。

(1)相位延长(Phase Extension):当有公交车到达交叉口停车线时,相位绿灯时间继续保持,直到公交车辆驶离交叉口,相位绿灯时间结束。

(2)提前激活相位(Early Phase Activation):当有公交车在红灯期间到达交叉口时,提前中断相位的红灯时间,从而减少公交车辆在交叉口的延误时间。

(3)专用相位(Special Transit Phase):对于多相位控制交叉口,在非公交相位之间设置公交专用相位,能够显著地减少公交车延误。

(4)相位压缩(Phase Suppression):在某些情况下,可以适当压缩非公交通行相位的绿灯时长,以转到公交通行相位。

(5)插队控制(Jump Control):设置锯齿形公交进口道和公交预先信号灯,实现公交车在交叉口处的优先排队,减少延误。

由于采用了公交车检测装置,主动优先控制更能适应交通流的动态变化,控制方法与被动优先相比也更为灵活,但目前采用最多的仍是通过延长现行相位或提前激活相位等感应控制方法来提供公交车辆优先通行权。

主动优先控制策略在单个交叉口已经得到了实际的应用,但在协调控制中却很少使用,主要是由于其他交通流运行会受到不利影响。相位的调整和红灯时间的早断会中断其他车流的通行绿波而造成延误的增加,对协调方向的车流正常通行产生很大的扰动。

3. 实时优先策略(Real-Time Priority Strategies)

实施优先策略包括延误优化(Delay Optimizing)、交叉口控制(Intersection Control)、网络控制(Network Control)等。公交实时优先控制策略试图通过优化性能指标函数为公交车提供优先权。这些指标中,首要的是延误。延误指标可以包括乘客延误、车辆延误或这些指标以某种形式的联合。实时优先策略用实际观测到的车辆数(包括社会车辆和公交车辆)作为模型的基本输入参数,通过模型或对几个候选配时方案的评价来选择其中最优的方案,或者根据相位时长和相序来优化配时。同时,它可以对应紧急状态的处理,提高公交车辆运行准时性。

第九节 新型公交系统

一、新型公交系统发展概况

随着汽车出行量的增加,道路交通问题日益成为现代城市的一大通病,如何利用现代高科技手段改善交通,成为21世纪许多国家面临的重大课题。美国、日本、西欧及南美等的一些城市,为了改善共同所面临的交通问题,竞相投入大量资金和人力,开始大规模地进行新型公交系统的研究与实践。所谓新型公交系统,简言之,是指新开发的具有高便捷性、高可靠性、高舒适性、人性化和低能耗、低污染等基本特征的公共交通方式及其运行服务系统的总体。

新型公交系统的核心是针对日益严峻的交通需求和环境保护的压力,通过采用信息技术、通信技术、计算机技术、控制技术等对传统交通运输系统进行深入的改造,以提高系统资源的使用效率、系统安全性,减少资源消耗和环境污染。具体而言,新型公交系统具有以下七个特点。

(1)居民出行的平等性:为不会开车和没有汽车的人,以及老人、儿童、残障人士提供平等的交通工具。

(2)提高交通服务质量:实现能与私人小汽车抗衡的优质公共交通服务。

(3)缓和交通混乱:减少由于交通阻塞等带来的系列损失。

(4)有效利用交通设施:提高交通设施投资效益,充分利用交通系统。

(5)有效利用土地:尽量减少交通系统的占地面积,减轻地理条件制约的影响。

(6)低公害:减轻大气污染及噪声污染。

(7)城市开发的适应性:能够适应多样化城市开发类型带来的多种交通需要。

二、典型的新公交系统

1. 个人快速公交系统(Personal Rapid Transit)

个人快速公交系统(Personal Rapid Transit,PRT)是一种基于空中轨道的新型、先进、快捷、低能耗的快速公交系统(图 6-43),具有车身小巧(能乘坐 3~4 名乘客)、容易搭建、改线和扩延等显著特点,可兼顾小汽车和公共汽(电)车交通的优点。该系统在运行的过程中由计算机系统全程操控,可以实现零停靠、零换乘直达终点,最大限度地减少乘客的步行和等待时间。加之该系统具有很好的建设与服务的灵便性,建设成本和运营成本低,所以其服务质量和舒适程度可与私家车相媲美,服务效率高于常规公交。

图 6-43　个人快速公交系统

由于个人快速公交系统的特殊性能特征及其新颖性,其交通设计方法有别于常规公共汽(电)车交通系统,但仍遵从公共交通设计的基本原理,即以提高服务水平(为出行者提供高品质和安全的公共交通服务)、降低运输成本(高效能)为基本目标,高品质、精细化地构筑系统并设计系统的各要素。

2. 需求响应型公交系统

随着信息技术、互联网等技术的发展和出行及服务(Mobility as a Service)理念的推广,灵活型公交的运营方式不断丰富,在用户订购方式、需求响应方式、线路及站点灵活实现方式和程度、与其他交通方式协调及衔接等方面与传统公交有明显差异。传统公交一般定点、定线、定站,缺乏灵活性。需求响应型公交则以更好地服务个性化出行为目标,按照需求灵活确定和调整时刻表、线路走向及停站位置(图 6-44)。

实际的运营经验表明,当公交出行需求分布较为分散时,随着公交的灵活程度增加,出行者的便利程度将增加,公交出行需求可能会上升,但运营成本将上升。因此,系统的设计和运营需要对出行者和运营者的广义收益进行权衡。总的来说,在需求响应型公交的设计过程中,需要同时考虑需求的整体分布规律和随机实时的出行需求,灵活地进行时刻表、线路、车型、停站位置等的设置和优化。同时,还需要考虑公交系统的公益性和运营效益,科学地进行定价方案的优化。

a)北京的定制公交　　　　　　　　　　b)上海的需求响应型公交

图 6-44　需求响应型公交系统

第七章
枢纽交通设计

第一节 概 述

36.枢纽交通设计概述

枢纽是以公共交通[包括全方式的公共交通,鉴于常规地面公共汽(电)车交通被广泛使用,不做特殊说明时,以下简称常规地面公共汽(电)车交通为公交]为主的城市多种交通方式的集散地,是公共交通网络的锚固节点,是道路网、公交网、信息网"三网合一"的载体,提供出行方式转换与组合、客流集散等多元功能。作为公共交通系统优化设计的重要组成部分,枢纽的交通设计合理与否,直接影响整个交通系统的最佳化、公共交通出行者的效率和舒适性,也决定了整个城市客流移动的顺畅性和便利性。

《交通强国建设纲要》指出,要推进综合交通枢纽一体化规划建设,提高换乘水平,同时大力发展枢纽经济,借鉴京津冀、长三角、粤港澳大湾区等世界级枢纽建设经验,完善城市公共交通枢纽建设。《国家综合立体交通网规划纲要》进一步要求,要推动新建综合客运枢纽各种运输方式集中布局,实现空间共享、立体或同台换乘,打造全天候、一体化换乘环境。这些无疑对枢纽交通设计提出了更高要求。

按照公共交通网络性质,枢纽可分为道路公共交通枢纽和轨道交通枢纽两大类型:
(1)道路公共交通枢纽主要是连接多条道路公共交通路线,实现公交线路之间转换的车站。根据《城市道路公共交通站、场、厂工程设计规范》(CJJ/T 15—2011),道路公共交通枢纽按照到达和始发线路条数可分为小型公交枢纽(2~4条线路)、中型公交枢纽(5~7条路)和大型公交枢纽(8条线路及以上)。

(2)轨道交通枢纽主要是连接城市轨道交通和其他交通方式,在一定范围内能够满足乘客进行轨道交通与其他交通方式转换需求的综合性交通设施。轨道交通枢纽车站的主要功能是对枢纽的到、发客流按不同目的和方向,实现"换乘、集散、停车、引导"四项基本功能。

枢纽交通设计通过运用交通工程学、城市规划理论、城市设计原理、交通行为学、交通心理学等理论和方法,从整个交通系统,特别是公共交通系统的最优化出发,以城市公共交通规划、设计、建设与管理的外部环境为条件,通过交通优化设计实现公共交通枢纽的系统最佳化。

本章首先介绍公共交通枢纽的基本概念,以加强读者对公共交通枢纽及其交通设计的了解;之后依次阐述枢纽交通设计的基本内容和流程、基本理论、方法与应用;最后简要介绍枢纽交通设计的发展方向。

第二节 枢纽交通设计基本概念

一、枢纽的功能

枢纽作为锚固城市交通网络体系的基础及衔接各种客运交通方式的纽带,是交通网络中不同交通方式、不同方向客流的转换点,在城市和城市交通中的功能主要体现在以下两个方面。

1. "点"上的交通衔接功能

衔接功能是指交通枢纽从整体上作为一个衔接点,根据居民的出行需求,把不同线路、不同交通方式的交通出行与运输活动连接成为整体。具体而言,一是枢纽可以和所服务区域内的需求点相连接,实现客流从需求点到枢纽的汇集和从枢纽到目的地的分散;二是枢纽和枢纽之间相连接,可以实现规模化的网络输送功能,降低客运成本;三是枢纽可以实现城市内外交通的衔接,有效改善内外交通由于运输组织方式差异造成的"瓶颈"现象。

2. "面"上的客流集散功能

交通枢纽可以利用各枢纽站场系统及其连接的交通线路,实现由"点"到"面"的功能扩张。枢纽的客流集散主要是针对运输对象而言,利用枢纽中心的吸引性,以扩大吸引面为目标,为交通网络提供客源和疏散客流,实现客流向交通干线的汇集和向交通支线的渗透。

除此之外,交通枢纽还是城市用地开发利用的密集区域,与交通集散和服务能力及水平呈相互作用和最佳平衡关系。因此,城市与交通设计应充分地促进其最佳的协调。

二、枢纽的分类

当前,城市公共交通枢纽尚无统一的划分标准,本书主要介绍三种分类方法。

1. 按枢纽特性划分

枢纽具有不同的层次,从交通功能、承担的客流性质、交通方式的组合、布置形式、服务区域等不同角度,可以将枢纽分类为不同的形式,见表7-1。

枢纽按特性分类情况 表 7-1

枢纽特性	分类
交通功能	城市对外交通枢纽、城市公共交通枢纽
客流性质	中转换乘型枢纽、集散型枢纽、混合型枢纽
交通方式	线路换乘枢纽、方式换乘枢纽、复合型枢纽
布置形式	立体式枢纽、平面式枢纽
服务区域	都市级枢纽、市区级枢纽、地区级枢纽

2. 按各城市不同分级指标划分

不同城市可以根据不同的分级指标对交通枢纽进行等级划分，北京、上海、广州、深圳根据当地情况选取相应分级指标对轨道交通枢纽进行了分级，见表 7-2。

国内典型城市轨道交通枢纽分级情况 表 7-2

城市	分级指标	分级概况和分级标准
北京	衔接方式种类；衔接的轨道交通线路数	一级枢纽：与大型对外交通枢纽衔接的轨道交通枢纽； 二级枢纽：轨道交通线路之间的换乘枢纽以及轨道交通与多条常规公交线路衔接的换乘枢纽； 三级枢纽：与常规公交站点衔接的轨道交通车站
上海	衔接的轨道交通线路数	大型换乘枢纽：三条市区级或两条市域级线路的节点； 换乘车站：两条市区级线路衔接的节点； 一般车站：其他轨道交通车站
广州	衔接的交通方式种类；枢纽所在地的土地开发类型	客运枢纽站：与大型对外交通枢纽衔接的轨道交通枢纽； 公交枢纽站：位于大型常规公交枢纽、线路衔接处或中央商务区的轨道交通枢纽； 公交换乘站：与一般常规公交枢纽衔接的轨道交通枢纽； 一般换乘站：与常规公交站点衔接的轨道交通车站
深圳	衔接方式种类；枢纽所在地的土地开发类型	综合换乘枢纽：位于大型常规公交及对外交通枢纽的接处或对外口岸城市主次中心的轨道交通枢纽； 大型换乘枢纽：位于常规公交衔接处或片区中心的轨道交通枢纽； 一般换乘枢纽：与常规公交站点衔接的轨道交通车站

3. 按枢纽所在区位划分

根据轨道交通枢纽所处区位，城市轨道交通枢纽可划分为市区站和郊区站，并据轨道交通与地面交通的换乘特性，各再细分为 3 个不同等级，见表 7-3。

城市轨道交通枢纽按区位分类分级情况 表 7-3

车站区位	车站等级	与地面交通的换乘特性
市区站	轨道换乘站	步行及自行车比例高
	枢纽站	步行换乘比例高； 连接轨道服务空白区与中心区的公交车和出租车换乘比例较高
	中间站	步行及自行车比例高

续上表

车站区位	车站等级	与地面交通的换乘特性
郊区站	地区枢纽站	步行及自行车比例高； 轨道服务空白区的公交车、出租车的利用者多； 郊区住宅区接送用车多
	中间站	步行及自行车利用者多
	轨道终点站	步行及自行车利用者多； 轨道服务空白区的公交车、出租车的利用者多； 郊区住宅区接送用车多

三、枢纽的构成

枢纽内乘客的换乘是通过各种功能的换乘设施完成的。根据各子系统的不同作用，交通枢纽有 7 个基本组成部分，见表 7-4。

交通枢纽的基本组成部分　　　　　　　　表 7-4

子系统	定义	交通设计相关内容
运送子系统	系统内、外各组成部分之间联系的运送方式及设施	布局设计、流线组织设计、交通衔接设计、枢纽内部交通设施细节设计
设备子系统	包括枢纽外部运送方式设备、中转换乘服务设备和其他设备	—
信息子系统	为乘客的出行和换乘提供各种信息服务，提高换乘效率	交通信息服务设计
人员子系统	包括被服务者(乘客)和服务提供者(内部员工)	行人流组织设计
技术管理子系统	包括各种作业技术、方法和管理制度，属系统软件部分	提供需求分析
延伸服务子系统	主要包括便利店、咖啡店、休闲广场、书报栏等商业设施和社会服务设施，满足人们通勤、购物、休闲、交流、住宿等需要	交通语言系统与交通流线组织设计等

四、枢纽交通设计的基本概念

枢纽交通设计是以枢纽内交通"资源"（包括时间、空间、运输方式、运能和投资水平等）为约束，对枢纽的各组成部分进行交通优化设计，以实现枢纽内的安全、效率、通畅和高品质服务。枢纽交通设计依据从宏观、中观到微观的设计程序进行，任一层次的设计如遇有难以调和的矛盾，均可回馈到上位规划和设计中寻求协调。枢纽交通设计以出行者为主体，设计要考虑出行者如何在各类交通工具之间交互、各类运输工具如何为其提供服务。枢纽交通设计丰富了交通设计的内容，同时也为交通设计的体系化提供了新的思路与方法。

第三节　枢纽交通设计体系

一、枢纽内出行者行为链解析及枢纽交通设计需求

出行者使用枢纽的活动可大致分为进入枢纽、在枢纽中移动以及离开枢纽三个阶段，各阶段基于乘客行为应考虑的设计要素如图 7-1 所示。

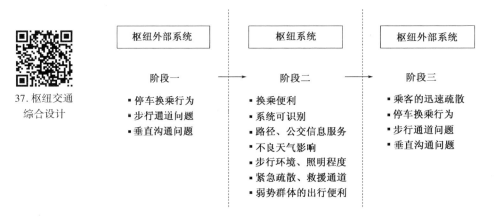

图 7-1　各阶段基于乘客行为应考虑的设计要素

枢纽交通设计首要关注的是乘客在枢纽系统中的移动条件与环境，乘客在枢纽内的活动链及涉及的设施设备如图 7-2 所示。

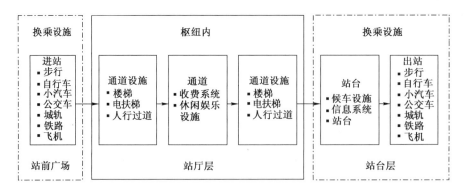

图 7-2　乘客在枢纽内的活动链及涉及的设施设备

根据乘客在枢纽中的活动链分析，交通枢纽需要为活动链中各种行为提供服务。因此进行枢纽交通设计时，首先应保证乘客换乘所需的服务能力、便利性和安全性，也即枢纽各运输方式及设施间应确保运能的匹配，乘客在枢纽中的移动路线必须是清晰、简洁的，尽量不与机动车发生冲突，如果冲突不能避免则须加强安全性设计。其次，枢纽系统应保证一定的可识别性，空间的通透性及识别系统都应被纳入设计内容，同时在乘客的分流点应设置较完善的交通语言系统。再次，当枢纽中两种公共交通方式站点相距较远时，应设置传送带等装置以缩短乘客在枢纽内的走行时间，当然应特别注重残障人士、儿童和老年人的通行要求；最后，枢纽交通设计需要考虑紧急疏散通道、紧急救援通道和环境照明等因素。归纳来说，枢纽的交通设计应在以下六个方面提出要求：运能匹配性、便捷性、舒适性、安全性、应急性、信息化。

二、枢纽交通设计目标与原则

1. 枢纽交通设计目标

枢纽交通设计的目的是集约化利用土地资源、方便乘客的出行和换乘、提高公交系统的服务能力等。枢纽建设及运营的相关利益主体包括：出行者、公交运营商、土地开发商及周边交通系统（图7-3）。进行枢纽规划设计时，应首先考虑出行者的便利与出行品质，在此基础上努力平衡上述4个主体权益与基本要求。基于4个主体的相互联系和制约，枢纽的交通设计目标如下：

（1）枢纽衔接多方式交通服务能力的最佳匹配。

（2）出行者在枢纽内走行距离最小化，并保证其出行的安全性和舒适性，提供足够的候车空间及实时的出行信息。

（3）场外出行者（除换乘出行以外的所有乘客）与枢纽间最佳沟通。

（4）各类公共交通方式通行空间明晰，功能明确，运转高效。

（5）公交车辆及行人与周边社会交通的相互影响最小化。

（6）当涉及土地连带开发时，应确保交通与土地开发间的最佳协调。

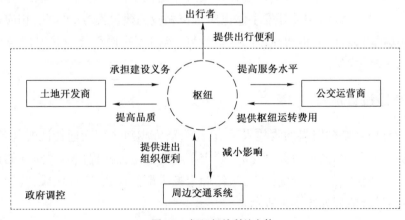

图7-3 枢纽相关利益主体

2. 枢纽交通设计原则

为了达到上述目标，枢纽交通设计应树立"以人为本、兼顾人车关系"理念，并遵从如下原则：

(1) 缩短出行者在枢纽内走行距离与时间，并提高其安全性。
(2) 充分、合理利用空间，适当分离不同交通方式的空间，缩短公交车辆过回距离。
(3) 减轻枢纽对周边交通系统的影响，实现共赢。
(4) 保障残障人士的出行便利。
(5) 优化枢纽的综合环境，如候车、照明、通风等。
(6) 提供必要的附属设施，如调度、零售、防灾等设施。

三、枢纽交通设计基础资料与条件

1. 城市规划层面

枢纽功能与城市发展及周边土地开发利用息息相关，枢纽建成后会对城市或城市局部的发展产生重要影响，因此，在进行交通设计之前应首先开展城市与土地规划方面的相关调查。调查包括：交通枢纽所在地区在城市发展中的地位和作用；周边土地利用现状；周边区域土地开发的规模与性质等。

2. 交通层面

枢纽功能由交通构成及需求状况所决定，以公共汽（电）车交通为主的枢纽，其功能的发挥需要依托道路网络等基础设施。因此，所需调查的内容包括：枢纽周边的道路网络及停车设施；公共交通网络；规划年交通需求状况；周边区域的交通管理方式；枢纽的级别、功能和规模；公交容量和调度计划；周边公交停靠站点等。

3. 联合开发层面

枢纽与城市局部的反馈作用集中体现在与周边土地间的互动作用上，枢纽的建设应与周边土地的开发计划一并考虑，相关开发主体也应承担相应的建设义务。因此，相应的调查内容应包括：枢纽周边的开发计划；枢纽建设的融资计划；枢纽周边慢行交通状况以及设施建设要求；枢纽周边的停车需求等。

四、枢纽交通设计流程

枢纽交通设计应从基础资料的收集入手，在综合研究枢纽区域交通特性的基础上，应用相关规划中的结论，进行适当的调整并细化后，确定枢纽功能定位并提出有针对性的设计理念及设计目标，从而明确枢纽交通空间的需求，最终确定换乘衔接模式、交通流线、管理与信息服务方案等，枢纽交通设计流程如图 7-4 所示。

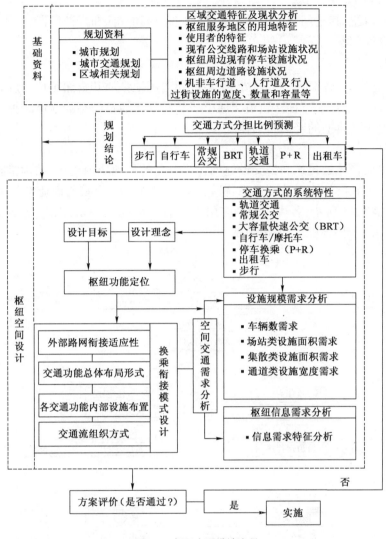

图 7-4 枢纽交通设计流程

第四节 枢纽交通设计方法及其应用

一、枢纽交通空间布局模式设计

枢纽布局设计是整体、概念化地确定枢纽空间布置方式,是对公交车辆落客、等待、上客、发车及乘客换乘、进出等各个功能空间的大致布置,是枢纽后续细部交通设计的基础。在此阶段应当明确以下四个问题:

(1) 枢纽出入口的位置及形式。
(2) 换乘区域的位置及接驳方式。
(3) 功能区域布局。

(4)各功能区的基本形式。

对于立体式枢纽,其空间布局设计可分为竖向布局和平面布局两阶段,而平面式枢纽只涉及第二阶段的设计内容。

1. 竖向布局

根据立体式枢纽中各交通方式所处的位置、周边用地性质和枢纽定位,竖向布局模式可分为单体式、主辅式及组合式三种。轨道交通枢纽和对外交通枢纽多为立体式枢纽,本节以轨道交通枢纽为例说明其典型的竖向布局模式。

1)单体式

单体式枢纽综合体的建筑和公交设施均在一个完整的地块内建设,结构紧凑,有利于乘客换乘,适用于中、小规模的枢纽站。考虑轨道、公共汽(电)车、换乘与商业空间的不同组合,其详细设计模式如图7-5所示,各模式分别应用于巴黎的Noisy-Le-Grand站、香港金钟站、上海宜山路站、上海中山公园枢纽以及旧金山站。

38. 枢纽竖向
布局设计

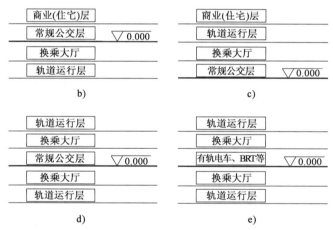

图7-5 单体式枢纽综合体布局设计示意图

2)主辅式

该模式依靠简短的通道连接枢纽综合体中的各类交通方式。当枢纽内存在轻轨或BRT交通方式时,其布局模式将更为复杂。

(1)轨道或BRT车站在枢纽同一侧的布局模式:此模式多出现在城乡接合部,服务于大量的接驳交通。BRT车站可通过天桥或地下通道与枢纽的主部相连,通过闸机验票或通过换乘大厅进行人流交换,如图7-6所示。

(2)常规公交在枢纽一侧的布局模式:常规公交用于疏散主线上的客流,按功能需要可与换乘大厅、商业层、停车设施等相连,如图7-7所示。

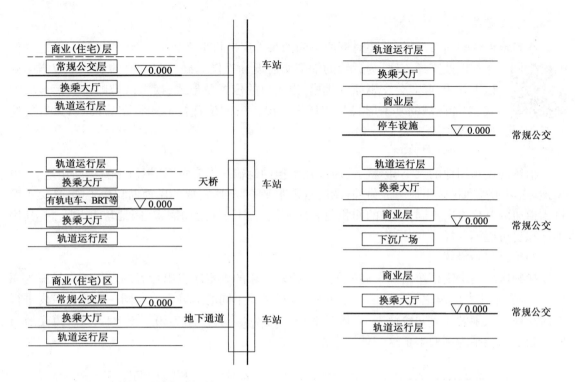

图 7-6 轨道或 BRT 车站在枢纽一侧的布局　　　　图 7-7 常规公交在枢纽一侧的布局

（3）常规公交和轻轨、地铁分侧换乘模式：此种方式适用于占地面积较大、换乘乘客较多的情况，通常这类枢纽的连带开发规模较大，如图 7-8 所示。香港的元朗站就是此种模式。

图 7-8　分侧换乘模式

3）组合式

该模式的枢纽综合体通常依靠较长的通道相联系，由两个具有独立功能的交通枢纽构成，适用于几条轨道线路相交的情况，如图 7-9 所示。

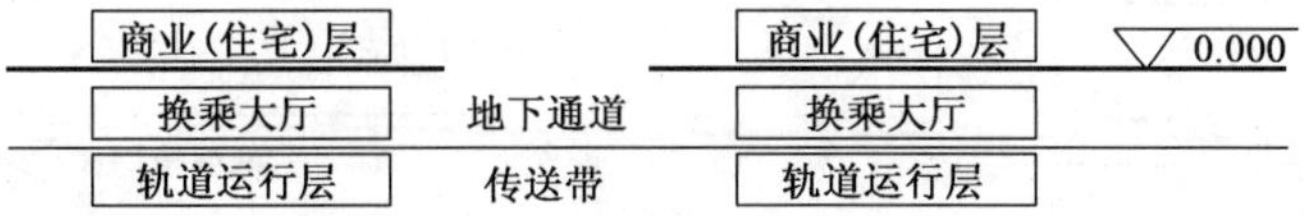

图 7-9　组合式枢纽综合体

香港的中环站、巴黎的 Chatelet 站即为此种模式。两个枢纽站点范围内皆是高密度开发区，由于线路过多而不宜同步建设，因而建成组合式枢纽。在一些特大城市，还存在多站联通或枢纽群的情况，如上海已建成的虹桥枢纽等。

2. 平面布局

在确定枢纽竖向布局后,需要对枢纽空间的每一层进行平面布局设计,以明确设施的详细布局以及交通流线,为后续的细部交通设计提供基础。此阶段的设计中应当明确以下几个问题:公交枢纽的规模、出入口的位置及形式、换乘区域的位置及接驳方式、功能区域的基本形式与布局等。出入口的位置及形式将在后面进行讨论,这里不再叙述。

39. 枢纽平面布局设计

1)枢纽规模

枢纽规模与用地的大小、形状、性质以及承担的运输需求有关,如枢纽中有场站用地、集散用地、通道用地和排队用地等。另外,调度管理水平不同,所需要的用地面积也不同;公交车辆进入枢纽的开口方向不同,需要的面积也有所不同。相同的运输需求,因地块形状不同,其用地面积也可能不一样。

2)换乘区域及模式

换乘区域是决定枢纽内部布局的关键。换乘区域的确定应以出行者的走行距离最短为原则,要确保主流方向及主流方式的换乘方便,并尽量使不同的运输方式在同一换乘区域内进行客流交换。换乘模式有同台换乘、立体换乘和跨线换乘三种。图 7-10 ~ 图 7-12 以轨道交通与常规公交的换乘为例列举了这三种换乘模式。

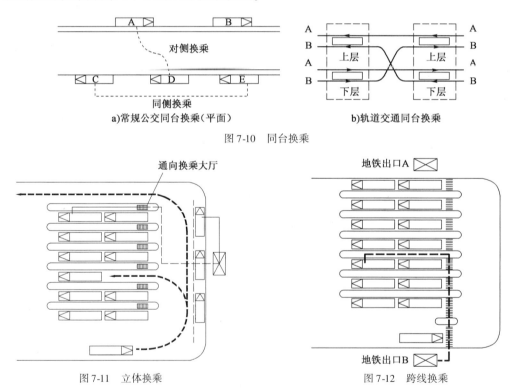

图 7-10 同台换乘
a)常规公交同台换乘(平面) b)轨道交通同台换乘

图 7-11 立体换乘 图 7-12 跨线换乘

3)功能区域布局

功能区域布局应优先考虑大运量公共交通工具活动空间的布设,努力使其活动区域位置显著、换乘方便,并尽可能减少其绕行。小型公交车和出租车作为补充的运输方式,优先级较低。功能区域布局的合理性原则为:

(1) 各类交通空间明晰,车辆迂回较少。
(2) 易于乘客辨识线路,换乘方便。
(3) 尽可能避免或减少车车冲突及人车冲突的发生。
(4) 公交车辆运转不超过枢纽的周转能力。

功能区域分为到达区、落客区、泊车区、上客区和发车区等。从逻辑上讲,自枢纽进口至出口应按时间序列依次布设上述区域。公交车辆在实际运行中,某几项功能可在同一区域内完成,如图7-13 所示。

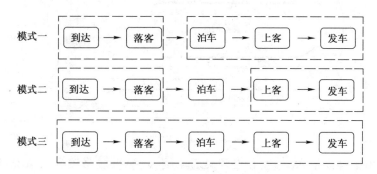

图7-13 公交车辆在枢纽内运行模式

每个公共交通枢纽都需根据实际情况,按照上述原则进行合理布局。

4) 功能区域形式

确立各类交通的不同活动空间后,要对每个功能区域的形式进行设计,以适应布局中所确定的功能。以下特讲述枢纽中最为重要的公共汽(电)车交通方式功能区域模式。常用的公交停靠方式有四种:站台式停靠、岛外式停靠、岛内式停靠和尽端式停靠。

(1) 站台式停靠:站台式停靠是一种常用的公交路外停靠方式,可利用平行站台将各线路公交车辆加以分隔,同时站台还可用作乘客候车和排队区域,站台式停靠又有斜列式和横向平行式两种,分别如图7-14、图7-15 所示。

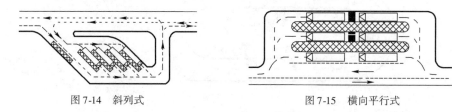

图7-14 斜列式　　　　图7-15 横向平行式

站台式停靠方式常用于多条公交线路汇集的功能区域,设计中需要注意车辆进出停靠区域的转弯半径和人行横道的位置。当公交乘客在多站台间穿越换乘时,须合理地布置人行横道的位置,以图7-16 所示的 b) 方式为宜,即在到达车辆与待发车辆之间设置人行横道,对公交车辆运行的影响最小,而对于 a) 和 c) 两种方式,当行人流量较大时,易造成交通秩序混乱。

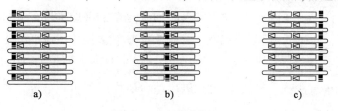

图7-16 人行横道位置

（2）岛外式停靠：该停靠方式是指在枢纽中央设置公交临时停靠岛，其落客和上客均在枢纽外围边缘进行。公交车在枢纽内的运行次序为：到达落客区下客、到达上客区上客、驶离枢纽。在枢纽中，所有车辆都依照相同的方向（右行为逆时针）行驶，如图7-17所示。

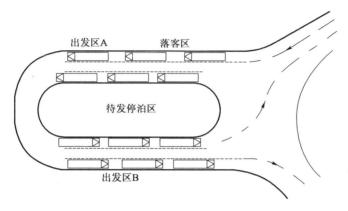

图7-17　岛外式停靠方式

该模式适用于客流量大、始发和终到交通比例大、换乘线路较少的情况；进出站的乘客不需要穿越车行道，站内换乘的乘客也不需跨越车行道，不必设置天桥，但可能会有较长的换乘距离；岛外式停靠方式需要道路以外的专用场地，其形式由地理条件和交通要求决定，需要1～2个出（入）口与道路网相接，该方式也可适于作为同一站台有多条线路的道路沿线公交停靠站的改善方案。备用车辆和待发车辆专用停车道可围绕中心岛布置。

（3）岛内式停靠：该方式在枢纽中设置中央停靠岛供公交车辆落客、上客及乘客候车，需要道路以外较大的专用场地，有1～2个连接道路的出（入）口，如图7-18所示。

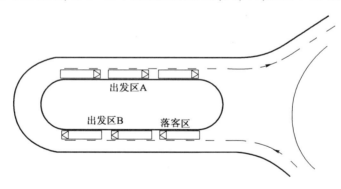

图7-18　岛内式停靠方式

该方式适用于枢纽内公交线路之间换乘客流比例较大的情形，可以有效地缩短乘客换乘距离。岛的形状取决于可用地面积、站点及公交线路的数量。

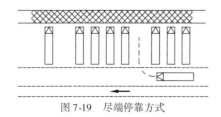

图7-19　尽端停靠方式

（4）尽端式停靠：所有公交车辆的一端靠近站台停泊，呈纵向列队。车辆采取如同船舶停靠码头的方式依次靠站，完成落客及上客任务，如图7-19所示。

该方式适用于对外交通枢纽，此时公交车辆等待时间较长，进出站台所用时间可以忽略。

二、枢纽换乘衔接模式设计

枢纽换乘空间衔接模式设计是枢纽布局设计的一部分,目的在于通过合理的交通设施布局和流线设计来缩短乘客的换乘距离、减少各种交通流之间的相互干扰。其中,常规公交枢纽的功能区域形式决定了其换乘衔接模式(见本章第一节内容)。

1. 轨道交通枢纽换乘衔接模式

1)轨道交通与轨道交通的换乘

我国城市轨道交通网是按上、下行分离式来规划和建设的,其换乘方式有6种(表7-5)。

轨道交通换乘方式比较 表7-5

换乘方式			功能特点	优缺点
站台换乘	并列式站位		某些方向在同一站台平面内换乘,其他方向需要通过通道、楼梯或站厅换乘	直接换乘,换乘量大,部分客流换乘距离较大
	行列式站位			
节点换乘	十字形	岛式与岛式	通过一次上下楼梯或自动扶梯,在站台与站台之间直接换乘	一点换乘,换乘量小
		岛式与侧式		两点换乘,换乘量中
		侧式与侧式		四点换乘,换乘量大
	T形、L形换乘			相较十字形换乘,步行距离长
站厅换乘	并列式站位		通过各线共用站厅换乘,或将各站厅相互连通进行换乘,乘客需各上下一次楼梯	客流组织简单,换乘速度快,但引导标志设置很重要
	行列式站位			
通道换乘	T、L、H形站位		通过专用的通道进行换乘	间接换乘,步行距离长,换乘能力有限,但布置灵活
混合换乘	—		组合同站台换乘、节点换乘、站厅换乘以及通道换乘中的两种或两种以上方式	保证所有方向的换乘得以实现
站外换乘	—		没有设置专用换乘设施,在付费区以外进行换乘,乘客需增加一次进出站手续	步行距离长,各种客流混合,由路网规划的系统缺陷造成

2)轨道交通与常规公交的换乘

(1)集中布局模式(图7-20):路外有多个常规公交站台集中于一个区域。为避免客流进出站对车流造成干扰,每个站台均通过地下通道或人行天桥与轨道交通车站站厅相连。

(2)公交车直接在路边停靠,利用地下通道与轨道交通车站站厅或站台相连。

(3)公交车与轨道交通处于同一平面,公交停靠站和轨道交通车站站台合用,并用地下通道连接两个侧式站台。该形式能够确保一个方向便于换乘,且步行距离较短。

(4)轨道交通与公交车站处于同一平面,通过某一通道,使公交到达站和轨道交通出发站同处一侧站台,而公交出发站与轨道交通到达站同处另一侧站台。该形式使轨道交通与公交车共用站台,两个方向都有很好的换乘条件。

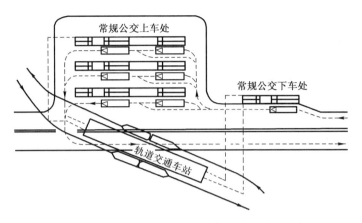

图 7-20　轨道交通与常规公交换乘空间集中布局模式

2. 铁路客运枢纽换乘衔接模式

铁路客运枢纽一般属于城市对外交通枢纽,是城际与市区交通的衔接点,大量的换乘客流在此集散。由于城市轨道交通具有运量大、速度快、安全可靠等优点,所以大城市往往采用其作为铁路客运枢纽的主要换乘方式,其次还有常规公交、出租车及私家车等其他换乘方式。

1) 铁路与城市轨道交通的换乘

铁路与城市轨道交通的换乘衔接模式有以下 4 种。

(1) 铁路客运站站前广场地下单独修建城市轨道交通车站,通过站前广场实现两种交通方式的衔接。

(2) 城市轨道交通车站出入口接入铁路客运站站厅模式。

(3) 城市轨道交通车站出入口延伸至铁路客运站站台模式。

(4) 城市轨道交通与铁路联合设站,根据站台的设置方式又可分为两种:站台平行设置于同一平面的模式,即乘客通过设置在同一层的共用站厅或者连接站台的通道进行换乘;站台分层设置,乘客通过连接通道实现换乘。

2) 铁路与常规公交的换乘

铁路与常规公交的换乘设计应保证衔接交通的通达性、顺畅性与便利性。因此,其换乘模式通常采用常规公交与铁路客运站尽可能接近的同平面衔接,或上下层衔接形式。

3) 铁路与出租车及小汽车交通的换乘

出租车交通,特别是小汽车交通一般仅作为换乘铁路或城市轨道交通的补充方式,因此,其相应的优先权应次于公共汽(电)车交通,亦即在空间上往往较公共汽(电)车交通更远离铁路交通的出入口。当然,从换乘方便性以及便于特殊交通或贵宾交通换乘考虑,仍应最大限度地靠近铁路出入口,最佳地设计换乘乘客流线,减少交通流相互影响,提高交通安全性和通行能力。

4) 站前广场交通衔接布局模式

我国大部分铁路客运站站前广场均可实现多种交通方式换乘。根据站前广场与衔接道路的交会形式,可将站前广场分为 4 种类型,每种类型的交通特征分析见表 7-6。

各类型站前广场交通特征分析　　　　表 7-6

类型		示意图	交通特征		
			机动车	行人	其他
直交	Ⅰ		机动车易发生拥挤,公共交通服务水平低	行人横穿广场容易	—
	Ⅱ		机动车进出比Ⅰ型方便	横穿广场的行人较少,行进路线偏向一侧	基础设施规划设计较为简单
	Ⅲ		机动车交通易于处理,特别是公共交通处理较为简单	行人与机动车的行驶路线易分离,与中央岛联系不便	中央岛孤立
	Ⅳ		高架轨道站前空间有限的广场多用此形式。若不是高架轨道,在路口易发生阻塞	行人与机动车的行驶路线易分离	基础设施规划设计简单
平交	Ⅰ		途经交通过多时,对站前道路宽度有一定的要求,广场内交通易于组织	对于规模较大的车站,广场宽度不宜过宽,否则行人横穿广场困难	—
	Ⅱ		车站与广场联络不便,所有车辆穿越广场,所有行人都要横穿广场,有必要设置安全的行人通道	行人安全性低	—
斜交			机动车交通易处理	行人和机动车分离容易	广场内部设施配置较困难
复合			车站周围交通集中,途经车辆与进入广场交通混杂,广场出入口交通组织复杂	行人利用广场不便,安全性低	

209

站前广场内部需配置一些设施,常用的布局形式有 4 种,相应的优缺点及其适应性分析见表 7-7。

站前广场内部设施配置的适应性分析　　　　表 7-7

形式	平面图	广场的纵横比	优点	缺点	适用情况
垂直型		广场形式为直交时,向应长一些;广场形式为平交时,横向应长一些	机动车易掉头,广场内部土地等设施利用充分,将来的改建余地大	所有机动车通过站前广场,当公交车站设于广场外时,人车冲突严重	适于将来可能发展为大站的小站
平行型		纵向长一些	机动车处理顺畅,易管理,通过站前的车辆都是到车站来的,广场面积可被有效利用	自行车横穿广场困难,公交车站和广场联系困难,广场横穿道路与停车场交叉	适于广场内交通量较小的车站
凸形		横向长一些	行人不需绕行,人车安全分离,车种可明确区分,机动车在站前无冲突	两个分区缺乏连贯性,通行区域没有被有效利用	适于中、大型车站,不适于小型车站
T 形		广场形式为直交时,纵向长一些;广场形式为平交时,横向应长一些	机动车易掉头,行人无须绕行,车种可明确区分	行人与车辆行驶路线有冲突的地方,危险性大,行人易斜穿广场	适于广场形式是复合型和平行型的,且机动车交通量小的车站

3. 长途汽车客运枢纽换乘衔接模式

相对于铁路客运枢纽,长途汽车客运枢纽的集散客流量较小,因此其主要功能是实现城市与区域间的便利连接和"截流",通常需要处理长途汽车交通与轨道交通及出租车交通的衔接。

1)长途汽车与轨道交通的换乘

轨道车站与长途客运站的衔接布局应保证两种客运方式之间换乘的通达性,避免轨道车站和长途客运站分别位于城市快速路或主干路的两侧,否则必须设置跨越主干路或快速路的专用换乘通道设施。主要布局模式有以下三种。

(1)轨道车站与长途客运站之间有一定的距离,乘客利用城市中的一般步道设施和过街设施进行换乘,显然其通达性和安全性都很差。目前我国城市轨道车站与长途客运站的换乘多属于这种情况,如广州市地铁 1 号线坑口站与芳村长途客运站之间的换乘。

(2)轨道车站与长途客运站之间采用专用的换乘通道设施为换乘交通提供服务。

(3)轨道车站的进出口通道直接与客运站的客流集散广场、售票室、候车室或上车站台相连,是一种最佳的衔接布局模式。

2)长途汽车与出租车交通的换乘

长途客运站接驳换乘方式主要以出租车为主,若处理不当将严重影响长途客运枢纽站的交通秩序。因此,应因地制宜地进行其换乘交通设计。当长途客运枢纽空间规模有一定保证时,可在枢纽内部直接设置出租车候车区,以减少乘客的换乘距离和换乘时间,方便乘客换乘。否则,乘客只能在长途客运站前的城市道路上进行换乘,对道路交通秩序造成较大的影响,需要制订相应的交通组织与管理措施。

4. 航空港换乘衔接模式

作为航空运输网络中的节点,机场既是飞机航行的起(终)点站,也可是经停站。对于现代化机场,尤其是枢纽机场,其换乘交通的处理是一个非常复杂的系统工程。

航空旅客大多以商务出行为目的,其集散更倾向于采用高服务水平的交通工具,且不太计较出行成本,常会选用出租车和其他小汽车交通。但对于一些枢纽型航空港,由于客运量大,轨道交通已成为其主要的集散方式。

对于轨道车站与航站楼间的换乘衔接设计,首要原则是尽量提高航空乘客在市内的出行速度,减少其换乘时间,保证整个出行过程的连续性和便利性。换乘衔接模式主要有以下三种:

(1)轨道车站位于机场范围以外,在航站楼和轨道车站之间须提供固定的公交服务。

(2)轨道车站与机场航站楼接近,可通过专用换乘通道设施衔接。

(3)轨道车站直接与航站楼相结合,乘客通过设置在站台上的楼梯或自动扶梯进出航站楼。

三、枢纽交通流线优化设计

枢纽交通流线优化设计是基于枢纽内部交通流的宏观布局与组织,来约束各种交通主体在枢纽中移动的空间范围和移动方向,同时对空间规划做进一步的反馈。在流线优化设计中,应确定各类交通主体的运动空间和流向,并检验各类冲突、交织的可能性和严重程度。若不满足通行需求,则须进行布局的调整。

各类客运交通枢纽流线优化设计所关注的交通行为主体主要有两类:机动车辆和行人。机动车辆被固定在一定的车道空间内行驶;而行人则要依靠交通语言、交通标识的引导通行,虽然有些区域是禁止行人进入或穿越的,但仍具有很大的非约束性。

1. 机动车流线设计

交通功能布局已将不同交通方式车辆的活动空间加以划分,因此相应的流线应依照实际到达和出发车辆的种类进行设计。其时域为:从进入枢纽前的时刻起,至离开枢纽进入城市道路系统止。若公交车辆进入城市道路系统后,进行了迂回绕行,则这部分行程也应在流线设计中加以体现。机动车流线设计应遵循的原则包括:

(1)根据承担运输任务的轻重,由主至次分别设计。

(2)各类机动车辆的行驶路线宜分离设计。

(3)在枢纽内部应避免各类车辆的冲突。

(4)减少公交车辆的绕行。

在进行各类交通主体流线设计时,若不能避免其冲突,则可考虑调整功能布局规划,或者采用管理手段使得冲突双方能够有序通行。另一方面,在各类车辆合流的区域,应根据估计的车辆发车频率和到达规律进行通行能力验算。

2. 行人流线设计

鉴于行人流是客运枢纽交通的主体,且具有压缩、膨胀和灵便等特性,因此应单独地进行其流线设计。行人的移动以团队簇拥前行为主,所以行人流线设计包括确定枢纽综合体、轨道交通、公共汽(电)车交通、小汽车交通、慢行交通以及枢纽外的交通吸引或产生源间的联系方式,特别应注重换乘关系显著的交通方式之间的行人流线组织与设计问题。

行人流线的组织方式一般可分为两类:"管道式"和"水库式"。所谓"管道式"是将行人流按不同目的、不同方向导入不同的通道内,每一个通道内的行人流具有同样的换乘目的和方向(图 7-21)。"水库式"则是将不同换乘目的和方向的人流导入同一个宽敞的换乘大厅,再通过指示系统按不同换乘目的和换乘方式导引至不同的换乘通道,每个通道内的换乘人流可以兼容双向的换乘目的和方向(图 7-22)。

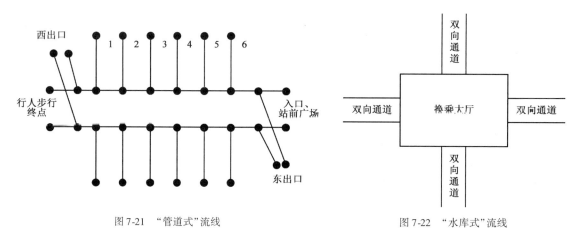

图 7-21 "管道式"流线　　　　　　图 7-22 "水库式"流线

行人流线的优化应测算步行距离和时间、通行能力与舒适度,步行速度可采用 1.2m/s,当步行距离过长时,则应辅以机动化代步设施。另外,行人流线设计还应更多地与交通语言系统、交通信息系统相结合,以有效地疏导行人流;在枢纽综合体优化设计时,还应考虑与商业等公共设施的有机联系。

3. 交通流线冲突与交织的处理

在设定了机动车辆与行人流线后,应校核车-车冲突、人-车冲突以及人-人冲突是否在可接受的(安全与效率)范围之内。如果冲突频率较高,则可将次重要流线进行重置,或变冲突为合流形式。在合流点附近应明确享有优先通行权的交通先行,并对其他交通予以警示;并论证分析交通冲突和交织处是否需要设置或怎样设置交通标志、标线、信号灯。

如果公交车辆与行人流出现矛盾,则应首先确保行人的通行权益;对于同一层次的车辆,其优先权安排应以先出后进为原则。同时,铁路、火车站等大型枢纽要严格实行人车分流。

四、枢纽交通细化设计

细化设计是决定枢纽设计成败的关键。在枢纽宏观布局规划和综合交通组织的基础上,应对各个功能区域进行微观层面的交通设计。枢纽细化设计的内容取决于所衔接各种交通方式的特征及客流需求,本节重点讲述公共汽(电)车交通方式涉及的细化设计内容。

1. 出入口交通设计

1) 开口形式

出入口形式依据其功能可分为 A 型和 B 型两种:A 型出入口兼具出和入两种功能,B 型是专用的出口或入口(图 7-23)。A 型出入口多设置在单行线道路沿线或相接道路交通量较大且不允许穿越的区段。B 型出入口多设置在相接道路交通量不大,同时左转驶出(进入)枢纽的公交线路较多的情况。

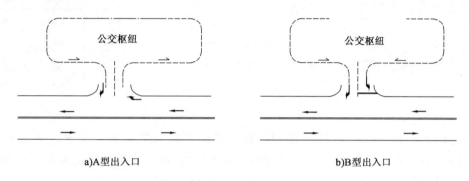

图 7-23 公共交通枢纽出入口形式

2) 开口位置

枢纽交通是通过主干路、次干路或支路进出城市或区域道路网络的。因此,枢纽开口的位置不仅对于枢纽自身的交通至关重要,同时对连接道路的交通安全和通畅具有重要影响。鉴于枢纽交通为"点"交通,不应对通过性干线交通产生不良影响,所以枢纽开口位置应放在次干路或支路上,远离交叉口,并需要根据枢纽内的公交线路实际情况和道路交通条件具体确定。当枢纽出入口必须设在主干路上时,开口与交叉口的距离不应小于 80m;需设置于次干路时,与交叉口的距离不应小于 50m;需设置在支路时,与主干路交叉口的距离不应小于 50m,与次干路交叉口距离不小于 30m,与支路交叉口距离不小于 20m。枢纽出入口应避免直接面对医疗、教育、消防等性质的公共建筑。

3) 开口数量

枢纽出入口不宜设置过多,否则会引起交通混乱。在满足车辆进出基本通行需求的条件下,以不引起车辆在出入口附近排队为原则设置开口。一般情况下,区级枢纽可设置 1~2 个出入口,市级枢纽和对外交通枢纽最多可设置 3 个出入口。

2. 落客区域车位数确定

落客区域车位数的确定以不影响通行交通为原则。因此,每类车辆的落客点至少应满足两辆车的停车需求,且相邻车辆之间应保证一定的距离,使得停靠车辆能够自由进出站区(亦可对某些车辆采用即停即走管理方式,以提高停车位的利用率)。落客区域车位数可依据车辆的平均停靠时间和高峰小时到达的车辆数及分布加以确定。

3. 停车位形式设计

停车位的基本形式可分为平行式和锯齿式两种。一般而言,锯齿式停靠形式的用地效率略高于平行式,其偏转角度也可进行适当的调整。实际应用中,应结合枢纽的功能区域、用地性质、地块的形状特征和停靠车辆的特性选择适当的停靠形式,并进行设计。

4. 停车道宽度确定

停车道宽度适当与否,直接关系到用地面积与交通安全,一般可确定其宽度为3m(2.5m的车身宽度、外部镜的附加宽度及安全距离之和)。为了确保车辆进出枢纽时互不影响,可以设置锯齿形的停车位,锯齿形站台基本尺寸如图7-24所示。这种设置的前提是车辆长度不得超过站台的设计长度。

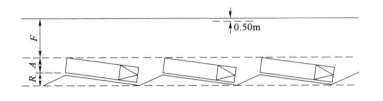

$A(m)$	$R(m)$	$F(m)$
4.0	2.1	6.45
5.0	2.0	6.33
6.0	1.9	6.25
7.0	1.8	6.20

图7-24 锯齿形站台基本尺寸

行车道的宽度由公交车停靠位置和等候位置的摆放形式决定。普通行车道宽一般为3.25~3.5m。使用频繁、站台长、对面可能有等候车位时,单向交通行车道宽需要6.5m;为了使车辆可以从停靠车辆左侧正常行驶通过,双向交通行车道宽需要7.0m。

5. 候车空间设计

候车空间直接反映枢纽服务水平,其空间确定需要考虑乘客的排队方式,并确保站台容量大于设计服务水平的候车人数,不能单纯地以面积达标作为候车空间的设计标准。通常乘客等候场地直接设在公交车停靠位置边上,等候场地的长度由必需的停靠站长度 L_n 决定;乘客等候场地的宽度 B 与乘客流量相关,可采用式(7-1)计算。

$$B = \frac{F_e + M_{max} \times F_f}{L_n} \tag{7-1}$$

式中:F_e——站台上设备的面积(m^2);

M_{max}——站台最多候车人数;

F_f——每位乘客需求的面积(m^2);为保证乘客能够较自由地活动,应满足 $F_f \geq 1.5m^2$。

6. 人行通道交通设计

枢纽中的人行通道是为保证行人通行权益和必要的空间而设置的系统。其设置原则包括:

(1)方便出行者在枢纽内移动。

(2)安全,不会发生挤压或其他类型的危险。

(3)通畅,能满足高峰期间的通行需求。

人行通道基础设施有天桥、步梯、自动扶梯、电梯、楼梯、走廊等。当交通流混杂、混合交通矛盾突出且行人通行不安全时,可结合周边用地特征设置人行天桥或地道。如果枢纽内设置了楼梯且高差在5m或以上,在楼梯之外还要设置自动扶梯。另外,在整个人行通道内必须为残障人士设置无障碍系统(包括专用电梯或步梯等)。当设置无障碍坡道时,其最大坡度不应超过6%;对于过长的换乘距离,还应考虑设置传送带。

五、枢纽信息服务设计

枢纽信息服务设计是指通过多种方式和手段,向乘客提供枢纽及其相关信息服务,以引导乘客在枢纽内实现最佳移动(便利、快捷、舒适),从而"主动"地诱导枢纽内客流合理分布。

1. 常规公交枢纽信息服务设计

常规公交枢纽内的乘客常需要所乘线路和换乘线路信息及其沿途相关信息服务,因此,可通过停靠站牌(尽可能是提供动态信息的电子站牌)来提高常规公交的服务水平。基于电子站牌的换乘信息服务系统具有信息量大、可以动态滚动显示信息的特征,其所能显示的信息内容既包括交通运行信息,还包括一些出行相关信息。

特别需要指出的是,整个信息服务系统的设计应注意换乘信息服务的实时性、连续性、准确性和识别性,并综合考虑乘客对信息服务的需求特征和立体识别特征。例如,站厅内的站台导向信息服务,不仅要在视线前上方设置标志、标识牌,还可在正前方墙壁(或立柱)上设置指示牌,并在地面设置导向信息引导乘客到达目的地,避免乘客走错站台或绕行。

2. 轨道交通枢纽信息服务设计

轨道交通枢纽中,导向服务对乘客十分重要,一般由以下五个部分组成。

(1)枢纽外部导向信息服务:为引导关联交通(换乘交通和集散交通)快捷地到达轨道枢纽,应在轨道枢纽外部附近区域内的主要路段和交叉口设置城市轨道交通标志和站名指示牌,给出该站的轨道线号、线路标识和换乘交通平面图,特别应标出至枢纽的距离。

(2)枢纽出入口与站厅间导向信息服务:基于标志、标识引导乘客利用自己所选择的交通方式和线路。

(3)枢纽站台与站厅间导向信息服务:以快捷到达枢纽站台或站厅为目的,分别面向进站乘客或出站乘客提供信息服务。

(4)枢纽站台间导向信息服务:为引导乘客有序、快捷地进行站台间的移动而提供的枢纽总体布置示意图和路线指引。

(5)轨道交通和城市其他公共设施联络导向信息服务:连接轨道与周边商业、办公、休闲空间的导向服务。

枢纽除提供导向指示信息服务外,还应配备广播信息服务以及车辆实时到发等信息服务。

3. 对外交通枢纽信息服务设计

对外交通枢纽信息服务应考虑四个层次:

(1)公路、铁路、民航自身内部的导向信息系统。

(2)公路、铁路、民航间的换乘导向信息系统。

(3)公路、铁路、民航与市内交通方式间的换乘信息服务系统,市内交通方式包括轨道交通、常规公交、出租车、私人小汽车、慢行交通,以及停车场(库)位置信息服务等。

(4)枢纽与其周边区域范围内大型、重要公共建筑联系的相关信息系统等。

因此,在进行枢纽信息服务系统设计时应考虑:基于交通行为特征的枢纽内部导向信息的提供、售票服务引导、城市道路交通服务引导以及社会服务引导等。

六、枢纽交通设计评价

枢纽交通设计方案优劣以及运行效果如何，需要进行综合评价。对枢纽交通设计方案的评价可以从枢纽的性能评价、经济评价、社会评价等方面进行，评价指标体系如图7-25所示。枢纽交通评价方法包括层次分析法、模糊综合评判法以及数据包络法等，以下着重阐述层次分析法和模糊综合评判法。

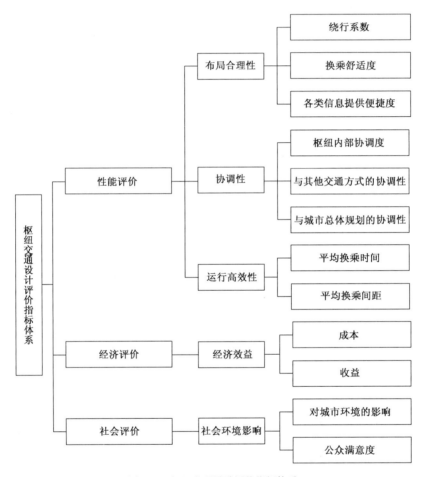

图7-25 枢纽交通设计评价指标体系

1. *层次分析法*

层次分析法(Analytic Hierarchy Process,AHP)是一种定性和定量互相结合、系统化、层次化的多目标决策分析方法，主要适用于影响因素复杂且缺乏必要的实际数据的场景。AHP方法将决策问题的相关因素分解为目标、准则、方案等多个层次，进而形成系统化的层级结构模型，实现决策数学化的思维过程。在此基础上，利用判断矩阵取特征值和特征向量的办法，求得每一层次的各元素对上一层次某元素的优先权重，最后再用加权和的方法递阶归并各备择方案对总目标的最终权重，最终权重最大者即为最优方案。

本节以某地政府拟投入一笔资金对该城市中心枢纽交通进行优化设计为例，阐述层次分析法的具体应用。

(1) 明确关键问题

在分析枢纽交通设计的科学问题时,首先要对该问题有明确的认识,弄清设计范围,了解设计过程中所包含的要素,确定要素之间的关联关系和隶属关系。具体来说,可以通过问卷调查、现场走访及专家建议等方式,确定如下优化方案:

C_1:完善枢纽周边路网;

C_2:优化枢纽配套公交路线;

C_3:提升换乘系统水平;

C_4:增加枢纽周边停车资源;

C_5:采用智能化信息引导设施。

(2) 建立层次结构模型

根据调查得到几种设计方案后,按照要素性质分层排列,进而形成目标层次结构。上层要素作为准则对下层要素起支配作用,一般情形按照从上到下的原则划分为目标层、准则层(指标层)、方案层(措施层)。本例以便捷、高效和经济作为三项评价准则,应用 AHP 方法原理,可构建如图 7-26 所示的层次结构模型分析图。

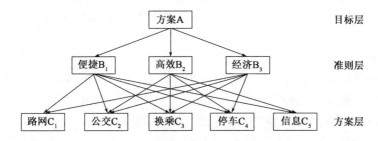

图 7-26　层次结构模型分析图

层次的数量和每一层的要素数量与所研究问题的复杂程度有着密切关系,同时也与分析的详尽程度有关。考虑到分析过程中计算难度大的情况,每一层中的要素一般不超过 9 个。若上层的每个要素都支配着下一层的所有要素,或被下一层所有要素影响,则为完全层次结构,否则为不完全层次结构。图 7-26 展示的结构为不完全层次结构。

(3) 构造判断矩阵

层次结构建立完成后,可以逐层按上一层次中的某一准则对该层各要素的重要性进行两两比较,比较结果用数值表示并形成矩阵,即判断矩阵,见表 7-8。其中 $A_1, A_2, \cdots, A_n$ 为同一层次要素,C_k 为上一层次第 k 个准则。判断矩阵元素 a_{ij} 表示要素 A_i 与 A_j 对于准则 C_k 的相对重要性。

判断矩阵　　　　　　　　　　　表 7-8

C_k	A_1	A_2	$\cdots$	A_n
A_1	a_{11}	a_{12}	$\cdots$	a_{1n}
A_2	a_{21}	a_{22}	$\cdots$	a_{2n}
$\vdots$	$\vdots$	$\vdots$	$\ddots$	$\vdots$
A_n	a_{n1}	a_{n2}	$\cdots$	a_{nn}

在层次分析法中,为了使判断过程定量化,关键在于使任意两个方案对于某一准则的相对重要程度得到定量描述。一般层次分析法采用1-9标度方法,对不同情况的评比给出数量标度,见表7-9。

1-9 标度方法　　　　　　　　　　　　　表 7-9

标度值	解释说明
1	两个要素具有同样重要性
3	两个要素相比,前者比后者稍微重要
5	两个要素相比,前者比后者明显重要
7	两个要素相比,前者比后者重要得多
9	两个要素相比,前者比后者极端重要
2,4,6,8	表示两相邻判断的中间值
$1/a_{ij}$	两个要素的反比较

根据1-9标度方法,从最上层开始,逐次以上一层影响因素为依据,对下层要素两两比较,建立4个判断矩阵 $A\text{-}B$、$B_1\text{-}C$、$B_2\text{-}C$ 和 $B_3\text{-}C$,其中矩阵中的各元素要通过实际调研分析补充完善。

(4) 一致性检验及排序

建立判断矩阵后,可以求得对应特征值和特征向量,进一步获得判断矩阵各行元素的几何平均数 w_i 和相对权重 w_i^0,对路网、公交、换乘、停车、信息五个影响因素数据进行一致性检验,如果 CR 值均小于0.1,认为判断矩阵一致性较好,能够被接受。

建立准则层(便捷、高效、经济)与方案层(路网、公交、换乘、停车、信息)的总体排序表,将求得的特征值和特征向量进行加和排序,根据综合评价结果决定各个枢纽交通设计方案的实施顺序,从而达到优化效果最大化。

2. 模糊综合评价法

模糊综合评价方法是一种运用模糊数学原理分析和评价具有"模糊性"的事物的系统分析方法,是以模糊推理为主的定性与定量相结合、精确与非精确相统一的分析评价方法。由于该方法在处理难以用精确数学方法描述的复杂系统问题方面具有一定的优越性,近年来已在众多学科领域中得到了广泛的应用。

枢纽交通设计涉及的出行者主观因素较多,评价指标难以用精确数据表达,因此模糊综合评价法在枢纽交通设计中具有较大应用价值。

(1) 确定评价对象的因素集合

设 $U = \{U_1, U_2, \cdots, U_m\}$ 为刻画评价对象的评价指标,其中,m 是评价因素的个数,由具体的评价指标体系所决定。

通过实际调研发现,人们对于枢纽交通的便捷性、高效性、舒适性、可达性及灵活性敏感性较强,故可建立模糊综合评价指标 $U = \{$便捷性,高效性,舒适性,可达性,灵活性$\}$。

(2) 确定评价对象的评语等级集合

设 $V = \{V_1, V_2, \cdots, V_n\}$ 为评价者对评价对象可能做出的各种评价结果组成的评语等级集合。其中,V_j 代表第 j 个评价结果,$j=1,2,\cdots,n$。n 为总的评价结果数,一般划分为 3~5 个等级。

现有文献和调查分析通常建立含有 4 个评价结果的评语集 $V=\{$很满意,满意,一般满意,不满意$\}$。

(3)确定评价因素的权重向量

设 $A=\{a_1,a_2,\cdots,a_m\}$ 为权重分配模糊矢量,其中 a_i 表示第 i 个因素的权重,要求 $a_i>0$,且 $\sum a_i=1$。A 反映了各因素的重要程度,权重的确定方法有很多,在实际中常用的方法有 Delphi 法、专家调查法等。

(4)计算模糊综合判断矩阵

对于每一个单因素 U_i,建立单因素评判 $\{r_{i1},r_{i2},\cdots,r_{im}\}$,$r_{ij}$ 表示 V_j 对因素 U_i 所做的评判,确定从单因素来看被评价对象对评价等级模糊子集的隶属度,进而得到单因素的评判矩阵 R,它表示一个从 U 到 V 的模糊关系矩阵。其中,元素的取值可通过问卷形式获得。

$$R=(r_{ij})_{n\times m}=\begin{bmatrix} r_{11} & r_{12} & \cdots & r_{1m} \\ r_{21} & r_{22} & \cdots & r_{2m} \\ \vdots & \vdots & \ddots & \vdots \\ r_{n1} & r_{n2} & \cdots & r_{nm} \end{bmatrix} \tag{7-2}$$

(5)多指标综合评价

利用模糊合成算子将模糊权重矢量 A、模糊关系矩阵 R 合成得到各评价对象的模糊综合评价结果矢量 B,模糊综合评价的模型为

$$B=A\circ R=(a_1,a_2,\cdots,a_m)\circ \begin{bmatrix} r_{11} & r_{12} & \cdots & r_{1m} \\ r_{21} & r_{22} & \cdots & r_{2m} \\ \vdots & \vdots & \ddots & \vdots \\ r_{n1} & r_{n2} & \cdots & r_{nm} \end{bmatrix}=(b_1,b_2,\cdots,b_n) \tag{7-3}$$

其中,b_j 表示被评价对象在整体范围内对评价等级模糊子集元素 V_j 的隶属程度;"$\circ$"为模糊合成算子。进行模糊变换时要选择适宜的模糊合成算子,模糊合成算子通常有以下 4 种。

①模型 1:$M(\wedge,\vee)$ 算子。

$$b_j=\bigvee_{j=1}^{m}\{(a_i\wedge r_{ij}),1\leqslant i\leqslant n\}=\max\{\min(a_i,r_{ij})\} \quad (1\leqslant i\leqslant n,j=1,2,\cdots,m) \tag{7-4}$$

符号"$\wedge$"为取小,符号"$\vee$"为取大。

②模型 2:$M(\cdot,\vee)$ 算子。

$$b_j=\bigvee_{j=1}^{m}\{(a_i\cdot r_{ij}),1\leqslant i\leqslant n\}=\max\{\min(a_i\cdot r_{ij})\} \quad (1\leqslant i\leqslant n,j=1,2,\cdots,m) \tag{7-5}$$

在模型 $M(\cdot,\vee)$ 中,r_{ij} 乘以权重 $a_i(a_i<1)$ 作为修正值,表示与主要因素有关,忽略次要因素。

③模型 3:$M(\wedge,\oplus)$ 算子。

"$\oplus$"表示有界和运算,即在有界情况下的普通加法运算。对 t 个实数 $x_1,x_2,\cdots,x_t$ 有

$$x_1 \oplus x_2 \oplus \cdots \oplus x_t = \min\left\{1, \sum_{i=1}^{t} x_i\right\}$$
$$b_j = \sum (a_i \wedge r_{ij}) = \min\left\{1, \min\sum_{i=1}^{m} \min(a_i, r_{ij})\right\} \quad (j=1,2,\cdots,m) \tag{7-6}$$

④模型 4：$M(\cdot, \oplus)$ 算子。

$$b_j = \sum (a_i \cdot r_{ij}) = \min\left\{1, \min\sum_{i=1}^{m} \min(a_i \cdot r_{ij})\right\} \quad (j=1,2,\cdots,m) \tag{7-7}$$

模型 $M(\cdot, \oplus)$ 对所有因素依权重大小均衡兼顾，适用于考虑各因素起作用的情况。

枢纽交通设计中，可以通过调查出行者对各个因素的偏重程度，进行多次取平均值，确定对各因素的权重矩阵 A。

(6) 综合评价结果分析

最后，通过对模糊评价矢量 B 的分析得出综合结论，一般可以采用最大隶属度原则和加权平均原则。

①最大隶属度原则。模糊评判集为各等级对模糊评价结果矢量 B 的隶属度，按照最大隶属度原则得出综合结论，最大隶属度原则可以表示为

$$M = \max\{b_j\} \quad (1 \leq j \leq m) \tag{7-8}$$

M 所对应的元素为综合评价结果。该方法虽然简单易行，但是只考虑隶属度最大的点，其他点没有考虑，损失信息较多。

②加权平均原则。加权平均原则基于以下理论基础：将等级看作一种相对位置，使其连续化；为了能定量处理，用"1,2,…,m" 依次表示各等级，并称其为各等级的秩；进一步用 B 中对应分量将各等级的秩加权求和；最后得到被评事物的相对位置。加权平均原则可以表示为

$$A = \frac{\sum_{j=1}^{m} b_j^k j}{\sum_{j=1}^{m} b_j^k} \tag{7-9}$$

其中，k 为待定系数（$k=1$ 或 $k=2$），目的是控制较大的 b_j 所起的作用。

第五节　枢纽交通设计的发展

一、TOD 与公共交通枢纽交通设计

公共交通导向型开发（Transit Oriented Development, TOD）的概念是在 20 世纪 90 年代出现的新城市规划思潮中由美国的 Peter Calthorpe 所提出的。其基本思想是将大容量运输系统的车站、枢纽与城市的活动中心及发展相结合，在枢纽周围建设中高密度的住宅、办公或商业区域，辅以公共服务等混合多用途土地开发，通过城市规划设计的手段，实现土地的集约化与高效利用。城市交通、土地利用与枢纽三者间的作用关系如图 7-27 所示，TOD 模式下的城市内空间如图 7-28 所示。

40. 枢纽交通布局设计

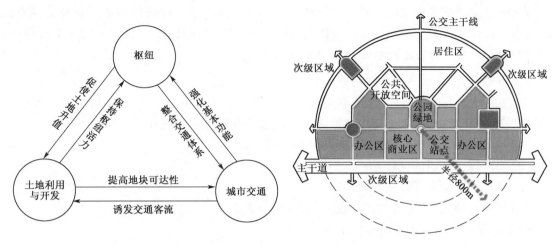

图 7-27　城市交通、土地利用与枢纽之间的作用关系　　图 7-28　TOD 模式下的城市内空间示意图

1. TOD 发展模式

从宏观和微观层面可将 TOD 发展模式分为两种,即城市型 TOD 模式和邻里型 TOD 模式。

(1)城市型 TOD 模式从宏观角度进行规划和开发,以城市为规划对象。这类 TOD 站点一般位于公共交通网络中干道上的大容量公交系统节点上,立足于集交通枢纽、商业、办公为一体的大型城市中心的开发,站点周围区域具有高强度商业建设,有职住比较大等特点。多个城市型 TOD 社区沿着轨道交通线路串联在一起,可形成城市发展的脉络。

(2)邻里型 TOD 模式则立足于微观层面,该类 TOD 站点大多数位于公共交通网络中的次干线或者支线上,站区土地利用以居住用地为主,配备相应的商业、餐饮及公园等设施,更加注重良好的慢行交通环境,方便市民通过步行或者其他公共交通工具到达城市型 TOD 中心区域。

2. TOD 的演进历程

从 TOD1.0 的车站模式到 TOD5.0 的一体化综合开发模式,TOD 已成为城市国际化水平的重要考量标准,TOD 模式的发展过程体现了从解决城市交通问题到更关注人的深层次需求的演进。

TOD1.0:轨道交通刚开始普及,TOD 即车站,仅设置最简单、最传统的生活配套商业,如在地铁的地下走廊或地铁站周边开设一些便利店快餐店等小型店铺。

TOD2.0:在规划修建地铁时,以商业和交通相结合的意识建造具备一定购物环境的商业场所,初步形成了较为完善的轨道上盖商业系统、地下步行街商业系统和二层步行平台系统相结合的"站城模式"。

TOD3.0:是指住宅、购物中心和公园相结合的开发模式,即"站城一体化"。在 TOD 商业综合体的开发过程中,车站垂直交通进一步整合优化,与城市建设、地产开发形成共同发展的结构,从而实现了经济、社会价值更大化,日本东京涩谷站是一个典型代表。

TOD4.0:即"站、城、人一体化"模式。除了传统的购物之外,4.0 的商业模式将文化、公园、非正式的交流空间等都包含在 TOD 商业项目中。城市站点在满足移动出行、公共服务、物质消费的基础上,升级为提供"精神消费"的情感联系与寄托的新型空间。

TOD5.0：即"高铁+地铁+产+商+城+居+人"一体化全盘高阶塑造。它拥有高效的综合交通枢纽能力，实现了综合开发一体化，体现了城市的"进化论"。在以人为本的理念下，人们在便捷出行的同时，还能享受自然与艺术之美。

3. TOD 模式下城市公共交通枢纽设计要点

在 TOD 模式下，城市公共交通枢纽除了要承担枢纽所具备的基本交通功能，还要承担促进城市发展的部分功能。因此，TOD 模式下的城市公共交通枢纽设计要注意以下几点。

（1）与公共交通枢纽周边设施的一体化协调设计。
（2）面向慢行交通的设计。
（3）合理的停车交通规划与设计。
（4）交通与环境（生态及心理环境）及城市的综合设计等。

4. 案例分析——香港九龙站 TOD 项目

香港九龙站 TOD 项目于 1998 年以"地铁运营+物业开发"的开发模式正式展开。在该开发模式下，地铁成为串联生活功能与场景的纽带，通过"站城一体化"的开发理念，实现了地铁与周边建筑及其他交通设施的无缝接驳，增强了 TOD 项目对站点客流的疏导及利用效率。

香港的城市发展始终面对着一个极具挑战性的难题，即处理有限的可建设用地和不断膨胀的人口之间的矛盾。高密度发展状态下，留给公共交通的空间相当匮乏，不同交通方式的衔接和换乘显得至关重要。九龙站以港铁的车站综合体为极核，首先考虑不同交通方式共同运作的协同性，采用三维立体城市空间布局，将各类建筑修建在车站上，分层分类，共享一个基座，使得建筑向多功能和高容积率方向发展，如图 7-29 所示。

图 7-29 香港九龙站 TOD 剖面图

九龙站作为国际交通枢纽城市综合体，连通了香港国际机场、2 条地铁线（机场快线和东涌线）及直抵国内的高铁线（京港高铁）。站点将地下公共交通与上盖物业、地面公共交通接驳以及机场快线等高效串联，以轨道交通建设为契机，打造多层次立体空间开发维度，建成了可同时满足市民出行、购物、工作、居住、娱乐、休憩等需求的城市多功能社区，重塑了九龙的区域发展格局和区域空间形态，实现了城市功能与交通枢纽的有效结合。"地铁运营+物业开发"的模式使得交通与商业、花园广场在垂直向度上相结合，不仅实现了高峰运输期间的有效疏导，还为城市创造了一个开放的社交空间。各层平行的交通体系实现了商业与客流的衔接互补,最大化提升了上盖建筑物的价值。人流的疏散压力转换为商业人流需求和城市开放空间人流的需求,形成了良好的自给自足式的良性循环。

二、智能交通运输系统与枢纽交通管理及信息服务

1. 智能交通运输系统概念

各种信息技术和通信技术的发展以及高品质、多样性的交通管理与服务的需求,促进了智能交通运输系统(ITS)的快速发展。城市公共交通系统信息化与智能化是ITS发展的重要方向之一,即通过先进的信息与通信技术对传统的公共交通系统进行技术改造,将交通基础设施、交通工具、出行者、运营管理等进行有机结合与整合,实现公共交通系统综合功能与服务品质的提升。因此,作为城市公共交通系统关键组成部分的交通枢纽调度、监管与信息服务系统,特别是枢纽交通信息服务系统,将向提供实时、全过程、全空间、内容丰富又"温馨"的综合交通信息服务方向发展,枢纽交通信息服务也将发生如下变化:

(1)枢纽服务信息的采集、处理和发布方式丰富多样。

(2)动态交通信息的发布手段、方式及内容多样,可实现出行链与信息服务链的实时最佳结合与组合。

(3)枢纽多方式交通调度、监控管理与信息服务最佳结合等。

2. 枢纽交通管理及信息服务发展现状

(1)服务手段有待提升:信息发布的方式和策略仍需改进,尚未形成能向旅客提供全流程的基于位置的个性化导乘服务的统一平台。

(2)数据缺乏有效共享:各子系统因缺乏整体规划和统筹建设而存在独立、分散的问题,数据流、业务流分离,信息共享困难。

(3)系统应用深度、广度不够:应用系统的种类、功能以及某些环节缺失,不能满足管理精细化的进一步要求。缺乏对应用系统有效数据的挖掘、加工和深化应用。

(4)缺乏统一的管理分析平台:多个应用系统集成的统一平台,无法进行多业务综合处理,难以为管理者的决策提供有效数据支撑。

3. 枢纽交通管理及信息服务设计思路

在枢纽交通管理及信息服务设计上,应该充分体现"以人为本、以客为尊、安全出行"的智能交通新理念。通过数字化、智能化、智慧化的整体设计思路打造"人、车、物"分流有序、各业务系统协同统一、运营指挥辅助决策的新一代感知车站,实现业务流程标准化、指挥调度可视化、综合信息共享化、数据分析实时化、辅助决策多元化。

4. 案例分析——成都天府国际机场智慧化建设与服务

成都天府国际机场作为4F级国际机场,在数据中心的规划与建设上采用了先进的设计方案和众多新技术,融合智慧理念,紧跟行业新趋势,以5G、物联网、大数据、可视化、智能分析、智能神经网络等新技术、新应用作为支撑,融合与共享大数据,为机场各项业务的稳定运行提供基础保障,实现了协同、高效、智能服务。

成都天府国际机场在各方面都体现了智慧化枢纽交通设计理念。在值机服务上,天府机场主要采用自助值机方式,在自助值机设备上,乘客只需简单操作就可办理实现自助值机和行李托运手续。天府机场拥有连接1号、2号航站楼的自动旅客捷运系统(APM),该系统是全自

动化无人驾驶系统,全线长920m,为两航站楼之间的中转旅客提供免费便捷的摆渡服务。在行李协运上,天府机场引入了自动导向(AGV)行李小车(图7-30),保证手提行李高效、有序移动。另外,机场209机位配备了无人驾驶登机桥,该设备能在无人驾驶的情况下快速、精准与飞机舱门进行对接。

图7-30 天府国际机场自动导向(AGV)行李小车

三、可持续发展与枢纽交通设计

1. 可持续发展概念

可持续发展的定义为:能满足当代人的需要,又不对后代人满足其需要的能力构成危害的发展。可持续交通是以安全、负担得起、方便、高效和有弹性的方式,为人员和货物的流动提供服务和基础设施,从而促进经济和社会发展,造福今世后代;同时确保将碳排放和其他排放的影响,以及对生态环境尤其是生物多样性的影响降至最低。

2. 可持续枢纽交通设计要点

可持续枢纽交通设计应在"以人为本、兼顾人车关系"的理念基础上注重其可持续性,从而实现"节能减排,持续发展"目标。可持续城市公共交通枢纽设计要注意几点:

(1)人本原则。保障各类人群在枢纽内移动的通畅性、便利性和安全性,特别注重残障人士、儿童和年长者等特殊人群的通行需求。

(2)集约式发展。枢纽交通设施紧凑布局,节约道路、跑道、停车等设施用地量。

(3)注重环境保护。减少枢纽对周边环境的影响,保护自然环境和社会环境。

3. 案例分析——上海西站"绿色低碳交通枢纽"示范工程(图7-31)

上海西站位于普陀区桃浦路北侧,毗邻轨道交通11、15号线换乘站,是支持国铁、轨道交通、常规地面公交、出租车、公共停车、行人步行等多种交通方式便捷换乘的大型综合交通枢纽。"优化轨道交通换乘方式,增建跨铁路的南北地下通道,地下空间一体化"等策略,对上海西站地区的规划优化和落地实施起到了非常重要的支撑作用。上海西站交通枢纽以"节能减排,环境友好"为设计理念,引入了光导照明、雨水调蓄、光伏太阳能、电动汽车充电桩等绿色技术,并建立了能源检测平台,可实时计算和分析站内能源消耗及分布情况,根据估算,上海西站排放强度较传统枢纽可减少30%,这助力上海西站枢纽成为全国首个"绿色低碳交通枢纽"示范工程。

图7-31　上海西站

第八章 停车交通设计

第一节 概　　述

　　静态交通是指非行驶状态下的交通形式,包括停车场、汽车站、车辆保养场等。为静态交通使用及服务的所有交通设施总称为静态交通设施。动态交通和静态交通是城市道路交通不可分割的两个组成部分,且相互依存。停车场(库)是静态交通的载体,不难理解,如果无停车场(库)或其供给不足,必将制约汽车交通出行,或影响汽车交通的通行。因此,为了实施交通需求管理,常采用"以静制动"措施,即通过静态交通的合理化反制动态交通,以达到调节交通需求、改善交通阻塞的目的。科学的停车交通设计对于改善交通具有极其重要的意义,本章将讲述面向停车的交通设计基本流程、基本内容、方法及其管理系统。

　　停车交通设计,是以停车交通规划的成果、停车场(库)用地及周边道路交通条件为约束,以停车交通最佳化(停车场库最佳利用及其与周边交通最佳协调)为目标,来最优地确定停车模式、停车场的空间布局、交通组织流线、管理措施及停车交通与道路交通的衔接等。因此,在学习本章之前,需要掌握交通工程学相关知识,了解城市规划、建筑设计、工业与景观设计等基本原理。

第二节　停车交通设计基础和原则

一、停车交通相关概念

停车交通设计中涉及以下基本概念。

(1)停车:车辆由于等客、装卸货物、故障及其他理由连续停止(装卸货物或乘客乘降而停止不超过 5min 的除外),或者车辆停止且驾驶人离开该车辆、车辆处于不能立即行驶的情形。

(2)停车需求(Parking Demand):给定停车服务区域特定时间间隔内的停车需求量。

(3)停车供应(Parking Supply):一定停车区域能够提供的有效停车位数。

(4)停车场(Parking Lot):依据有关规定设置的供车辆(包括机动车和非机动车)停放的露天场地。

(5)停车库(Parking Garage):停放机动车或非机动车的建(构)筑物,包括封闭、敞开的单层、多层、地上及地下停车场所。

(6)停车位(Parking Space):停车场或停车设备中为停放车辆而划分的停车空间,它由车辆本身尺寸与四周必需的空间组成。

(7)停车设施容量(Parking Capacity):给定区域或停车设施的有效面积上可用于停放车辆的最大泊位数。

(8)子母车位(Combined Parking Space):前方或底层停车位的车辆驶出后,后方或上层停车位的车辆才能驶出的停车位形式。前方或底层车位称母车位,后方或上层车位称子车位。

(9)通道(Passage Way):停车场(库)内部供车辆行驶以及车辆进、出车位的场(库)内通道。

二、停车场(库)分类

根据停车场(库)的位置、服务对象、建筑类型及车辆出入方式等的不同,停车场可划分为多种类型,其规划、设计方法与管理措施存在很大的差异。停车场(库)常用的分类方法如下。

1. 按位置分类

1)路内停车场

在道路用地控制线(红线)以内设置的停车场,包括公路路肩、城市道路路边或较宽的绿化带、人行道外绿地内的临时停车位,或高架路、立交桥下的停车空间。路内停车场一般不设在重要的道路上,其特点是:设置简单,使用方便,用地紧凑,投资少,适宜车辆临时停放。缺点是减小了道路的有效宽度和容量,会干扰车流的正常通行,易发生事故。

2)路外停车场

在道路红线外专门兴建的停车场、停车库、停车楼、各类公共建筑附设的停车空间及各类专业性停车设施等。这类停车场由停车泊位、出入口、通道、主体结构和其他附属设施(如通风、防火、通信、给排水等)组成。其特点是功能明确,设施齐全,使用安全,但投资大。

2. 按服务对象分类

1)机动车停车场

机动车停车场主要为各类汽车、摩托车等提供停放服务,除专业车辆以外,大部分停车场均以小型汽车为标准车进行规划设计。

2）非机动车停车场

非机动车停车场主要为以自行车为主的非机动车提供停放服务。与机动车停车场相比，非机动车停车场通常分散布置，设施简单。

3. 按属性分类

1）公共停车场

公共停车场指为社会车辆提供停车服务的场所，包括在建筑物配建停车场中由业主申报，政府主管部门批准，为社会车辆提供停车服务的停车场和城市公共停车场。公共停车场一般设置在大型商业、文化娱乐、交通枢纽等公共设施附近，面向社会开放，其投资和建设相对独立。如公共换乘停车场（库）(Parking for Park and Ride)，设置在城市外围，与轨道交通等公共交通方式相衔接，以适当的停车收费价格引导和鼓励驾驶人将机动车在此停放后换乘公共交通出行。

城市公共停车场工程项目建设规模按照停车位数量划分为特大型、大型、中型和小型四类，不同规模停车场停车位数目应符合表 8-1 的规定。

城市公共停车场规模划分　　　　　表 8-1

类别	停车场类型	停车位数目（个）
Ⅰ类	特大型停车场（库）	>500
Ⅱ类	大型停车场（库）	301~500
Ⅲ类	中型停车场（库）	51~300
Ⅳ类	小型停车场（库）	≤50

注：参考《城市公共停车场工程项目建设标准》（建标 128—2010）。

2）建筑物配建停车场

建筑物配建停车场指公共建筑和居住区依据有关规定所附设的，为本建筑物内就业或居住人员及前来联系工作、洽谈业务、走亲访友等人员提供机动车、非机动车停放的专用场所。

3）专用停车场

专用停车场指建在行政或企事业等单位内部的停车场，仅为其单位内部车辆提供停车服务。

4. 按停车设施形式分类

1）地面停车场

地面停车场是指无须经过坡道即可进出的停车场所，停车场地坪与周边区域持平或相差不大。它也是最常见的一类停车场，具有布局灵活、形式多样、停车方便、管理简单、成本低廉等优点，但用地面积较大。

2）立体停车库

立体停车库是常建于地下或地上，对车辆进行立体停放，并最大化利用停车用地的新型停车设施。立体停车库节约土地，可以缓解城市用地紧张的矛盾，但造价较高。根据车辆进入停车位的方式、是否采用机械装置等，又可将其分为坡道式和机械式停车场（库）。

5.按车辆出入方式分类

1)自走式停车场

自走式停车场指车辆能够自行行驶至停车位的停车场。根据建筑类型分为地面停车场、地下停车场和地上停车场三种类型。

2)机械式停车场

机械式停车场指依赖机械式停车设备将车辆送入停车位的停车场所,按照使用的停车设备不同分为升降横移类、简易升降类、巷道堆垛类、垂直升降类、平面移动类、垂直循环类、多层循环类等。

3)组合式停车场

组合式停车场指由自走式停车场与机械式停车场或者不同类型的自走式停车场、机械式停车场组合而成的停车场。

三、停车交通设计体系

1.停车行为过程和停车交通设计内容

根据停车者的出行目的及获取信息的不同,停车行为过程和停车交通设计内容可归纳为图 8-1,涉及两个阶段,分别为停车选择过程和停车实施过程。

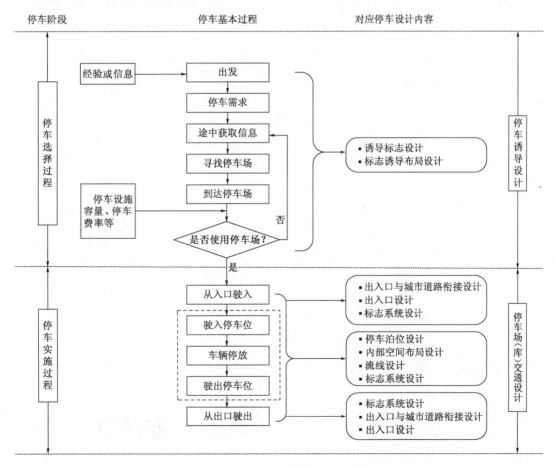

图 8-1 停车行为过程和停车交通设计内容

(1)区域路网停车诱导屏布局规划设计,引导驾驶人迅速找到适合的停车场进行停放。

(2)停车泊位设计,包括确定主要停放方式的设计参数及不同停放类型对应的单位停车面积。

(3)停车场出入口与城市道路衔接设计,也称动态交通和静态交通协调设计,包括机动车和行人两方面的衔接设计。

(4)停车场出入口设计,包括确定出入口数量、几何参数等。

(5)停车场内部空间布局设计,主要包括停车位和通道的布设,需考虑机动车转弯半径、机动车及行人通行能力等。

(6)停车场内部流线设计,包括机动车流线、行人流线设计等。

(7)停车场内部标志系统设计,主要包括识别标志、引导标志、提示标志和安全标志四个方面的内容。

2. 设计目标和设计内容

停车交通设计的目标一方面是实现动静交通的和谐,特别是停车交通的供需平衡、安全、便捷、高效、有序及与环境协调等目标;另一方面是通过科学合理的停车设计,使驾驶人停车和寻车的过程更加安全和便利。

基于设计目标和停车行为过程,停车交通设计内容与设计目标之间的对应关系见表8-2。

停车交通设计内容与设计目标对应关系　　表8-2

设计分类	停车交通设计内容	设计目标
区域路网停车场诱导标志设计	停车诱导屏设计(尺寸、内容、颜色等)	易读、便捷
	诱导屏布局规划设计	连续、层次分明
停车场(库)交通设计	停车泊位设计	合理、利用率高
	出入口与城市道路协调设计	协调
	出入口设计	对动态交通影响最小化
	内部布局设计	有序、安全
		效率
		便捷
		供需平衡
	流线设计	安全、有序
	停车管理系统设计	规范、合理

对应不同的停车方式及停车场(库)类型,其交通设计内容基本框架如图8-2所示。

根据停车交通设计的主要内容,本章将重点讲述:

(1)停车交通设计的原则和依据。

(2)路外机动车停车场交通设计。

(3)路内机动车停车场交通设计。

(4)配建机动车停车场交通设计。

(5)机械式停车库交通设计。

(6)自行车停车场交通设计。

(7)停车管理系统。

第八章 停车交通设计

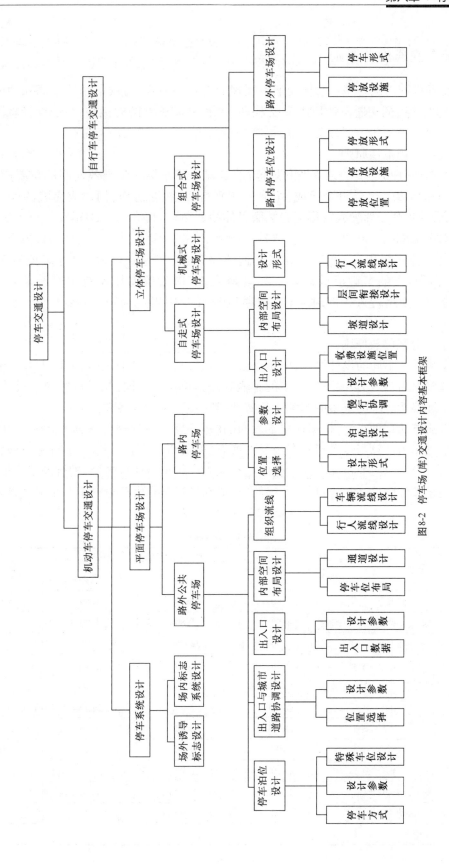

图8-2 停车场(库)交通设计内容基本框架

231

四、停车交通设计原则

停车交通设计需配合城市总体交通发展规划的相关内容,与城市用地布局和功能性质相协调。停车场(库)的交通设计须体现规划的控制性和实施性的有机结合,在设计阶段应遵循以下原则。

1) 系统性和规范性原则

实现停车场(库)功能的系统性和规范性,是保证停车场科学高效使用的重要前提条件。停车场(库)是由多个组分组合而成,组分间相互衔接、相互协作,构建成完整的停车服务系统,规范化设计有利于驾驶人获得更好的服务体验。

2) 人车分流原则

车辆进入停车场内,在通道上寻找合适的停车位,在这一过程中,应避免停车后下车的步行者与通道上的车辆形成冲突。如场地允许,应设置专用步行道与车辆通道分离,防止车辆撞击、剐蹭行人。同时,行人交通应设置专用出入通道,确保人车分流,达到交通安全的目标。

3) 大小车分区停放原则

不同车型具有不同的设计尺寸,由于车轴的差异,具有不同的运行轨迹,大型车辆需要更宽的通道以确保通行。另外,不同车型的车辆其停车位尺寸不同,如果按照同一尺寸设计,势必会造成土地浪费。不同车型的车辆运行特性,需根据实际进行分析。

我国目前有几百种车型,根据住建部发布的《车库建筑设计规范》(JGJ 100—2015),机动车库应以小型车为计算当量进行停车当量的换算,各类机动车按外廓尺寸归为微型、小型、轻型、中型和大型车五类;非机动车及二轮摩托车应以自行车为计算当量,进行停车当量的换算,各类非机动车按外廓尺寸归为自行车、三轮车、电动自行车和机动轮椅车。车辆换算系数表见表8-3。

车辆换算系数表　　　　表8-3

车型		各类车型外廓尺寸(m)			车辆换算系数
		总长	总宽	总高	
机动车	微型车	3.80	1.60	1.80	0.70
	小型车	4.80	1.80	2.00	1.00
	轻型车	7.00	2.25	2.75	1.50
	中型车 客车	9.00	2.50	3.20	2.00
	中型车 货车	9.00	2.50	4.00	
	大型车 客车	12.00	2.50	3.50	2.50
	大型车 货车	11.50	2.50	4.00	
非机动车	自行车	1.90	0.60	1.20	1.00
	三轮车	2.50	1.20	1.20	3.0
	电动自行车	2.00	0.80	1.20	1.20
	机动轮椅车	2.00	1.00	1.20	1.50
二轮摩托车		—	—	—	1.50

五、停车交通设计依据

1. 停车相关规划

停车相关规划为停车交通设计提出了规划布局与选址、设施规模、建筑标准与面积指标、建筑设备、安全防护与环境保护、主要经济指标等方面的基本要求,是确定停车方式、布局形式及相关设计参数的主要依据之一。该类规划主要包括城市总体规划、相关专项规划、分区规划及控制性详细规划等。

2. 停车场(库)设计类规范

停车场(库)设计类规范主要规定各种类型停车场组成元素(如停车泊位、出入口、通道、无障碍设施等)的基本设计要求和参数,主要包括以下规范。

(1)公共交通设计类规范,如行业标准《城市道路公共交通站、场、厂工程设计规范》(CJJ/T 15—2011)。

(2)无障碍设计规范,如国家标准《无障碍设计规范》(GB 50763—2012)。

(3)自行车停放设计规范,如国家标准《城市步行和自行车交通系统规划标准》(GB/T 51439—2021)中关于自行车停放设施设计部分的规定。

(4)停车场(库)识别标志设置规范,如国家标准《公共信息导向系统 设置原则与要求 第11部分:机动车停车场》(GB/T 15566.11—2012),住建部编制的行业标准《汽车库和停车场车位引导装置》(CJ/T 429—2013),上海市地方标准《停车场(库)标志设置规范》(DB31/T 485—2010)。

(5)停车场(库)安全防范设计规范,如公安部编制的行业标准《封闭式停车场安全防范要求》(GA/T 1742—2020),上海市地方标准《公交停车场(库)安全防范技术规范》(DB31/T 1020—2016)。

(6)城市停车场设计类规范,如住建部编制的《城市公共停车场工程项目建设标准》(建标128—2010)、《机械式停车库工程技术规范》(JGJ/T 326—2014)和《车库建筑设计规范》(JGJ 100—2015),上海市工程建设规范《上海建筑工程交通设计及停车库(场)设置标准》(DG/TJ 08-7—2014)和《机械式停车库(场)设计规程》(DG/TJ 08-60—2017)。

(7)停车场(库)智能管理系统设计规范,如上海市地方标准《公共停车场(库)智能停车管理系统建设技术导则》(DB31/T 976—2016)。

3. 通行能力和服务水平

停车场(库)出入口、通道及周边道路的通行能力和服务水平是停车场建造的重要考虑因素。停车场出入口通行能力的影响因素主要有收费方式(人工、刷卡和电子识别)、出入口通道形式(螺旋式、曲线式、直线式)、出入口坡度和车道形式等;通道的通行能力主要与通道的宽度等几何参数、车辆进出停车位的方式有关。由于停车场(库)作为重要的交通发生点和吸引点,其对周边的道路交通运行将会产生较大的影响,因此在停车场(库)规模确定、出入口设计时要以周边道路的通行能力和服务水平为约束条件。

第三节 路外机动车停车场交通设计

一、路外地面停车场交通设计

1. 停车场出入口与城市道路的衔接设计

在停车场出入口设计时,应考虑城市道路上的动态交通和进出停车场交通的不同特性,尽量减少进出停车场(库)的交通与道路上动态交通的相互影响,达到安全、高效、便捷的目的。因此,在停车场出入口与城市道路的衔接设计时,应遵循以下原则:

(1)出入口的设置要有利于分散道路上的交通量,尽可能避免因出入停车场而导致的道路服务水平的降低。

(2)停车场的出入口应设在次要道路或巷道上,且尽量远离道路交叉口,以减少对主干道路及交叉口交通的影响。

(3)公共停车场出入口要具有良好的视野,机动车出入口的位置距离人行过街天桥、地道、桥梁或隧道等引道口应大于50m,距离学校、医院、公交车站等人流集中的地点应大于30m,距离道路交叉口宜大于80m。

(4)为确保出入口处的行车秩序,应在离开出入口的一定位置处设置相关的标志和信号。出入口设置在城市主干路的公共停车场,机动车交通组织应采用右进右出的方式,严禁左转直接驶入(出)主干路;出入口设置在城市次干路、支路上的城市公共停车场,机动车交通组织宜采用右进右出的方式,在不影响对向道路交通的情况下,可采用左转方式驶入(出)。

(5)机动车停车库出入口之间的同侧和异侧净距均应不小于5.0m,如图8-3所示。

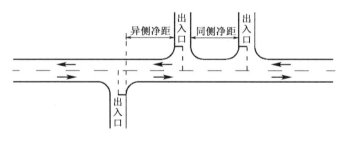

图8-3 停车库出入口之间同侧和异侧净距

(6)机动车与非机动车停车库出入口宜分开设置,出入口净距不应小于5.0m。设置在一起时,应采用物理隔离,且二者之间必须有良好的行车视距。特大型汽车库应设置人流专用出入口。

(7)双向出入通道与城市道路相交的角度应为75°~90°,具有良好的通视条件。以距入口边线内2.0m处作为视点,120°范围内至边线外7.5m不应有遮挡视线的障碍物,如图8-4所示。进出分开的单向出入口,通道设置应避免车辆行驶路线出现小于90°的折角,如图8-5所示。

(8)行人和非机动车的停车场出入口宜与城市道路慢行交通系统衔接,保证行人和非机动车流线的连续性和安全性。

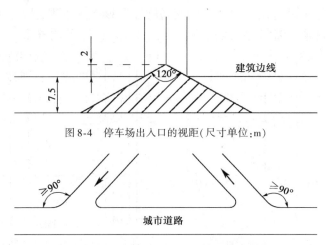

图 8-4 停车场出入口的视距(尺寸单位:m)

图 8-5 单向出入口通道的设置

2. 出入口交通组织模式

停车场出入口交通组织设计受停车场规模、车辆驶入(出)率、道路交通流条件等客观因素影响,良好的出入口交通组织不仅可以为出入停车场的车辆提供高效服务,增加停车场的可达性,同时也可以最大限度地减轻其对相关道路交通的干扰,提高通行能力。

(1)右进右出组织模式:一般情况下,停车场出入口均应采用右进右出的交通组织模式,如图 8-6a)所示。考虑到停车场出入口处的车辆进出会对路段交通的通行产生影响,因此在出入口处应设置缓冲空间(候车道),于入口处设置减速段和两个待行车位,出口处设置两个待行车位和加速段。此外,为使车辆互不干扰,平顺地驶入、驶出,在出入口处还应设置分流岛(或渠化标线)。

(2)允许左进左出的组织模式:特殊情况下,允许车辆左转进出停车场,如图 8-6b)所示。考虑到出入口处左转进出的车辆对相关道路的安全和通行效率都会产生较大影响,在左转进出车辆较多时,应根据相关道路条件有选择地设置左转待行区,并在道路中央施画导流岛。

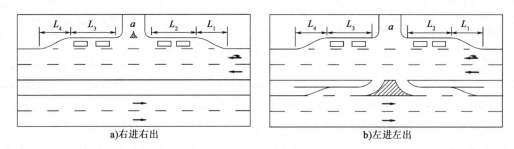

图 8-6 出入口交通组织模式

a-机动车停车场(库)出入口;L_1-减速渐变段,一般取 10~15m;L_2-排队段,一般取 10~15m;L_3-排队段,一般取 10~15m;L_4-减速渐变段,一般取 10~15m

(3)单向道路和双向道路出入口设置建议采用图 8-7b)、图 8-8b)的形式,以实现和城市道路的衔接。

3. 停车场出入口设计

停车场是停放汽车的场所,城市道路是汽车动态行驶的场所,出入口是静态交通与动态交通的衔接点。因此,停车设施出入口产生的交通问题应该得到重视,避免由于出入口设计不当而造成交通阻塞、混乱或干扰。

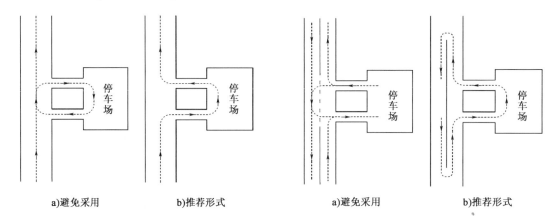

图 8-7 单向道路衔接的出入口设置　　　　图 8-8 双向道路衔接出入口设计

(1) 停车场出入口数量主要根据停车场规模进行确定,有特殊情况的可特殊处理,《车库建筑设计规范》(JGJ 100—2015)对停车场(库)出入口数量进行了规定(表 8-4):特大型机动车库(停车当量大于 1000)的库址,机动车出入口不应少于 3 个;大型机动车库(停车当量 301~1000)和中型机动车库(停车当量 101~301)的库址,车辆出入口不应少于 2 个;中型机动车库(停车当量 51~100)和小型机动车库(停车当量小于 50)的库址,车辆出入口不应少于 1 个。此外,机动车库的人员出入口与车辆出入口应分开设置,机动车升降梯不得替代乘客电梯作为人员出入口,并应设置标识。

停车场(库)出入口数量设置要求　　　　表 8-4

出入口和车道数量	特大型	大型		中型		小型	
	>1000	501~1000	301~500	101~300	51~100	25~50	<25
机动车出入口数量	≥3	≥2		≥2	≥1	≥1	
非居住建筑出入口车道数量	≥5	≥4	≥3	≥2		≥2	≥1
居住建筑出入口车道数量	≥3	≥2	≥2	≥2		≥2	≥1

(2) 为确保出入口的行车安全,车辆双向行驶的出入口宽度不得小于 7m,单向行驶出入口则不得小于 4m,小型停车场(库)只有一个出入口时,出入口宽度不得小于 9m。出入口应具有良好的通视条件。

(3) 各汽车出入口之间的净距应大于 15m。

(4) 公用汽车库的库址,当需设置办理车辆出入手续的出入口时,应设候车道。候车道的宽度不应小于 3m,长度可按办理出入手续时需停留车辆的数量确定。

根据停车场收费点的特征,结合排队论的相关理论,一般服务系统符合泊松分布或者负指数分布,以单进出口道为例,排队长度计算公式为

$$L = \frac{\lambda}{\mu - \lambda} \times (l_{车} + l_{停}) \tag{8-1}$$

式中：L——排队长度(m)；

λ——停车场车辆的到达率或者离开率(辆/h)；

μ——收费亭的平均服务率(辆/h)；

$l_{车}$、$l_{停}$——车辆的平均车身长和停驶车辆间的平均间距(m)。

停车场出口主要考虑排队长度不能影响停车场内部停车秩序，入口主要考虑车辆排队对道路车流的影响，避免排队溢出。参考计算得到的排队长度，应合理设置收费亭的位置，如排队较长，可占用部分停车场内部空间，将收费点设置在停车场内部，增加排队空间。

4. 流线设计

1) 机动车流线设计

流线设计与出入口和内部空间布局设计密切相关，三者相互影响和制约，设计时必须综合考虑，不断进行反馈与调整，直到实现三者的和谐。停车场内车辆的基本流线为：入口→行车通道→停车车位→行车通道→出口。入口和出口是内部交通和外部交通的结合点，对于调节停车场内的交通流具有阀门的作用。行车通道是将入库的汽车顺畅、有效地引导到停车位的联系通道，具有进出停车位、供管理者和步行者使用等多种功能。如果停车场(库)内交通组织流线设计得当，能使进出方便和停车交通顺畅、安全；反之，不仅车辆进出困难，影响后续车辆的进出，也容易发生事故或导致通行效率和停车周转率降低，最终导致停车场(库)成本上升。

地面停车场内部交通组织模式主要有回环式、直通式和迂回式等形式，设计时宜采用单向交通组织，以减少内部交通车辆交织，提高运行安全性，如图8-9所示。

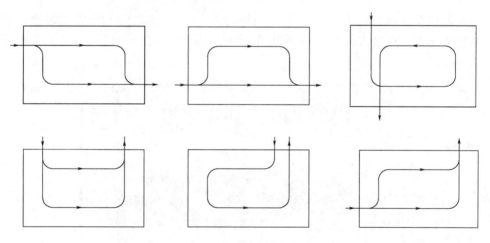

图8-9 地面停车场交通组织示例

2) 行人流线设计

停车场内的步行者可以分为停车后前往停车场外目的地者和由目的地返回停车场者两类。由于人数较少，停车场一般不设置单独的人行通道，现有的停车场设计规范中也较少考虑这一问题。停车场(库)行人流线设计需遵循以下原则：

(1) 连续性原则。

保证行人在停车场内通行过程中的连续性和可达性，减少其在空间和时间上中断的次数。

(2) 安全和效率原则。

充分利用停车场(库)内的条件，采用恰当的控制和管理方式，最大限度地确保行人的通行时间、空间及安全,并减少行人和机动车的冲突。

(3)可视性原则。

行人通道应当设置在车辆驾驶人容易看清楚的位置,流向保持一致,尽量避免在立柱处设置转弯,保证行人安全。

(4)通行能力匹配原则。

应根据实际的流向流量确定行人通道宽度,避免通道的不足或浪费。根据最新规范,为避免停车后下车的步行者与通道上的车辆形成冲突,特大型停车场必须设置单独的行人出入口和行人通道,其他规模停车场可根据具体需求设置行人通道,减少步行者与车辆的冲突。

停车场(库)行人流线设计原则上宜使行人和机动车分道通行,条件允许的情况下,尽量设置独立的行人出入口。行人出入口的形式主要有行人专用出入口和开放式出入口。以机动车流线图为基础,行人流线设计示例如图8-10所示。

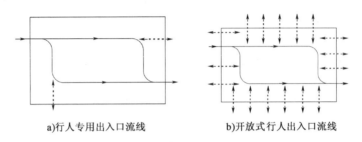

a)行人专用出入口流线　　　b)开放式行人出入口流线

图8-10　行人流线示例(虚线表示行人出入口)

路外地面停车场行人流线设计时,建议设置行人专用出入口,并和行人通道进行衔接,驾驶人可从行人通道直接进入停车场,完成上车行为,从而减少绕行距离并提高上下车安全性,如图8-11所示。

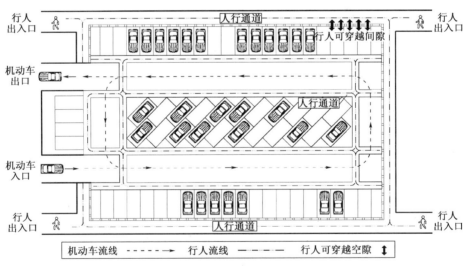

图8-11　行人流线设计示例

5.停车场内部布局

1)行车通道设计

行车通道几何设计不仅应为车辆的直线行驶提供足够的空间,还应为车辆不同角度的回转提供空间,因此,行车通道设计主要包括通道的宽度设计和通道转弯设计。

通道宽度设计主要考虑车辆通行和进出不同形式停车位的需求;通道转弯半径主要考虑车型和单双向行驶的情况。停车场(库)内部通道宽度和转弯半径应符合下列规定:

(1)供微型车、小型车双向行驶的,通道宽度不应小于5.5m,单向行驶的不应小于3.0m;弯道处,当转弯半径(内径)小于15.0m时,双向行驶的坡道弯道不应小于7.5m,平面弯道不应小于7.0m,单向行驶的不应小于4.0m。

(2)可供轻型车、中型车和大型车双向行驶的,通道宽度不应小于6.5m,单向行驶的不应小于3.5m;弯道处,当转弯半径(内径)小于20m时,双向行驶的通道宽度不应小于8.0m,单向行驶的不应小于5.0m。

(3)对于通道两侧设置停车位的情况,根据停车位停放方式的不同,通道宽度可按表8-5的推荐值选取。

停车场通道宽度与停放方式对应表　　　　　　　　　　　表8-5

车辆类型	平行式	斜列式				垂直式	
		30°	45°	60°	60°		
	前进停车	前进停车	前进停车	前进停车	后退停车	前进停车	后退停车
A类	3.0	3.0	3.0	4.0	3.5	6.0	4.2
B类	4.0	4.0	4.0	5.0	4.5	9.5	6.0
C类	4.5	5.0	6.0	8.0	6.5	10.0	9.7
D类	4.5	5.8	6.8	9.5	7.3	13.0	13.0
E类	5.0	6.0	7.0	10.0	8.0	19.0	19.0

注:参考《上海建筑工程交通设计及停车库(场)设置标准》(DGTJ 08-7—2014)。表中A类指微型汽车,B类指小型汽车,C类指中型汽车,D类指普通汽车,E类指铰接车。

(4)《上海建筑工程交通设计及停车库(场)设置标准》规定,停车场(库)内部主要通道的转弯半径(内径)不应小于表8-6的对应值。

停车场(库)内部主要通道的最小转弯半径　　　　　　　表8-6

车辆类型	最小转弯半径(内径)(m)	车辆类型	最小转弯半径(内径)(m)
大型汽车	10.0	小型汽车	3.0
中型汽车	7.0	微型汽车	3.0
轻型汽车	5.0		

2)停发方式

车辆驶进停车泊位和驶出状况不同,所需的回转面积和通道宽度也不同。停发车主要有三种方式(表8-7):

(1)前进式停车、前进式离开。车辆停发都很方便、迅速,但占地面积较大,常用于公交车和大型停车场。

(2)后退式停车、前进式离开。停车较慢,但是发车迅速,平均占地面积较少,特别适宜于车辆集中驶出停车场。由于其所需通道宽度最小,平均单位停车场面积最小,因此是最常用的车辆停发方式。

(3)前进式停车、后退式离开。停车迅速,但是发车费时,不易迅速疏散,通道视线不畅时容易发生危险,常用于斜向停车。

机动车停发方式 表8-7

停发方式	前进式停车,前进式离开	后退式停车,前进式离开	前进式停车,后退式离开
垂直式	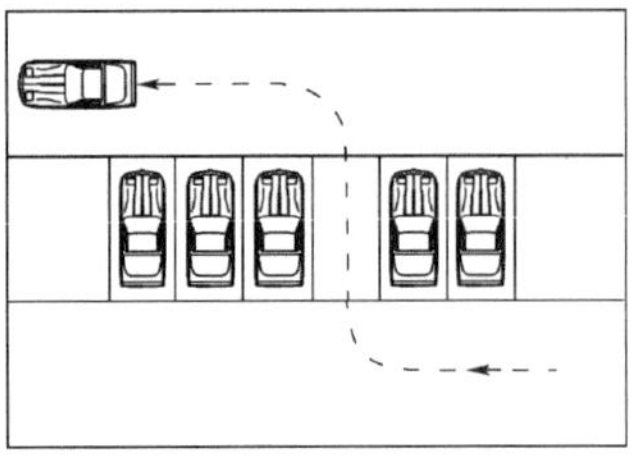	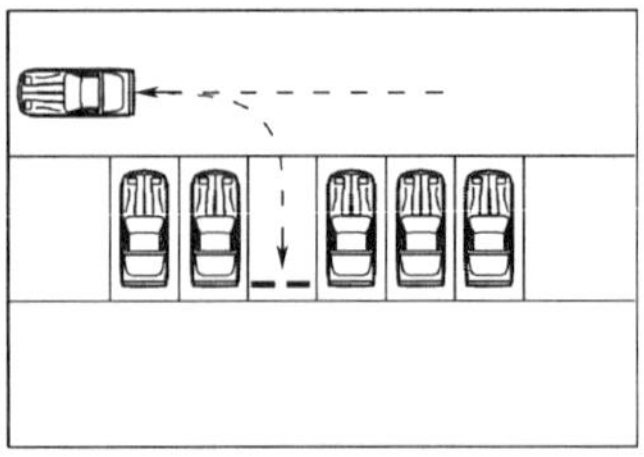	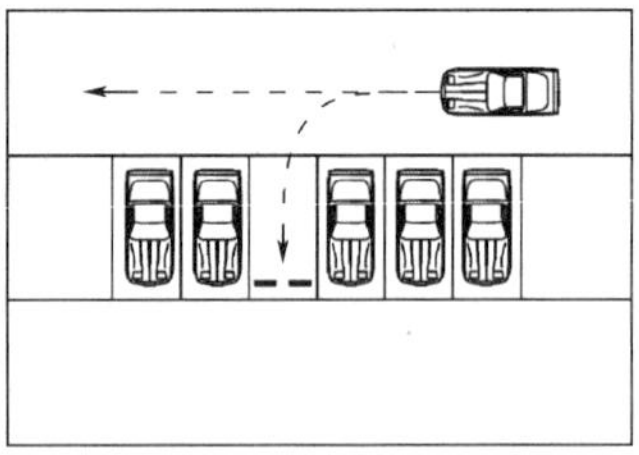
斜列式	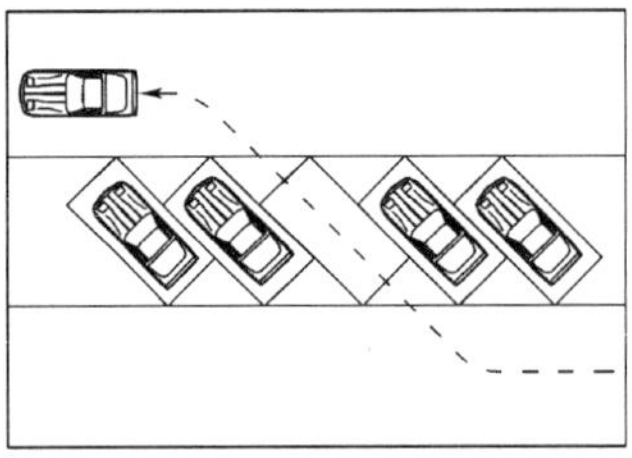	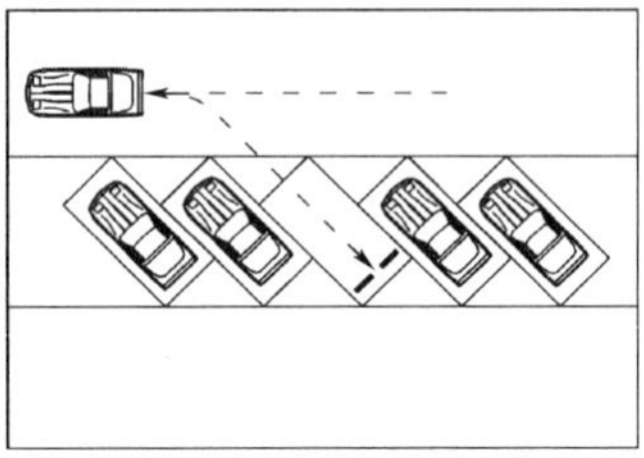	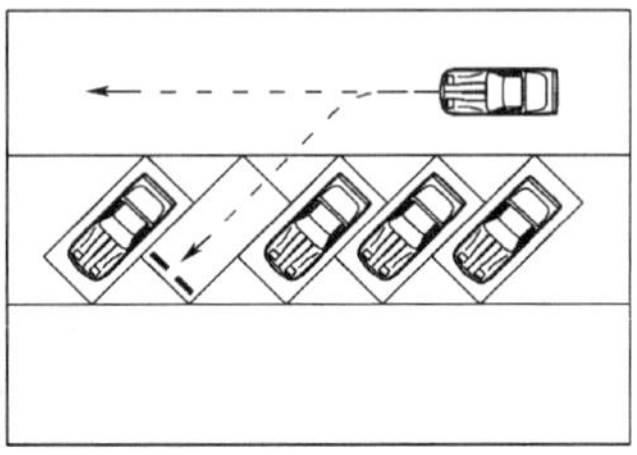
平行式	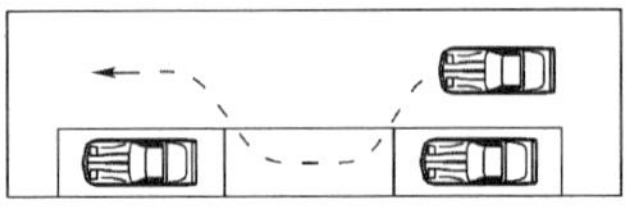	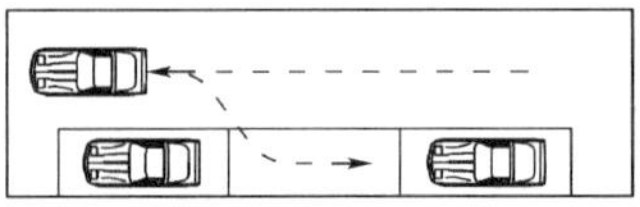	—

3)停车场内部空间布局形式

停车场内部行车通道可分为单车道和双车道。常见的有一侧通道、一侧停车,中间通道、两侧停车,两侧通道、中间停车及环形通道、四周停车等多种形式。

综合考虑停车场出入口、交通组织流线、停车方式、停车泊位及行驶通道通行能力等因素,可以得到多种空间布局形式。表8-8为几种常见的停车场内部空间布局形式。

停车场内部空间布局形式 表8-8

布局形式	一侧通道、一侧停车	中间通道、两侧停车	两侧通道、中间停车
垂直式	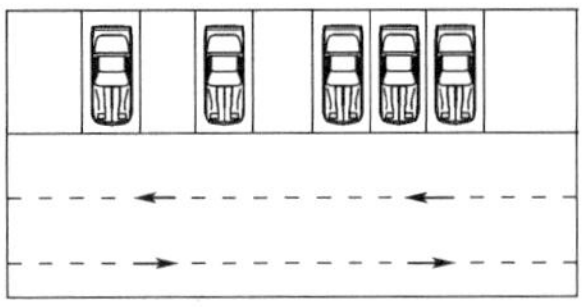	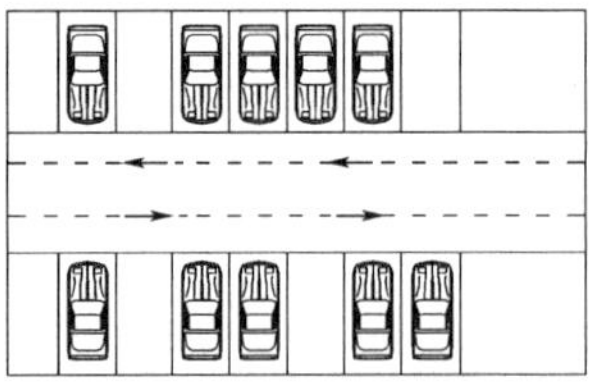	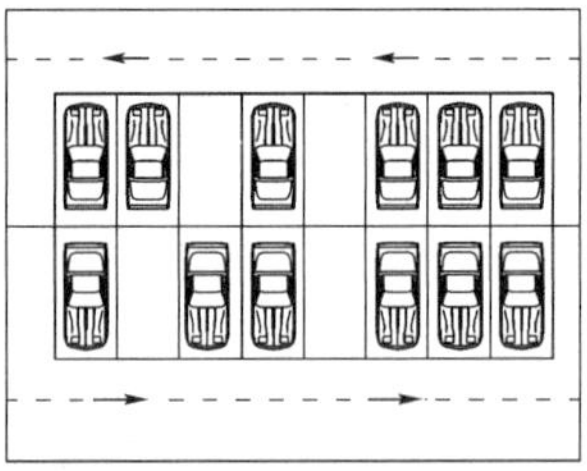
斜列式	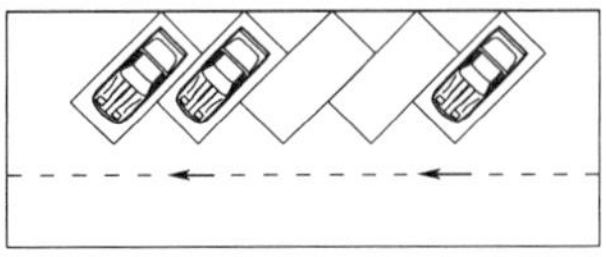	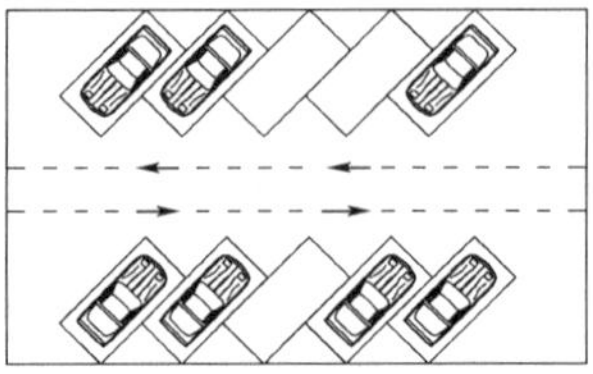	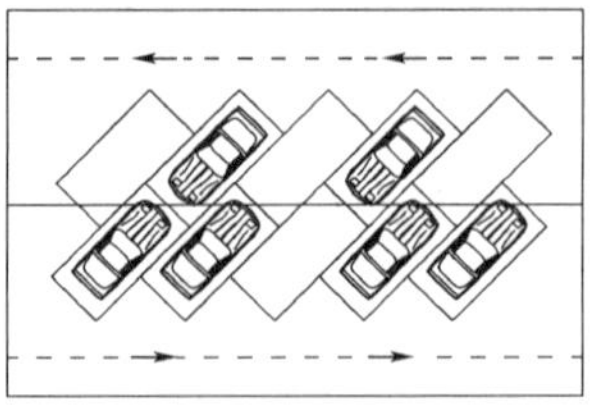

续上表

布局形式	一侧通道、一侧停车	中间通道、两侧停车	两侧通道、中间停车
平行式	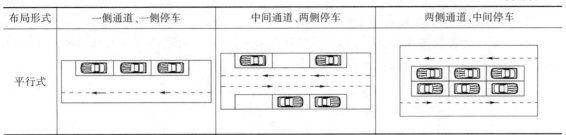		

另外,如果道路是尽端式的,按小型车考虑,可以在尽端设 12m×12m 的矩形回车空间或半径为 7m 的圆形回车空间。

6. 无障碍设计

停车交通设计中,为保障特殊群体借助汽车出行的便利,按规定其他任何车辆不得占用无障碍专用停车位,特殊需求人群根据统一证件实行免费停车。其中 2012 年 9 月 1 日正式实施的《无障碍设计规范》(GB 50763—2012)和 2013 年 10 月出版的《国家建筑标准设计图集 无障碍设计 12J926(替代 03J926)》都有无障碍停车场(库)的内容。

1)无障碍停车泊位设计

无障碍停车位应布置在距停车场无障碍出入口最近的位置,并具备无障碍连接通道,不宜远离建筑物出入口,同时要求地面应平整、坚固和不积水,地面坡度不应大于 1∶50。

无障碍停车泊位尺寸设计主要考虑轮椅乘坐者的通行需求,车位宽度约为普通车位宽度的 1.5 倍,标准无障碍车位应包括车辆停放位置和轮椅通道,轮椅通道宽度不小于 1.2m,若有需要,两个无障碍车位可共用一个轮椅通道,参见图 8-12。

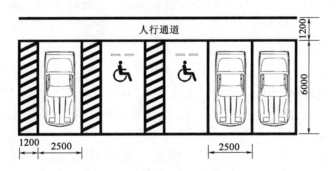

图 8-12 无障碍停车泊位(尺寸单位:mm)

2)无障碍停车泊位数

无障碍停车泊位数量设置过少不能满足需求,设置过多又会造成用地浪费,根据《无障碍设计规范》(GB 50763—2012)的相关规定,其数量应符合表 8-9 所列标准。

无障碍停车位数量设置标准　　表 8-9

停车场规模	无障碍停车位数(不宜少于)
特大型停车场	总车位数的 2%
大型停车场/中型停车场	总车位数的 2% 或 2 个
小型停车场	1 个

3)无障碍人行通道

人行通道是无障碍泊位和停车场(库)出入口的联系通道,一般停车场(库)的人车交通混在一起,但对于无障碍停车场(库),则要求特殊需求人群与车分流,即人在通行过程中无须跨越机动车道,停车场无障碍人行通道设计如图8-13所示。

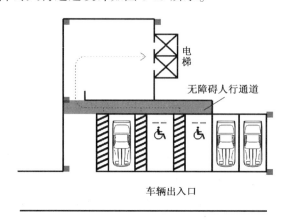

图8-13 无障碍人行通道设计

二、路外停车库交通设计

停车库是停放机动车或非机动车的建(构)筑物,包括封闭、敞开的单层、多层、地上及地下停车场所,可划分为停车楼和地下停车库。停车楼指专门用于停放和存储机动车的建筑物,地下停车库指停车间室内地坪面低于室外地坪面高度超过该层车库净高一半的路外停车场。本部分重点介绍上述立体停车设施层间的设计,每层的平面设计参照路外地面停车场交通设计。

1. 停车库出入口设计

1)出入口数量

机动车停车库相较路外地面停车场封闭性更强,对疏散的要求更高。因此,对机动车停车库的出入口数量的规定比路外停车场更严格,应设置不少于两个疏散出口,并视情况增设出入口。

2)出入口尺寸

由于停车库出入口往往具有向上或向下的坡度,增加了停驶的难度,因此一般规定停车库出入口宽度较宽。单车道净宽度5~6m,双车道净宽度8~10m。坡度较大时,可考虑增设宽度为2.5m的应急车道。

3)出入口位置

机动车停车库出入口的起坡点面向城市道路时,为保证视距,出入口起坡点与城市道路红线的距离不应小于8m。车库出入口起坡点至小区主要道路和地库通道的安全距离不应小于5.5m;平行城市道路或与城市道路斜交时,其缘石切点与城市道路红线的距离不应小于5m,如图8-14所示。

4)收费点设计

为防止车辆在出入口停车缴费过程中因操作不慎导致车辆滑行,停车库出入口的收费点不宜设置在坡度大于3%坡道上,排队长度计算可参照"停车场出入口设计"部分。

图 8-14 机动车停车库出入口与城市道路红线关系(尺寸单位:m)

2. 停车库内部空间布局

1) 单层平面布局

停车库单层平面布局方法(包括车位设计和机动车流线组织等)与地面停车场类似,可参考地面停车场布局方法。停车库的特殊要求如下。

(1) 净高设计

停车库区别于露天停车场的一个特点是停车库为室内或地下,对于不同车型有净高要求,停车库最小净高应符合表 8-10 的规定。

停车库最小净高   表 8-10

车型	最小净高(m)	车型	最小净高(m)
微型车、小型车	2.20	中、大型客车	3.70
轻型车	2.95	中、大型货车	4.20

注:参考《车库建筑设计规范》(JGJ 100—2015)。

(2) 净距设计

由于有承重的要求,难免存在利用停车库承重柱之间的位置设置车位的情况,墙体、护柱等对停车及行车空间具有一定的限制。停车库内车辆间,以及车辆与柱、墙、护栏及其他构筑物间的最小净距应符合表 8-11 的规定。

停车库最小净距(单位:m)   表 8-11

项目		微型汽车、小型汽车	轻型汽车	大、中、铰接型汽车
平行式停车时机动车间纵向净距		1.20	1.20	2.40
垂直、斜列式停车时车间纵向净距		0.50	0.70	0.80
机动车间横向净距		0.60	0.80	1.00
机动车与柱间净距		0.30	0.30	0.40
机动车与墙、护栏及其他构筑物间净距	纵向	0.50	0.50	0.50
	横向	0.60	0.80	1.00

注:参考《车库建筑设计规范》(JGJ 100—2015)。

(3) 停车位与柱网协调设计

地下车库的停车位布设需要考虑到柱网(承重结构柱子在平面排列时形成的网格称为柱网)布置的密度和尺寸。为了使停车位所占面积最小,往往采用垂直式停车方式来简化行车流线及通道设计的复杂性。可在一定柱网尺寸范围内设置垂直停车位,具体柱间车位数需根据净距要求设置。

2) 层间衔接设计

自走式立体停车库或停车楼一般为坡道式停车库,即车辆沿坡道在停车楼层间上下行驶,坡道可以是直坡道式、螺旋坡道式、错层式或斜楼板式,如图 8-15 所示。

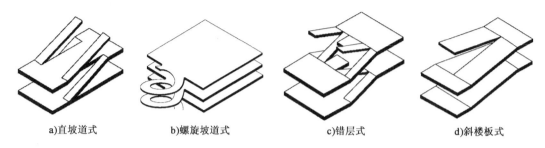

a) 直坡道式　　b) 螺旋坡道式　　c) 错层式　　d) 斜楼板式

图 8-15　坡道式立体停车楼形式

(1) 直坡道式

由水平停车楼面组成,每层间用直坡道相连,坡道可设在库外或库内。这种停车库布局简单整齐,交通线路明确,但用地不够经济,单位停车位占用面积较多。

(2) 螺旋坡道式

与直坡道式相似,每层楼面之间用圆形(螺旋式)坡道相连,由于转弯视距受限,坡道尽量设置单向行驶。这种布局简单整齐,交通线路明确,上下行坡道干扰少,速度较快,但螺旋式坡道造价较高,用地稍比直行坡道节省,单位停车占用面积仍然较多。

(3) 错层式(半坡道式)

由直坡式发展而形成,停车楼面分为错开半层的两段或三段楼面,楼面之间用短坡道相连,因而大大缩短了坡道长度,坡度也可适当加大。这种布局用地较省,单位停车位占用面积较少,但交通线路对部分停车位的进出有干扰,建筑外立面呈错层形式。

(4) 斜楼板式

停车楼板呈缓慢倾斜状布置,利用通道的倾斜作为楼层转换的坡道。这种布局用地最省,单位停车位占用面积最少,但交通路线较长,对车位的进出存在干扰。由于停车面有坡度,需要有足够的长度保证驻车安全性。为了缩短疏散时间,斜坡楼板式停车库还可以专设一个快速旋转式坡道出口,以方便驶出。

3) 行车通道设计

停车库的通道分为层内行车通道和层间行车通道。层内通道的设计参考地面停车场,本部分主要介绍坡道式停车楼(库)的层间行车通道设计。

(1) 坡道宽度

坡道式停车楼(库)坡道的宽度要求与一般平面内的通道存在差异,坡道驾驶难度较大,因此应在平面通道的基础上适当加宽,具体要求见表 8-12。

坡道最小宽度(单位:m)　　表 8-12

坡道形式	微型、小型车	轻型、中型、大型车
直线单行	3.0	3.5
直线双行	5.5	7.0

续上表

坡道形式	微型、小型车	轻型、中型、大型车
曲线单行	3.8	5.0
曲线双行	7.0	10.0

注：参考《车库建筑设计规范》(JGJ 100—2015)。此宽度不包括道牙及其他分隔带宽度。当曲线比较缓时，可以按直线宽度进行设计。

(2) 坡度设计

不同车型的爬坡性能不同，为保证车辆爬坡的安全性，坡道式停车库内通道最大纵向坡度应符合表 8-13 的规定。

通道最大纵向坡度　　　　　　表 8-13

车型	直线坡道		曲线坡道	
	坡度(%)	比值(高:长)	坡度(%)	比值(高:长)
微型车、小型车	15	1:6.67	12	1:8.3
轻型车	13.3	1:7.5	10	1:10
中型车	12	1:8.3		
大型客、货车	10	1:10	8	1:12.5

注：参考《车库建筑设计规范》(JGJ 100—2015)。

当行车道纵向坡度大于 10% 时，坡道上、下端均应设缓坡。其直线缓坡段的水平长度不应小于 3.6m，缓坡坡度应为坡道坡度的 1/2。曲线缓坡段的水平长度不应小于 2.4m，曲线的半径不应小于 20m。

(3) 曲线坡道半径设计

曲线坡道的半径要求不同于平面通道，不仅应满足小型车转弯半径不小于 6m 的要求，还需要考虑车辆爬坡的牵引问题，曲线坡道内径最小约为 4m，舒适内径为 5.5~6m，如图 8-16 所示。

(4) 超高设计

坡道式停车楼应对环形坡道设置横向超高，以保证车辆在环形坡道上行驶时可抵消离心力，安全、稳定、舒适地通过，同时满足设计速度。横向超高计算公式如下：

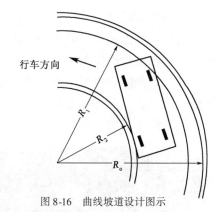

图 8-16　曲线坡道设计图示

R_1-机动车最小转弯半径，小型车取 6m；R_2-曲线坡道内径；R_o-曲线坡道外径

$$i_c = \frac{v^2}{127R} - \mu \tag{8-2}$$

式中：v——设计车速(km/h)；

R——环道平曲线半径(取到坡道中心线半径)(m)；

μ——横向力系数，宜为 0.1~0.15；

i_c——超高，即横向坡度，宜为 2%~6%。

(5) 道牙设计

当坡道横向内、外两侧无墙时，出于对车辆通行安全性的考虑，应设护栏和道牙(即路缘石)。单行道的道牙宽度不应小于 0.3m，双行道宜设宽度不小于 0.6m 的隔路道牙，道牙的高度不应小于 0.15m。

(6) 视距要求

由于有柱网限制，地下停车库比地面停车场的视距要求更高。立柱对视距的遮挡较严重，因此要求不得在视距三角形内有立柱的位置设置通道转弯，尤其是转弯加坡度的通道。

坡道式停车库常常存在经过层间通道转弯或掉头进入停车位的情况，无论单向或双向通道，均需要预留足够转弯空间，并保证转弯或掉头视距内无遮挡物及停车位。条件受限的通道需在转弯处设置凸面镜。

3. 行人交通设计

停车库平面内的行人流线设计可参照地面停车场的设计，预留行人通道，实现人车分离，保障行人安全，在用地限制的情况下可选用混行的形式。另外，地下停车库的行人通道一般与到达楼上建筑物的直梯衔接，既可满足行人到达目的地的需求，又实现了行人与机动车出入口的分离。衔接直梯的数量和位置不仅与楼上建筑物布局相关，还应考虑行人的绕行距离，小型停车库绕行距离较短，而大型停车库一般要求行人与最近直梯的距离不超过 200m。

对于地上停车楼，行人出入口也可分为行人与机动车共用出入口和行人独立出入口两种形式。行人与机动车共用出入口时，出于安全性的考虑，应在出入口处独立开辟行人出入通道，可设置在机动车出入口道外侧。行人独立出入口的形式一般是通过电梯及疏散楼梯连接每层行人出口，并将行人出入停车楼的出入口与行人目的地附近的人行道衔接。

4. 无障碍设计

路外停车库要求设置不少于 2% 且不少于 1 个的无障碍停车位，无障碍停车位的设计形式和尺寸参考地面停车场的设计。

除设置无障碍停车位及连接通道外，坡度较小的位置可设置无障碍坡道（图 8-17）；而对于地下停车库及停车楼等建筑，应在垂直电梯附近设置无障碍停车位，若无条件设置电梯，则应在楼梯扶手处设置残障人士牵引梯（图 8-18）。

图 8-17　无障碍坡道

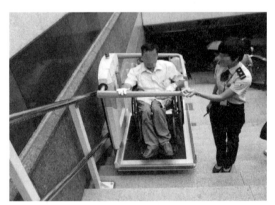
图 8-18　残障人士牵引梯

三、停车泊位设计

停车泊位设计必须与车型和停放方式相匹配，停车泊位尺寸设计必须同时满足车辆长度、车辆间距和驾驶人上下车开关门的空间要求，若停车场靠墙、柱及其他构筑物，尺寸计算时内侧考虑车辆间的间距,外侧考虑车辆与墙柱之间的间距。特殊车位设置,如无障碍车位、子母车位等,需附加考虑使用者的需求,注重人性化和效率的结合。

1. 停车方式

路外停车场常用的泊位布置形式有平行式、垂直式、斜列式60°、斜列式45°和斜列式30°。各种布设形式所占用的停车面积、驶入驶出泊位的难易程度、相邻通道的可见度均不同。

1) 平行式

平行式停车泊位车辆进出方便、迅速,但是单位车辆停车面积大,车辆停放时车身方向与通道平行。大中型车车身较长,在拐弯、后退时驾驶操作复杂,宜采用平行式的停车方式,方便大型车直接驶入停车泊位,不易造成车位使用混乱或通道堵塞。平行式停车泊位适用于狭长场地停放车辆,停车位可以连续布设,也可以设计成两个停车位为一组、每组之间间隔1.4m的方式,如图8-19所示。

a) 平行式停车泊位设计1

b) 平行式停车泊位设计2

图8-19 平行式停车泊位

L_g-车身长度;S_j-车辆间隔;L_{t1}-平行式停车,平行通道的车位尺寸;W_{e1}-平行式停车,垂直通道的车位尺寸;W_d-通道宽度;W_u-单位停车宽度

2) 斜列式

斜列式停车泊位车辆停放灵活,驶入驶出方便,停放时车身方向与通道以30°、45°、60°或其他锐角倾斜布置,适用性较广。针对大型车停车数量较大或高峰时停车周转率高的情况,宜采用斜列式停车泊位和前进停车、前进发车的停发方式。此种方式使得车辆停车、启动时不需要大幅转弯,利于迅速停放和出车。但是,斜列式停放方式中单位泊位占用面积较大,场地利用率较低,因此倾斜角度宜采用60°或45°,以尽量减少停车空间损失。斜列式停车泊位布设方式如图8-20所示。

3) 垂直式

垂直式停车泊位车辆驶入驶出车位一般需要倒车一次,用地比较紧凑,是最常采用的停车泊位布设方式,车辆停放时车身方向与通道垂直。小型车、微型车车身较小,行驶方便灵活,宜尽量采用这一方式,以尽可能充分利用停车场地的空间,提高泊位数量。垂直式停车泊位布设方式如图8-21所示。

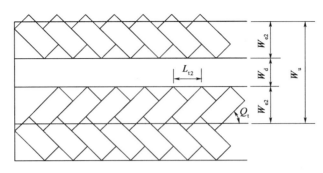

图 8-20 斜列式停车泊位

L_{t2}-斜列式停车,平行通道的车位尺寸;W_{e2}-斜列式停车,垂直通道的车位尺寸;W_d-通道宽度;W_u-单位停车宽度;Q_t-车位倾斜角度

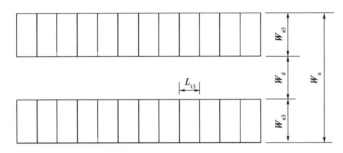

图 8-21 垂直式停车泊位

L_{t3}-垂直式停车,平行通道的车位尺寸;W_{e3}-垂直式停车,垂直通道的车位尺寸;W_d-通道宽度;W_u-单位停车宽度

上述三种停车泊位布设方式各有其优缺点及适用情况,见表 8-14。在具体设计时,应根据地形条件,以占地面积小、疏散方便、保证安全等原则选用。

停车泊位布设方式优缺点及适用情况　　　　表 8-14

布设方式	单位长度停车数	单位面积停车数	进出泊位难易程度	相邻通道可见度
平行式	最少	较少	较难	最差
斜列式	一般	一般	容易	良好
垂直式	最多	最多	最难	双向车道可见度差

停车泊位设计的基本参数很多,以下仅介绍几个关键的设计参数,区分不同车辆类型和停放方式对应的停车泊位的宽度、长度(表 8-15)。在具体设计时,应该根据实际情况选用。

机动车停车场设计参数(单位:m)　　　　表 8-15

设计参数		平行式(前进停车)	斜列式				垂直式	
			30°(前进停车)	45°(前进停车)	60°(前进停车)	60°(后退停车)	前进停车	后退停车
垂直通道方向的车位尺寸	A 类	2.6	3.2	3.9	4.3	4.3	4.2	4.2
	B 类	2.8	4.2	5.2	5.9	5.9	6.0	6.0
	C 类	3.5	6.4	8.1	9.3	9.3	9.7	9.7
	D 类	3.5	8.0	10.4	12.1	12.1	13.0	13.0
	E 类	3.5	11.0	14.7	17.3	17.3	19.0	19.0

续上表

设计参数		平行式 （前进停车）	斜列式				垂直式	
			30° （前进停车）	45° （前进停车）	60° （前进停车）	60° （后退停车）	前进停车	后退停车
平行通道方向的车位尺寸	A类	5.2	5.2	3.7	3.0	3.0	2.6	2.6
	B类	7.0	5.6	4.0	3.2	3.2	2.8	2.8
	C类	12.7	7.0	4.9	4.0	4.0	3.5	3.5
	D类	16.2	7.0	4.9	4.0	4.0	3.5	3.5
	E类	22.0	7.0	4.9	4.0	4.0	3.5	3.5

注：参考《上海建筑工程交通设计及停车库（场）设置标准》（DGTJ 08-7—2014）。表中 A 类指微型汽车，B 类指小型汽车，C 类指中型汽车，D 类指普通汽车，E 类指铰接车。

2. 停车泊位附属设施设计

停车泊位附属设施主要包括与停车位相关的交通标线、车轮挡、安全挡车器、反光防护角和车位编号设施等，如图 8-22 所示。

a) 车轮挡

b) 安全挡车器

c) 反光防护角

图 8-22　部分停车泊位附属设施

交通标线主要包括停车位线、通道线、车位编号等显示信息设施线；车轮挡应设在停车场停车位地面上，距停车位端线为汽车前悬或后悬的尺寸减 200mm 处，其高度宜为 150～200mm，车轮挡不得阻碍地面排水；安全挡车器置于停车位后线距前 1m 处，可有效防止车辆在进入停车位时碰撞车后物体或墙壁。靠近建筑基柱、门边、弯道处和需要受防护的设施旁的停车泊位，需设置反光防护角，护角有反光效果，具良好的警示效果，可避免车辆碰撞受保护物体或越界行驶。车位编号设施有利于驾驶人观察和寻找，一般设置于醒目且不易被遮挡的地方。

另外，随着停车场（库）智能化管理的发展和应用，可对进出泊位的车辆进行监控，使停车场车位管理更加规范、有序，提高车位利用率。目前，车位引导系统中的车辆检测器多采用超声波车辆检测器。将超声波传感器安装在车位正上方进行检测，通过超声波传输距离可判断泊位上有无车辆停放。

四、路外停车场（库）标志系统设计

路外停车标志系统主要包括路网停车场（库）诱导标志和停车场（库）内标志系统。规范化的停车标志，可增强停车的便利性和安全性，进而提高停车场（库）的服务质量和工作效率。

1. 道路网停车场(库)诱导标志设计

道路网停车诱导是根据采集的停车场空闲停车位信息进行对外发布,方便车主快捷找到空闲停车位的一种模式。智能停车诱导系统是通过停车诱导标志、交通信息显示板、无线通信设备等向驾驶人提供停车场位置、使用状况、行车路线、交通状况变化的系统,是智能停车系统的主要组成部分。以下主要讲述停车诱导屏的设置方法。

1) 诱导屏分类

(1) 一级诱导屏:主要用于发布区域信息,即区域内共有多少个停车场(库),同时显示其所在的大致位置和车位剩余情况,如图8-23a)所示。

(2) 二级诱导屏:尺寸相对一级较小,主要用于提醒该标志周围有多少个停车位并提示行驶方向,如图8-23b)所示。

(3) 三级诱导屏:主要用于发布停车场内部状况,包括停车位剩余个数和停车场的位置信息,如图8-23c)所示。

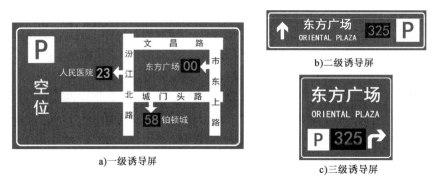

图8-23 诱导屏示例

2) 位置设置要求

(1) 一级诱导屏主要设置在区域入口处的主干道上;二级诱导屏一般设置在区域内的主要交叉口;三级诱导屏一般设置在停车场出入口处。

(2) 停车诱导屏的设置不得对城市道路交通功能、城市景观发生影响,原则上应设置于临街道路的停车场用地范围以内。

(3) 充分考虑驾车人在动态条件下发现、判读诱导屏及采取行动的时间和前置距离。

(4) 不占盲道,不遮挡交通标志及信号灯。

(5) 不被路旁树木和其他设施遮挡。

(6) 不被其他光源、彩色宣传品等干扰,醒目而便于识别。

2. 停车场内标志系统设计

停车场内标志系统是在停车场环境中,尤其是大型停车场,为了驾驶人和行人能安全、快捷地到达及离开停车场,或者能及时了解自己所处的位置、环境,而将各种类型的标志按一定的关系组成的信息系统。

按照标志设置位置,可分为停车场出入口信息和停车场内部信息,其中内部信息标志可分为车行道标志、停车区域标志、行人通道标志和其他标志。

1) 设置原则

(1)应保证属于一个导向系统的引导标志信息的连续性、设置位置的规律性和引导内容的一致性。在系统内所有节点,如入口、路线上的分岔点或汇合点等,都应设置相应的要素,并应通过标志的设置,对所有可能的目的地及到达每个目的地的最短或最合适的路线进行引导。

(2)应保证导向系统间引导标志信息的连续性,在考虑系统内部导向的同时,还应提供到达该系统及周边系统的信息。导向系统间连接、转换的导向设置应采用一致的规则,以利于转换和过渡。

2) 标志分类(表8-16)

(1)识别标志:设立在公共停车场(库)入口处用以显示停车场(库)类别、名称和规则等服务信息的标志。

(2)引导标志:引导车辆进出、车辆停放和人员出入的标志。

(3)提示标志:提供停车场(库)内设施、楼层、区域、车位等信息的标志。

(4)安全标志:提醒人员对环境、设施引起注意或告知不应有行为的标志,包括警告和禁止标志。

停车场(库)主要标志一览表　　　　　　　　　　　　　　　　表 8-16

类别	细类	具体标志内容
识别标志	门楣标志	出入口共用门楣标志、单入口型门楣标志、单出口型门楣标志
	公告标志	告知牌、规则牌等
	停车场(库)预告标志	预告标志牌等
引导标志	车辆引导标志	直行和转弯标志、车行道边缘线、导向箭头、车行出口引导标志、停车区域引导标志、停车位引导标志、停车楼层引导标志、停车楼层指示标志、组合引导标志等
	行人引导标志	人行横道标志、紧急出口标志、楼梯标志、行人通道、人行横道线、人员位置引导标志、停车区域标志、区域指向标志等
提示标志	区域提示标志	楼层标志、楼层及区域提示标志等
	设施提示标志	票务服务标志、结账标志、休息室标志、卫生间标志、无障碍设施标志、电梯标志、楼梯标志、车用升降机标志、道路停车场标志牌等
	车位提示标志	停车位标线、地面车位编号、车位编号、机械式停车位编号等
安全标志	警告标志	上陡坡标志、下陡坡标志、左急转弯标志、右急转弯标志、注意行人标志、慢行标志等
	禁止标志	限制速度标志、限制宽度标志、限制高度标志、限制质量标志、禁止行人通行标志、禁止烟火标志、禁止携带托运易燃及易爆物品标志等

3) 入口标志设置

停车场(库)入口处的标志设置主要是为保证车辆顺利驶入停车场,并将相关信息传递给驾驶人,保证车辆的正确驶入和停放。

(1)停车场(库)预告标志宜设置在停车场(库)入口前5~20m的道路右侧(图8-24、图8-25)。

(2)门楣标志应设置于进口处上方墙面或龙门架上,下边与地面的距离应大于等于2.5m(图8-26)。

图 8-24 室外停车场预告标志

图 8-25 室内停车库预告标志

图 8-26 出入口门楣标志

（3）告知牌和规则牌应设置于停车场（库）入口处醒目位置，以便于驾驶人观察。

（4）要求在入口处取卡的停车场（库），宜在其入口处设置票务服务标志，标志应设置于入口发卡机或取卡处上方。

（5）入口处应明确行人通行区域，宜设置行人指示标志，明确机动车和行人的路径选择。

4）车行道标志设置

车行道标志的设置主要是为规范车辆的行驶路径，引导车辆转弯、进出停车位和前往有停车空间的停车区域或者楼层，防止车辆逆向行驶。

（1）停车场（库）车行道应设置车行出口引导标志，并设置于主车道上方，其下边与地面的距离应大于等于 2m。

（2）停车区域引导标志宜设置于距离停车区域最近的车道交叉口的正上方位置（图 8-27）。

图 8-27 停车区域引导标志

（3）停车位引导标志宜设置于距离停车区域最近的车道交叉口的正上方位置（图 8-28）。

图 8-28 停车位引导标志

（4）停车楼层引导标志宜设置于连接各停车层的车道交叉口的正上方位置（图 8-29）。

图 8-29 停车楼层引导标志

（5）注意行人标志宜设置于停车区域与车行道交叉口前 5m 处，位于车行道的右侧。

（6）楼层标志宜设置于上下停车楼层入口处的墙面或者立柱上，上边距地面距离为 2.1m。

(7)单层泊位超过100个的停车场(库)宜设置楼层及区域提示标志(图8-30),提示标志宜设置于停车区域的墙面或立柱上,上边距地面距离为2.1m。

5)停车区标志设置

(1)停车区标志主要规范车辆的停车位置,使车辆按照施画的泊位线进行停靠,配合停车位编号、标线及减速标志等规范停车秩序,避免停车场(库)组织混乱。

(2)公共停车场(库)停车位应设置地面停车位标线,施画于单个停车位的边缘。

(3)停车位编号应设置于公共停车场(库)中停车位上方,可根据实际情况在编号前加上停车楼层号、区域号或其他特殊编号。

(4)公共停车场(库)停车位应在停车位标线内设置地面停车位编号。

图8-30 楼层及区域提示标志

(5)公共停车场(库)宜设置停车区域标志,停车区域可使用英文大写字母编号,单层的公共停车场(库)宜使用数字编号。区域标志宜设置于墙面或立柱上。标志中心位置距地面宜为1.5m。单层停车场(库)宜采用颜色辅助区分停车区域。

6)行人通道标志设置

行人通道标志是实现停车场(库)行人流线设计的主要途径,可引导行人安全、高效地进出停车场(库),减少行人和机动车的冲突,减少行人绕行距离,改善行人通行环境。标志设置需遵循以下原则:

(1)公共停车场(库)人行横道应设置人行横道标志,标志宜设置于人行横道线的两侧。

(2)公共停车场(库)行人通道宜设置区域指向标志,标志宜设置于停车区域交界处的墙面或立柱上,区域指向标志的中心位置距地面应大于等于1.5m。

(3)公共停车场(库)宜设置行人通道引导标志,标志宜设置于从停车位进入行人通道的入口处,行人通道引导标志的中心位置距地面应大于等于1.5m。

(4)带有行人楼梯的公共停车场(库)宜设置楼梯标志,标志宜设置在楼梯入口、出口处位置的墙面上,楼梯标志宜与方向标志组合使用,设置于行人通道的交叉路口。

(5)带有电梯的公共停车场(库)宜设置电梯标志,电梯标志宜设置于电梯出入口处位置的墙面上,电梯标志宜与方向标志组合使用,设置于行人通道的交叉路口。

7)出口标志设置

出口标志设置与入口处相似,相关要求如下:

(1)公共停车场(库)出口处应设置出口指示标志,设置在出口上方;标志下边距地面高度应大于等于2.2m。

(2)公共停车场(库)出口处应设置禁止驶入标志,设置于出口处上方,朝向库外道路,标志下边距地面高度应大于等于2.2m,宜和出口指示标志组合使用。

(3)公共停车场(库)收费处宜设置收费标志。标志设置于读卡机或收费处的上方。

8)无障碍设施标志

(1)无障碍设施标志宜设置于公共停车场(库)中残障人士专用车位的车位线内或车位线

后的墙面上,以及其他残障人士专用设施设备外表面显著位置。

(2)无障碍车位地面应涂有停车线、轮椅通行线和无障碍标志,在停车位的尽端设置无障碍标志牌。

(3)主要出入口、无障碍通道、电梯及楼梯等处应设置无障碍标志,如图 8-31、图 8-32 所示,并应形成完整的无障碍标志系统,清楚地指明无障碍设施的走向及位置。

图 8-31　无障碍升降梯标志

图 8-32　无障碍设施标志

第四节　配建机动车停车场交通设计

一、城市建筑物停车场配建标准制定依据

国内外经验表明,欲从根本上长远地改善停车设施供应与动态交通增长之间的协调发展问题,引导停车设施建设良性发展,必须制定城市建筑物配建停车设施标准与准则,并作为法规加以实施。其制定的基本依据包括:

1)城市车辆保有量

城市车辆,特别是机动车保有量是影响停车需求最重要的因素,因此配建标准应根据城市机动化水平和停车需求进行动态调整。对于自行车的停放,虽然每辆车所需空间较小,且易灵便处理,但对于公交停靠站或城市轨道交通枢纽等而言,仍需充分地制定相应的自行车停车标准。应强调的是,小汽车的拥有和使用并不是同一个概念,因此,为了改善交通或避免交通阻塞,常通过需求管理措施不同程度地限制机动车辆的使用。所以,对城市中心区的吸引点而言,可通过规定配建指标的低限值来控制停车需求总量,以缓解其路网上交通的过度拥挤。同时,一座城市的车辆(机动车、自行车)保有量应与其法定的停车供给之间达成适当的平衡,亦即至少应满足不侵占法定的公共空间(不包括论证后允许利用的空间),如道路空间(行人、自行车和汽车空间)、公共绿地等,确保车辆拥有时必备基本的存放空间,至于是否为汽车提供目的地停车位,则应视需求管理的需要及用地条件而定。

2)区位因素

区位是决定城市土地利用方式和效益的因素。城市建筑物所处区域不同,所产生的停车需求空间分布特征也存在较大差异。因此,有必要对城市布局做尽可能详细的分区规划,针对不同区域确定不同的配建水平。

3）建筑物性质

对城市建筑物来说，配建停车标准与建筑物类型、车辆停放特征有关。例如，以回家和上班为目的的车辆出行停放时间最长，以购物、娱乐和餐饮为目的的车辆停放时间次之。停放时间长短会影响停车周转率，最终影响停车设施的容量。此外，同一类建筑物中不同级别建筑的停车需求水平和车辆停放的时空分布特征，对停车设施规划建设的影响也较为显著。例如，住宅的停车需求受该住宅区居民经济收入和机动车保有量的制约，所以不同级别住宅的停车需求不同，相应的停车配建标准也有差异。因此，应在建筑物分类分级的基础上，以建筑物为单位制定操作性强的停车配建标准。

二、城市建筑物停车场配建标准的制定

1）城市建筑物停车场配建标准制定背景

我国现行的停车配建标准是参照住建部发布的《城市停车设施规划导则》和《城市停车设施建设指南》而进一步制定的地方标准。例如，北京、上海、广州、南京、深圳等城市都根据各地的实际情况，在研究并借鉴国外经验的基础上，制定了相应的地方标准。

2）建筑物配建停车设施标准案例

目前，国家层面没有制定统一的建筑物配建停车设施标准。住建部2015年发布的《城市停车设施规划导则》和《城市停车设施建设指南》指出，要根据城市发展及交通发展的目标和战略，统筹考虑现状及未来停车供需关系，制定城市停车发展的目标和战略；要按照各类建筑物停车需求特征的差异，确定建筑物分类，明确不同停车分区各种类型建筑物配建停车位标准；要求各地研究制定建筑物配建停车位标准。

以南京市2019年发布的《南京市建筑物配建停车设施设置标准与准则》为例，该标准从机动车标准车位、非机动车标准车位和机动车特殊车位三方面明确了配建指标。

以上海市建筑物配建停车设施标准为例，可了解建筑物配建停车设施标准的基本构成。该标准是在综合考虑上海市机动车保有量、区位因素和建筑物性质三个因素基础上制定的，如表8-17所示。

上海市建筑物配建停车设施设置标准（2014年版） 表8-17

建筑类型			计算单位	机动车	非机动车		说明
					内部	外部	
宾馆	一类区域	中高档宾馆、旅馆、酒店	车位/客房	0.5	0.75	—	2
		一般旅馆、招待所	车位/客房	0.3	0.75	0.25	
	二类区域	中高档宾馆、旅馆、酒店	车位/客房	0.6	0.75	—	
		一般旅馆、招待所	车位/客房	0.4	0.75	0.25	
	三类区域	中高档宾馆、旅馆、酒店	车位/客房	0.6	0.75	—	
		一般旅馆、招待所	车位/客房	0.4	0.75	0.25	
办公	一类区域	下限	车位/100m²建筑面积	0.6	1.0	0.75	
		上限	车位/100m²建筑面积	0.7			
	二类区域	下限	车位/100m²建筑面积	0.8			
	三类区域	下限	车位/100m²建筑面积	1.0			

续上表

建筑类型			计算单位	机动车	非机动车		说明
					内部	外部	
商业场所	零售商场	一类区域	车位/100m² 建筑面积	0.5	0.75	1.2	3
		二类区域	车位/100m² 建筑面积	0.8			
		三类区域	车位/100m² 建筑面积	1.0			
	超级市场、批发市场	一类区域	车位/100m² 建筑面积	0.8	0.75	1.2	
		二类区域	车位/100m² 建筑面积	1.2			
		三类区域	车位/100m² 建筑面积	1.5			
餐饮、娱乐	一类区域		车位/100m² 建筑面积	1.5	0.5	—	
	二类区域		车位/100m² 建筑面积	2.0			
	三类区域		车位/100m² 建筑面积	2.5			
医院	综合性医院	一类区域	车位/100m² 建筑面积	0.6	0.7	1.0	4
		二类区域	车位/100m² 建筑面积	0.8			
		三类区域	车位/100m² 建筑面积	1.0			
	社区卫生服务中心	一类区域	车位/100m² 建筑面积	0.2	0.3	0.5	
		二类区域	车位/100m² 建筑面积	0.3			
		三类区域	车位/100m² 建筑面积	0.5			
	疗养院	一类区域	车位/100m² 建筑面积	0.4	0.3		
		二类区域	车位/100m² 建筑面积	0.6			
		三类区域	车位/100m² 建筑面积	0.8			
体育场馆	一类		车位/百座	3.5	按职工总人数的30%计算	17.5	5
	二类		车位/百座	2.0		17.5	
	三类		车位/百座	10.0		14.0	
影(剧)院	一类区域		车位/100m² 建筑面积	0.4	3.5	7.5	
	二类区域		车位/100m² 建筑面积	0.6			
	三类区域		车位/100m² 建筑面积	0.8			
游览场所	中心城区		车位/100m² 建筑面积	0.07	按职工总人数的30%计算	0.3	6
	郊区(县)		车位/100m² 建筑面积	0.15		0.2	
展览馆	一类区域		车位/100m² 建筑面积	0.4	0.75	1.0	
	二类区域		车位/100m² 建筑面积	0.6			
	三类区域		车位/100m² 建筑面积	0.8			
长途汽车客运站	二级站及以下	内环线以内	车位/年平均日每百位旅客	2.2	3.0		7
		内环线以外		2.0			
	一级站	内环线以内	车位/年平均日每百位旅客	2.0	3.0		
		内环线以外		1.8			
	高于一级站	内环线以内	车位/年平均日每百位旅客	1.6	3.0		
		内环线以外		1.2			

续上表

建筑类型			计算单位	机动车	非机动车		说明
					内部	外部	
客运码头			车位/年平均日每百位旅客	3.0	1.5		
火车站			车位/年平均日每百位旅客	1.5	1.5		
轨道交通车站	一般站		—	—	10.0		8
	换乘站	中环线以外	车位/远期高峰小时每百位旅客	0.2	7.0		
	枢纽站	中环线以外		0.3	4.0		
客运机场			车位/高峰日进出港每百位旅客	4.0	按职工总人数的15%计算	—	
公交枢纽		中环线以外	车位/高峰日每百位旅客	0.1	按职工总人数的30%计算	4.0	9
教育类设施设置接送临时车位	中学	一类区域	车位/每百位学生	1.0			10
		二类区域	车位/每百位学生	1.2			
		三类区域	车位/每百位学生	1.5			
	小学	一类区域	车位/每百位学生	1.5			
		二类区域	车位/每百位学生	1.5			
		三类区域	车位/每百位学生	1.8			
	幼儿园	一类区域	车位/每百位学生	1.5			
		二类区域	车位/每百位学生	1.5			
		三类区域	车位/每百位学生	2.0			
住宅	商品房、动迁安置房	一类 一类区域	车位/户	1.2	0.8		11
		一类 二类区域	车位/户	1.4	0.5		
		一类 三类区域	车位/户	1.6	0.5		
		二类 一类区域	车位/户	1.0	1.0		
		二类 二类区域	车位/户	1.1	0.9		
		二类 三类区域	车位/户	1.2	0.9		
		三类 一类区域	车位/户	0.8	1.2		
		三类 二类区域	车位/户	0.9	1.1		
		三类 三类区域	车位/户	1.0	1.1		

续上表

建筑类型			计算单位	机动车	非机动车		说明
					内部	外部	
住宅	经济适用房	一类区域	车位/户	0.5	同商品房、动迁安置房配置标准		11
		二类区域	车位/户	0.6			
		三类区域	车位/户	0.8			
	公共租赁房（成套小户型住宅）	一类区域	车位/户	0.3	同商品房、动迁安置房配置标准		
		二类区域	车位/户	0.4			
		三类区域	车位/户	0.5			

注：1. 表列配建指标均为建筑应配建停车车位的最低指标。
2. 宾馆是指具有住宿功能的宾馆、旅馆、酒店、招待所，按其设计房客数计算相应配建停车位指标；设计三星级以上（含三星级）归为中高档，设计三星级以下归为一般。
3. 百货商场、零售型商店、便利店、单独设立的专卖店归为零售商场，总建筑面积小于500m²的小型商店、便利店可不配建停车位；大卖场、超市等大规模、集中型商品交易场所归为超级市场；对商业建筑面积无法标定的，按营业面积加30%计。
4. 按照现行医疗机构管理规定，设计二级、三级医院归为综合性医院，设计一级医院归为社区卫生服务中心，非公立医疗机构按其规模、业务范围可按照执行。单独设立的门诊部、诊所及专科医院按照社区卫生服务中心停车位指标执行。养老院、康复中心停车位按照疗养院停车位指标执行。
5. 一类体育场馆指大于等于15000座的体育场或大于等于4000座的体育馆；二类体育场馆指小于15000座的体育场或小于4000座的体育馆；二类体育场馆指娱乐性体育设施。
6. 绿地、休憩广场等公益性游览场所及小型经营性游览场所按照上述指标执行；城市公园、大型游乐场、旅游景区配建停车位指标应通过交通影响评价确定。
7. 由于上海特大城市的实际情况，高峰小时交通量较大，所以在一级站以上另外增加了"高于一级站"的指标。
8. 换乘站：有2条轨道交通通过的车站；枢纽站：3条及3条以上轨道交通通过的车站；中环线以内，轨道交通站不设配建机动车停车场；每个轨道交通车站均应设非机动车停车库(场)。
9. 3条以上常规公交线路或1~2条快速公交线路即构成公交枢纽；出租车泊位不小于高峰日每百位旅客0.2个。
10. 教育类设施的停车位指标，其中的办公建筑面积，按照办公类建筑执行；中、小学校和幼儿园应划定主要针对接送学生高峰时段的临时停车区，临时停车位不计入建筑配建机动车停车位总数。
11. 一类住宅：平均每户建筑面积≥140m²或别墅；二类住宅：90m²≤平均每套建筑面积≤140m²；三类住宅：平均每套建筑面积<90m²。对于一类住宅，当户均面积超过140m²后，超过面积按1.0车位/100m²折算车位。新建住宅含多种类型时，总体配建车位指标为分别按各类型住宅对应指标计算车位数后累加。动迁安置房配建停车位指标可经交通影响评价后适当降低，降幅宜在20%以内。公共租赁房（成套单人型宿舍）、廉租房配建停车位指标按照公共租赁房（成套小户型住宅）配建停车位指标的50%执行。

第五节　机械式停车库交通设计

机械式停车库可按停车的自动化程度分为全自动停车库和复式停车库。全自动停车库指室内无车道，且无驾驶人进出的机械式停车库，即驾驶人将车辆停放到地面层（即车库入口层）的载车板上，驾驶人离开车辆后，停车设备自动运行。复式停车库指室内有车道，且有驾驶人进出的机械式停车库。全自动停车库的停车宜采用平面移动类、巷道堆垛类、垂直升降类设备；复式停车库的停车可采用升降横移类和简易升降类设备。

一、机械式停车库的主要类别

1. 平面移动式全自动停车库

平面移动式停车设备由搬运器和停车架组成,搬运器在平面内做往返运动,将车辆搬入(搬离)停车架,完成车辆存取,当设有多层停车架或平面移动设备与车辆出入口不在一个平面内时,该设备需要增加升降系统,完成车辆的上下垂直运动,如图 8-33 所示。

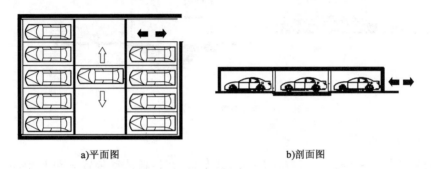

a)平面图　　　　　　　　b)剖面图

图 8-33　平面移动式全自动停车库图示

适用范围:广泛应用于室外停车场、室内大型停车库或地下车库。可独立建设,也可附建于其他建筑内。

2. 巷道堆垛式全自动停车库

设备运行原理为堆垛机水平或垂直移动到存车位,搬运器将车辆搬运(搬离)到存车位上,完成车辆存取,如图 8-34 所示。

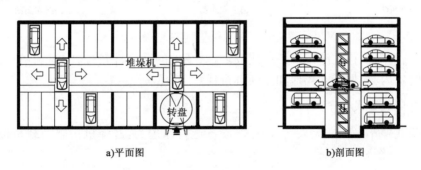

a)平面图　　　　　　　　b)剖面图

图 8-34　巷道堆垛式全自动停车库图示

适用范围:可设置在室外(一般采用全封闭式)、室内、地上或地下。存车容积率高,一部巷道堆垛机负责 60~100 辆车较为合适,每层停车数在 20 辆以上,层数为 2~6 层。

3. 垂直升降式全自动停车库

垂直升降式停车库亦可称为塔式立体车库,设备由升降机、横移机构和立体停车架构成。升降机将车辆(或载车板)升降到指定层,然后用安装在升降机上的横移机构将车辆(或载车板)搬运到车位,如图 8-35 所示。

适用范围:适用于高层办公楼、住宅、医院、城市综合体等用地紧张的建设项目,可独立建设,亦可以嵌入在主体建筑内。

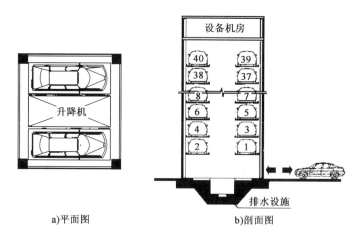

图 8-35 垂直升降式全自动停车库图示

4. 升降横移式复式停车库

升降横移式停车库的每个车位均有一块载车板,在机械传动装置驱动下,沿水平或垂直轨道进行升、降、横移运动,将存取车辆搬运到立体停车架上,如图 8-36 所示。

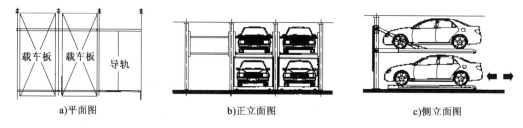

图 8-36 升降横移式复式停车库图示

适用范围:升降横移式停车设备形式较多,对场地的适应性较强,空间利用率高。可建在室外或建筑物室内,根据不同场地和空间进行任意组合。

5. 简易升降式复式停车库

简易升降式停车采用准无人运行方式,设备运行原理为:升降机构驱动载车板上下移动,完成车辆存取,如图 8-37 所示。

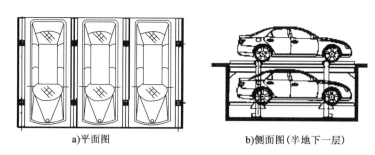

图 8-37 简易升降式复式停车库图示

适用范围：可广泛运用于室外停车场、地下停车库等。

6. 自行车机械式停车库

随着自行车停车需求的上升，智能自行车停车系统正在推广，借鉴机动车机械停车库的模式，自行车亦可通过全自动停放模式进行停车，优点是节约空间、停车方便，而且无须担心被窃，如图8-38所示。

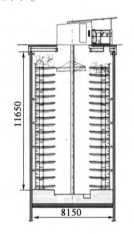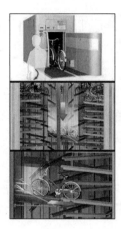

图8-38　自行车机械式停车库（日本案例，尺寸单位：mm）

二、基本设计参数

（1）车位尺寸：机械式停车库不同于自走式停车库，其对于每类车停车位的尺寸都有基本要求。适停车型尺寸及质量见表8-18。

适停车型尺寸及质量　　　　　　表8-18

车型	长×宽×高（mm×mm×mm）	质量（kg）
小型车	≤4400×1750×1450	≤1300
中型车	≤4700×1800×1450	≤1500
大型车	≤5000×1860×1550	≤1700
特大型车	≤5300×1900×1550	≤2350
超大型车	≤5600×2050×1550	≤2550
客车	≤5000×1850×2050	≤1850

（2）出入口尺寸：车库出入口门洞净宽不应小于停车设备的适停车型宽度加500mm，且不应小于2500mm，净高不应小于2000mm。

（3）停车库前空间尺寸：车位前的出入口场地应满足车辆转向进入载车板的要求，其宽度不宜小于6000mm。

（4）检修通道尺寸：机械式停车库应根据需要设置检修通道，其宽度不应小于600mm，停车位内检修通道净高不宜小于停车位净高。

（5）机械式停车场设计需要考虑车辆单车排队的等待时间和机械停车的服务时间，根据停车场的规模和停车需求合理设置排队车道长度和机械设备数目，避免出现等待服务时间过长等问题。

第六节　自行车停车场交通设计

一、自行车停车场的主要类别

自行车停车场按照自行车停放地点不同,可分为路外自行车停车场和路边自行车停车场。目前在许多城市,除了自有自行车之外,还有公共自行车与共享自行车,还应特别关注此类自行车的停放。

1. 路外自行车停车场

指设置于城市道路红线范围以外的专门开辟供自行车停车的设施,一般停车空间较大,以满足通勤等长期停放自行车的需求。路外停车场相对封闭,具有更好的安全性。

2. 路边自行车停车带

指设置于城市道路红线范围内的自行车停车设施,停车位较少,多满足临时、短时间停车需求。设计要求在安全的基础上,更加注重便利性和可达性。

3. 公共自行车停车点

包括公共自行车、锁车器和站点控制器,供使用者借还公共自行车及查询借还车信息等,有条件时,可配套休息室、便捷洗浴间等人性化设施,停车位根据公共自行车全局规划而定。

4. 共享自行车停车点

共享自行车常在校园、地铁站点、公交站点、居民区、商业区、公共服务区等提供服务,带动居民使用公共交通工具。共享单车采用分时租赁模式,将其停放在公共的自行车停放点即可。值得注意的是,共享自行车停放量的时间和空间分布随用户使用特征动态变化,例如使用高峰集中、停放量的空间分布随时间变化明显等,在停车场交通设计中应予以考虑。

二、路外自行车停车场交通设计

1. 停车场位置选择

(1)停车场地应尽可能分散布置,且靠近目的地,充分利用人流稀少的支路、街巷空地设置。

(2)应避免停放点的出入口直接对接交通干路。

(3)城市轨道交通车站、交通枢纽、名胜古迹和公园、广场等周边应设置路外自行车停车场,服务半径不宜大于100m,以方便自行车驻车换乘或抵达。

(4)对应于不同出行目的的自行车停车特征,停车点的服务半径一般为50~100m;最大步行距离不宜超过200m,一般应处于公交站点覆盖的范围内。

2. 停车场内部设计

(1)出入口:自行车停放点的进出口位置和数量设置,需要考虑高峰时进出口交通的拥挤程度和交通组织。出入口越多,越便于骑车人的进出,但可能增加对动态交通的影响以及管理上的难度。一般情况下,当自行车停车位在300辆以上时,其出入口不宜少于2个,出入口宽度宜为2.5~3.5m,如图8-39所示。

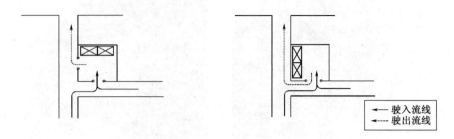

图8-39 自行车停车场出入口设计示例

(2)坡度及宽度:自行车停车场坡度宜为0.3%~4%。地下和多层自行车库车辆出入口可采用踏步式出入口或坡道式出入口。踏步式出入口的推车斜坡坡度不宜大于20%,推车斜坡宽度不应小于0.3m,坡道宽度不应小于2m。坡道式出入口的斜坡坡度不宜大于15%,坡道宽度不应小于2m。有条件的可以设置上坡推行传送带等人性化设施,方便自行车进出。

(3)停车区:场内停车区应按组安排,每组场地长度宜为15~20m。

3. 停车方式设计

自行车停车方式主要有:水平面内垂直式、斜列式、空间立体式。

水平面内的停放方式较为普遍,优点是存取方便。该停放方式一般采用双排停靠的形式以扩大容量,具体方式需要视停放空间和需求量决定,如图8-40所示。

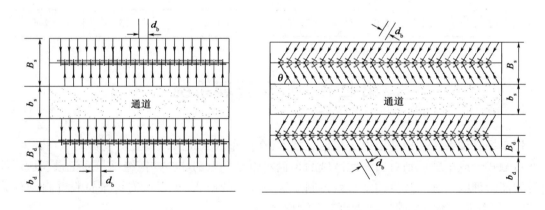

图8-40 水平面内的停放方式

d_b-车辆间距;b_s-一侧停车通道宽;B_d-单排停车带宽;b_d-两侧停车通道宽;B_s-双排停车带宽;θ-自行车纵轴与通道的夹角

空间立体式在国外应用较多,该停放方式对停车设施要求较高,优点是极大程度节省了空间,如图8-41所示。

4. 基本设计参数

自行车停车场的基本设计参数包括停车位宽度、通道宽度、车辆间距等,它们与停放方式一起决定了自行车的单位停车面积,参数取值可参见表8-19。

图 8-41 空间立体式自行车停车库

自行车停车场设计参数取值(单位:m) 表 8-19

停车方式		停车位宽度		车辆间距 d_b	通道宽度(m)	
		单排停车 B_d	双排停车 B_s		一侧停车 b_d	两侧停车 b_s
斜列式	30°	1.0	1.8	0.5	1.2	2.0
	45°	1.4	2.4	0.5	1.2	2.0
	60°	1.7	3.0	0.5	1.5	2.6
垂直式		2.0	3.2	0.6	1.5	2.6

第七节 停车管理系统

停车场管理系统是指基于电子与信息技术,在停车区域及出入口处安装自动识别装置,通过非接触式卡或车牌识别对出入此区域的车辆实施判断识别、准入/拒绝、引导、记录、收费、放行等智能管理的系统。其目的是有效控制车辆与人员的出入,记录所有详细资料并自动计算收费额度,实现对场内车辆与收费的安全管理。

一、传统停车管理系统

1. 系统简介

传统停车管理系统指道闸式停车管理系统,通过在停车场的出口及入口设置道闸来控制车位的使用及收费。该系统主要由管理中心、车辆自动识别装置、入口读卡发卡装置、栅栏机、出口收费与验票机、监控摄像机和通道管理等部分组成,其功能框架参见图 8-42。

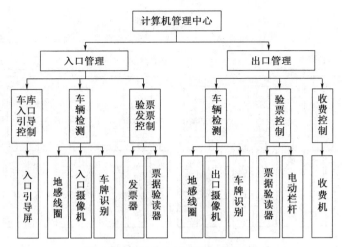

图 8-42　传统停车管理系统功能框架

2. 主要功能实现

收费功能实现流程:通过闸机前的地感线圈感应车辆到来,驾驶人从发卡机取临时卡,同时读卡器自动读取数据,触发摄像机拍照功能,记录车牌及进入时间等信息,闸机开启,车辆进入。车辆驶出停车场时,至出口监控室还卡、缴费,经工作人员在收费电脑上确认,道闸开启,数字录像机启动拍照功能,照片存入电脑硬盘,控制器记录下该出场时间,如图 8-43 所示。

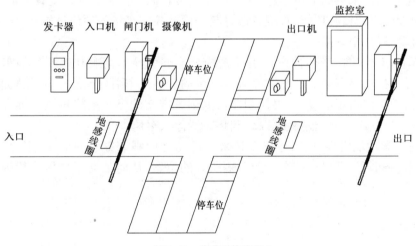

图 8-43　收费系统流程

二、智能停车管理系统

1. 系统简介

智能停车管理系统基于停车及管理信息采集、处理与提供服务等,将停车场完全置于计算机统一管理下,可实现在传统停车管理系统功能基础上的无卡收费、停车位引导及反向寻车功能,其功能框架参见图 8-44。

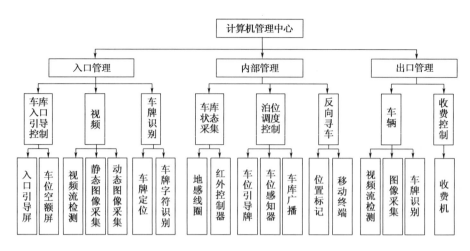

图 8-44 智能停车管理系统功能框架

2. 主要功能实现

（1）收费功能实现流程：车辆视频检测模块侦知车辆到来，由图像抓拍模块拍摄车辆图像，经车牌识别，存储车牌号信息、车辆信息、到达时间连同影像资料。车辆驶出时，出口监控对车辆进行视频检测和车牌识别，并将辨识后的车牌号与数据库中的信息相匹配，提取入库时间、车辆信息及影像资料，计算停车费用，图像匹配成功后收费放行。

（2）停车场内部管理功能实现：通过地感线圈和红外控制器采集车库状态，通过停车位引导屏显示车位感知器采集的泊位信息，完成泊位调度控制。停车管理系统具备信息集中汇总、综合处理、智能反应的核心功能，管理者通过其全面掌控停车场各项信息指标，实现综合发布、统一调度、自动备份、报警提示等。

（3）停车位引导功能实现：停车位引导系统是能够引导车辆顺利进入目的车位的指示系统。一般情况是指在停车场引导车辆停入空车位的智能停车引导系统。其原理是利用车辆探测器来实时获得车位占用信息，中央控制器根据预先定义的停车策略对显示屏和引导牌进行相应的显示，用户只需按照指示就可以顺利将车辆停入车位。

（4）反向寻车功能实现：反向寻车系统采用进场之后刷卡签停的形式，用户寻找车位时，在查询端刷卡、条形码，可以获知车主及车辆所处的位置，从而帮助用户尽快找到车辆停放的区域。

第九章 交通安全设计

第一节 概 述

41. 交通安全设计
基本概念

交通安全是交通设计的另一核心目标。"十四五"规划提出"统筹发展和安全,建设更高水平的平安中国""坚持人民至上、生命至上,把保护人民生命安全摆在首位,全面提高公共安全保障能力。完善和落实安全生产责任制,加强安全生产监管执法,有效遏制危险化学品、矿山、建筑施工、交通等重特大安全事故"。党的二十大报告提出"必须坚持人民至上""加快建设制造强国、质量强国、航天强国、交通强国、网络强国、数字中国""提高公共安全治理水平"。据世界卫生组织2022年发布的报告,全世界每年死于道路交通事故的人数约有130万,另有数百万人受伤。道路交通事故已成为人类社会的重大公害,交通安全问题也已成为重大的社会问题。在我国,道路交通事故仍然频发,因交通事故而死亡的人数居世界前位。交通事故已经成为制约经济社会发展与人民生活水平提高的障碍。

道路交通系统是一个复杂的大系统,系统中的人、车、路、环境、信息和规则等各因素相互依存、共同作用,这种关系随着时间、地点的不同而不断变化。交通安全问题的产生是由于各要素关系的突变或者失衡所致。

交通安全设计是运用交通工程学、系统工程学、交通行为学和交通心理学等基本理论与原理,借助交通事故与交通冲突分析方法,以交通系统及其组成要素为研究对象,解析交通事故形成过程与机理,以预防交通事故、减轻交通伤害与损失为目标,最佳地协调交通系统各要素,形成交通安全最佳方案,并进一步实现交通安全、效率、便捷、环境等多目标的最佳化。

交通安全设计贯穿于交通设计的全过程,在此过程中应坚持以人为本、问题导向。本章将系统地讲述交通安全设计方法体系,包括:交通安全设计的基本概念,基于交通出行风险分析提出的交通安全设计目标、原则与体系,交通安全空间设计,交通控制和交通安全设施建设中常用的交通安全设计方法等。

第二节 交通安全设计体系

一、交通冲突与事故发生过程

交通冲突与事故发生过程如图 9-1 所示。交通出行者移动过程中可能发生状态的变化,在冲突状态下的避险行为(如制动、转向、加速等)失败就会造成事故,并带来一定的损害后果。发生交通事故的风险可以描述为三部分:交通参与者在交通事故发生区域的滞留(Exposure)、交通事故发生的概率(Risk)、交通事故损害后果(Consequence)。

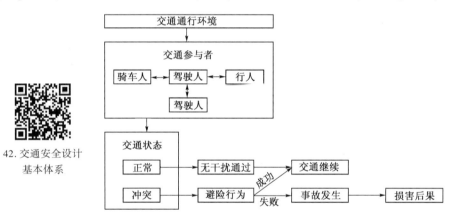

42. 交通安全设计基本体系

图 9-1 交通冲突与事故发生过程

交通事故与交通冲突密切相关。交通冲突是指交通出行者在参与道路交通过程中,与其他交通出行者发生相会、超越、交错、追尾等遭遇时,可能发生交通损害的现象。交通冲突也可以表述为交通出行者的一方已明显感知到事故危险的存在,并采取了积极有效避险行为的交通遭遇事件。一定意义上,交通事故属于交通冲突的范畴,交通事故与交通冲突的成因及发生过程相似,两者之间的唯一区别在于是否存在损害后果。换言之,凡造成人员伤亡或车、物损害的交通事件称为交通事故,否则称为交通冲突。

交通冲突技术(TCT,Traffic Conflict Technique)是国际交通安全领域从 20 世纪中叶以来逐步开发并完善的非事故统计评价技术,以交通冲突事件观测分析替代交通事故数据分析,具有大样本、收集数据快速的特点,能够定量评价研究交通安全现状与改善效果。

二、交通安全设计目标与原则

从降低交通事故风险的角度,可将交通安全设计的目标函数表示为式(9-1):

$$F = \sum_i \sum_j F_{ij} = \sum_i \sum_j E_{ij} \cdot R_{ij} \cdot C_{ij} \qquad (9-1)$$

式中：F——总体安全性能指标；

F_{ij}——i 路径 j 交通方式的交通安全性能指标；

E_{ij}——i 路径 j 交通方式的交通发生量；

R_{ij}——i 路径 j 交通方式与其他交通参与者发生冲突的概率；

C_{ij}——i 路径 j 交通方式发生交通冲突的损害程度。

总体安全性能指标 F 越小，表明设计方案的交通安全效果越好。若通过主动交通安全设计提高交通安全性，就要减少交通出行可能冲突的数量、降低冲突的严重程度、并减轻其损害程度。为此，交通安全设计应遵循以下三个原则。

1. 减少滞留

交通安全设计的第一个原则是设法减少或消除交通出行者出现在可能发生交通事故的地点。如果原本可能发生交通事故的双方中至少一方不出现，交通事故就能得以避免。

2. 降低事故发生概率

对无法避免的交通冲突点，应对可能冲突的双方交通状态和时空通行权进行有效的调整，变无序为有序，增加冲突双方发现、判断危险的及时性和准确性，降低交通事故发生的概率。

3. 减轻交通事故严重程度

针对发生交通事故后可能产生的能量释放和运动状态改变，在道路和交通设计中采取科学有效的措施，以减轻交通事故的伤害后果。

三、交通安全设计策略与方法

根据交通安全设计目标和原则，交通安全设计策略与方法可归纳于表 9-1。表中按照设计对象的不同而分为空间设计、控制信号设计、设施布局设计三部分，分别在本章第三~五节中详述。需要说明的是，同一设计方法有时可以满足不同层次的安全目标，比如降速设计既可以减少机动车制动距离，又可以减少碰撞时的能量。

43. 交通安全设计基本方法

交通安全设计策略与方法 表 9-1

设计目标	设计策略	主要设计方法		
		空间设计	控制信号设计	设施设计
减少交通出行者在交通事故发生区域的滞留（Exposure）	隔离、分离	①横断面设计；②分离冲突点等	①交通管制、信号控制方式选择；②信号配时设计等	隔离设施等
降低交通事故产生的概率（Risk）	增加交通出行者应对冲突的时间，减小机动车制动距离	①视距设计；②渠化设计；③线形设计；④降速、降低相对车速设计；⑤汇入角度设计等	①信号灯位置及视认性设计；②两难区改善设计等	①照明设施；②标志标线等
减轻交通事故损害后果（Consequence）	降低事故双方能量，合理转移能量	①降速、降低相对车速设计；②汇入角度设计等	采用非常态交通控制方案等	防护设施等

44. 交通空间
安全设计

第三节 交通空间安全设计

交通空间安全设计旨在从空间上提高交通系统的安全性,按照设计对象的不同可分为交叉口交通安全设计、路段交通安全设计、连接交通安全设计、匝道交通安全设计等。

一、交叉口交通安全设计

交叉口交通安全设计主要是通过交叉口空间设计措施,达到减少冲突,特别是帮助驾驶人作出正确决策、降低进出口道车速等目的。交叉口空间要素包括:交叉口形式、视距、线形、渠化、车道功能(专用左转或右转车道)、交叉口附近的进出车道等。

1. 交叉口形式选择

交叉口形式是指相交道路在交叉口处的连接方式,有十字形、T形、Y形、X形、错位交叉、多路交叉、畸形交叉、立体交叉等。本节主要讨论平面交叉情形。平面交叉口的形式往往取决于城市道路规划和街坊建筑用地等条件。为了确保道路交叉口的交通功能,在城市道路规划时应尽可能选择规范的四路十字交叉,避免五岔及五岔以上的多路交叉、畸形交叉以及夹角小于45°的交叉。

2. 交叉口视距

视距是驾驶人在道路上能够清楚看到前方道路某处的距离。交叉口转角处的通行条件须满足安全的视距三角形要求,亦即视距三角形范围内,不得有任何高出道路平面高程1.0m的视线障碍物。对于必须设在交叉口附近的高架路或人行天桥桥墩及台阶等,应做视距分析,以确保交通安全为原则。视距三角形的两个直角边长度为停车视距,是驾驶人在行驶过程中,看到前方障碍物时,从开始制动至到达障碍物前安全停车的最短距离,可由式(9-2)确定:

$$S_{停} = \frac{vt}{3.6} + \frac{v^2}{245(\varphi + \phi)} \tag{9-2}$$

式中:v——交叉口设计车速(km/h);

　　　t——制动反应时间(s),取2.5s;

　　　φ——潮湿系数,按不利情况可取值为0.4;

　　　ϕ——粗糙系数,其取值范围为0.03~0.05。

车辆由路段进入交叉口进口道后车速将降低,因此,交叉口计算车速需要视车流的不同行驶方向而定。进口道直行车流计算车速一般取路段车速的0.7倍,左右转车流的计算车速取路段车速的0.5倍。

如图9-2所示,交叉口视距三角形分两类:图9-2a)为到达视距三角形,图9-2b)为驶离视距三角形。到达视距三角形即为一般意义上的视距三角形,它是指车辆在到达交叉口之前能看清是否存在冲突交通流的一个三角形区域;驶离视距三角形是指进口道车辆已经停车等待与之相冲突流向车辆通过之后,驶离停车线时需要看清是否存在冲突交通流的一个三角形区域。值得注意的是,两类视距三角形皆有车辆与车辆、车辆与行人、车辆与非机动车辆等组合情形。因此应视具体情况,加以综合分析,以确定最不利的视距三角形。

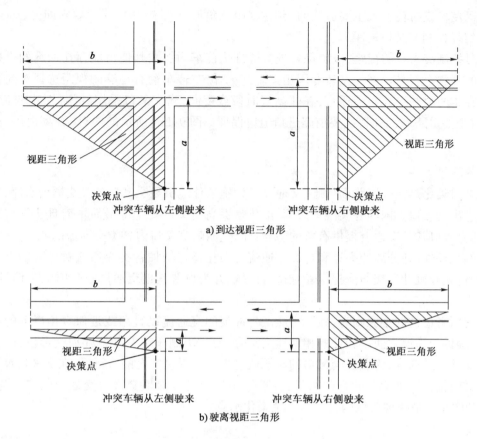

图 9-2 交叉口视距三角形

1）全无控制交叉口视距

城市道路中，只在流量非常低的交叉口不采取任何控制措施。事故统计表明，无控制交叉口的事故绝大部分与视距有关。所以，在无控制交叉口的交通安全设计中，应特别关注其视距是否满足要求。

由于无控制交叉口在进口道无任何控制措施，驶进交叉口的车辆驾驶人往往只能通过判断是否存在交通冲突而实施相应的避让或通过行为，所以针对无控制交叉口的每一个进口道，均应提供一对如图 9-2a）所示的"到达视距三角形"进行安全分析。

2）设置停车让行标志交叉口视距

根据交叉口相交道路的重要度实施优先通行的交叉口，其交通安全分析的重点仍然是各种行车视距是否满足要求。按照停车让行交通标志的规定，次要道路车辆驶进交叉口时必须完全停车让行。因此，针对停车让行交叉口，各次要道路进口道均应提供一对如图 9-2b）所示的"驶离视距三角形"进行安全分析。

当实施减速让行标志管理时，次要道路车辆驶进交叉口时不一定要完全停车，因此，视距三角形沿次要道路的边长要大于停车标志交叉口。对减速标志管理的四岔交叉口的次要道路进口道，需要满足两对独立的"到达视距三角形"[图 9-2a）]的要求：一对到达视距三角形对应次要道路车辆直行穿越主要道路的情况，另一对到达视距三角形对应次要道路车辆左转或右转驶入主要道路的情况。对设置减速标志的三岔交叉口的次要道路进口道，仅需要确保次要道路车辆左转或右转驶入主要道路的"到达视距三角形"[图 9-2a)]满足要求即可。

3）信号控制交叉口视距

信号控制交叉口的视距,应确保各进口道排队首车均能被其他可能存在冲突的进口道排队首车的驾驶人看见。当无左转专用相位时,应确保左转车辆有足够的视距选择对向直行车流的可穿越间隙并完成左转通行;在非高峰时段或夜间,当交叉口采用红闪(对次要道路)或黄闪(对主要道路)控制时,次要道路进口道应保证如图 9-2b)所示的两对"驶离视距三角形"的要求。

3. 交叉口渠化

交叉口渠化是指采用路面标志、交通岛等设施最佳地引导交叉口各类交通流有序、安全且高效地进出交叉口。国内外实践皆表明,渠化是提高交叉口安全度最简单而且非常有效的方法,可为交叉口各类交通流提供有益的引导,简化、明晰交叉口内各类交通流的流线,减轻交叉口交通的无序性,并分离冲突点和冲突交通流。渠化还将增加各类交通流对危险的有效判断时间,为行人和机动车交通流提供安全待行区域,并为设置其他交通设施（如标志、信号灯等）提供恰当的空间。

渠化所考虑的安全原则有:减少可能产生冲突的交通流以直角或近似直角碰撞的冲突区域面积;确保交通流之间以较低的相对速度汇合;通过限制车道宽度或几何线形设计,控制车辆通过交叉口的速度;为通过交叉口的车辆或过街行人提供安全的待行区;在交叉口范围内为各类交通流提供清晰明确的行驶路径;合理使用交通岛以保证交叉口交通流的安全与效率。图 9-3 和图 9-4 是两种典型的交叉口安全渠化示意图。

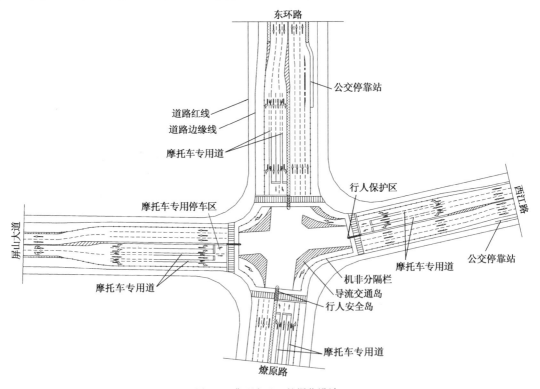

图 9-3 典型交叉口的渠化设计

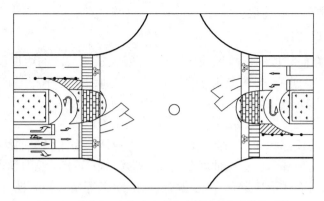

图9-4 考虑交叉口行人交通安全的掉头车道设计示例

4. 交叉口线形要求

当交叉口平面线形采用曲线时,其曲线半径应大于不设超高的最小圆曲线半径;交叉口范围内的竖向线形应尽量平缓,以满足车辆安全、通畅行驶的要求。

交叉口转角处路缘石的转弯半径应满足机动车和非机动车行驶的要求,其半径可参考表9-2所列数值。为了防止右转弯机动车辆对行人和非机动车的危险影响,有必要降低右转弯车辆在弯道上的车速,因此应适当减小右转弯缘石半径。

城市道路缘石转弯半径参考值　　　　　　表9-2

右转弯计算车速(km/h)	30	25	20	15
无非机动车道路缘石推荐转弯半径(m)	35~40	25~30	15~20	10~15
有非机动车道路缘石推荐转弯半径(m)	30~35	20~25	10~15	5~10

5. 交叉口慢行交通一体化设计

以往的交叉口设计,特别是我国城市道路交叉口设计,常参照机动车来处理非机动车交通,因此致使非机动车通行空间和通行方式与机动车严重混合,两者间频繁冲突(见第五章)。事实上机动车和非机动车交通特性(车流性状及速度和能量)相差甚大,因此交通流在空间上混合通行增大了交通事故的发生概率,有必要采用机动车与慢行交通(行人与非机动车交通)分离设计,以减少混合交通的冲突与相互干扰。行人与非机动车交通一体化过街概念设计示例如图9-5所示。

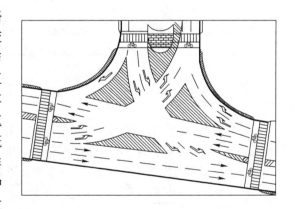

图9-5 行人与非机动车交通一体化过街概念设计示例

二、路段交通安全设计

影响道路路段交通安全的空间要素包括:道路平、纵、横线形的组合;道路横断面类型和机动车道宽度;路段行人过街及交通分隔设施;路段交通平静化处理等。因此,路段交通安全设计应寻求这些影响要素的最佳化。

1. 平、纵线形协调设计

一般情况下,道路曲线段的事故风险要高于直线段,道路坡度的增加也会导致事故率和事故严重程度的上升。根据 TRB(1987 年)的研究,平、纵曲线组合不当是产生危险路段的重要原因之一,组合状况对安全的影响要远远大于单个平、纵曲线的影响。需要避免的平、纵线形组合包括:

(1)凸形竖曲线的顶部和凹形竖曲线的底部应避免插入小半径平曲线。
(2)凸形竖曲线的顶部和凹形竖曲线的底部,不得与反向平曲线的拐点重合。
(3)直线上的纵断面线形应避免出现驼峰、暗凹、跳跃等使驾驶人视觉中断的线形。
(4)直线段内不得插入短的竖曲线。
(5)小半径竖曲线不宜和缓和曲线相互重叠。
(6)避免在长直线上设置陡坡及曲线长度短、半径小的凹形竖曲线。

2. 利于交通安全的道路横断面选用

常见的道路横断面形式有四种:一块板、两块板、三块板和四块板。一块板道路发生的交通事故比例和交通事故致死率最高。究其原因,机动车、非机动车无分隔地在同一平面上行驶,交通冲突点多,相互干扰大,交通出行者的疏忽或违章是造成混合交通流事故居高不下的主要原因之一。

因此,安全的道路横断面形式,应是对各类不同性质的交通流进行有效分隔,减少其混行与冲突和相互干扰。在第五章中已综合分析了慢行交通一体化处理可以有效地减少慢行交通与机动车交通之间的冲突。因为自行车和行人两类交通流速度皆较低,特别在交叉口范围其流体具有很大的相似性——膨胀-压缩性,所以两者的混行不会产生危险性的冲突,可采用如图 9-6 所示的慢行一体的横断面形式。

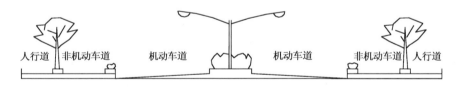

图 9-6 慢行一体的两块板道路横断面

3. 考虑交通安全的路段车道宽度确定

研究表明,交通事故率和事故严重程度主要与车辆运行速度的离散性相关,宽车道上车速离散程度较大;在保证车辆行驶横向安全间距的前提下,窄车道对安全更为有利;当速度不超过 50km/h 时,车道宽度可小于 3.5m。城市道路路段车道宽度推荐值可参照第五章中的数值。

4. 路段行人过街交通设计

路段行人过街交通设计既要保障行人过街的安全性和便捷性,又要尽量减轻行人过街对车辆通行的干扰。行人过街方式主要有立体过街和平面过街两种。

1)路段行人立体过街交通设计

当不得不建设立体过街设施时,特别需要考虑下列条件:

(1)照明条件:照明条件对于夜间地下过街设施的利用率有很大影响,为了确保行人过街安全,建议地下通道或人行天桥应确保其照明(可以结合利用太阳能),夜间亮度可适当调低。

(2)治安条件及环境卫生:治安条件和环境卫生也是影响立体过街设施有效利用的另一重要因素,应强化相应的管理。

2)人行横道

为确保行人过街安全,在下列地段不宜设置人行横道:

(1)弯道、纵坡变化路段等视距不良的地方。

(2)车辆转弯进出又不能禁止的地方。

(3)瓶颈路段。

另外,当路段人行横道在信号控制交叉口附近时,宜对其实施信号控制并与该交叉口进行协调控制。路段人行横道应设置相应的交通标志、标识,包括注意行人标志、人行横道标志、人行横道预警标识等。

5. 路段交通宁静化设计

交通宁静化是为了提高交通安全性,改善交通环境,降低机动车运行速度、噪声和空气污染而采取的一系列措施的总称。交通宁静化设计常用于居住区、生活区内部道路及其他需要保障交通安全、改善交通环境的区域。

交通宁静化措施存在一定的负面效应,如道路通行能力下降、减速拱或减速台使噪声增大等。因此在设立永久性交通宁静化设施之前,可先设置临时性设施,实际运行一段时间后视其实施效果再确定是否实施永久性措施。在实施宁静化措施前后,应做好宣传和说明工作。常用的路段交通宁静化措施有以下几种。

1)变化路面铺装材质与纹理

在需要减速或提醒注意力的路段,可以运用路面铺装材质和纹理的变化,促使机动车驾驶人降低行驶车速。

2)变化路面铺装颜色

在需要减速或提醒注意力的路段,可以通过变化路面铺装颜色提醒机动车驾驶人,促使其降低行驶车速。

3)施画视觉标线

在弯道、交叉口和其他需要减速的路段,可通过施画视觉标线,使驾驶人产生路面变窄的视觉,从而降低其车速,如图9-7所示。

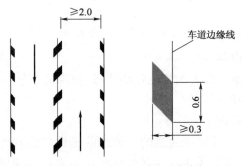

图9-7 视觉变化标线设计示例(尺寸单位:m)

4) 设置减速丘

减速丘是设置在道路出入口和其他需要减速的路段上,顶部呈抛物面状的凸起障碍物,用于降低车辆行驶速度。其负面作用是同时会降低行驶的舒适度,特别是对高速行驶的车辆造成的影响更大。因此,必须在减速丘前方设置警告标志,如图9-8所示。

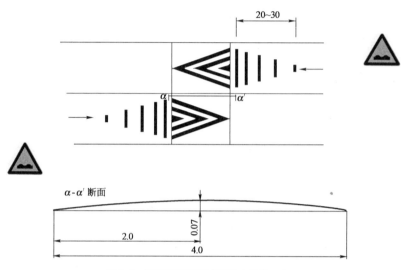

图9-8 减速丘设计示例(尺寸单位:m)

5) 设置人行横道减速台

人行横道减速台是将人行横道与减速丘结合在一起的减速设施,用于街坊的过街通道,必须与相关警告标志和标线结合使用,如图9-9所示。

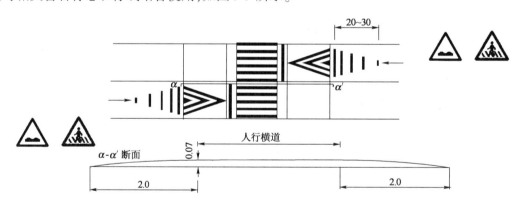

图9-9 人行横道减速台设计示例(尺寸单位:m)

6) 设计平面线形变化道路

设计平面线形变化道路是指人为变化道路线形,以降低车辆运行速度,这时应设立警告标志和限速标志等,如图9-10所示。

7) 道路宽度局部收窄处理

所谓道路宽度局部收窄,是指在通道的一侧或两侧设置物理障碍,缩减通道或车道宽度,以降低车辆的行驶速度,可用于居住区内部道路和其他需要减速的路段。为防止对机动车行驶造成危险影响,必须配合警告标志和标线使用,如图9-11所示。当机动车和非机动车处于道路同一平面行驶时不宜使用。缩减的道路宽度可以用于路内临时停车。

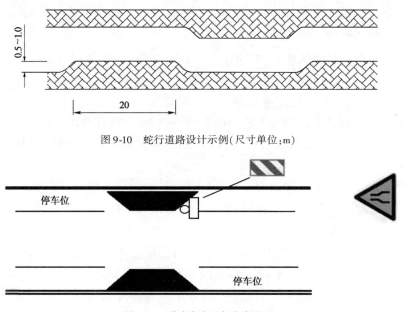

图9-10 蛇行道路设计示例(尺寸单位:m)

图9-11 道路宽度局部收窄处理

三、进出交通安全设计

道路进出交通(出入口交通)安全设计,旨在为主要道路两侧用地内的交通提供合适出入位置的同时,减少其与主线交通的冲突,保障交通安全的一系列交通设计。进出交通安全设计主要包括:开口设置、开口视距、中央分隔带、右进右出、左转车道、掉头车道等的设计。

1. 道路开口与交通安全

研究表明,路段交通事故率会随着两侧出入口的增加而增加,参见表9-3。因此,应特别注意道路沿线开口相关的交通安全设计。城市快速路和主干路两侧不宜设置出入口,次干路两侧开口数不宜大于10处/km。

双向交通开口数与相对事故率　　　　　　　　　　　　　　　　　　　表9-3

双向道路开口数(处/km)	相对事故率	双向道路开口数(处/km)	相对事故率
6	1.0	31	2.5
12	1.4	37	3.0
19	1.8	44	3.5
25	2.1		

注:相对事故率为事故数与每公里双向道路开口数为6处所对应的事故数的比值。

2. 进出交通安全视距

进出交通的安全视距可参照无信号控制平面交叉口安全视距确定方法加以设计。

3. 进出交通缓冲区设计

为缓和交通状态突变导致事故,道路开口处应设置缓冲区。出入口右侧的缓冲区还可视其需要兼顾出租车临时上下客使用,详细设计方法可参见第八章第四节图 8-6。

4. 开口交通组织设计

若主干路沿线出入口较为密集,其进出交通将对主干路产生较大影响,一方面严重降低干路的通行能力,另一方面会危及交通安全。因此,主干路沿线若不得不开口且允许机动车进出,则应采取右进右出方式对其交通流进行组织管理。

对于一般需要左转进入道路沿线地块的车辆,一般不允许在路段上直接左转,而是利用临近交叉口左转进入支路,通过交通组织进入目的地;或者利用道路沿线的掉头车道变左转为右进。

对于某些非主干路上出入交通的开口,或主干路沿线医院、消防等紧急交通可允许车辆直接左转进出,但需要设计合理的左转待行区,详细设计方法可参见第五章第十节图 5-112。

5. 进出交通绕行组织设计

两块板道路的中央分隔带宽度不小于 4m 或单向机动车道不少于 3 条时,可通过设置路段掉头车道以缓解路段上直接左转进出导致的交通流严重冲突问题。但需要注意的是,掉头通道不应正对路侧单位或支路开口,以避免部分车辆直接左转进出引发交通事故,如图 9-12 所示。

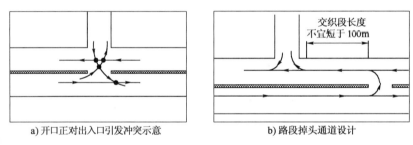

a) 开口正对出入口引发冲突示意　　　　b) 路段掉头通道设计

图 9-12　进出交通绕行组织设计

四、快速路出入口交通安全设计

出入口是连接城市快速路与普通道路的纽带,也是互通式立交的进出车道。城市快速路交通通过出入口匝道进行加速、减速、变道进出普通道路。因此,出入口匝道设计时须充分考虑其交通的安全性。出入口匝道交通事故的成因可归纳如下:

(1)交通流的不断分流、合流导致车辆频繁变道甚至违法变道,当交织间距不足时,可能造成事故。

(2)高速行驶的车辆未充分减速而驶入出口匝道可能导致的交通事故。国内外研究均表明,出口匝道的交通事故多于入口匝道。

(3)合流区车辆未充分加速而汇入高速行驶的主线车流时,可能影响主线行车安全,诱发事故。

研究表明,快速路出入口匝道的交通安全性主要与其设置位置、几何特征、设计速度、交通量等因素相关。因此,匝道交通安全设计应特别注意以下各要素的处理:

1. 保障匝道视距

（1）主线上高速行驶的车辆驶入出口匝道时应具有良好的视距，以保证驾驶人可以提前看清限速标志和匝道情况。另应避免主线竖曲线对匝道视线的影响，确保视线通视。

（2）入口匝道车流汇入主线时应确保其具有很好的可视性，匝道和快速路间应满足视距三角形的要求。

2. 车速过渡设计

（1）出口匝道渐变段长度应满足车辆减速距离要求。

（2）入口匝道加速车道亦应满足渐变段长度的要求。

3. 匝道间距要求

主线上需要连续设置两个出口或入口时，应满足设置交通标志和车辆分流、合流、变车道与变速的要求。按驾驶人辨认标志及反应所需时间来计算相邻出入口间的最小间距。

4. 匝道与交叉口间交通协调设计

当快速路出入口设置于交叉口附近时，应特别注意：

（1）确保出入口与平面交叉口进出口道之间具有足够的交织段长度。

（2）根据出入口流量在交叉口的转向需求，选择合适的出入口横向位置。

对于已建成的快速道路，如何缓解或消除各种复杂的交织与冲突，是改善匝道与交叉口间交通衔接问题的关键。总体而言，在时间上应分离存在交织、冲突的交通流；空间上应合理划定快速路和地面道路进口道的车道功能，并辅以相应的交通管理与控制措施、完善的交通标志/标线，以消除冲突、缓解或避免车流交织。

第四节 交通控制安全设计

交通信号控制的目的不仅是提高交通流的运行效率，还包括提高交通的安全水平。因此，在实施交通信号控制时应满足交通安全的要求，进行包括交通管制类型、绿灯间隔时间、最短绿灯时间设计等。

一、平面交叉口交通管制类型与交通安全

研究表明，交叉口交通管制类型影响交通事故率。根据我国交通事故统计结果，可以发现在交通警察指挥或信号灯控制的情况下，道路交通安全水平较高；无信号控制或仅有标志管理的交叉口交通安全水平则较差，有近一半的交通死亡事故发生在无控制道路上。这也说明了交通管制类型与道路交通安全水平之间存在密切的联系。因此，在选择管制类型时需要考虑其与交通安全的关系。

1. 减速让行和停车让行管制措施

当交通量较小时无管制交叉口的延误较小，但其交通安全性往往也是较差的。从安全性

考虑,某些无控制交叉口当事故频发时,即使交通量较低也须实施控制管理措施。

我国国标《道路交通标志和标线》(GB 5768)规定,如下情况下交叉口需使用"停车让行"和"减速让行"标志来管理。

(1)"停车让行"标志设置在:与交通量较大的干路平交的支路路口;无人看守的铁路道口;其他需要设置的地方。

(2)"减速让行"标志设置在:与交通量不大的干路交叉的支路路口;其他需要设置的地方。

美国2009年版《统一交通控制设施手册》中规定:

(1)"停车让行"标志只许设在经调查确定非用"停车让行"标志不可的交叉口进口道上。符合下列条件之一时,可考虑设置"停车让行"标志:①在主要道路同次要道路相交的路口,主要道路交通量超过6000辆/d,且不适合应用一般的道路通行规则;②通向干道视距严重受限、不停车确会出现危险的支路;③在信号控制地区内的无信号控制交叉口;④在车速较高、视距不良且有严重的交通事故记录,表明需要设置"停车让行"标志的交叉口进口道。

(2)"减速让行"标志设置在:①在主要道路同次要道路相交的路口,具有不需要完全停车的交通条件;②加速车道长度不足或视距不够的快速道路入口处;③经交通调查研究,设置"减速让行"标志可以消除或缓解该处交通问题的交叉口。

从我国交通实际出发,可以适当借鉴国际的做法,设置相应的"让行"(减速或停车)标志。特别是,为了保证交叉口右转车辆在出口道处不与横向道路直行车辆产生合流冲突,应增加"停车让行"标志或"减速让行"标志。

2. 交通信号灯的设置依据

(1)我国《道路交通信号灯设置与安装规范》(GB 14886—2016)给出了安装信号灯的条件,并分别对非机动车、行人流量等影响因素做出了考虑。

(2)美国《统一交通控制设施细则》关于交通控制信号设置依据中还包括学童过街、事故记录等因素。

(3)德国《交通信号控制指南》规定,在事故频繁出现的地点,尤其是可以通过交通信号控制防止事故发生并且其他措施已经证明无效时,必须考虑设置交通信号控制设施。

二、绿灯间隔时间安全设计

绿灯间隔时间(简称绿间隔),是指一个相位绿灯结束到下一相位绿灯开始的时间间隔。通常,一个相位绿灯时间结束之后,总要插入一段黄灯、红/黄灯,或全红灯时间。这样做是为了确保已通过停车线驶入交叉口的车辆,均能在下一个相位的首车到达冲突点之前安全通过冲突点,驶出交叉口。为此,要根据相邻两个相位各自停车线到潜在冲突点的行驶时间差设计绿灯间隔时间。

1. 确定绿间隔的一般方法

通常情况下,以确保本相位绿尾的最后一辆机动车与另一相位绿初时驶出的第一辆机动车在其冲突处(图9-13中的冲突点)能安全交叉为条件来确定绿间隔。

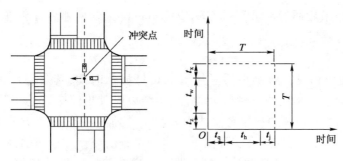

图9-13 相位变换时机动车运行状态与参数关系

按照我国现行的交通法规，黄灯信号启亮时制动后的车辆若越过停车线，仍可通过交叉口。所以，图中冲突点的交叉过程必须满足以下条件：

$$t_j = t_z + t_w + t_x - (t_q + t_h) \tag{9-3}$$

若不考虑安全间隔，则对交通流运行不利的条件为

$$t_j = t_z + t_w - (t_q + t'_h) \tag{9-4}$$

此时相交车流的运行状态将发生改变，要强制减速停车，以避免发生冲突。

上述式中：t_z——进口道中正常行驶车辆的制动时间(s)，机动车可取2.0s；

t_w——上一相位尾车由停车线驶至冲突点的行驶时间(s)，由其行驶的距离和车速确定，$t_w = S_c/v$，S_c、v 分别为该尾车自停车线驶至冲突点的距离和速度；

t_x——车辆安全交叉的时间(s)，一般机动车间的安全交叉时间为5s；

t_j——车辆绿灯间隔时间(包括黄灯时间)(s)；

t_q——车辆起动、反应时间(s)，机动车一般取1.8~2.0s(不受行人与非机动车交通影响情况下)，与车型关系显著，当大型车比例较大时，可另行计算；

t_h——相交道路直行头车自停车线驶至冲突点所用的时间(s)，由直行头车运行状态曲线(s-t 曲线)确定；

t'_h——相交道路直行头车自停车线驶至冲突点停车所用的时间(s)。

绿灯间隔时间通常有一个下限值，国外一般取4s，而且在设计和制造信号灯控制器时，通过内部电路将这一下限值固定下来。不论在任何情况下，信号控制器都会保证相位之间有不少于4s的绿灯间隔时间(3s黄灯与2s红/黄灯有1s的搭接)。由图9-13和式(9-3)可知，交叉口交通控制信号切换时的交通安全性及通行效率取决于冲突交通流间的道路与交通条件，不是简单地将交叉口做得小一些或大一些即可提高安全性或通行效率，而是应基于实际的道路和交通条件进行优化设计。另外，这里给出的仅是机动车交通流间的绿灯间隔时间确定方法，还可比照此方法进一步确定机动车与行人和非机动车交通流间的绿间隔时间，从而最终确定交叉口的最不利绿灯间隔时间。

2. 特殊条件下绿间隔确定方法

1) 黄灯时间

虽然我国《中华人民共和国道路交通安全法实施条例》规定："黄灯亮时，已越过停止线的车辆可以继续通行"，但实际情况往往是黄灯期间仍有大量车辆继续驶过停车线，从而几乎形成了黄灯时间允许车辆通行的惯例。国外一般也允许在黄灯时间驶过停车线的车辆通过交叉口。因此，以往绿间隔确定方法中的基本假定应修订为，按最不利情况考虑，上一相位(即绿

灯刚刚结束的相位)最后通过交叉口的车辆应为黄灯结束时刚刚驶出停车线的车辆。因此，绿间隔可由式(9-5)确定：

$$t_j = y + t_w + t_x - (t_q + t_h) \tag{9-5}$$

式中，y 表示上一相位绿灯结束后紧接着的黄灯显示时间，其余符号意义同前。该式认为，上一相位最后通过停车线的车辆(即黄灯刚刚结束时驶出停车线的车辆)没有制动过程，即不存在时段 t_z。此外，还需要严格考察式中 t_x 和 t_q 的值。一般认为 t_x 应取 5s，研究发现该推荐值偏大，如何确定 t_x 还应结合实际做进一步的调查研究；t_q 一般取 $1.8 \sim 2.0$s。但要注意以下两种情况：第一，设置了红灯倒计时显示器，或"启动黄灯"(即某相位红灯快要结束时、黄灯启亮并以红-黄灯同时显示一小段时间作为结束)的交叉口。第二，红灯期间对应进口道无车辆排队，某车辆驶近该进口道停车线时恰遇该相位绿灯启亮，从而无停车过程，并以较快速度通过交叉口，驶近无排队进口道停车线恰遇绿灯的车辆甚至可能出现无制动过程，以全速通过交叉口的最不利情况，这也是设置倒计时器的问题所在。

对于上述第一种情况，即设置了倒计时显示器或启动黄灯信号的交叉口，经过观察研究，约 95% 的车辆驾驶人在绿灯启亮前的最后几秒钟或启动黄灯期间已经做出了反应，从而使 38.5% 的车辆在绿灯启亮的瞬间已经获得了初速度，使 56.5% 的车辆在绿灯启亮的瞬间即开始从静止加速。按不利情况考虑，在设置了倒计时显示器或启动黄灯信号交叉口，应取 $t_q = 0$，即式(9-5)变为式(9-6)，式中 t_h 仍按直行头车运行状态 s-t 曲线确定。

$$t_j = y + t_w + t_x - t_h \tag{9-6}$$

对于上述第二种情况，也应按照式(9-6)计算其绿间隔时间，但是，t_h 的值与相应进口道的设计车速(新建交叉口)或 85% 车速(改建交叉口)一致。综上所述，绿间隔确定方法可以归纳为表 9-4。

基于黄灯时间允许车辆有条件通行的绿间隔确定方法　　表 9-4

适用条件	公式	备注
一般情况	$t_j = y + t_w + t_x - (t_q + t_h)$	
设有倒计时器或启动黄灯	$t_j = y + t_w + t_x - t_h$	
低峰段进口道无排队车辆	$t_j = y + t_w + t_x - t_h$	注意 t_h 的取值

在实际应用中，若对同一交叉口分时段采用不同的绿间隔时间，则很难把握时段划分的科学性；若绿间隔时间与实际的交通情况不符合，交叉口的交通将可能非常危险。因此，宜采用表 9-5 所确定的最大绿灯间隔时间作为交叉口统一的绿灯间隔时间，以确保其安全。

2) 路口附加清空时间

根据交叉口通行安全的实际需要，基本绿灯间隔时间要比上述最低限值更长一些。在遇到下列情况时，皆应考虑增加绿灯间隔时间(这部分额外增加的时间称为"路口附加清空时间")。

(1) 交叉口平面尺寸不对称，某一股车流通过交叉口冲突点所需要的行驶距离，远远大于与其相冲突车流到达该冲突点所要行驶的距离。

(2) 交叉口进口道衔接路段车速较高。

(3) 左转车所占比重较大，为了确保转弯车流通行安全有必要适当增加绿灯间隔时间。

(4) 过街行人交通流量大，又未设置行人专用信号相位的交叉口。

(5) 非机动车交通流量大，又未设置非机动车交通专用信号相位的交叉口。

对于上述各种情况,可根据两股冲突车流分别从各自停车线到达同一冲突点所需行驶时间差来确定路口附加清空时间。当然,若考虑车辆通过交叉口的实际行驶轨迹,其冲突点可能不是一个"点",而是一个冲突"区"。这不仅因为车辆本身有一定长度和宽度,而且也由于车辆在通过路口时其轨迹变化有很大的随机性。例如:车辆可能急速转向、制动或加速等。虽然确定路口附加清空时间时,无法将这些实际情况都考虑进去,但实践表明,按上述方法确定的附加清空时间,所得的结果是令人满意的。

对于一个典型的十字形交叉口,可能存在的车流冲突点如图9-14所示,假定交叉口采用简单两相位信号控制。在东西相位绿灯时间结束后,需要考虑的冲突点是 F 和 H(因在绿灯结束时,最后通过停车线的车辆无疑将在下一相位首车之前通过冲突点 G 和 E,所以 G 和 E 可不必作为冲突点考虑)。G 和 E 应作为南北相位绿灯结束后予以考虑的冲突点。

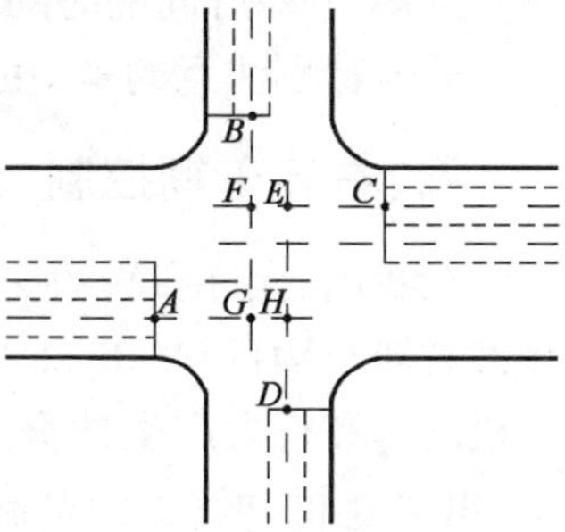

图9-14 交叉口车流潜在冲突点

3)设置倒计时装置可能引发的问题

交通信号倒计时装置被国内一些城市所采用,虽然能够使驾驶人及时地了解信号灯的运作情况,对于提高交通效率有一定的积极作用,但是也带来了安全隐患。

首先,倒计时会诱发驾驶人在绿灯末尾加速通过路口,或者因缩短了驾驶人的反应时间而导致绿灯初期头车提前高速到达冲突点,形成严重冲突,引发重特大交通事故;其次,为了改善设立倒计时装置交叉口的交通安全性,则需要更长的绿灯间隔时间,导致信号周期内损失时间的增加、通行能力下降。因此,从交通安全和效率的角度考虑,应特别谨慎地使用机动车信号灯倒计时装置。在设有机动车倒计时信号的交叉口,应在低峰时段或进口道车辆排队较少时,关闭倒计时或增加其绿灯间隔时间。

三、最短绿灯时间

最短绿灯时间是对各信号阶段或各个相位规定的最低绿灯时间限值。不论任何信号阶段或相位,其绿灯时间都不得短于规定的最短绿灯时间,以确保交叉口交通安全。当某一相位获得绿灯信号后,如果绿灯信号时间过短,信号末期停车线后面已经启动并正在加速的车辆会来不及制动,因而可能酿成事故。

在英国,规定相位最短绿灯时间不短于4s。由于感应式信号控制交叉口,其灯色的变化将受车辆探测器所检测到的车辆到达信息所控制。若分配的绿灯时间过短的话,已经越过车辆感应探测装置的车辆,可能无法通过停车线,不得不在缺乏准备的情况下紧急制动,可能导致事故,因此规定其最短绿灯时间具有更重要的意义。另一方面,停车线后如果已经停有上一周期滞留的车辆,则这部分车辆有可能占用全部的绿灯时间,使得刚刚越过感应检测装置的车辆不能正常通过交叉口,所以,在这类交叉口,一定要根据停车线与车辆感应装置之间可容纳的车辆数确定一个最短的绿灯时间,通常为 $7 \sim 13s$。

上述的最短绿灯时间仅考虑了机动车交通,实际中更应确保行人和非机动车有足够的过街时间。该时间应满足:行人相位开始后,第一批走上人行横道的过街行人到对面人行道或路中行人驻足安全岛的时间。若无专用行人信号灯,亦即行人受机动车信号灯控制,则机动车信号的最短绿灯时间应满足行人安全过街的要求。所以,考虑行人安全过街要求的最短绿灯信号时间 g_{min} 可按式(9-7)计算:

$$g_{\min} = 7 + \frac{L_p}{v_p} - I \tag{9-7}$$

式中：L_p——行人过街横道长度(m)；

v_p——行人过街步速(m/s)，取 1.2m/s；

I——绿灯间隔时间(s)。

需要特别注意的是，在老年人比较集中区域的交叉口，行人过街速度应取较小值。

四、右转车辆控制

在我国，允许右转的交叉口无特别限制时，在不影响主流向通行的前提下，整个周期内均允许右转车辆行驶（Right Turn on Red，RTOR）。因此，红灯期间右转的车辆极易与横向过街非机动车和行人产生冲突。特别是在城市道路交叉口行人与非机动车过街流量较大时，由RTOR产生的冲突更为普遍。虽然《中华人民共和国道路交通安全法》明确规定，人行横道上的行人在获得通行权的相位里具有高于机动车的通行权，但由于长期的"车不让人"的驾驶习惯以及按规则让行管理的难度，现实中互相争道抢行现象仍较普遍，从而增加了右转车与行人或非机动车间发生冲突、右转车辆间发生追尾事故的可能性。

因此，为了减少冲突，提高交叉口的通行效率，有必要在右转车和慢行交通冲突严重的交叉口设置右转机动车控制信号，对行人或非机动车通行期间的右转机动车实施红灯控制。

五、交通控制设施布置与交通安全

1. 信号灯布设方式与位置

若信号灯具位置不当，将导致驾驶人不易看清信号灯色的变换，行人和非机动车也不易发现相冲突的车辆。因此，信号灯具的位置应满足下列要求：信号灯必须安装在车辆驾驶人在近停车线前能看清楚的位置，为了避免信号灯被遮挡、预防交通事故，应同时设置远灯和近灯，如图9-15所示。此时即使停车线前方有大车遮挡，后车无法看到远处的信号灯，但可以通过近灯了解交通控制信号的状态。

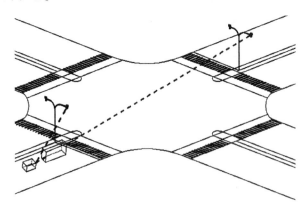

图9-15 远灯和近灯效果示意图

2. 交通信号灯口径

研究表明，采用直径较大的信号灯对提高安全有显著作用。对不同功能及不同速度的道路交叉口，应根据其要求采用不同半径的信号灯。

第五节　交通安全设施布局设计

46.交通安全设施布局设计

一、交通安全护栏

交通安全护栏对于防止各类交通流跨越法定的通行空间、提供其安全防护、引导交通视线等具有重要的作用。

1. 主要作用

（1）隔离作用：护栏较道路交通标线具有更强制分隔同向或对向交通流的作用。特别在郊区，路侧护栏还可以防止牲畜进入道路空间。

（2）导向作用：沿着车辆行进方向连续设置的护栏，对于驾驶人具有良好的视线引导作用，使其能清晰地看到道路的轮廓并前行。

（3）防护作用：防护路外人员、建筑物等不致受到失控车辆的碰撞，或穿越中央分隔带闯入对向车道。

（4）缓冲作用：一旦车辆失控与护栏发生碰撞，护栏可通过其自身的变形或破坏，减缓碰撞产生的冲击力，降低车内人员的伤害程度。

2. 问题

（1）护栏本身也是一种障碍物，可能产生次生事故。因此，应当视实际情况设置护栏。

（2）护栏也具有一定的安全隐患，如阻挡视线、影响驾驶人对路侧的注意力等，所以在有些场所应谨慎使用。

3. 护栏形式及其选择

按照设置位置，交通护栏可分为：路侧护栏、中央分隔带护栏、桥梁护栏等。应考虑道路条件、标准车型及其质量、车辆的碰撞角度和速度以及防撞等级等要素，适当地选择护栏形式。

二、照明与安全

行驶中的车辆在路面亮度背景映衬下，首先被发现的是其轮廓。因此，道路照明的目的是使夜间行驶的车辆和行人以及障碍物能被清晰地发现，以改善其通行的安全性和舒适性、提高通行能力并减少交通事故。为了保证道路的照明质量、达到辨认可靠和视觉舒适的基本要求，照明应满足亮度均匀和防眩光的要求，同时还应提供良好的引导性。与交通安全相关的照明设计基本要求为：

（1）照明不应对驾驶人、行人与非机动车骑车者的视线产生障碍。

（2）车道亮度水平适宜，亮度均匀，路面无光斑。

（3）避免光源的直接眩光、反射眩光及光幕反射。

（4）与道路景观相协调。

三、智能车路系统与主动安全

运用现代高新技术（计算机、通信、控制等先进技术）应对交通事故已成交通安全科技的发展方向。包括日本的"Advanced Safety Vehicle(ASV)""Advanced Highway System(AHS)""Smartway"和美国的"Smart Car""Smart Road""Vehicle Infrastructure Integration(VII)"等在内的许多系统已取得了重要的进展。此类技术以改善行驶环境、主动防止事故为目的,称其为"主动交通安全技术",可为用户提供信息提示、危险警告,以及车辆控制和辅助驾驶三个层次的服务,主要目的是减少交通事故发生,减轻交通事故的损害后果。具体功能包括:

(1)信息提示服务:利用车载设备和路边探测、通信技术,获得实时的道路交通信息,将经过筛选的有用信息不断提示给驾驶人,提高驾驶人对路况和交通状况的观察与判断,以便驾驶人提前采取相应的驾驶措施,减少因为信息不足导致的交通事故。

(2)危险警告服务:将车载系统与通信系统获得的信息进行处理,判断是否有发生交通事故的危险,同时,利用车载设备监控驾驶人的状态。据此就潜在的危险状况对驾驶人提前加以警示,使其对危险具有较充分的反应时间,减少因判断错误可能导致的交通事故。

(3)车辆控制与辅助驾驶:车辆可根据获取的信息,运用控制系统在必要时对车辆进行控制、辅助驾驶乃至自动驾驶,避免因为操作错误而带来的交通事故。

第十章 交通语言系统设计

第一节 概　　述

　　语言是人类重要的交际工具和表达思想的手段。著名语言学家爱德华·萨佩尔对人类语言定义如下："语言是纯粹人为的、非本能的,凭借自觉制造出来的符号系统,用来传达观念、情绪和欲望,是一种特别的符号关系。"

　　交通系统中,出行者或管理者基于标志和符号及其传递的信息进行交通活动或交通管理,这种符号体系称为"交通语言"。交通语言系统的设计者利用这个工具,明确、无歧义地表达交通管理和服务信息,以实现交通管理者的意图。然而,以往的交通工程学理论体系,尚不能全面且准确地描述交通管理者与出行者之间的信息交流行为。本章试图将具有描述这种行为特质的"语言"这一概念引入交通工程学研究中,从而提出"交通语言"的概念。交通语言作为传递交通信息的语言,尚是一个全新的概念。本章将对其规则、结构体系及设计方法进行阐述。

第二节 交通语言概念与内涵

一、交通语言概念的产生背景

随着城市规模的扩大和城际交流的增多,人们的出行时空跨度不断增大,出行者常处于陌生的环境中,会出现难以获得有效出行信息、无法确定最佳出行方案等问题,因而人们对出行相关的交通信息需求甚是迫切。究其原因,下一时刻所发生事件,包括目的地方向和位置、出行路径、出行费用和时间、速度等对于出行者存在许多不确定性。信息论的创始人香农对信息的定义为"信息是人们对事物了解的不确定性的消除或减少。"因此,出行者需要获取信息来减少各种不确定性,交通管理者则希望合理配置设施资源,如使各级道路的既定功能得到充分发挥,从而实现通行效率的最大化和基础设施时空资源的最优化配置(图10-1),并提高出行的便利性和安全性。交通系统与交通主体之间的通信和信息交流是必需的,并且变得越来越重要。

47. 交通语言系统概念

图 10-1 · 交通管理者和出行者对交通语言的需求

二、交通语言概念的形成

虽然交通标志、标线、标识、信号灯等作为信息载体已在交通系统中得到广泛的应用,但尚无成熟的理论描述这些交通信息间的承接和组合关系。引入语言学的基本理论,有助于描述这种关系并构建其结构体系。交通语言系统是交通管理者的管理理念和意图的体现,用于实现交通组织与管理;交通语言也是出行者获取交通管理和控制信息的途径,所以需体现出行者的信息需求特征。由此可给出交通语言系统的定义如下:

交通语言系统是交通管理者与出行者之间进行信息交流的工具,是以颜色、符号、文字和声音等为基础的符号体系与规则体系的集合体。

交通语言正是人们在日益复杂的交通系统中参与交通活动时,由人的思维和感知特征产生的一种形式语言,是有关交通活动的自然语言的简单化、形式化、形象化和直观化产物。交通语言设施指交通语言的具体形式,包括标志、标线、交通信号、行人标识等。

三、交通语言的内涵和外延

交通语言的内涵本质上是交通管理和出行服务信息,其外延则是具体表达交通语言信息的形式与设施等。其中,交通语言设施存在于任何有交通活动发生的空间,包括公路、城市道路(机动车道、非机动车道、各类交叉口和人行道等),也包含住宅区、综合交通枢纽等。多数场合提到的交通语言,主要指标志、标线和交通信号、交通诱导信息板等所表述的信息。

四、交通语言信息的传输特征

基于广义的信息论,香农将各种通信系统概括成图10-2所示的广义模型。模型把系统其他部分产生的干扰和噪声等效地折合成了信道的干扰。

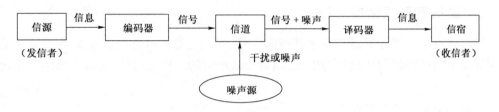

图 10-2　通信系统广义模型

类似地,交通信息在其传递过程中经历两个阶段,一是编码阶段,即交通管理者利用交通语言系统对交通管理或出行服务信息进行"编码",生成交通管理信息,通过交通语言设施发布;二是译码阶段,即出行者接收、处理、理解并将交通信息用于出行活动。因此,信息传输过程的各个环节被赋予新的含义。一般信息传输中的各要素和交通信息传输中的各要素对照见表10-1。

一般信息传输中的各要素和交通信息传输中的各要素对照　　　　表10-1

一般信息传输	交通信息传输
信源	道路系统、交通状况
信息	交通信息、出行者信息
编码器	交通语言系统
信道	交通语言设施
译码器	交通语言系统和(出行者)大脑
信宿	出行者
噪声源	复杂背景、绿化、广告等
噪声	干扰信息,如绿化、雨雪对交通语言设施的遮挡

由交通管理者、交通语言系统、交通语言设施、出行者等参与的交通语言信息传输过程可以用图10-3所示的统一模型来表示。

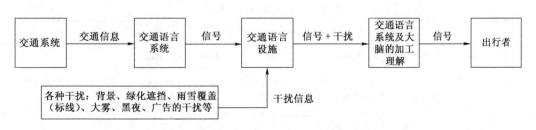

图 10-3　交通语言信息的传输模型

第三节 交通语言系统结构和基本元素

一、交通语言系统结构

交通语言将出行服务信息和交通管理信息统一起来,对其共性进行抽象化处理和重新整合。本节基于交通语言传递信息的本质,结合形式语言的结构化特征,建立交通语言系统结构体系。

1. 交通语言系统结构模型

系统是由相互联系、相互作用的诸多要素组合而成的具有特定功能的统一体,一个系统由元素及元素间的关系组成。交通语言系统的基本结构可以用式(10-1)表示:

$$T = \{E, R\} \tag{10-1}$$

式中:T——系统;
E——系统要素的集合;
R——建立在集合 E 上的各种关系。

R 可以表示为

$$R = R_1 \cup R_2 \cup R_3 \cup R_4 \tag{10-2}$$

式中:R_1——交通语言要素之间的关系(横向联系);
R_2——局部与全局(交通语言要素与交通语言文本)的关系(纵向联系);
R_3——交通语言系统整体与交通系统之间的关系;
R_4——其他各种关系。

关系集合 R 是交通语言要素之间的关系,将若干个要素组织起来表达更复杂的交通信息。随着交通管理信息的多样化,E 将得到丰富和发展;而调整关系 R,将使交通语言信息的组织更为高效。

2. 交通语言的语法单位

符号语言是一个表达主体意识和事物逻辑的标记系统,语法即标记系统的组织方法。在交通语言的结构体系中,基础的语法单位较少。基于规则语法单位组合成高级语法单位,若干高级语法单位又可组合成更高级更复杂的语法单位,表10-2列出了各级语法单位。

交通语言系统各级语法单位 表10-2

语法单位	涵盖内容	交通管理意义
语素	图案、符号、文字、色彩、尺寸、信号等	表达单纯的交通管理信息
词、词组	一个或一组标志牌、一组标线、一个信息发布设施、一组信号相位等	表达交通设计形式、交通控制方式等微观交通管制措施
句子	一个区域的交通管理措施	表达区域交通组织和管理措施
段落、章节	一个城市的交通管理政策	表达城市交通发展政策的倾向和原则

1)语言组——"词""词组"

若干个语素组成一个"词",表达一个完整的交通管理信息。若干个词组合起来,构成一个词组。在交通语言组的逻辑尺度下,体现的是与交通设计形式等微观交通管制措施密切相关的交通语言。

2)语言群——"句子"

一个区域(或一条路)的各种交通管理信息整合在一起,将形成该区域完整的交通管理信息体系,但这些信息表达的仅是同一组交通管理信息,体现的是城市一个区域的交通组织和管理措施。

3)语言系——"段落""章节"

一个城市的所有语言群构成了这个城市的交通语言系,体现的是该城市交通管理的政策体系,以综合交通发展规划、交通管理规划等成果为基础,展现一个城市交通发展政策的倾向和原则。

3. 交通语言系统的空间层次

层次性是系统的基本属性之一。交通语言系统可依据其服务的空间范围划分层次,也可依据交通语言系统的结构来划分层次。空间层次与交通网络层次的划分基本一致,不同层次的交通设施衔接处的交通信息服务是交通语言设计的主要内容之一。表10-3为机动车交通在各种交通设施之间转换时的交通语言,图10-4为在各种交通方式之间转换时使用的交通语言元素。

机动车交通在各种交通设施之间转换时的交通语言　　　　表10-3

衔接形式	衔接设施	可能使用的语言信息
匝道出入口	快速路←→快速路	入口匝道的诱导信息; 出口匝道的路况预报等
	快速路←→区域路网	指路信息; 入口匝道的诱导信息; 入口匝道的控制信号; 入口匝道的禁行、警告标志信息; 出口匝道的路况预报等
交叉口	主干路←→次干路	指路信息; 交叉口控制信号; 交叉口交通管制措施的标志标线; 路名牌与门牌号信息; 特殊交通管制信息等
	次干路←→支路	指路信息; 让行标志标线; 路名牌与门牌号信息; 特殊交通管制信息等
	主干路←→支路	指路信息; 让行标志标线; 右进右出管制信息; 特殊交通管制信息等
路侧开口	内部交通←→外部交通	指路信息、交通平抑信息等

注:各种交通方式的衔接都离不开步行交通,因而所有的交通方式均与步行交通紧密相关。

	轨道和BRT	常规公交	小汽车	自行车	步行
轨道和BRT	换乘、指引、颜色				
常规公交	换乘、指引、颜色	换乘、指引			
小汽车	停车诱导、换乘指引	停车诱导、换乘指引	见表10-3		
自行车	停车、指引	停车、换乘、指引	停车诱导、换乘指引	铺装形式和颜色、路面标志、指引	
步行	换乘、指引、疏散	换乘、指引、疏散	停车诱导、换乘指引	停车、指引	铺装形式和颜色、路面标志、指引

图 10-4　在各种交通方式之间转换时使用的交通语言元素

4. 交通语言系统的逻辑层次

交通语言系统分三个逻辑层次。三层的逻辑关系可用图 10-5 表示。

表现	(应用层)	交通语言设施
规则和关联	(中间层)	元素、规则和关系体系
内容	(基础层)	交通管理和服务信息

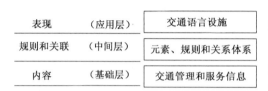

图 10-5　交通语言系统的逻辑层次示意图

(1)内容:交通语言信息本身,包括交通管理和服务信息。

(2)规则和关联:交通语言语法单位的组合规则,须符合人们认知及理解的顺序和规律。这些规则使交通语言的内容更具有逻辑性和易读性,以保证交通信息的准确传递。

(3)表现:也称界面,即交通语言设施,是交通语言系统结构的最上层,直接和用户接触。

5. 交通语言系统的规则体系

为了构句成章,交通语言的语法单位须基于某种规则归类并进行合理组织,其规则可分为组合与聚合。语法单位之间发生联系并组合在一起的规则称为组合规则。语法单位归类的规则称为聚合规则。交通语言系统的规则体系 R 可表达如下:

$$R = \{C, P\} \tag{10-3}$$

式中:C——组合规则,描述系统单元发生联系而组合的规则;

P——聚合规则,描述系统单元由于具有同样的功能而聚类的规则。

1)组合规则

组合规则具有嵌套特性,某个组合语言单位同时也是一个更大组合的一部分。根据交通语言单位之间的逻辑关系,组合形式分为并列组合、顺接组合与主从组合等几种。

(1)并列组合

并列组合是指若干交通信息在同一空间和时间点出现,表示同时实施若干种交通管制措施,或同时提供多种路况信息。在一个交通语言单位表达信息不明确时,也可设置相似或相关的重复信息,做到信息的适量冗余,提高信息传递的可靠性。

(2)顺接组合

交通语言系统向出行者提供的信息应具有前后逻辑性,信息的序列应符合出行者选择、判断和决策的逻辑顺序。顺接组合是指若干个交通语言单位按照出行者活动的顺序或信息需求顺序设置于不同的地点,以指引出行者移动。

①"禁止"和"引导"组合。交通管理中经常采用"禁止某种交通行为"的管理措施,但客观上不可能完全"禁止",因而应将需求向合理方向引导(实施禁止措施时,应同时给出"出

路"),禁令性信息和引导性信息的组合示例见表10-4。

禁令性信息和引导性信息的组合示例　　　表10-4

禁令性信息	引导性信息(疏导交通的信息)
禁止停车	向前××m有停车位
设置隔离栏禁止行人横穿道路	向前××m有人行横道
禁止左转	提供绕行线路图或简短的文字说明
禁止机动车驶入	对机动车可行驶的道路进行提示和指引

②基于信息需求顺序组合。信息需求往往随着出行过程按顺序产生,在出行的不同阶段,应有相应的交通语言设施提供信息,这些信息将按其需求顺序进行组合。

(3)主从组合

主要语言单位不能完整地表达管制信息时,可设置补充说明的信息,这种组合方式即主从组合,比如禁止或限制措施实施的时间段信息、辅助标志中的说明信息等为从属信息,从属信息一般不能独立存在。

2)聚合规则

聚合关系是指在语言结构某一位置上能够互相替换,且具有某种相同作用(类别)的语法单位之间的关系;聚合规则是在相同的结构位置上不同系统单位的归类规则(图10-6)。组合规则着眼于结构单位的横向联系,聚合规则则着眼于结构单位的纵向替换,组合与聚合的关系可用图10-7表示,纵坐标表示不同种类的交通管制信息,而横坐标表示的是交通管理信息(组合)中的各个组成部分。

a)小汽车和小货车的图标为聚合关系

b)"火车站"和"飞机场"两个元素为聚合关系

图10-6　禁令和指路标志中的聚合关系

图10-7　组合与聚合规则

二、交通语言系统的基本元素

国外的交通语言大致可以分为两大模式,即欧洲模式和美国模式。欧洲模式提倡少用文字,多用通用符号;而美国模式则偏重于用文字表达精确的信息。颜色、符号和图形等是交通语言系统基本语素,也是交通语言中最小的语法单位,本身就能够表达一些基本信息,但一般不独立存在,而是多个语素组合起来表达完整的交通管理信息。基于此,交通语言系统的基本元素体系如下:

$$E = \{C, S, N, T, L, D\} \tag{10-4}$$

E表示语素集,其余各字母的含义见表10-5。

交通语言系统语素   表 10-5

项目	在交通语言中的作用	含义或应用示例
颜色(C)	最直接地传递所表达的信息的类别	红色代表禁止——强烈的否定语气,用于危险、禁令标志等;
		黄色代表警示——较强烈的否定、感叹或祈使语气,用于警告标志、黄灯等;
		蓝色代表指示——平和的陈述语气,用于指示、指路标志
		指路标志中不同的底色代表不同道路等级
	表示不同等级的约束强度	红灯代表禁止;绿灯代表可以通行;黄灯代表准备通行或停止;黄闪灯代表警示
符号/图形(S)	简洁、抽象地表现较复杂的指示、方向、警告、禁止信息	指示、禁行标志中的图形,贯穿的一个斜杠表示禁止某项交通活动,如路面的标线和符号、交通灯的箭头灯
数字(N)	提供量化的信息	距离、交通参数的限值(如速度、载重)、道路的编号、公交线路编号等
文字(T)	提供地名、复杂的管理措施等信息	指路标志中的关键地名;辅助标志中的说明文字;设施的功能说明文字
位置(L)	通过设计信息的相对位置、出现的先后顺序呈现不同信息	先提供指路标志而后出现车道功能标志,如路网中交通标志的布局;先战略布局而后战术布局
尺寸(D)	保证在正常的条件下准确获取交通信息	标志牌的大小、字体的大小、字间隔等

1. 颜色

80%以上的驾驶人所接收到的信息来自视觉。而交通语言元素中,颜色对驾驶人视觉产生的刺激最早,也最多。一方面,颜色通过改变人的情绪和视觉对心理及生理产生影响,实现对交通的管理;另一方面,颜色通过其自身的识别特性,在环境中凸显某种交通语言设施。前、背景色对比度越大,交通语言就越清晰,亮色和暗色搭配最佳,一般黄色最易被识认,而后是白、红、蓝、绿、黑。颜色可以被赋予某种定义,使其承载一定量的信息,以利于驾驶人预先判断。《道路交通标志和标线 第2部分:道路交通标志》(GB 5768.2—2022)中规定的各种标志颜色的基本含义见表 10-6。

标志颜色的基本含义   表 10-6

颜色	基本含义
红色	表示停止、禁止、限制
蓝色	表示指令、遵循
	表示一般道路(除高速公路和城市快速路之外的道路)指路信息
黄色/荧光黄色	表示警告
荧光黄绿色	表示与行人有关的警告
绿色	表示高速公路和城市快速路指路信息
棕色	表示旅游区指路信息
橙色/荧光橙色	表示因作业引起的道路或车道使用发生变化
粉红色/荧光粉红色	表示因交通事故处理引起的道路或车道使用发生变化
黑色	用于标志的文字、图形符号和部分标志边框
白色	用于标志的底色、文字和图形符号以及部分标志的边框

注:红色为标志底板、红圈及红杠的颜色。

2. 图形和符号

图形、符号是一种高度概括、简练、形象生动的通用信息载体,用符号传递信息比相同大小的文字更迅速和准确,可以适用于不同文化和语言背景。著名工程心理学家洛莫夫指出:在感知符号指示时,对情况判断的效果首先取决于符号形式与所表示对象形式的关联程度。若关联性高,即表现出相似的特征,人们理解起来更迅速准确。用于交通语言的图形有外观形状(无特殊象征意义的几何形状)、象形图案和象征图形三种。

(1) 外观形状:我国的道路交通标志一般采用圆形、三角形、矩形(包括正方形)和正八边形等几何图形(表10-7)。研究表明,面积相同的正规形状中锐角越多的越容易辨认,即在其他条件相同时,三角形的辨认效果最好,其次是正方形、圆形、八边形等。

我国道路交通规范对标志形状和用途的规定　　表10-7

形状	用途
正等边三角形	警告标志
倒等边三角形	减速让行标志
八边形	停车让行标志
圆形	禁令标志和指示标志
长方形	旅游区标志、施工标志、辅助标志以及指路标志和指示标志中的"干道先行""会车先行""车道行驶方向""专用车道"等标志
箭头形	指示标志中的"地点识别"标志
菱形	分流、合流诱导标志
特殊形状	国道编号、省道编号、县道编号标志

(2) 象形图案:根据各种交通设施、交通工具等的形状简化而成的图案。例如"易滑"标志是一辆汽车在行驶中产生横向滑移的车辙印;旅游标志采用旅游景点标志性建筑图案。

(3) 象征图形:用抽象的符号表达管理和服务信息,如高速公路服务区的指路标志,用加油机、扳手、餐具的图形作象征,既标明了服务的项目,也指示了位置。

3. 数字

数字是一切事物量化的基础。数字在交通语言中主要有两种用途:一是对距离、时间、数量等的精确表达,二是对一个设施序列进行编号的数码。

1) 量化工具

数字作为交通语言的语素之一,在描述定量信息时,需要与所描述的对象进行组合,交通语言中涉及的数字在交通语言量化中的作用见表10-8。

数字在交通语言量化中的作用　　表10-8

信息(设施)类型	信息中数字的作用
指路信息(地点距离)	表示距离
限制性信息(限速、限高、限载、限轴重等)	表示数量
前方交通事件预告信息	表示距离
交通控制信号	表示相位的剩余时间(有倒计时的情况)
辅助信息中的时间信息(禁限管理措施的实施时间段)	度量时间
轨道交通、公交的车辆到站信息	度量时间
停车位信息(停车诱导系统显示屏)	表示数量

2）数字编号序列

编号是人们进行信息索引的重要工具,也是辅助人们出行的手段。统一的数字编号使得出行者对所处环境更加明了,信息内容的编制也更为简单,效率更高。如我国的国道、省道,美国的州际公路、城市道路等均用数字编号。城市道路的门牌号也是使用数字序列。数字在交通设施编号中的应用示例见表10-9。

数字在交通设施编号中的应用示例　　　　表10-9

编号种类	应用情况	编号种类	应用情况
高速公路编号	中国高速公路、美国州际公路	城市道路编号	美国
高速公路出口编号		门牌号	几乎所有的城市
国家干线公路编号	中国(国道、省道、县道)	公交、轨道交通线路号	较普遍

4. 文字

文字是交通信息的主要载体之一,可用最明确的方式表达信息。在交通语言中,文字主要使用于指路标志、路面标识、辅助标志、禁令信息等之中。文字和图形在表达信息方面均有其优势：文字表达精确、无歧义,但信息量过多会加重驾驶人的视觉负担；图形传递信息速度快。当要求既精确又迅速地传递信息时,往往图文结合效果更佳。

5. 位置

交通语言设施设置的位置有宏观和微观两层含义,宏观位置(或称布局)是指交通语言设施在路网上的布局方式,属战略层面的考虑；微观位置是指交通语言设施在路网上的具体位置,是战术层面的优化。交通语言设施的宏观布局和微观位置如图10-8所示。

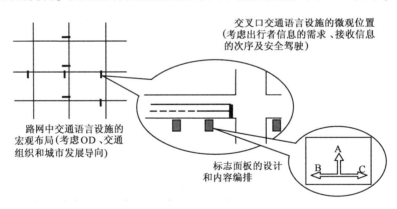

图10-8　交通语言设施的宏观布局和微观位置

1）战略布局

区域交通管理规划是交通语言设施布局和设置的依据。一般地,战略布局主要涉及指路标志和可变信息标志(VMS)。标志的布设中,除了道路本身的几何特征,还须考虑以下三个方面的需求：

(1)满足连续信息导向的需求。

(2)提供城市或区域内重要的客货集散点及城市出入口的指引信息。包括对外交通枢纽(航空、客运港口、火车站和长途汽车站等)、城市交通枢纽(地铁换乘站、综合交通枢纽等)、客流集散点、城市出入口的主要通道(高速道路)、大型货流集散点或物流中心等。

（3）影响局部交通需求，平衡路网供需的功能。交通语言是实现交通管理的工具。一方面，交通语言应适应需求、针对客观的 OD 分布提供出行导向；另一方面，引导和调整需求，即通过交通语言引导路径之间的交通量转移进而调整出行需求，实现路网交通需求的供需匹配与平衡。

2）微观布置

交通语言设施的微观设置主要对交通安全和交通效率产生影响，一般由设施的视觉特性以及驾驶人的生理心理因素所决定。设施微观位置主要包括横向位置、纵向位置、高度、偏转角度等，将对人们获取信息的效果产生影响。

6. 尺寸

交通语言的尺寸要素是指交通语言元素的大小度量，包括文字、符号、标志面板、地面标线、导向标志等的尺寸。与其他要素类似，设施的尺寸也是通过其对出行者视觉的影响而发挥作用。不同的交通语言设施尺寸会对人们出行的安全和效率产生不同程度的影响，各国相关规范对于符号和文字尺寸的规定通常与一定的车速相对应。

第四节　交通语言分类及设计原则

一、交通语言分类和应用形式

48.交通语言系统分类

1. 按交通方式分类

1）机动车出行

机动车出行包括私人小汽车、出租车、小型客车、公务车和摩托车出行等。

机动车（快速交通）系统中的交通语言设施有标志、标线、可变信息板、停车诱导标志等。机动车交通往往涉及长距离的快速出行，可大体分为三种类型：经常性定路径出行、经常性不定路径出行和偶然性出行。不同出行类型下的驾驶人交通信息需求特征见表 10-10。

不同出行类型下的驾驶人交通信息需求特征　　　　表 10-10

出行类型	对路网的熟悉程度	信息需求种类	对交通语言的依赖性
经常性定路径出行（工作出行、驾驶私家车）	对常走的路线较熟悉（如上下班）	拥堵状况、预计行程时间、可能的替代路径	在上下班路线上，对交通语言的依赖较弱
偶然性出行（外地驾驶人、陌生路网）	对路网不熟悉	目的地指引、道路交通状况、关键地标的时空距离等	依赖性强，但可能有交通语言习惯与适应性问题
经常性不定路径出行（专职驾驶人、出租车驾驶人）	介于前两者之间，对于本地交通信息的规律性把握较好	需判断并选择 OD 之间的最短路径（时间/空间）	依赖性一般，着重关注关键信息和变化频繁的信息

2）慢行交通

慢行交通包括自行车、三轮车、残障人士专用车、电动自行车、步行交通等。

慢行交通涉及的交通语言单位有非机动车和行人的标志、标线等。应重点考虑慢行交通系统指引信息，并保持慢行交通空间的连续性，与机动车交通、大容量公共交通的合理隔离与转换，保证交通安全与舒适。

3)公共交通

这里的公共交通泛指大容量的公共交通,如公共汽(电)车、地铁、轻轨等。

公共交通系统和换乘系统密不可分,因此,公共交通相关的交通语言有一部分与慢行交通语言交叉,涉及的交通信息有外部导向信息、属性指引信息等。

2. 按信息可变性分类

(1)静态交通语言:除非设施的维护和改造,发布的内容在相当长时间内不变化。

(2)动态交通语言:随交通状况、时间变化而实时更新的信息。最常用的机动车动态交通语言的设施是可变信息板(Variable Message Signs,VMS);另外,交通广播、可变限速标志、可变车道标志、公交和轨道交通站点的到站信息、停车泊位供应信息、语音提示,以及车载动态信息等都属于动态交通语言的范畴。

3. 按交通语言服务的基础设施类别分类

(1)枢纽交通语言:面向机场、火车站、长途客运站、轨道换乘站、综合交通枢纽等的交通语言。

(2)道路交通语言:面向高速公路(网)、一般公路(网)、城市道路(网)的交通语言。

(3)公共建筑交通语言:面向建筑物、两侧用地、公共服务场所(医院等)的交通语言。

(4)静态交通诱导语言:面向停车场(库)泊位供需的交通语言。

二、交通语言设计原则

党的二十大报告提出"要实现好、维护好、发展好最广大人民根本利益,紧紧抓住人民最关心最直接最现实的利益问题""健全基本公共服务体系,提高公共服务水平,增强均衡性和可及性"。基于此,交通语言系统的设计不但要考虑车辆的信息需求,还要考虑其他各种交通方式出行者的需要;不但要考虑个体出行的安全便利,还要考虑综合路网的一体化通行;不但要考虑现状的需要,还应考虑与未来城市发展的适应能力。具体来讲,应遵循如下几方面原则。

(1)以人为本原则:宏观上要求交通语言信息连续,亦即符合出行者的认知特征;中观上要符合交通出行者对交通语言的认知特征——识认、理解、执行等行为过程,同时考虑交通语言对交通安全的影响;微观上考虑特定车辆、行人等的交通安全问题。

(2)可持续发展原则:设施应能够在规划年限内保持应有的功能,同时不影响相关设施的建设。良好的交通语言能提高交通系统的安全和效率,体现出交通运营管理的可持续发展。

(3)与环境和景观协调原则:交通语言设施是城市景观的重要组成部分,设计良好的交通语言系统,能美化道路系统以及城市环境,形成独特的交通语言景观体系,使出行环境更加和谐。同时,环境和景观的设计也应充分保证交通语言设施及其信息的可见性。

49. 机动车交通语言系统设计

第五节 机动车交通语言系统设计

机动车交通语言是交通系统中的主要部分,包括标志系统、路面标线、交通信号灯设施等。

一、标志系统设计

交通标志系统是用图形、符号、颜色和文字向交通参与者传递特定信息,设置在路侧或道路上方的交通附属设施。其设置有两方面的目的：一是向驾驶人提供交通管理和控制信息（指示标志、警告标志和禁令标志及部分辅助标志）；二是向驾驶人提供道路和交通基本信息与服务信息（指路标志、服务区、停车位信息板、可变信息板）。

交通标志系统应实现的目标为：简洁明晰地提供交通管理与服务信息，各交通标志之间不出现歧义和矛盾现象；标志设置位置遵循驾驶人的心理状态及其对标志识别和理解过程的基本规律。根据道路交通标志的指引和提示，驾驶人不需要其他外在指路措施就能安全、顺利地到达目的地。

1. 驾驶人出行信息需求

一般来说，对路况陌生的出行者对交通语言的依赖性最强，因此，交通语言设计要以不熟悉路况的出行者的信息需求为基础。

1）指路信息

指路信息的主要功能是帮助出行者（主要是驾驶人）正确地选择出行路线，具有传递道路方向、地点和距离等信息的功能。指路信息一般可分为两大类：一类是高速公路和城市快速路的指路标志，除里程碑、分合流标志外，通常只包含地点和距离两种语言元素；另一类是一般公路和城市道路的指路标志，包含周边若干条相关道路的路名、大致走向及当前相交道路的门牌号信息等。

2）服务信息

（1）加油站、维修站等：加油站和维修站是机动车交通所必需的基础设施。为了不影响其他交通标志的识别，在城市道路上可以将其设置在前后 100～150m 范围没有其他交通标志的路段上。

（2）停车引导信息：停车是机动车出行终点的必然需求。停车引导信息对于减少车辆为停车而产生的时间消耗或绕行、提高停车设施的利用效率至关重要。

（3）动态交通信息发布：动态信息的发布多采用可变信息板，发布路况信息、交通事件和特殊天气信息等。

3）交通管理信息

交通管理信息指管理方实施的与交通系统管理相关的信息，主要包括指示信息、警告信息和禁令信息。驾驶人对此信息的需求是其所表达的"交通组织方式和交通管理措施是否明确、无歧义""是否与其他交通语言如路面标线一致"等。

2. 交通标志识读与响应

驾驶人为获取交通标志所表达的信息，需要经过发现标志、读取信息、理解信息、做出决策、采取行动等过程，对交通标志的识读与响应需要花费一定时间，相应也会移动一定距离。

交通标志识读与响应过程如图 10-9 所示，标志 S 布置于道路右侧，驾驶人到达识认点 A 处发现标志 S，至消失点 E 处，标志在视野中消失。驾驶人在读取点 B 处开始读取标志信息，直至在 C 处完全读取并理解标志所含信息，BC 为读取距离；针对获取的信息，驾驶人在到达 D 处前做出相应的决策，CD 为决策距离；而后采取响应措施，全部操作在行动点 D 至完成点 F 间完成，DF 为行动距离。

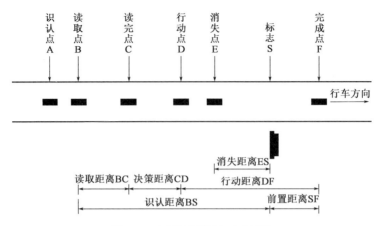

图 10-9　交通标志识读与响应过程

合理设置标志前置距离 SF,使得读完点 C 与标志 S 间的距离大于消失距离 ES 限值,可保证驾驶人有充足的时间识读标志。为使信息迅速而准确地传达给驾驶人,交通标志的位置需易于被发现,设计要素需便于读取和理解,从而使驾驶人有充裕时间以行动响应过程,保障机动车行驶安全。

3. 交通标志分类与设计

按功能区分,交通标志包括:警告标志、禁令标志、指示标志、指路标志、旅游区标志、告示标志和辅助标志(表 10-11)。近些年,可变信息标志也逐渐得到了广泛的应用。

交通标志的分类　　　　表 10-11

标志类型			语气	设置地点	作用
静态	主标志	禁令	否定	禁止或限制某种交通活动或某种车辆的路段的前方	禁止或限制道路使用者的交通行为
		指示	说明	交通组织方式出现变化的路段的前方	指示车辆、行人行进
		警告	感叹	通过技术判断认为易发生危险的路段;容易造成驾驶人错觉而放松警惕的路段;同一位置连续发生同类事故的路段等	警告道路使用者注意道路、交通
		指路	说明	一般在交叉口进口道前方或路线出现分叉处	传递道路方向、地点、距离信息
		旅游区	说明	到达旅游区(或旅游景区)前的路口	提供旅游景点方向、距离
		告示	说明	需要说明道路设施、路外设施的使用和指引以及安全行车信息的地方	告知路外设施、安全行驶信息以及其他信息
	辅助标志		说明	主标志下面,紧靠主标志下缘	对主标志进行辅助说明
动态	可变信息标志		说明	需要发布动态交通信息的地方	辅助管理和诱导交通流

1)禁令标志

禁令标志类似于文章中的否定句,语气比较强硬,表达禁止或限制进行某交通行为的信息。

2)指示标志

指示标志是指示车辆、行人行进的标志。按其功能可以分为以下三类:

(1)道路遵循方向标志,用以表示道路上应遵循的方向规定。

(2)道路通行权分配标志,用以表示道路通行优先权分配的规定。

(3)专用标志,用以表示道路(或车道)上遵循的特殊规定。

3)警告标志

出行者在陌生道路上驾驶,难以预知前方存在的潜在危险,警告标志的作用是及时提醒驾驶人注意前方道路状况的变化,在到达危险点以前有充分的时间采取必要的行动,确保行驶安全。

4)指路标志

(1)指路方式。指路方式是指路信息(目的地、距离等)的有机组织。为了使指路标志与所表达信息具有较强的关联度,可将地名元素的排列方式与人们观察道路的方式保持一致(图10-10)。指路信息的连续是指路标志的另一重要问题,连续性定义为指路信息与前后同类信息之间的关联度。为避免信息断链,常采用"战略信息 + 滚动战术信息"的组合指路方式,其形式如图10-11所示。

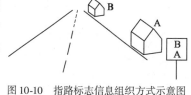

图10-10 指路标志信息组织方式示意图

不同等级道路指路标志设计不同,主、次干路指路标志的形式如图10-12所示,支路指路标志的形式如图10-13所示。

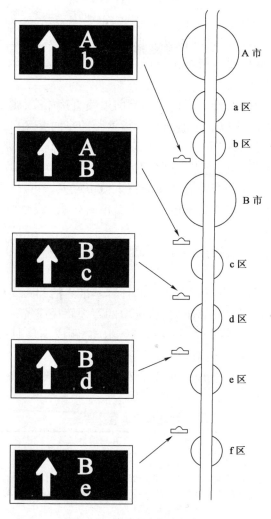

图10-11 指路标志指路方式

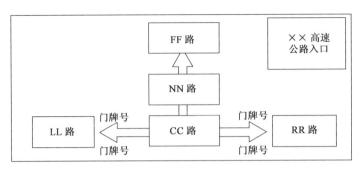

图 10-12 主、次干路指路标志形式

图 10-13 支路指路标志形式

(2)地点距离。控制性地点是指路标志信息的重要内容之一,如公路途经各级城镇,城市道路连接城市的各个区域等。关键的各级中心城市名称、特殊地物名称、各级道路名称、标志性建筑物、重要的对外交通枢纽等均可作为指路目标信息设置在指路标志上。指路标志上距离的数值确定应符合以下要求:

①指引信息为一般道路时,若所指道路与当前道路直接相交,则以平面交叉口作为计算基准点;若通过其他道路相连,则以连接道路与所指道路的平面交叉口作为计算基准点。

②指引信息为高速公路或城市快速路时,以一般道路与高速公路、城市快速路的连接线平面交叉口或减速车道渐变段起点作为计算基准点。

③指引信息为地区信息时,若为有环线的特大城市或大城市,以中心环线的入口作为计算基准点;若为无环线的特大城市或大城市,中、小城市(区、县)或乡村,以中心区(老城区)或政府所在地作为计算基准点。

④指引信息为旅游景区、交通枢纽等较大型地物时,以距其建筑物本身或外围大门最近的交叉口作为计算基准点。

⑤距离的数值为标志设置点与相关信息的计算基准点的间距。标志设置点与计算基准点间存在多条路径时,以习惯路径计算距离,所选取的习惯路径应统一。

⑥距离的数值一般以 km 为单位,并四舍五入取整,距离不足 1km 的以 1km 计。城市道路可以百米为单位计,但整个城市距离表示方法宜统一。

(3)信息分层。指路标志信息应依据重要程度、道路等级、服务功能等因素分层,我国的规定见表 10-12。

指路标志信息分层 表 10-12

A 层信息	B 层信息	C 层信息
高速公路、普通国道、城市快速路,直辖市、省会、自治区首府、地级行政区等控制性城市及其他本区域内相对重要的信息	普通省道、城市主干道路,县级行政区及其他本区域内相对较重要的信息	县道、乡道、城市次干道路、支路,乡、镇、村及其他本区域内的一般信息

5）旅游区标志

旅游区标志用于指引人们前往邻近的旅游区，识别通往旅游区的方向和距离，了解旅游项目的类别。旅游区标志的设置应与指路标志相互配合，不应影响指路标志的设置与识认。

6）告示标志

告示标志用于解释道路设施、指引路外设施或告示有关道路交通安全法规及交通管理安全行车的提醒等内容。

7）可变信息标志

可变信息标志（VMS）是内容随时间和交通流状况变化而变化的一种动态交通标志，它以实时的交通数据采集为基础，是用文字和图形来发布交通状况信息的一种设施，起到辅助管理和诱导交通流的作用。VMS 通常设置在城市出入口、高速公路出入口和城市核心区等适当的位置。在城市出入口附近，可以通过可变信息标志发布城市间连接道路的交通状况信息，以及出入直接相关的主干路交通状况等；在高速公路入口处，VMS 可向出行者发布高速公路的运行状况信息及拥堵信息；在城市核心区，VMS 可向出行者发布主要道路的拥堵状况、停车场（库）的使用状况等。为了使出行者在接收到事件信息后能够及时作出是否调整出行路线的判断，可变信息板应设置于可替代路径上游的路段，并距离交叉口不小于 150m 处。随着车载信息服务系统的不断完善和普及，可变信息标志将趋于车内化。

二、交通标线设计

路面标线是以规定的线条、箭头、文字、立体标志、突起路标或其他导向装置、施画于路面上、用以管制和引导交通的设施，具有强制性、服务性和引导性。驾驶人常依靠路面标线和视线引导设施建立行进方向参照系，因此，路面标线是一种向驾驶人和行人提供交通管理和服务信息的路面交通语言。标线有划分车道、引导视线、指示行车方向、传达交通法规、引导安全驾驶等作用。

1. 渠化标线设计

1）路段渠化标线

路段渠化的主要作用是标记车道、合理利用道路横断面空间以及提高交通流的平顺性与安全性等。

（1）横断面空间优化：横断面空间优化的目的是提高行驶空间的有效利用率，并通过车道数量的变化实现路段和交叉口通行能力的匹配，如图 10-14a）所示。

（2）通过标线控制车速：通过设置视觉渐窄的标线，使驾驶人主动减速，从而提高交通的安全性，如图 10-14b）所示。

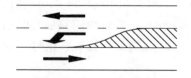
a）奇数条车道的中间车道用标线画出，用于路段开口或交叉进口处左转待行

b）基于视觉原理的减速标线

c）立体标线

图 10-14　路段渠化标线设计

2) 交叉口展宽段渠化标线

交叉口渠化标线设计内容已在第五章的交叉口交通设计中阐述,此处从略。

2. 路面标识

路面标识包括路面文字标记、导向箭头、收费岛标线、港湾式公交停靠站标线、停车位标线和高速公路出入口标线等。

1) 文字和箭头标记

(1) "左转待行区"或"左弯待转区"标记。

(2) "公共汽(电)车专用"标记:规定某车道为公共汽(电)车交通专用。

(3) 目的地名称标记:在快速路出口前,引导驶向特定目的地的车流在某车道行驶,以减少交通流的交织。

(4) 时间段:某管理措施实施的时间段,如公交专用车道的实施时间段、禁左时间段等。

(5) 速度限制标记和标线:规定某高速公路或车道的最高或最低限速;或在一般道路上设置"减速""慢行"的文字标志,提示驾驶人前方行驶速度有变化。

(6) 转向限制标志:禁止左转或右转或掉头等。

(7) 车道功能:规定某条车道行驶车辆的种类和速度,如"快速车道""慢速车道"。

(8) 箭头标记:用于指示行车方向。

2) 特殊标志

在需要提示驾驶人减速慢行的路段,设置具有立体效果的平面标线,使得驾驶人主动降低速度,如图10-14c)所示。

三、交通信号设计

交通信号是较简单、常用的交通语言,以下将重点介绍如何设计交通信号,使其符合人们驾车、行走或者骑车时的识认、理解特征。

1. 信号灯具及其辅助设施布局设计

1) 各色灯排列方式

为实现基本的交通控制功能,每一机动车信号灯面一般需有三个信号灯镜,显示红、黄、绿三色和必要的箭头信号。机动车信号灯镜可竖向排列或横向排列。柱式或中心悬挂式信号灯组,应采取竖向排列;悬臂式或门式安装的信号灯组,宜竖向排列,也可横向排列。竖向排列时,信号灯由上而下为红、黄、绿,右转红箭头灯与圆形红灯并排设置(图10-15B_1、B_2、B_3、C_2、C_3);横向排列时,信号灯由道路中心线向外为红、黄、绿,单独的右转红箭头灯设置在信号面的最右端(图10-15E_1、E_2)。

信号灯镜横向排列时,右转红箭头灯可与左转箭头灯或圆形灯组合(图10-15E_1、E_2)。当箭头灯和圆灯需以其他形式组合时,信号灯镜宜竖向排列,但

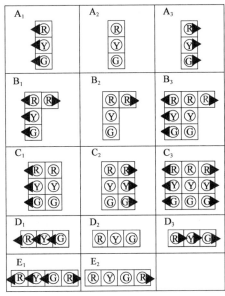

图10-15 信号灯镜组合与布局
R-红灯;Y-黄灯;G-绿灯

同面各信号灯不得出现含义重复或矛盾的显示。

2) 信号灯高度

根据《道路交通信号灯设置与安装规范》(GB 14886—2016)的规定并结合实际,机动车信号灯的安装高度为 5.5~7m。研究表明,视觉在离注意点 1.5°~3°的范围内最敏锐,因此在确定信号灯高度时,应综合考虑交叉口的大小、停车线离信号灯的距离、信号灯的高度限制等各种条件,采用最佳的信号灯高度。

3) 远近灯协调布置

远近灯就是在交叉口进口道停车线断面和出口道处均设置控制同一进口道车流的机动车交通信号灯。远近灯的布置方式与交叉口渠化方式有关,当交叉路口较小时,应在信号灯杆的两侧都设置方向相背的两组信号灯,分别向交叉口的对向进口道排队车辆和本进口道后续排队车辆提供信号。当交叉口较大时,可不共杆设置信号灯。远灯和近灯的空间布置范围如图 10-16 所示。

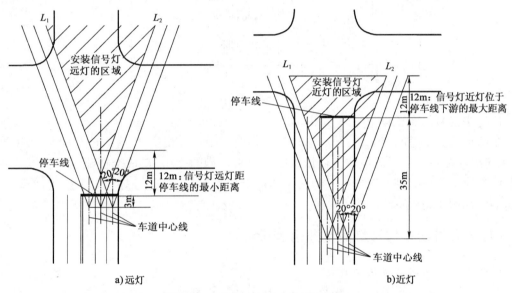

图 10-16　远灯和近灯的空间布置范围

2. 信号灯杆位置设计

1) 窄中央分隔带条件下信号灯布置设计

中央分隔带宽度小于 4m 时,交叉口处的信号灯设置在中央分隔带上、停车线断面,向两侧伸展两臂,分别设置本向进口道的近灯和对向进口道的远灯。中央分隔带处的行人和非机动车信号灯可以同时设置在该信号灯杆上,如图 10-17 所示。

2) 宽中央分隔带条件下信号灯布置设计

当中央分隔带宽度大于 4m 时,本向进口道近灯与对向进口道远灯非共杆,可采用图 10-18 中的信号灯杆布置形式。进口道处的灯杆设置在停车线的延长线上,于分隔带边缘安装本向进口道的近灯;出口道处的灯杆设置于分隔带边缘与横道线靠近交叉口内部一侧的交点处,安装对向进口道的远灯。行人和非机动车信号灯皆可与相应的机动车信号灯共杆。

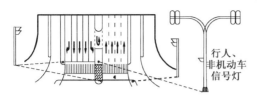
图 10-17　窄中央分隔带条件下信号灯的布置

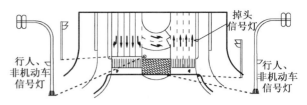
图 10-18　宽中央分隔带条件下信号灯的布置

3）一块板条件下信号灯布置设计

一块板道路的信号灯一般安装于道路两侧向内的弯杆上,其中进口道处灯杆上安装近灯,出口道处灯杆上安装远灯,如图 10-19 所示。当道路宽度较窄(如双向 2 车道)时,可只在各进口道外侧设置一组灯杆(采用正反面信号灯组,远近灯共杆)。

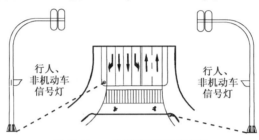
图 10-19　一块板道路信号灯布置

4）掉头信号灯布置设计

在设有掉头车道的交叉口,掉头车辆与左转交通为同一相位,能有效地利用左转相位无冲突、无交织地掉头。为了避免在直行相位期间掉头车辆的驶出,造成交通流的冲突与交织,应在出口道的机非分隔带上设置控制掉头车辆的专用信号灯组(信号灯色与本向进口道左转相位同步),如图 10-18 所示。

四、结合机动车信号灯的交通语言设计

1. 信号灯杆和路名牌结合布置

为了确保重要信息的传递,加强路名及其相关信息的提供,除了常规的指路标志外,可在交叉口信号灯的悬臂上设置相交道路的路名和门牌号,如图 10-20 所示。

2. 机动车与慢行交通信号灯协调设计

在交通标志和信号灯位置靠近时,为了避免信息分散、减少道路上的障碍、节省设施建设成本,应将其合杆设置。机动车和行人信号灯合杆布置可参考图 10-21～图 10-23 所示的设计;路段上的信号灯合杆布置如图 10-24 所示。

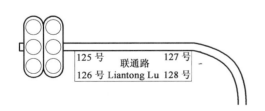
图 10-20　利用信号灯杆悬臂提供相交路名信息

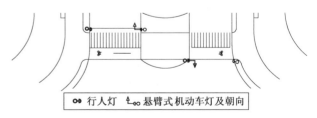
图 10-21　宽中央分隔带的信号灯布置

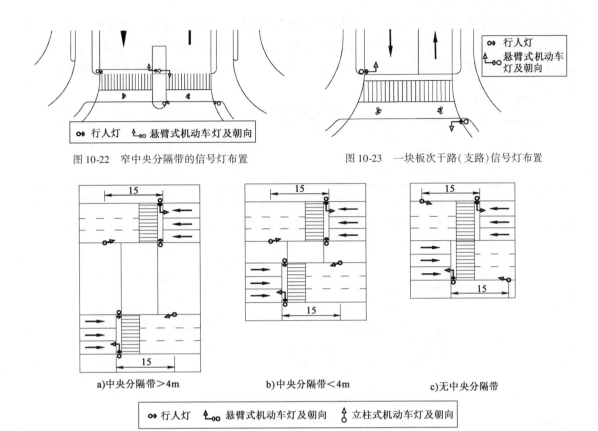

图 10-22　窄中央分隔带的信号灯布置　　　　图 10-23　一块板次干路(支路)信号灯布置

a)中央分隔带＞4m　　b)中央分隔带＜4m　　c)无中央分隔带

图 10-24　三种断面路段行人过街信号灯布置(尺寸单位:m)

第六节　慢行交通语言系统设计

50.慢行交通语言系统设计

慢行交通是行人交通和非机动车交通的总称,慢行交通所面临的最大问题是安全性和人本性问题。作为交通系统的重要组成部分,慢行交通是连接出行起点与终点、接驳公共交通必不可少的方式,理应得到足够的重视,并应在交通管理中被放在第一位加以考虑。慢行交通语言是为慢行交通服务的信息系统,包括慢行交通本身的方向和目的地指引、与其他交通方式间的换乘指引信息服务等。

一、路名指示系统设计

路名是出行者寻找目的地时极其重要的参照信息。路名指示系统是基于路名牌及其关联信息服务设施,面向步行者或非机动车骑行者提供路名和其他道路相关信息服务的系统。可以帮助人们在出行过程中正确定位,实现更便捷出行。实际上,路名指示系统不仅为慢行交通服务,也可为其他出行提供换乘信息服务。

1.路名牌构造设计

交叉口是各个方向的慢行交通流和机动车交通流最频繁的交叉通行处,路名牌的设计应充分考虑人的视觉特征,满足慢行交通的识认需求,兼顾驾驶人的可认读性。由于人的视锥角在1.5°~3°时的视觉效果最清晰,所以路名牌的设计应保证落在多数行人和驾驶人的可调节中心视力范围之内。路名牌离地高度的确定也应考虑在交叉口有车辆排队情况下,使不同车道上的驾乘人员可以认读路名牌信息,一般可采用2.8~3.2m的高度,相关面板尺寸要求见表10-13。

路名牌面板尺寸　　　　　　　　　　　　　　表10-13

类别	尺寸(mm×mm)
标准路名牌	1200×300
大交叉口(主干路)的路名牌	1500×350

为增加信息量,可采用组合式路名牌,即在一根杆柱上同时设置指示多个方向的路名牌,本向道路名牌在下,相交道路名牌在上,一般设置于路幅较大的道路上,如图10-25所示。

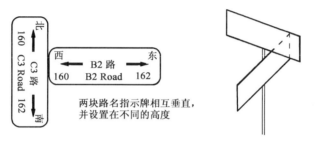

图10-25　组合式路名牌布置

2. 路名牌信息设计

路名牌信息设计需考虑信息的逻辑范围和空间范围,含有路名及两侧门牌号信息的路名牌如图10-26所示。

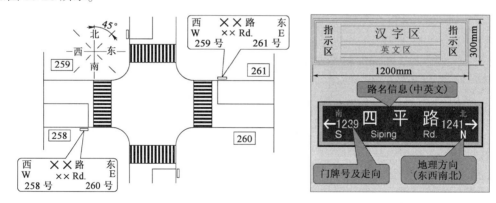

图10-26　含有路名及两侧门牌号信息的路名牌

(1)道路路名:包括中英文路名。
(2)道路两端指向:以东南西北标出其指向,与正方向偏角小于45°的仍以正方向标出。
(3)门牌号信息:这是非常重要的信息,有益于减少转向交通的无谓绕行。

3. 路名牌位置

对于一般进口道,可将路名牌按照如图10-27中所示的方法设置,其位置横向距行车道路缘 0.3~1m,纵向在停车线后 0~3m。在有机非分隔带的道路上,宜将路名牌设置于机非分隔带中(图 10-28),基本原则同上,便于机动车驾驶人看清路名牌信息。在无机非分隔带的道路上,宜设置于人行道边缘,如图 10-29 所示。

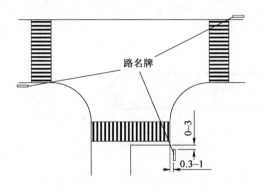

图 10-27　交叉口路名牌位置(尺寸单位:m)

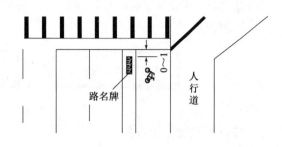

图 10-28　有机非分隔带的情况(尺寸单位:m)

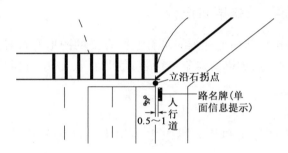

图 10-29　无机非分隔带的情况(尺寸单位:m)

二、慢行交通导向系统设计

慢行交通导向系统是步行和非机动车出行者所需的重要交通语言系统,如设置不当会加重出行者的心理负担。步行者或骑车者为获取信息会本能地降低行走或骑行速度或停顿,从而降低慢行交通的通行能力,进而影响出行效率与舒适性。

1. 设置原则

(1)当慢行交通设施不明显或与其他交通设施没有明确隔离时,应设置行人指路标志,如指示人行地道出入口、地铁站入口等;为提醒行人利用过街设施安全过街,也应设置慢行交通设施导向标志。

(2)对于连接多条不同人行道的复杂人行天桥、人行地道和地铁站等,应设行人指路标志,指示各出口所通向的目的地。

(3)慢行导向标志的设置位置离所指目标的距离不宜太长,一般不超过 400m。

2. 慢行交通导向标志设计

方向信息是导向信息的重要组成部分。在视野开阔的通行环境中,导向信息和环境中任何实体建筑或设施都可以作为方向参照物,但在地下、建筑物内部和枢纽换乘站等封闭空间内,步行者则需要专门的导向信息。常用的慢行交通导向信息如下:

1) 指引交通设施

对于交通设施的导向,可结合文字和符号的优点,由"目标 + 箭头 + 距离"组成导向信息,这三种信息称之为"导向信息三要素",如图 10-30 所示。人行天桥和地下通道也可以采用这类导向标志。对于室内或地下停车场、自走式立体停车库中的步行系统,可适当调整图中的文字等信息,指引停车完毕后的步行交通。过街信号灯按钮标志可用来指引路段人行横道按钮式信号灯的位置。

图 10-30 指引交通设施的导向标志

2) 身体不便者专用设施

此类导向标志主要用于指示身体不便者(残障人士)专用设施的位置,一般设在身体不便者专用设施附近的适当位置,并附加辅助标志,指示设施的方向或距离。

三、慢行交通路面及特殊语言设计

路面标识或标记是指在路面上施画的具有象征意义的图形和符号,具有一定的交通管理含义。路面指示标志和符号,加以特殊彩色铺装,是提示车道功能的重要方式。

1. 路面指示标志设计

1) 道路路面指示标志

慢行道路路面上的自行车和行人标志主要用来明确区分机动车和行人交通空间,如图 10-31 所示。

2) 交通枢纽和地下空间路面的交通标志

该类标志设置于交通枢纽、地铁站、地下商业街或大型体育场馆的行人集散处。大型建筑物或地下空间中的行人方向感较差,在步道路面上施画标志能为步行者指明正确的方向,如图 10-32a)、b) 所示。行人标志也可以规范行人的行走轨迹,改善行人通行秩序如图 10-32c) 所示。

图 10-31 路面指示标志

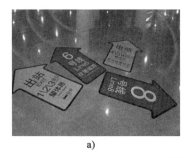
a)

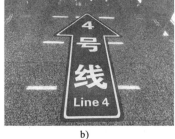
b)

c)

图 10-32 交通枢纽内的路面指示标志和导向标志

2. 路面彩色铺装设计

除了可以利用路面标志区分道路功能之外,还可以利用不同的色彩和外观来划分道路空间的功能。结合景观建设实施各种彩色路面铺装,不但可更直观地区分交通空间,还可增加慢行交通环境的美感与景观舒适度。人行道的路面铺装设计遵循安全、平整、舒适、美观的设计原则,同时需考虑北方雨雪天气时路面不宜太光滑等情况。

3. 特殊人群慢行交通语言设计

(1)盲道设计:人行道上至少要设置能供单人行走宽度的盲道。一般盲道路线要直,尽量减少绕行,并在交叉口和路段过街处给出足够的指引长度,至少指引到慢行道路与机动车道的连接处。

(2)盲人过街语音信号设计:在行人流量较大的交叉口和路段过街处,可结合过街信号控制设施的建设,设置语音式盲人过街信号;当过街信号即将结束时,提示音提前开启,并可通过声音信号的音调或节奏来区分信号语言的语义。

第七节 公共交通语言系统设计

51.公共交通语言系统设计

一、公共交通语言系统概述

公共交通语言系统设计旨在为公共交通出行者提供信息服务,帮助乘客合理选择交通方式及适当路径,便捷地使用公共交通设施。公共交通出行相关信息的来源有互联网、纸质地图、公交导向和信息发布系统、车内信息发布系统等。

二、公共交通出行过程及信息需求

根据出行者的出行特征,可将公共交通出行过程分为固定出行路线(如通勤、通学)和非固定路线(如休闲、旅游、业务出行)两类。公共交通导向系统的设计应以非固定路线出行者的信息需求为基础。导行包括两个层面:一个层面是指引出行者如何到某处乘坐公共交通(称作外部导向),是公交导向的战略信息;另一个层面为公交设施自身属性(如车站和车辆的特征色、特征标志、统一的外观造型等)对出行者的指引(称作属性指引),是公交导向的战术信息。乘客在出行前、出行中、出行后及换乘等过程中的信息需求如下。

(1)出行前:出行者从战略的角度,对出行的整个过程进行计划,并结合互联网、纸质地图和其他查询方式,获取出行前信息,制订初步出行计划。

(2)出行中:出行者处于出行途中,在交通枢纽/站点或交通工具上的信息需求包括乘坐公共交通工具的导向服务信息,以及表 10-14 所列的处于交通枢纽中的信息需求。

出行者在交通枢纽中的信息需求　　　　表 10-14

类别	信息内容
常规公交、轨道交通相关信息	公交车辆实时到/离站信息、公交延误信息、公交拥挤状况(是否有空位和空位数)、到站换乘提示、回程站点导向,以及换乘车次、票价、售票地点等
飞机、火车、长途客运汽车等对外交通方式信息	航班或车次到港(站)或离港(站)信息、航班或车次晚点情况信息、车票信息、与市内交通的换乘信息、目的地交通和天气情况等
黄页服务信息	通过各种设备访问公众信息服务系统,获取与出行有关的社会综合服务信息,包括:天气、娱乐、购物、旅游、食宿等。根据这些信息制订或调整出行计划,选择合适的路径,从而减少多余的无谓出行和因此造成的延误
特色信息	特定条件下的信息需求,如奥运会信息服务、世博会信息服务等

公共交通语言系统还应包括如下几种信息。

(1) 公交运行时刻表：为了便于乘客安排行程，宜在车站设置各线路的运行时刻表。时刻表应列明每班车辆到达和离开当前车站时的具体时间，一般精确到分钟。对于在不同时段采用不同运行组织的线路，应提供每一时段的时刻表。

(2) 车辆到站信息：车辆到站信息是在无时刻表或由于特殊原因时刻表失效时，对临时变更的运行时刻(基于高精度预测的公交行程时间)的预告信息。

(3) 换乘信息：换乘是公共交通出行的主要特征之一。换乘信息对提高乘客出行效率非常关键。一条换乘信息由换乘线路名称、换乘站点方向及距离组成。

(4) 公交/枢纽中的步行导向：在封闭的交通空间(换乘枢纽、地下空间、轨道站点)中，出行者方向感不强，且难以进行自身定位，必须有一系列的步行导向系统引导其出入枢纽或换乘。

1. 外部导向

公共交通有固定的停靠站，且有一定的服务范围。导向信息的设置可增大其服务范围，提高公交服务水平。导向标志设计可参照慢行交通导向系统设计方法。对于交通枢纽周边的密集住宅区，有必要加强对慢行交通的导向，具体方法有：

(1) 在各大社区的出口处设置动态信息服务设施，向出行者发布公共交通的到达情况。

(2) 改善公共交通站点的停车服务和换乘服务，吸引通过自行车换乘公共交通的出行者，进一步扩大公共交通服务的辐射范围。

公共交通外部导向信息如图10-33所示。

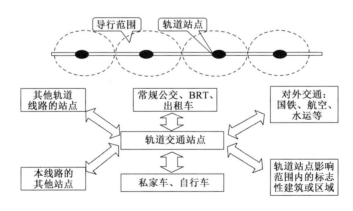

图10-33 公共交通外部导向信息

2. 属性指引

属性指引着重考虑的是乘客在轨道或公交站内，根据交通设施、交通工具自身的属性，并结合出行目的进行交通工具、乘车线路和方向的选择。其中，线路编号(或名称)是乘坐公交时所需的最重要信息之一。对出行者来说，线路编号不仅可以区别不同线路的号码，而且可以提供大量的交通信息，如用编号开头数字代表线路的等级。除了线路编号之外，线路基础设施的特征、公交车辆本身的特征(如车型、颜色等)都可以作为区分不同线路等级和类别的特征信息，见表10-15。

公交线路和车辆特征及其可提供的信息　　　　表 10-15

公交线路或车辆特性	可提供的信息
线路编号	根据特定的编号规则可以区分不同等级和类别的线路
车型	利用车型可以区分不同等级和类别的线路,如大型车常用于干线、大站,中型车常用于短途运输和接驳交通
颜色	不同的车体颜色代表不同等级和类别的线路

三、公交枢纽及站点交通语言设计

公交站点的交通语言主要包括:公交线路信息、换乘信息、出入站点的导向信息等。

1. 公交站牌设计

公交站牌是设置于公交停靠站、向乘客提供出行信息的设施,也是乘客乘车过程中获取信息的主要途径。公交站牌的设计应科学合理,满足人们出行信息的需求,体现人性化的理念。公交站牌主要有两种形式:一是静态的普通公交站牌,二是信息可变的电子公交站牌。

1) 常规公交站牌

常规公交站牌所提供的交通信息在一定时间内是固定不变的。具有制作和营运成本低、便于维护和管理、占地面积小等特点。公交乘客的一般乘车过程为:确定路线走向→选择适当线路→寻找所选线路的停靠站,所以公交站牌应包括如下信息:

(1) 线路起终点和途经各停靠站名称以及当前站点名称。

(2) 线路走向或带有地图的线路图。

(3) 线路号码标志(色彩标志)。

(4) 票价、是否为空调车、售票方式等。

(5) 首末班车时刻等。

2) 电子公交站牌

电子公交站牌是运用先进的电子、通信、多媒体、网络等技术,为候车乘客提供实时、动态的公交出行信息服务的设施,可便于乘客根据实际情况调整出行计划。其可提供的信息如下。

(1) 换乘引导信息:该信息在静态公交站牌上也可提供。

(2) 公交车辆当前位置信息:主要靠公交车辆定位技术来实现。

(3) 公交车辆到站时间预报信息:信息的精度取决于公交车辆行程时间预测的准确性。实际到站与预报到站时间的吻合程度,会影响乘客对电子公交站牌信息的信任度。

(4) 公交车内的服务水平(拥挤度)信息:公交车拥挤度是指公交车内的实际乘车人数与额定载客数的比值,候车乘客可根据该信息进行线路或其他交通方式的选择。拥挤度可以通过公交车的自动乘客计数装置或公交车电子收费装置来获得。

(5) 车辆调度信息:公交调度中心根据公交车的实时运行情况,对在线运行的公交车辆时刻表进行临时调整的信息。

电子公交站牌有多种形式,常用的有板式和长方体的电子公交站牌。后者有四个面,可以容纳相对更多信息,站牌内部可安装照明设施,使其在夜间也具有较好的可视性。详细的设计方法见第六章第五节。

2. 出入站点及换乘导向系统设计

乘客常基于导向系统的指引寻找公交站点或换乘枢纽,进入枢纽后将继续依靠导向系统搭乘合适的线路。公交导向系统中应用的交通语言元素有声音、颜色(特征色/识别色)、图形、符号、文字等。

1) 站外导向

站外导向是指借助于导向系统等把站点服务范围内的客流引导至站点的过程,有客流汇集与疏散导向之分。汇集客流的导向信息以枢纽或公交站的名称为导向目标,而疏散客流的导向信息则主要以站点周边标志性的建筑、重要企事业单位,特别是学校等为导向目标。

2) 站内导向

站内导向仅对地铁站、BRT 车站或大型交通枢纽具有意义,以指引乘客购票、进站、候车等为目的,其导向系统的设计与车站形式、收费方式、交通组织等情况有关。站内导向系统主要有两种形式:一是导向标志牌系统,二是地面导向标志系统,如图 10-34 所示,常将两种方式并用。

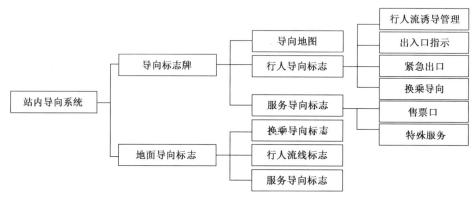

图 10-34 站内导向系统

四、公交车内交通语言设计

乘客在公交车内时,需要的信息有:当前站名、下一站站名、到下一站的时间、站点列表以及换乘信息等。这些信息可通过车内视觉信息和语音信息来提供。

(1) 车身视觉语言:提供该线路的站点列表、收费标准、运行时刻表、换乘信息等。

(2) 车内语音语言:车辆在到站前、启动后,及时向乘客提示本站、下一站的名称,以及在本站、下一站附近的主要道路名称和公共场所、换乘信息等,以提示乘客做好下车准备。

第八节 面向自动驾驶的交通语言系统设计

一、自动驾驶交通语言系统概述

自动驾驶具有智能化、网联化、电动化、共享化的特点,推动着未来交通领域内"新四化"趋势的发展进程。交通语言系统是保障自动驾驶安全的关键要素,为自动驾驶车辆提供道路信息、车道信息、限速信息等,使其在指引下安全顺利到达目的地。目前,国内自动驾驶专用车道沿线各类交通标志、路面标线等的规范化需求尚未得到满足,对于自动驾驶交通语言系统的设计仍处在积极探索阶段。

二、自动驾驶出行信息需求

国家标准《汽车驾驶自动化分级》(GB/T 40429—2021)基于驾驶自动化系统能够执行动态驾驶任务的程度,根据在执行动态驾驶任务中的角色分配以及有无设计运行条件限制,将驾驶自动化分成 0~5 级,见表 10-16。

驾驶自动化等级与划分要素的关系   表 10-16

分级	名称	持续的车辆横向和纵向运动控制	目标和事件探测与响应	动态驾驶任务后援	设计运行范围
0 级	应急辅助	驾驶人	驾驶人及系统	驾驶人	有限制
1 级	部分驾驶辅助	驾驶人和系统	驾驶人及系统	驾驶人	有限制
2 级	组合驾驶辅助	系统	驾驶人及系统	驾驶人	有限制
3 级	有条件自动驾驶	系统	系统	动态驾驶任务后援用户(执行接管后成为驾驶人)	有限制
4 级	高度自动驾驶	系统	系统	系统	有限制
5 级	完全自动驾驶	系统	系统	系统	无限制*

注:*排除商业和法规因素等限制。

我国机动车驾驶自动化等级正处在由 2 级向 3、4 级过渡的阶段,自动驾驶车辆将长期处于持续发展状态。考虑到在不同发展进程中,自动驾驶车辆行驶有着不同的功能要求,不同发展阶段自动驾驶车辆在道路交通出行中的信息需求见表 10-17。

自动驾驶车辆信息需求   表 10-17

发展阶段	信息需求
初级自动驾驶	道路属性信息、交通标志标线信息、路口交通流量、路口信号控制信息、交通管制信息;路口安全预警信息
中级自动驾驶	道路属性信息、交通标志标线信息、路口交通流量、路口信号控制信息、交通管制信息;路口及敏感路段安全预警信息、事故信息;路段交通拥堵信息、短时交通流量预测信息
高级自动驾驶	道路属性信息、交通标志标线信息、路口交通流量、路口信号控制信息、交通管制信息;全路段安全预警信息、施工路段预警信息、事故信息;路段交通拥堵信息、短时交通流量预测信息、最优路径信息
完全自动驾驶	道路属性信息、交通标志标线信息、路口交通流量、路口信号控制信息、交通管制信息;全路段安全预警信息、施工路段预警信息、事故信息;路段交通拥堵信息、最优路径信息;车辆周边环境动态信息、停车泊位信息、充电设施信息、交通敏感点信息、兴趣点信息等

三、适应于自动驾驶的交通语言设计

适应于自动驾驶车辆运行的交通语言包括实体交通语言系统和数字化交通语言系统,其定义见表 10-18。

自动驾驶交通语言系统分类 表 10-18

类别	分类定义
实体交通语言系统	布设于实体道路上,以图形、符号、文字、线条、立面标记、突起路标等形式表示特定管理内容和行为规则的交通设施
数字化交通语言系统	将交通规则、道路状态等信息转化为更易于机器辨识的数字信息,以信息化手段进行发布或传输的交通设施

1. 实体交通语言系统

实体交通语言系统包括道路内交通标志、路面标线和交通信号灯等,其设计按第十章第五节机动车交通语言系统设计中的相关要求执行。

为实现对道路交通场景的准确无误理解和判断,自动驾驶车辆需要依靠传感器等对实体交通语言系统进行及时识别,利用颜色、形状、线条、字符、图形和尺寸等视觉特征,实时检测道路设施中所含的道路属性、交通管制、信号控制等信息。

实体交通语言系统的设计需要满足自动驾驶车辆的识别要求,具体如下。

(1)遵循《公路养护技术规范》(JTG H10—2009)中的技术要求,经常清洁、维护,保证视认性良好,防止因设施磨损、扭曲及被行道树或广告牌遮挡等问题造成自动驾驶检测失效,加强对于自动驾驶运营区域内道路标志、标线、信号灯及其他交通设施的监控和管养工作。

(2)交通语言图像采集数据的质量易受光照、天气变化等影响,需对道路内实体交通语言设施涉及的各类设计要素进行优化,应满足《道路交通反光膜》(GB/T 18833—2012)与《道路交通标线质量要求和检测方法》(GB/T 16311—2009)的相关要求,保证其光学性能,使驾驶人与自动驾驶车辆均可快速有效获取信息,构建人类驾驶与自动驾驶均可读的交通语言系统。

2. 数字化交通语言系统

数字化交通语言系统利用数字信息替代现行实体交通语言系统承载的交通规则、道路状态及周边环境等信息,并以信息化的手段进行发布和传输,对自动驾驶车辆进行实时精准交通管控,提供数量更多、精确度更高的交通信息。

1)数字化交通语言分类

按所传达的信息数量多少区分,数字化交通语言可分为两种类型,见表 10-19。

数字化交通语言系统按信息数量分类 表 10-19

类别	分类定义
Ⅰ类	一个设施只用于传达单独的交通标志标线信息
Ⅱ类	在一定路段范围内,一个设施传达多个交通标志标线信息

按所传达的信息能否变化,数字化交通语言也可分为两种类型,见表 10-20。

数字化交通语言系统按信息是否可变分类 表 10-20

类别	分类定义
静态	在使用过程中信息不发生变化,可使用成本较低的介质进行大量布设
动态	可根据交通管理需要,按规定变换所承载的数字化信息

2）数字化交通语言设计

数字化交通语言设施应具备信息存储功能，并可根据交通管理需求，对所承载的信息进行调整或更改。数字化交通语言编码的主要内容如表 10-21 所示。

数字化交通语言编码的主要内容　　　　　　　　　表 10-21

分类	项目	信息内容
属性编码	位置	部署的地理位置
	适用范围	适用的路段范围、行车方向、车道、车型等
	有效时间	信息在区域路段内有效的时间范围
内容编码	交通标志标线信息	交通标志标线的类别、信息内容、附加说明等
校验编码	校验信息	用于数字化交通标志标线编码的校验

四、自动驾驶专用交通语言设计

人类驾驶人与自动驾驶车在认知和行为上互相不理解，是当前人机混驾条件下交通事故的主要致因。为消解人机混驾冲突及其安全隐患，可以考虑设置自动驾驶专用车道，相应地需要对交通语言系统进行设计。

自动驾驶专用车道作为一种专用车道，为了避免其他车辆驶入，影响自动驾驶车辆的行驶，应设置交通标志标线，提醒驾驶人或自动驾驶车辆按车道规范行驶。

1. 交通标线设计

与自动驾驶专用车道配套的交通标线包括车道标线和路面标识，如图 10-35 所示。

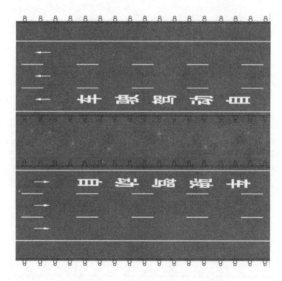

图 10-35　自动驾驶车辆专用车道标线

（1）车道标线：为了保证自动驾驶车辆行驶过程的安全性，在不创建新标线形式的基础上，可参考《道路交通标志和标线　第 3 部分：道路交通标线》（GB 5768.3—2009）中车种专用车道线的设计，与其他车道进行划分。

（2）路面标识：施画"自动驾驶车"文字标记，规定车道供自动驾驶车辆专用行驶，除执行紧急任务的特种车辆、实施清障救援作业的车辆外,其他车辆不得驶入。如车道为分时专用车道,可在文字下加标专用的时间。

2. 交通标志设计

自动驾驶专用车道标志应设置于自动驾驶专用车道的起点及各大型交叉口入口处,如图 10-36 所示。有时段规定时,应用辅助标志说明。

图 10-36　自动驾驶车辆专用车道标志

第十一章
交通设计评价分析

第一节 概 述

52.交通设计
评估体系

交通设计评价分析用以考量交通设计方案对设计目标的实现程度及其效果,包括对交通现状及备选交通设计方案的评价、分析及比选等,是方案优选的依据。交通设计评价分析应面向设计的各项内容,包括道路交通设计、公共汽(电)车交通设计、交通枢纽与换乘系统设计、停车场(库)交通设计、交通安全设计、交通语言设计等;需反映交通设计带来的通行环境(如安全、通畅及和谐性等)变化。评价阶段分为方案实施前评价、设计中评价以及实施后评价,前两阶段只能采用模型、专家评估及仿真实验等方法,实施后评价可以通过现场调查与观测获取各项指标进行评价。本章以交通设计的成果为对象,介绍交通设计评价分析的基本思想、主要内容和要点,以及评价流程与方法、评价指标的获取等知识点。

第二节 交通设计评价基本思想

交通设计通过整合交通设施的时间和空间资源梳理与优化其功能,以达到缓解阻塞、保障安全等基本目的,本质在于改善行驶环境。交通设计评价需要全面反映交通行驶环境的改善情况(以道路交通为例,包括机动车、非机动车、行人等不同交通参与者的通行环境改善),因此,可从交通的效率、安全、平顺及便捷、环保等方面加以反映,如图 11-1 所示。

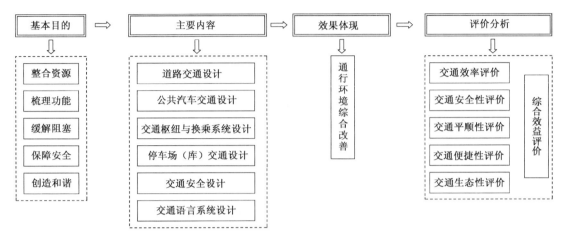

图 11-1 交通设计评价分析基本思想

53.交通效率评价

第三节 交通效率评价

交通效率最大化是交通设计的基本目标之一,其评价可从节点、连线、区域三个层面展开。目前相对成熟的交通效率评价指标大多采用通行能力、延误、饱和度及停车率等。本节以道路交通效率评价为背景,从导致通行能力、饱和度、延误等指标变化的本质原因入手讨论交通效率评价。

一、节点交通设计评价分析

1. 评价要点

节点交通设计的效益评价是连线和区域交通设计评价的基础。目前,国内外较为常用的评价指标有通行能力、饱和度、延误、服务水平、行程时间、停车次数、停车率及排队长度等,相关的指标计算方法可以参考交通工程所对应的专业课程与教材。这里仅对交通设计带来的通行能力等效率性指标变化评价方法加以介绍。

1)评价指标间基本关系

交通效率评价指标(通行能力、饱和度、延误、服务水平、行程时间、停车次数、停车率及排队长度等)之间存在着非独立的关系。

对于信号控制交叉口而言,这几项指标皆与信号周期密切相关,各指标的最佳周期不同。通行能力、排队长度随周期时长增加(一般绿信比增加)而增加;延误、行程时间也随周期时长增加而增加,但这是负效益;停车次数(率)随周期时长增加而下降;服务水平是一个关键的指标,以往仅简单地认为与延误有关,认为延误越小,服务水平越高,研究和实践皆证明这是不完善的(见其后的分析);饱和度仅是一个参考性指标,当流入交通需求量一定时仅与通行能力有关,通行能力越大则饱和度越小,然而过大的通行能力不仅导致交叉口通行资源的浪费,还会增加延误。延误也是一个参考性指标,当流入交通需求量一定时与信号周期时长关系密切,信号周期越短则延误越小。而为追求延误的降低而选择过短的信号周期,会导致交叉口通行能力利用不足,还会增加停车次数,所以需要寻找能够同时反映饱和度和延误两个指标的服务水平度量方法。随着节能减排等资源、能源与环境相关问题越来越被关注,与其相关的停车次数(率)的最佳化也是非常重要的,所以交通效率评价应综合考虑延误和停车次数两个目标的最佳化。另外,当过长的排队长度影响到关联交叉口的正常通行时,排队长度这一评价指标则变得非常关键。还有,过高的效率可能导致系统的不可靠以及事故等。所以,交通效率评价应考虑结合交通设计所面对的问题与目的进行。

2)信号损失时间的减少

信号损失时间包括绿灯启动损失和绿灯间隔时间损失。前者称为绿初损失,即在绿灯亮起后,因车辆起动或起动受阻而实际并未用于通行的一段时间;后者是绿灯间隔时间不能被充分利用造成的时间损失,与机动车在进口道上的行驶速度以及非机动车的通行方式等因素相关。

我国平面交叉口信号损失时间与混合交通间的相互干扰有较大关系,慢行交通与机动车交通间的相互干扰主要体现在以下三个方面:

(1)现行的绿灯间隔时间往往按机动车通行要求设定,由于非机动车行驶速度比机动车低,现行通行模式下绿灯间隔时间普遍不足,导致上一相位非机动车滞留在交叉口影响下一相位机动车起动与行驶,增加绿初损失时间。

(2)非机动车绿初起动快,特别是现行通行模式下左转非机动车往往抢先通过与本相直行机动车的冲突点,导致其起动损失时间增加。

(3)非机动车交通流为膨胀流,现行通行模式下,绿初成团驶出的非机动车和绿灯中期路口内待行的左转非机动车流侧向挤压机动车流,降低了机动车通过速度,加大了饱和车头时距,甚至可能占用机动车道。

因此,科学合理的道路交通设计,是通过综合考虑非机动车、行人与机动车运行特征的差别,对混合交通流进行合理的渠化设计和信号配时设计,这样可以显著地减少慢行交通与机动车交通之间的相互干扰,降低信号周期的启动时间损失、绿末时间损失、绿间隔损失及交通事故问题。

3)饱和流量的提高

饱和流量是指在某个相位红灯期间或绿灯初期排队的车辆,在绿灯时间里连续通过停车线时所能达到的最大流率。影响饱和流量的因素较多,对机非混行的交叉口而言,除了车道宽度、坡度、天气状况以及交通流组成等因素外,慢行交通与机动车交通之间的干扰状况也是重要的影响因素,特别是左转非机动车流,对机动车流饱和流量的影响更为显著。关于此研究成果诸多,这里不再叙述。

合理的交通设计可以减少混合交通流间的干扰,提高车辆通过路口的速度,减小饱和车头时距,从而提高饱和流量。

4)通行能力匹配

通行能力匹配设计可以避免或改善交通流的瓶颈。应重点考察以下几个方面:

(1)路段与交叉口通行能力匹配:交叉口进口道通行能力应该与路段相匹配,以避免交叉口排队长度和延误过大。

(2) 最大排队长度与进口道展宽段长度的匹配：进口道展宽段应尽可能为左转、直行和右转车辆分车道行驶提供便利，其长度以大于进口道的最大排队长度为宜，确保拓宽车道通行能力得以充分发挥。

(3) 交叉口进口与出口车道数匹配：一般情况下，交叉口同相位放行的进口车道总数不应大于出口车道数，以确保车辆能顺利汇入出口道。

5) 饱和度均衡

为使各流向车辆能充分利用绿灯时间，不出现某些方向绿灯时间浪费，或者个别方向排队过长，应考察实施设计方案的交叉口交通流是否达到饱和度均衡。一方面，使同一相位各流向的饱和度大致相等；另一方面，还应使不同信号相位的饱和度大致相等，尤其是要确保关键车流的饱和度不应高于其他车流。

2. 建议评价指标

基于前述道路交叉口交通效益评价指标的基本关系，本书试图从节点交通设计的内涵与本质出发，分析交通运行改善的本质变化。表 11-1 给出了交叉口交通效益评价的建议指标。

交叉口交通效益评价指标　　　　　　表 11-1

类型	编号	描述	指标	备注
重要考虑点	F1	信号损失时间变化	信号周期总损失时间	交通改善设计前后的比较
	F2	饱和流量变化	不同功能车道的饱和流量	交通改善设计前后的比较
	F3	通行能力匹配性	进出口通行能力；拓宽段长度；最大排队长度	进出口通行能力的匹配性，拓宽段长度与最大排队长度的匹配性
	F4	饱和度均衡性	同一相位各车道组的饱和度；不同相位的饱和度	—
主要评价指标	E1	延误	车均延误；公交车延误；行人延误；非机动车延误	应分别考虑机动车、公交车、自行车及行人的延误
	E2	停车	停车率	—
	E3	排队	排队长度	—
	E4	通行能力	各流向通行能力	—
	E5	饱和度	各流向饱和度	—

二、连线交通设计评价分析

连线交通设计评价适用于分析路段或通道的交通现状及设计方案。进行路段沿线交通无瓶颈设计后，仅进行节点交通效益评价往往不能如实地反映交通设计方案的实际效果，还应针对路段沿线进行整体的效益评价。

1. 基本要求

1) 相邻节点匹配设计

连线上交叉口进口道车道数应大于连线路段车道数，下游路口最大排队长度不能延伸至上游路口的出口道范围。如果连线上没有进出道路，两相邻节点的通行能力应能满足上游的需求,且通行能力应大致相等。

2)慢行交通设计

连线上的慢行过街设施应综合考虑机动车到达特征与行人过街需求特征,在保证行人过街安全、便捷的同时,充分利用机动车可穿越空当,按照条件与需求决定是否需要进行信号控制。

3)沿线进出交通设计

路段进出交通设计在适度考虑车辆进出便捷性的同时,应减少其对主线交通的干扰。特别是交通性干路应尽量避免左进左出,对于右进右出开口应设置加减速车道。

4)公交优先设计

在有需求且道路条件允许的情况下,应尽量考虑公共交通优先,其交通设计包括:公交专用道、公交优先信号控制、停靠站设计等。

5)协调控制

道路沿线交叉口间距较小(小于500m),且上下游交叉口的主车流经过该路段时,则宜按车流离散规律实施协调控制。

2. 评价要点

连线交通设计评价应针对所设计路段的整体进行效益分析,分析重点是:路段有无通行能力的瓶颈点,路段到达性交通与通过性交通的处理等,前者考察路段通行能力的匹配性,后者关注连接交通管理。

1)路段通行能力匹配性

首先是道路沿线节点与路段的匹配性,节点的进口车道数应大于路段车道数;其次为路段相邻节点的匹配性,如果连线中没有进出道路及交通吸引点,相邻两节点的通行能力应大致相等;再次是连线流出交通不能影响流入交通,即下游路口的最大排队长度不能延伸至上游节点的出口道范围。

2)连接交通管理

路段沿线常有到达性和产生性交通,当交通流直接汇入主线或由主线左转(或右转)驶出时,不仅影响主流向交通的通过效率,也容易引发交通事故。因此,进行连接交通管理(Access Management),一方面应为产生性和到达性交通提供待行(待转)区域,另一方面也应为主流向车流提供汇入或驶出提示。

3. 建议评价指标

连线交通设计的效率性评价涵盖内容十分广泛,部分内容对于改善连线交通的运行效益非常关键,这里给出建议的评价内容和常用的一些连线交通效益评价指标,见表11-2。

连线交通效益评价指标 表11-2

类型	编号	描述	指标	备注
重要考虑点	F1	路段通行能力匹配	交叉口进口车道数与路段进口车道数比值	—
	F2	拓宽段长度	最大排队长度与路段长度比值	—
	F3	连线瓶颈节点比较	相邻节点通行能力比值	—
	F4	连接交通管理	无控制转向交通设计	—
	F5	慢行通道	慢行通道的连续性	—

续上表

类型	编号	描述	指标	备注
重要考虑点	F6	慢行过街设施	慢行过街设施的合理性	—
	F7	公交优先设计	必要性及合理性	—
	F8	路边停车设计	必要性及合理性	—
	F9	协调控制	有无协调控制及其合理性	—
主要评价指标	E1	运行车速	路段平均行程车速	也可选取各特征路段的车速
	E2	路段通行能力	路段通行能力	可选取各特征路段的通行能力
	E3	路段平均饱和度	路段饱和度	可选取各特征路段的饱和度

三、区域交通设计评价分析

区域交通设计的交通效益评价适用于分析某区域的交通现状及设计方案。如对某区域的交叉口群进行综合交通设计后,仅评价其节点交通效益往往不能如实反映交通设计方案的整体效果。事实上,节点、连线的交通效益是区域交通效益的基本构成因素。一般情况下,区域交通设计的评价可采用路网平均行程速度、行程时间及延误等指标,其方差可以进一步用于评价区域交通的稳定性和平顺性。

1）路网平均行程时间

路网中所有车辆从出行起点到出行终点所需行程时间的平均值,一般多采用交通仿真手段获得。

2）路网平均行程车速

路网中所有车辆从出行起点到出行终点行程车速的平均值,一般也可采用交通仿真手段得到。

3）路网平均延误

路网中所有车辆从出行起点到出行终点行车延误的平均值,同样可通过交通仿真手段得到。

54. 交通安全性评价

第四节 交通安全性评价

党的二十大报告提到"我们深入贯彻以人民为中心的发展思想""人民群众获得感、幸福感、安全感更加充实、更有保障、更可持续",提示我们交通设计必须坚持以人为本。交通设计的主要目的之一是改善交通的安全性,其评价即是比较分析交通设计方案实施前后的交通安全状况。鉴于实际事故数据获取的困难性,实际评价中可基于交通设计对象的事故潜在性,也可以根据交通事故发生的总体情况进行评估,有时还需要对某项交通安全改善措施进行专项评价。本教材称前者为潜在交通安全性评价,后者为交通安全总体评价,称对某项交通安全措施效果的分析为安全措施评价。

一、潜在交通安全性评价

潜在交通安全性评价可以从交通行驶特征、交通冲突特征以及交通运行环境分析等方面进行。交通行驶特征主要指车辆行驶过程中存在安全隐患时表现出的特征,在交通设计阶段应尽可能消除这类潜在隐患,提高交通运行安全性。交通冲突特征应考虑机动车流、慢行交通流相互之间的运行冲突特征。交通运行环境应重点考察视距、照明、转弯半径等与交通安全密切相关的因素。

1. 交通行驶特征

1) 速度分布特征

速度分布特征可以用车辆的行程速度与行驶速度进行比较,也可用不同路段车速分布的方差体现。相关研究显示,行程速度与行驶速度差超过 20~30km/h 时,交通事故率显著上升。表 11-3 是国内某城市部分道路的车辆速度分布特征,其中 1、7、8 号道路的行程速度与行驶速度差异较大,交通事故也较多,见表 11-4。

国内某城市部分道路的车辆速度分布特征　　　　表 11-3

编号	路名	车道数	行程速度(km/h)	行驶速度(km/h)
1	迎宾北路(梅华—柠溪)	6	46	75
2	银桦路(红山—紫荆)	4	45	60
3	柠溪—紫荆—翠香	4-4-2	30	40
4	凤凰路(翠香—人民)	4	35	50
5	人民东路(柠溪—凤凰)	4	29	40
6	南湾路(兴业—人民东)	2	39	52
7	九洲大道(白石—白莲)	8	44	70
8	明珠路(梅华西—粤海西)	6	41	65
9	莲花路(联安—粤华)	2	16	20
10	迎宾南路(九洲大道—粤华)	8	45	50
11	迎宾南路(粤华—侨光)	8	36	50
12	珠海大道	8	75	85
13	港湾大道	6	78	87
14	105 国道	6	70	80

某城市主干路交通事故、死亡人数统计　　　　表 11-4

路名	事故次数	死亡人数
九洲大道	337	27
珠海大道	258	28
明珠路	230	21
迎宾北路	250	11
粤海路	165	15
人民路	149	12
梅华路	128	14
金鸡路	106	7
南湾路	73	6

续上表

路名	事故次数	死亡人数
凤凰路	69	0
海滨路	56	2
隧道南洞	20	2
隧道北洞	12	0
香唐路	8	0

2) 车辆加减速特征

加减速是车辆行驶状态的又一特征,尤其是急剧减速,说明车辆在避免追尾或碰撞。因此,若道路上车辆经常急剧减速,说明该段道路存在交通安全隐患。

3) 车辆轨迹线

良好的车辆运行轨迹通常都是平顺、连续的,如果车辆轨迹线与正常行驶规律不同,则说明车辆在行驶过程中有安全隐患。当车辆以过低速度行驶时,导致的交通安全隐患为交通秩序混乱、影响交通安全;而当车辆以过高速行驶时,则易发生严重的交通事故。

2. 交通冲突特征

交通冲突是指交通行为者在参与道路交通过程中,与其他交通行为者发生相会、超越、交错、追尾等情况时,有可能导致交通危险发生的交通现象。

道路交通在安全方面的问题,首先表现为大量的一般冲突,进而是严重的交通冲突,最后发展为交通事故。交通冲突已被证明可以表征交通安全水平,所以,交通冲突特征分析是考察道路交通安全性的重要内容,主要用于交通冲突现象较为频繁的地点,如交叉口、交织段等的安全性分析。因此,如果对道路的交通冲突有清晰的认识,将有利于改善交通设计与管理,及早地避免交通事故的发生。

交通冲突技术可以对交通系统的许多方面(如地点安全度、安全改善措施的效果等)进行评价分析,交通冲突的严重程度还可反映交通系统中人(驾驶人、骑行者、行人)的安全感,这对安全评价是有益且重要的补充。相关研究表明,采用冲突与流量的绝对值之比作为交通安全的评价指标更符合我国的交通实际。用交通冲突次数计算的平面交叉口交通安全度可表示如下:

$$D_s = \frac{C}{Q} \tag{11-1}$$

式中:D_s——平面交叉口的交通安全度(次/MPCU);

C——严重交通冲突次数(次/小时交叉口);

Q——混合交通流量(MPCU/小时交叉口)。

上述公式中的混合交通流量 Q 是考虑机动车、非机动车、行人等混合交通的换算流量,可参照表 11-5 将各种交通流换算为混合交通当量 MPCU。根据交叉口的安全度,可将其分为四个安全等级,见表 11-6。

各种交通流换算为混合交通当量 MPCU 的系数　　表 11-5

道路使用者	大型货车	大型客车	中型客车	小型货车	小型客车	摩托车	自行车	行人
MPCU	1.5	1.5	1.5	1.0	1.0	0.3	0.2	0.1

交叉口交通安全度及其等级　　　　　　　　　　　表 11-6

交通安全度	安全等级	含义
<0.01	A	非常安全
0.01~0.02	B	安全
0.02~0.03	C	比较安全
>0.03	D	不安全

在实际操作中，交通安全度的确定要比延误计算复杂得多。调查交叉口延误时，一般选最不利时段(如高峰小时)进行调查分析即可。但是，交通流量与安全并无显著相关关系，一些重特大交通事故往往发生在人车稀少的夜间。因此，若要获得较为全面的交通安全评价结果，交通冲突调查的持续时段就应适当延长，有条件时需进行夜间的冲突调查。

3. 交通运行环境

1) 视距与安全

视距是驾驶人在道路上能够不受遮挡而清楚看到前方道路某处的距离。在交叉口、次要道路汇入处等转向地点，必须满足与车辆行驶速度相应的停车视距要求。停车视距包括到达视距和驶离视距。到达视距要求是指车辆在到达交叉口之前能看清是否存在冲突交通流的一个三角形区域；驶离视距要求则为进口道车辆已经停车等待，与其相冲突流向的机动车、非机动车及行人通过之后，停驶车辆驶离停车线时需要看清是否存在冲突交通流的三角形区域。

对于停车让行路口，次要道路车辆应停车让行，因此须满足驶离视距三角形的要求。对于减速让行路口，由于次要道路车辆驶近交叉口时不一定要完全停车，所以应满足次要道路各流向的到达视距及驶离视距要求。对于信号控制交叉口，应确保进口道排队首车均能被其他各进口道排队首车的驾驶人看到，无左转专用相位时，应确保左转车辆有足够的视距选择对向直行车流的可穿越间隙。

2) 照明与安全

统计数据表明，交通事故总数和死亡事故数量的昼夜比例正好相反。交通事故总数白天约占七成，因为白天交通量所占比例大，车辆间产生冲突的概率也相对较高，从而容易发生事故。而死亡事故晚上明显更多，一方面是驾驶人认为交通量少而容易形成安全错觉，另一方面很重要的原因是夜间照明条件不良，因此，考察夜间道路的照明条件至关重要。

3) 交通信号控制与安全

信号控制在两个方面影响安全：其一是机动车绿灯间隔时间，应满足相邻两个冲突相位各自停车线上的交通流行驶至潜在冲突点的最小安全时间差的要求。其二是最短绿灯时间，应分别按照机动车、非机动车和行人的不同运行特征确定。此外，若行人过街流量较大，对与其存在冲突的右转机动车应进行信号控制。

二、交通安全总体评价

交通安全总体评价用以考察长时间序列的交通安全状况，可以选取绝对指标和相对指标进行评价分析。常选取的绝对评价指标包括事故总数、死亡事故数、死亡人数等，相对评价指标有万车事故率、十万人死亡率、万车死亡率、千公里死亡率等。绝对指标可以分析考察期内(一年或几年)交通安全的宏观状况，相对指标则综合考虑了交通安全水平与经济发展、机动车保有量、人口数及其构成等因素间的关系。

交通安全总体评价是一种以事故为基础的直接评价,它以事故信息为基础,以交通量为关键变量,对上述绝对指标与相对指标进行分析与比较。当有足够的事故记录且较为可靠、一定时期内交通系统没有大变化时,以事故为基础的直接评价法具有明显的优点,主要表现在:评价指标具有逻辑上的合理性,直观而有说服力;精度较高。但是在实际操作时,常常会发现用事故来评价交通安全不如想象中那样方便、理想,这主要是由事故统计的缺陷所造成的。事故的统计缺陷主要有:评价周期长;事故统计不完善;事故发生具有随机性,不易观测。

三、交通安全措施评价

交通安全措施评价是指对交通安全设计具体措施的效果评价。对交通安全改善措施的效果,一般采用"改善前后对比研究"(Before-After Studies)加以分析,可以通过图11-2所示三种统计方法来评价。

(1)轭对照法(Yoked Comparison)[图11-2a)];
(2)组对照法(Comparison Group)[图11-2b)];
(3)经验贝叶斯法(Empirical Bayes)[图11-2c)]。

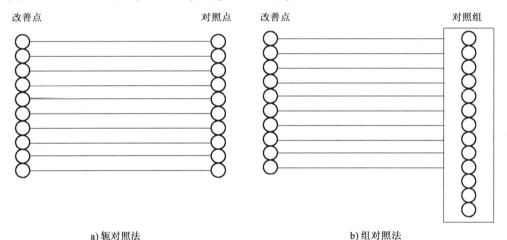

a) 轭对照法　　　　　　　　　　b) 组对照法

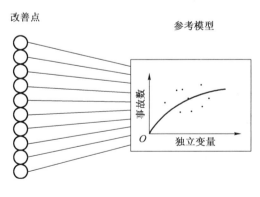

c) 经验贝叶斯法

图11-2　改善前后对比研究的三种方法

轭对照法是传统的评价交通安全改善措施的方法,它通过对比改善地点与其他具有相似性的地点(参照点),评价改善措施的有效性。组对照法与轭对照法类似,只是选用一组与改善地点具有相似性的未改善地点(参照组)代替了轭对照法中单个的参照点。经验贝叶斯法用一个负二项回归模型取代了参照组,该回归模型针对已经进行了安全改善的地点,预测这些地点在未进行安全改善的情况下(假设条件)交通安全特性的变化。

某时期内,若某交叉口交通事故发生频率相对较高,那么即使不对该交叉口做任何安全改善,其年交通事故发生频率也有可能降低,这就是所谓的"回归中值"现象。因此,在对交通事故多发的交叉口采取交通安全改善措施时,由于回归中值现象所导致的交通事故频率的自然下降可能会被误认为是安全改善措施的"成果",所以回归中值现象是影响改善前后对比研究有效性的重要因素。经验贝叶斯法能有效克服回归中值现象对改善效果评价的影响。

上述三种对比研究方法都采用下列四个观测参数来评价交通安全改善措施的效果:

K_i——改善地点改善前研究时期内观测到的交通事故次数;

L_i——改善地点改善后研究时期内观测到的交通事故次数;

M_i——对照地点改善前研究时期内观测到的交通事故次数;

N_i——对照地点改善后研究时期内观测到的交通事故次数。

得到上述观测值后,可用改善前后交通事故次数的变化来反映交通安全措施实施效果。

第五节 交通平顺性评价

55. 交通平顺性评价

交通平顺性用以表征车辆及行人在出行过程中行驶状态的平稳过渡情况,可以反映出行质量和舒适性。本节从机动车和慢行交通两方面进行平顺性评价分析。

一、机动车行驶平顺性

机动车行驶平顺性主要用车辆速度的变化来描述。由于道路、交通及其管理条件的变化,车辆在行驶过程中经常会改变行驶速度。当速度变化非常急剧时,会给乘客带来不舒适的感受,甚至引发交通事故;速度变化连续或轻微,则不会产生不舒适的感受,且利于节能并减少污染。因此,可以用车辆的速度-时间变化曲线描述其行驶平顺性,如图11-3所示。其中,实线是车辆以最大加速度 a 与最大减速度 b 行驶及匀速行驶的曲线,虚线表示车辆的实际行驶特征。加减速越接近 a、b,匀速行驶时间越短,表明车辆的行驶平顺性越差。

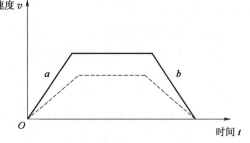
图11-3 车辆速度-时间曲线与行驶平顺性

二、慢行交通平顺性

1. 慢行空间的连续性

慢行空间的连续性包括两方面:其一,是指在允许慢行交通通行的道路上,其通道应该是连续不间断的,不允许有电线杆、广告牌柱等附属设施隔断慢行空间,成为其通行障碍;其二是慢行通道与慢行过街设施衔接上应该是无障碍的,方便残障人士的通行要求。

2. 步行距离要求

慢行交通过街设施的间距不能超过行人所能接受的最大绕行距离,一般过街横道间距宜为 250~300m。

第六节 环境污染改善效益评价

交通对环境的污染主要有交通噪声、振动及废气。以综合改善目标进行的交通设计,应有助于交通环境的改善。

一、交通噪声

各国对汽车噪声的认识都有一个不断演变的过程。以日本为例,20 世纪 50 年代初对于所有类型汽车都规定了同一限制值,正常行驶噪声和发动机怠速运转时的排气噪声均不得超过 85dB(A)。随着日本国内汽车拥有量迅速增加,于 1971 年大幅度加强了对汽车正常行驶和排气噪声的限制,同时又开始限制汽车在市区行驶时产生的最大噪声及加速行驶噪声,1975 年又修改了加速行驶噪声最大允许限制值,并制定了分两阶段实施目标的长期规划。通过以降低发动机噪声为中心的各项措施,发动机噪声占整车噪声的比重从初期的 65%~75% 降低到 30% 左右,各主要车型的加速行驶噪声实测值也平均下降了约 10dB,降噪成效十分显著。

交通噪声的评价指标可以采用 A 级计权声级、等效声级、累计分布声级、交通噪声指数、噪声污染级等。指标的获取一般采用噪声测量仪进行检测,部分指标也可采用常用的交通效益评价指标(交通量、车速等)进行换算。

车辆在不稳定行驶(即经常加速、减速、制动、起动)状态下,将产生较大的噪声。尤其在交通量大、秩序混乱的场合下,汽车鸣笛的噪声危害更大。此外,重型柴油车特别是满载货运车在快速路上高速行驶也会产生较大的发动机噪声,严重影响高架周围居民生活,该问题在夜间尤为突出。因此通过科学合理的交通设计与交通组织管理来改善行驶条件是减少噪声的重要途径,主要体现在:

(1)车辆行驶平顺、快速,可减少鸣笛所产生的噪声。

(2)减少交通冲突,可提高车辆的行驶平顺性,减少车辆急剧加减速带来的附加噪声。

二、交通振动

当交通设施表面不平整或速度过快时将产生振动,从而影响交通的舒适性,并导致交通工具及其运输货物等的损耗。因此,可基于相应范围的交通设施平整度、平均速度及其方差来评价交通设施的振动水平。

三、车辆尾气排放

汽车尾气是大气污染的重要来源,汽车尾气中危害最大的包括细微颗粒物(PM)、氮氧化合物(NO_x)、碳氢化合物(HC)以及一氧化碳(CO)。随着车辆运行状态的不同,所产生的排放成分也不同。当车辆加速时,由于内燃发动机的不完全燃烧,导致 CO 排放最多。因此,通过改善车辆行驶的平顺性,可以有效地减少 CO 的排放。

车辆尾气排放评价指标一般采用专门的废气测量仪进行检测,部分指标也可由常用的交通效益评价指标(交通量、车速等)换算得到。

第七节 综合效益评价

56. 综合效益评价

评价指标体系中的因素诸多,既有定量指标也有定性指标,而且其量纲也不尽相同。因此,如何将各种类型的指标加以综合,得出一个综合评价指标,将对评价结果产生直接影响。若处理不当,不仅可能得出不客观的评价结果,甚至造成决策失误并产生不可挽回的损失。所以,指标综合的重要性不亚于评价指标的选取与计算。

在进行评价指标综合之前,要解决下列几个问题:一是评价指标的选取,二是评价指标的预处理和权重系数确定,最后为评价指标综合。

一、评价指标的选取

1. 评价指标应相互独立

选取评价指标时应尽可能保证指标之间的独立性。因为,若评价指标关联,评价结果就会具有倾向性。如图 11-4 所示,假设有 A、B 两指标是关联的,其关联性大小用其包含部分 C 表示,消除量纲且归一化后,A 指标的数量为 $N_a + N_c$,B 指标的数量为 $N_b + N_c$;W_a、W_b 为 A、B 两指标的权重,综合效应为 $W_a \times N_a + W_b \times N_b + (W_a + W_b)N_c$,其效应夸大了($W_a \times N_c$)或($W_b \times N_c$)。可见,夸大的效应与两指标的权重和关联性大小有关。因此,为确保评价结果的客观性,避免评价指标的关联性至为重要。

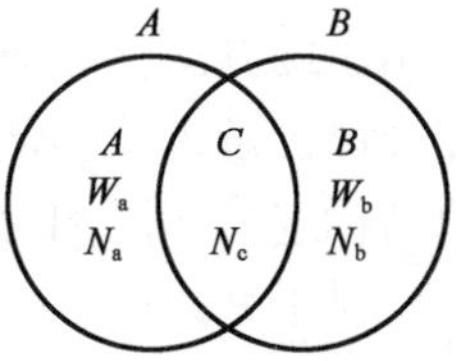

图 11-4 评价指标关联性影响

2. 评价指标选取应综合考虑评价目标

综合评价应结合交通设计的主要目标,选取有针对性的评价指标,客观地反映交通设计的效益。如在分析以提高交通安全为目标的交通设计措施效果时,应主选取交通安全性指标。

二、评价指标预处理

1. 评价指标类型一致化

在指标体系中,通常包含有"极大型"指标(越大越好的指标)和"极小型"指标(越小越好的指标)。例如通行能力,期望其越大越好(当通行能力不足时),故称之为"极大型"指标;而延误则期望其越小越好,故称之为"极小型"指标。此外,还可能包括"居中型"指标和"区间型"指标,"居中型"指标是指期望指标数据的取值越居中越好;"区间型"指标是指期望指标数据的取值落在某个区间为好。对于各类型的指标,需要将其一致化。

指标类型一致化的方法很多,例如"极小型"指标可通过取其相反数转换为"极大型"指标。在应用中可以将上述四类指标均转换为"极大型"指标,转换方法如下。

1)"极小型"指标 x 转换方法

令
$$x^* = M - x \quad 或 \quad x^* = \frac{1}{x} \quad (x > 0)$$

其中，M 为指标的上限。

2)"居中型"指标 x 转换方法

令

$$x^* = \begin{cases} \dfrac{2(x-m)}{M-m} & \left(m \leqslant x \leqslant \dfrac{M+m}{2}\right) \\ \dfrac{2(M-x)}{M-m} & \left(\dfrac{M+m}{2} \leqslant x \leqslant M\right) \end{cases}$$

其中，m 为指标的下限，M 为指标的上限。

3)"区间型"指标 x 转换方法

令

$$x^* = \begin{cases} 1.0 - \dfrac{q_1 - x}{\max\{q_1 - m, M - q_2\}} & (x < q_1) \\ 1.0 & (x \in [q_1, q_2]) \\ 1.0 - \dfrac{x - q_2}{\max\{q_1 - m, M - q_2\}} & (q_2 < x) \end{cases}$$

其中，$[q_1, q_2]$ 为指标 x 的最佳稳定区间，M、m 分别为 x 的上限和下限。

2. 评价指标无量纲化

若各评价指标均采用打分的形式，则不需要再进行无量纲化，我国城市畅通工程评价中即采用了此方法。一般来讲，各评价指标由于其单位和数量级的不同存在着不可公度性，这就为综合评价带来了不便。为了排除由于各项指标单位和数量级的不同所带来的影响，需要对各项指标进行无量纲化处理，即，通过数学方法消除指标原始单位的不利影响。

对于 n 个被评价对象（项目方案）：$s_1, s_2, \cdots, s_n$，每个评价对象可以用 m 个指标观测值 $x_{ij}(i = 1, 2, \cdots, n; j = 1, 2, \cdots, m)$ 表示。

1)标准化处理法

取 $x_{ij}^* = \dfrac{x_{ij} - \bar{x}_j}{\sigma_j}$，经处理后，$x_{ij}^*$ 的平均值和均方差分别为 0 和 1，x_{ij}^* 称为标准观测值。式中 $\bar{x}_j$、$\sigma_j(j = 1, 2, \cdots, m)$ 分别为第 j 项指标的平均值和均方差。

2)极值处理法

令 $M_j = \max\limits_{i}\{x_{ij}\}$，$m_j = \min\limits_{i}\{x_{ij}\}$，则 $x_{ij}^* = \dfrac{x_{ij} - m_j}{M_j - m_j}$，它是无量纲的，且 $x_{ij} \in [0, 1]$。

在对指标数据做了预处理后，综合评价时的权重系数才能充分反映出相应指标的重要程度，而不会受指标值量纲大小的影响。

三、权重系数确定方法

指标权重直接影响综合评价的结果。一般，权重系数确定的基本思想是从相关人员（多数情况下是专家）处获取信息并进行处理，不同方法采用不同的信息获取方式和处理手段。

1. 集值迭代法

设指标集为 $X = \{x_1, x_2, \cdots, x_m\}$，选取 $L(L \geqslant 1)$ 位专家，分别让每位专家各自独立地在指标集 X 中选取他认为相对重要的 $s(1 \leqslant s \leqslant m)$ 个指标。则第 k 位专家选取的结果是指标集 X

的一个子集 $X^{(k)} = \{x_1^{(k)}, x_2^{(k)}, \cdots, x_s^{(k)}\}$ ($k = 1, 2, \cdots, L$)。

给定函数

$$u_k(x_j) = \begin{cases} 1 & (x_j \in X^{(k)}) \\ 0 & (x_j \notin X^{(k)}) \end{cases} \tag{11-2}$$

记

$$g(x_j) = \sum_{k=1}^{L} u_k(x_j) \quad (j = 1, 2, \cdots, m) \tag{11-3}$$

则取

$$\omega_j = g(x_j) / \sum_{j=1}^{m} g(x_j) \quad (j = 1, 2, \cdots, m) \tag{11-4}$$

ω_j 即为指标 x_j 相对应的权重系数。

考虑到上述方法没有给出确定指标选取个数 s 的原则,进一步给出如下算法:

首先取定正整数 $g_k(1 \leqslant g_k \leqslant m)$ 为初值,让每位专家依次按步骤选择指标,则第 k 位专家的操作步骤如下。

第一步:在 X 中选取他认为最重要的 g_k 个指标,得到子集

$$X_1^{(k)} = \{x_{1,1}^{(k)}, x_{1,2}^{(k)}, \cdots, x_{1,g_k}^{(k)}\} \tag{11-5}$$

第二步:在 X 中选取他认为最重要的 $2g_k$ 个指标,得到子集

$$X_2^{(k)} = \{x_{2,1}^{(k)}, x_{2,2}^{(k)}, \cdots, x_{2,2g_k}^{(k)}\} \tag{11-6}$$

……

第 s_k 步:在 X 中选取他认为最重要的 $s_k g_k$ 个指标,得到子集

$$X_{s_k}^{(k)} = \{x_{s_k,1}^{(k)}, x_{s_k,2}^{(k)}, \cdots, x_{s_k,s_k g_k}^{(k)}\} \tag{11-7}$$

若自然数 s_k 满足 $s_k g_k + r_k = m(0 \leqslant r_k < g_k)$,则第 k 位专家在指标集 X 中选取重要指标的过程结束,共得到 s_k 个指标子集。依据 L 位专家的选择结果可以计算出指标 x_j 的权重系数 ω_j。

记

$$g(x_j) = \sum_{k=1}^{L} \sum_{i=1}^{s_k} u_{ik}(x_j) \quad (j = 1, 2, \cdots, m) \tag{11-8}$$

其中

$$u_{ik}(x_j) = \begin{cases} 1 & (x_j \in X_i^{(k)}) \\ 0 & (x_j \notin X_i^{(k)}) \end{cases} \quad (i = 1, 2, \cdots, s_k; k = 1, 2, \cdots, L) \tag{11-9}$$

则指标 x_j 的权重系数为

$$\omega_j = g(x_j) / \sum_{j=1}^{m} g(x_j) \quad (j = 1, 2, \cdots, m) \tag{11-10}$$

这种方法是相对简单的方法,但没有有效性检验,可靠性不强。

2. 经验与统计结合法

这是一种经验与统计结合处理确定权重系数的方法。首先请 L 位专家各自独立对 m 项指标给出相应的权重系数,设第 k 位专家给出的权重系数方案为 $\omega_{1k}, \omega_{2k}, \cdots, \omega_{mk}$ ($k = 1, 2, \cdots, L$),其中 $\omega_{jk} \geqslant 0$ ($j = 1, 2, \cdots, m$),$\sum_{j=1}^{m} \omega_{jk} = 1$。汇集这些方案可以得到权重系数方案表,见表 11-7。

权重系数 表 11-7

专家	指标					方差估值
	1	⋯	j	⋯	m	
1	ω_{11}	⋯	ω_{j1}	⋯	ω_{mi}	D_1
⋮	⋮	⋮	⋮	⋮	⋮	⋮
k	ω_{1k}	⋯	ω_{jk}	⋯	ω_{mk}	D_k
⋮	⋮	⋮	⋮	⋮	⋮	⋮
L	ω_{1L}	⋯	ω_{jL}	⋯	ω_{mL}	D_L
均值	ω_1	⋯	ω_j	⋯	ω_m	D

表中最后一行是 L 个权重系数方案的均值 $\omega_j = \frac{1}{L}\sum_{k=1}^{L}\omega_{jk}(j=1,2,\cdots,m)$;最后一列是 L 个专家所提供的权重系数均值方差估值 $D_k = \frac{1}{L-1}\sum_{j=1}^{m}(\omega_{jk}-\omega_j)^2(k=1,2,\cdots,L)$。

设给定的运行误差 $\varepsilon > 0$,检验上式确定的各方差估值。若各方差估值的最大值不超过给定的 ε,即 $\max_{1 \leq k \leq L} D_k \leq \varepsilon$,则说明各位专家所提供的方案没有显著的差别,是可以接受的。这时即可取权重系数均值 $\omega_1,\cdots,\omega_j,\cdots,\omega_m$ 作为各指标的权重系数。如果计算结果不能通过误差检验,则需要和相应偏差值大的专家交换意见,让其调整权重系数方案,直至求出符合要求的权重系数。此方法要求专家的人数不能太少。

3. 判别矩阵法

当评价指标众多、需要确定的权重系数很多时,往往难以对所有指标的重要程度给出有把握的判断,对于两两指标间重要程度的比较则相对比较容易。美国匹兹堡大学教授托马斯基于上述思想,于 1970 年提出了层次分析法(Analytical Hierarchy Process,AHP)。这是一种定性和定量相结合的分析方法,首先引进指标之间重要程度的判断数,见表 11-8。

指标之间重要程度判断数 表 11-8

判断数	说明	判断数	说明
$a_{ij}=1$	指标 x_i 相对于指标 x_j 同等重要	$a_{ij}=7$	指标 x_i 相对于指标 x_j 非常重要
$a_{ij}=3$	指标 x_i 相对于指标 x_j 稍为重要	$a_{ij}=9$	指标 x_i 相对于指标 x_j 极端重要
$a_{ij}=5$	指标 x_i 相对于指标 x_j 明显重要		

类似地,$a_{ij}=2,4,6,8$ 分别表示指标 x_i 相对于指标 x_j 的重要程度介于上述五类之间。

为了确定指标体系中 m 个指标的权重系数,需构造以所有指标的判断数 a_{ij} 为元素的 $m \times m$ 方阵 A。称 A 为比较判断矩阵(简称判断矩阵)。

$$A = \begin{pmatrix} a_{11} & \cdots & a_{1m} \\ \vdots & \vdots & \vdots \\ a_{m1} & \cdots & a_{mm} \end{pmatrix} \tag{11-11}$$

按上述定义,显然有

$$a_{ij} \geq 0 \quad (i,j=1,2,\cdots,m)$$
$$a_{ii} = 1 \quad (i=1,2,\cdots,m)$$

$$a_{ji} = 1/a_{ij} \quad (i,j = 1,2,\cdots,m)$$

可以看出,要建立某方案的判断矩阵,只需给出右上角(或左下角)的 $m(m-1)/2$ 个判断数即可。若判断矩阵是 m 阶一致阵,则其最大特征根 $\lambda_{\max}(A) = m$(证明略)对应于该特征根,A 存在唯一非负特征向量(不计其常数倍),对其做归一化(规范化)处理,即可得所求权重系数向量。

理想的判断矩阵应该满足完全一致性前提 $a_{ij} = a_{ik}/a_{jk}(i,j,k = 1,2,\cdots,m)$,然而在实用中,由于受专家水平和个人偏好等因素的影响,一般给出的判断矩阵往往难以严格满足完全一致性条件,当矩阵的阶数很大时更是如此。因此,通常放宽判断矩阵的完全一致性要求,用判断矩阵特征值的变化来检验判断矩阵的一致性程度。给出经验指标如下:

$$C_m = \frac{\lambda_{\max} - m}{(m-1)R_m} \tag{11-12}$$

R_m 称为一致性指标,其值由表 11-9 给出。

一致性指标　　　　　　　　表 11-9

m	1	2	3	4	5	6	7	8	9	10
R_m	0.00	0.00	0.58	0.90	1.12	1.24	1.32	1.41	1.45	1.49

显然,当 $C_m = 0$ 时,判断矩阵具有完全一致性。实用中,通常规定 $C_m \leq 0.1$ 时,认为其所对应的判断矩阵具有满意的一致性,并可用其确定权重系数。否则,即认为判断矩阵的一致性不符合要求,需重新确定判别数,直至一致性检验通过为止。

层次分析法本质上是一种决策思维方式,将复杂的问题分解为各个组成因素,将多种因素按支配关系分组形成有序的递阶层次结构,通过两两比较的方式确定层次中诸因素相对重要性的总排序。

四、综合评价模型

综合评价模型是指运用数学模型将多个评价指标值合成为一个整体性的综合指标值,是一种通过构造评价函数求最优解的方法。

1. 线性加权和法

线性加权和法是最基本、最重要的方法,其基本思想是:依据各指标的重要程度,分别赋予它们一权重系数,然后依据这些带系数的指标相加来构造评价函数。

$$y = \sum_{j=1}^{m} \omega_j x_j \tag{11-13}$$

其中,$0 \leq \omega_j \leq 1 (j = 1,2,\cdots,m)$,$\sum_{j=1}^{m} \omega_j = 1$;$\omega_j$ 代表指标 x_j 的重要程度(ω_j 越大,表示 x_j 越重要,ω_j 越小,表示 x_j 越不重要),即指标 x_j 的权重系数。

通过该评价函数,可将 m 个指标转化为一个数值函数。线性加权和法适合于各评价指标相互独立的场合,各评价指标对于综合评价结果的贡献是独立的,彼此间没有影响,这是由"和"运算性质决定的。该方法对于指标数据(无量纲)无特定要求。

2. 非线性加权法

非线性加权法具有如下特点:适用于各指标有较强关联的场合;强调的是备选方案指标数据(无量纲)大小的一致性,即突出评价值中较小者的作用,这是由乘积运算的性质所决定的;

权重系数的作用不如线性加权和法明显;对指标数据有要求,即要求指标数据(无量纲)均大于或等于1。

$$y = \prod_{j=1}^{m} x_j^{\omega_j} \tag{11-14}$$

其中,$x_j \geq 1$。

3. 理想点法

该方法的实质是多元统计分析中的判别问题。首先设定一个理想的系统样本点$(x_1^*, x_2^*, \cdots, x_m^*)$,如果被评价对象$(x_{i1}, x_{i2}, \cdots, x_{im})$与理想系统$(x_1^*, x_2^*, \cdots, x_m^*)$在某种意义上接近,则称系统$(x_{i1}, x_{i2}, \cdots, x_{im})$是最优的。依次得出的综合评价方法,称为逼近样本点或理想点的排序方法(Technique for Order Preference by Similarity to Ideal Solution, TOPSIS)。

被评价对象$(x_{i1}, x_{i2}, \cdots, x_{im})$与理想系统$(x_1^*, x_2^*, \cdots, x_m^*)$之间的加权距离定义为

$$y_i = \sum_{j=1}^{m} \omega_j f(x_{ij}, x_j^*) \qquad (i = 1, 2, \cdots, n) \tag{11-15}$$

其中,$f(x_{ij}, x_j^*)$为指标数据x_{ij}与指标j的理想值x_j^*的某种距离。通常取欧式加权距离,即

$$y_i = \sum_{j=1}^{m} \omega_j (x_{ij} - x_j^*)^2 \qquad (i = 1, 2, \cdots, n) \tag{11-16}$$

此时,可以按照y_i值的大小对备选方案进行排序。

指标综合评价方法不限于以上三种,在实际使用中需依据对象的特点和具体评价需求选用合适的方法。

57. 评价指标获取手段

第八节 评价指标获取手段

一、交通仿真

交通仿真分析已被证明是交通系统评价的有效手段。与现场试验相比,用仿真模型进行影响评价要便宜和灵活得多,可以在方案研究阶段进行比较与优选。具体来说,运用仿真软件进行系统评价具有以下优点:

(1)可以不断重复某种道路、交通条件下交通流的随机状态。

(2)利用试验采集的数据标定模型参数后,通过仿真试验可生成大量接近实际的仿真数据,从而对实测数据进行合理拓展。

(3)可以对真实世界中尚未得到实施的方案进行细致分析,对已实施的技术提出优化建议,在不对现有交通系统产生任何干扰下进行多种方案的检验。

(4)利用仿真模型,可直接与实际系统相连,还可很好地控制交通条件、道路条件,反映个别因素对交通流的影响。

(5)通过动画仿真或虚拟现实,可以直观感受到道路、交通条件变化对交通流的影响,还可对系统操作者及使用者提供类似现实的训练。帮助理解不同交通设计方案下交通流运行状态的变化过程。

仿真模型可分为宏观、中观和微观三种。微观仿真模型能非常细致地描述交通设施及交

通条件影响下车辆之间的相互作用。它对交通流的描述是以单个车辆(或行人)为基本单元的,车辆在道路上超车、跟车及车道变换行为都能得到较真实的反映,更加适用于交通设计方案的评价分析。

1. 常用仿真系统

1) PTV-VISSIM

该系统是目前在我国应用最多的微观仿真软件之一,其模型是一个离散、随机可变换步长的微观模型,车辆纵向运动采用了 Wiedemann 教授的心理-生理跟车模型。PTV-VISSIM 提供了图形化的界面,以 2D 或 3D 形式直观地向用户直观显示车辆的运动;能够仿真许多城市内和非城市内的许多交通情况。该系统的主要应用有:①由车辆激发的信号控制系统的设计,具有专用信号配时模块——VAP;②公交[公共汽(电)车、轨道交通等]优先方案的通行能力分析和检验;③自行车和行人仿真;④路径诱导和可变信息标志的影响分析等。(网址:https://www.ptvgroup.com)

2) PARAMICS

完整的 PARAMICS(PARAllel MICroscopic Simulation)软件组由六部分组成:①Modeller,它是仿真的核心模块;②Processor,专用的路径分配工具;③Analyser,仿真结果分析工具;④Monitor,环境评价接口;⑤Programmer,API 编程接口;⑥Estimator,OD 出行估计工具。PARAMICS 具有很强的可扩展性,在国内外得到广泛应用。其应用领域有:①交通设计、管理和控制;②控制中心仿真;③为出行信息提供预测;④智能化的导航功能等。(网址:http://www.paramics.co.uk/en/)

3) AIMSUN

AIMSUN(Advanced Interactive Microscopic Simulator for Urban and Non-urban Networks)的特点为:①能够用于各种不同的路网,如城市道路、高速公路、一般公路、交通干线等;②提供了两种不同方式的仿真,一种是基于输入交通流和转弯比例的仿真,另一种是基于 OD 和路径选择模型的仿真;③能够仿真不同的交通控制方案;④可以仿真 VMS 上显示信息对交通行为的影响。最新的 AIMSUN 还具有以下新功能:①实现 3D 模型;②提供新的路径选择模型和路径分析工具;③提供与 EMME/2、TRANSYT、SCATS 等的接口;④提供参数校正和结果分析工具;⑤车辆导航、燃油消耗和排放的仿真;⑥公交车辆调度和控制系统仿真。(网址:http://www.aimsun.com/)

4) CORSIM

CORSIM(CORridor SIMulation)是美国联邦公路局于 20 世纪 70 年代中期开始开发的,它综合了两个微观仿真模型,用于城市的 NEISIM 和高速公路的 FRESIM。它是一个能够真实再现动态交通的随机交通仿真模型,可提供很多指标来量化交通网的性能。CORSIM 集成于 TSIS 软件包中,与 Synchro、TRAFED 以及 TRAFVN 之间都有良好的接口。1997 年 FHWA 发行了一个加强版,加强了对高速公路、干线、交叉口、各种车型控制策略的模拟。它的主要缺点是缺少动态分配算法。(网址:http://mctrans.ce.ufl.edu/tsis-corsim/)

5) SUMO

SUMO(Simulation of Urban MObility)是由德国宇航中心(DLR)开发的一个开源、微观、便携、跨平台、连续的多模式交通仿真软件,旨在处理大型交通网络仿真问题。最早版本发布于 2001 年。SUMO 显式建模每辆车的运动行为,既能仿真城市路网的汽车交通流,又能仿真公共交通系统。SUMO 将动态用户分配(DUA)等不同运算法则应用于建模路径选择和交通分配。除标准交通测算(如出行次数和延误测算)之外,SUMO 也可以实现环境和能源指标测算(如空气污染排放和燃油消耗测算),此类指标对于环境监控非常重要。除此之外,SUMO 也被用于作为驾驶模拟器以及 VR 模拟世界的交通场景编辑器,协助设定不同驾驶场景,进行驾驶人为因素分析与 ADAS/无人驾驶虚拟环境的重建和测试。附带有交通路网编辑器,既可以直接编辑,也可以通过一个单独的转化程序转换来自 VISSIM、OpenStreetMap、OpenDrive 的路网。提供 C++和 MATLAB 接口,支持与第三方软件进行联合仿真。在运行仿真任务时,提供了一个基于 OpenGL 的可视化端来实时显示仿真结果。作为一个开源的仿真平台,其主要目的是给交通研究者提供一个实现和评估自己算法的工具,作为架构和模型基础来使用。(网址:https://eclipse.dev/sumo/)

6) TESS NG

TESS(Tongji traffic nEtwork Simulation System)仿真系统是同济大学孙剑教授于 2006 年主持开发的第一代道路交通仿真系统。2015 年,由孙剑教授主持、胡立新工程师及刘启远博士核心参与,对 TESS 系统进行了全新研发,包括软件架构、高精度路网交互、计算平台、模型体系等,TESS NG(TESS Next Generation)微观交通仿真系统应运而生。TESS NG 微观交通仿真系统融合了交通工程、软件工程、系统仿真等交叉学科领域的最新技术,主要特点包括专门针对中国驾驶者及交通流特征、具有完全自主知识产权、便捷快速的建模能力、开放的外部接口模块以及定制化的用户服务等。其具有便捷的 3D 展示功能,同时具有外部大规模路网全局路径自动导入、车路协同等高阶功能模块。TESS NG 是目前唯一国产商业化的微观交通仿真系统。(网址:https://www.jidatraffic.com/tessng/)

2. 交通仿真要点

交通仿真是重复再现交通现象的工具。每一次仿真的运行都具有一定的随机性,且不同设计方案的具体道路交通参数不同。因此,如何保证仿真与交通实际运行情况最大限度地相符,至为重要。为此,进行交通仿真时必须留意以下方面:

1) 仿真运行的次数

由于仿真的随机性,所以应该对每一交通设计方案进行重复运行,选取各运行方案的平均值作为最终仿真结果。

2) 道路交通相关参数的设定与标定

仿真软件中都有默认的仿真参数,如车速、跟车模型等,应结合实际的道路交通情况,通过现场观测等手段,校正仿真软件中的各项参数,以保证评价结果的真实性。

二、交通调查

评价指标可以通过交通调查获得,通常进行交通量、车速、饱和车头时距、延误、排队长度等的调查。将观测员调查、摄像等观测手段相结合,收集并获得交通评价指标所需的基础数据。

交通调查后的数据处理工作量较大,特别应进行数据有效性的校核工作,剔除无效数据,应用统计工具及必要的模型分析,获得评价指标。

三、用户调查

用户调查是指对一些定性指标采取问卷的形式进行调查,同时,它也是对定量指标进行校核修正的主要依据之一,例如可以调查行人等对慢行交通环境改善的满意度等。用户调查往往能直观地反映改善效果,为定量评价指标提供有益的补充。用户调查的步骤如下:

(1) 确定调查内容。
(2) 确定调查对象。
(3) 确定调查对象的权重。
(4) 确定不同调查对象的抽样率。
(5) 设计调查问卷。
(6) 试调查。
(7) 问卷的修正。
(8) 正式调查。

四、众包车辆轨迹数据

众包车辆轨迹数据是指由网联车辆(如车载导航终端、网联车辆通信模块等)及网联导航终端(如智能手机导航终端、共享汽车服务终端、出租车服务终端等)实时反馈的车辆属性、位置、目的地等轨迹级交通大数据集合,可以以细粒度、广时空尺度覆盖的方式反映实时交通状态,可作为计算交通评价指标的基础数据。

五、大数据融合

交通信息有感应线圈、视频、微波、超声波、雷达、浮动车、互联网等多种数据源。单一的检测技术存在其优劣势,采集数据存在不连贯、不持续等问题,难以满足交通评价指标计算的要求。大数据融合应用是一种有效的解决方法,例如互联网数据与传统检测器数据融合、浮动车轨迹数据与固定检测器数据融合以及雷视融合等。充分利用不同时空粒度、精度的多数据源,对多源交通数据进行多方位、多层次的有效融合,可以提升交通信息准确性和可靠性,更好支撑交通评价指标的计算。

参 考 文 献

[1] 徐慰慈,严宝杰.交通工程学[M].北京:人民交通出版社,1980.
[2] 杨晓光.城市道路交通设计指南[M].北京:人民交通出版社,2003.
[3] 马荣国,杨立波.交通工程设计理论与方法[M].北京:人民交通出版社,2002.
[4] 李峻利.交通工程设施设计[M].北京:人民交通出版社,2001.
[5] 中国大百科全书总编辑委员会《建筑园林城市规划》编辑委员会.中国大百科全书:建筑园林城市规划[M].北京:中国大百科全书出版社,1998.
[6] 中国大百科全书出版社《不列颠百科全书》国际中文版编辑部.不列颠百科全书[M].北京:中国大百科全书出版社,2007.
[7] 吉伯德.市镇设计[M].程里尧,译.北京:中国建筑工业出版社,1983.
[8] 沙里宁.城市——它的发展、衰败与未来[M].顾启源,译.北京:中国建筑工业出版社,1986.
[9] U. S. Bureau of Public Roads(BPR). Highway capacity manual[M].[S.l.:s.n],1950.
[10] 社团法人交通工学研究会.最新平面交差の計画と設計[M].東京:丸善株式会社,1977.
[11] 许国志.系统科学[M].上海:上海科技教育出版社,2000.
[12] 夏绍玮,杨家本,杨振斌.系统工程概论[M].北京:清华大学出版社,1995.
[13] 卢永毅,罗小未.工业设计史[M].台北:台湾田园城市文化事业有限公司,2000.
[14] 鲁晓波,赵超.工业设计程序与方法[M].北京:清华大学出版社,2005.
[15] 沃特森,布拉特斯,谢卜利.城市设计手册[M].刘海龙,等译.北京:中国建筑工业出版社,2006.
[16] 王建国.城市设计[M].3版.南京:东南大学出版社,2011.
[17] 周商吾.交通工程[M].上海:同济大学出版社,1987.
[18] 饭田恭敬.交通工程学[M].邵春福,杨海,史其信,等译.北京:人民交通出版社,1994.
[19] 美国交通研究委员会.道路通行能力手册[M].任福田,刘小明,荣建,等译.北京:人民交通出版社,2007.
[20] 王岩.道路交通安全过程分析理论与方法[D].上海:同济大学,2009.
[21] 杨佩昆,张树升.交通管理与控制[M].北京:人民交通出版社,1995.
[22] 全永燊,刘莹,陈金川.中国城市交通问题剖析及改善对策[J].城市交通,2007,5(4):5-9.
[23] 黄世玲.交通运输学[M].北京:人民交通出版社,1988.
[24] 陆化普.解析城市交通[M].北京:中国水利水电出版社,2001.
[25] 郑祖武,李康,徐吉谦,等.现代城市交通[M].北京:人民交通出版社,1998.
[26] 全永燊,刘小明,等.路在何方——纵谈城市交通[M].北京:中国城市出版社,2002.
[27] 过秀成.道路交通安全学[M].2版.南京:东南大学出版社,2011.
[28] 公安部交通管理局.中华人民共和国道路交通事故统计资料汇编[G].2002.
[29] 杨晓光,等.厦门市交通管理规划[Z].上海:同济大学,2000.

[30] 杨晓光,等.绍兴市交通管理规划[Z].上海:同济大学,2002.

[31] 杨晓光,等.柳州市交通管理规划[Z].上海:同济大学,2003.

[32] 杨晓光,等.北京市城市道路交通组织优化与设计方法研究[Z].上海:同济大学,2006.

[33] 邵海鹏.交通语言系统基础问题研究[D].上海:同济大学,2006.

[34] 叶蜚声,徐通锵.语言学纲要[M].北京:北京大学出版社,1981.

[35] 萨丕尔.语言论[M].陆卓元,译.北京:商务印书馆,1985.

[36] 孙东川,林福永.系统工程引论[M].北京:清华大学出版社,2004.

[37] 傅祖芸.信息论——基础理论与应用[M].北京:电子工业出版社,2001.

[38] 谢顺堂.论道路交通符号信息系统——交通语言[J].道路交通管理,1992,5:33-35.

[39] 杨晓光,邵海鹏,云美萍.交通语言系统结构研究[J].系统工程,2006,24(7):1-7.

[40] 邵海鹏,董海倩.交通语言在交通管理中的应用[J].城市交通,2007,5(6):19-22.

[41] 夏传荪.交通标志世界[M].北京:中国计划出版社,2002.

[42] 何存道,欣兆生.道路交通心理学[M].合肥:安徽人民出版社,1989.

[43] 任福田,刘小明,张伯明,等.交通工程心理学[M].北京:北京工业大学出版社,1993.

[44] 正木光.信号和标志的颜色[M].张学渔,译.北京:中国铁道出版社,1985.

[45] 李克聪.台湾地区公路指示标志系统之改善规划[J].运输计划季刊,1999,23(1):109-146.

[46] 张珏.城市综合交通换乘枢纽信息服务问题研究[D].上海:同济大学,2005.

[47] 巴布可夫.道路条件与交通安全[M].景天然,译.上海:同济大学出版社,1990.

[48] 田中直人,岩田三千子.标识环境通用设计:规划设计的108个视点[M].王宝刚,郭晓明,译.北京:中国建筑工业出版社,2004.

[49] 翟忠民.道路交通组织优化[M].北京:人民交通出版社,2004.

[50] 翟忠民,景东升,陆化普.道路交通实战案例[M].北京:人民交通出版社,2007.

[51] 中华人民共和国交通部,中华人民共和国公安部.道路交通标志和标线 第1部分:总则:GB 5768.1—2009[S].北京:中国标准出版社,2009.

[52] 杨久龄,刘会学.《道路交通标志和标线》应用指南[M].北京:中国标准出版社,新华出版社,1999.

[53] 王炜,杨新苗,陈学武.城市公共交通系统规划方法与管理技术[M].北京:科学出版社,2002.

[54] TRB Bus rapid transit-volume2:implementation guidelines[M]. Washington, D. C. :National Academy Press,2003.

[55] 严宝杰.交通调查与分析[M].北京:人民交通出版社,1994.

[56] 周雪梅.先进的公共交通系统评价方法研究[D].上海:同济大学,2004.

[57] Federal Transit Administration,U. S. Department of Transportation. Characteristics of bus rapid transit for decision-making[R]. Virginia:National Technical Information Service,2004.

[58] TRB Transit capacity and quality of service manual[M]. 2nd ed. National Academy Press, Washington D. C. :2003.

[59] 林仲帅.城市快速公交系统(BRT)交通设计方法研究[D].上海:同济大学,2006.

[60] 马万经.公交专用道信号优先控制理论研究[D].上海:同济大学,2007.

[61] TRB. Improved traffic signal priority for transit[M]. Washington D. C.: National Academy Press,1998.

[62] 王跃辉.基于交通安全的指路标志位置确定及调查方法研究[D].上海:同济大学,2004.

[63] 交通部公路安全工程研究中心.道路交通标志[M].北京:化学工业出版社,2006.

[64] 杨晓光,白玉,邵海鹏,等.上海市临港新城主城区交通设施设计[R].上海:同济大学,2005.

[65] 杨晓光,邵海鹏,等.山东省淄博市新城区交通语言系统设计研究[R].上海:同济大学,2005.

[66] 杨晓光,白玉,等.北京市城市道路交通设计与组织优化研究[R].上海:同济大学,2006.

[67] 赵阳.城市道路信号控制交叉口综合评价方法研究[D].上海:同济大学,2006.

[68] 张苏.中国交通冲突技术[M].成都:西南交通大学出版社,1998.

[69] 蒲文静.城市道路平面交叉口交通安全设计研究[D].上海:同济大学,2004.

[70] 云美萍.先进的交通管理系统交通效益评价方法研究[D].上海:同济大学,2004.

[71] HARWOOD, BAUER, POTTS, et al. Safety effectiveness of intersection left-and right-turn lanes[C]//TRB. Proceedings of TRB 2003 Annual Meeting. Washington D. C.: TRB,2003.

[72] PERSAUD, RETTING, GARDER, et al. Observational before-after study of the safety effect of U. S. roundabout conversions using the empirical bayes method[C]//TRB. Proceedings of TRB 2001 Annual Meeting. Washington D. C.: TRB,2001.

[73] SHEBEEB, ANJOMANI. Safety and efficiency: regression analysis results for left-turn movements at signalized intersections[C]//TRB. Proceedings of TRB 2003 Annual Meeting Washington D. C.: TRB,2003.

[74] 白玉.城市平面道路交叉口交通协调设计理论问题研究[D].上海:同济大学,2004.

[75] 龙科军.城市立体交叉交通规划与设计基础问题研究[D].上海:同济大学,2004.

[76] 林瑜.信号控制交叉口群交通阻塞机理解析方法[D].上海:同济大学,2006.

[77] 袁长亮.城市路网过饱和交通信号控制策略研究[D].上海:同济大学,2007.

[78] 张超.面向服务的城市公共汽车交通评价方法研究[D].上海:同济大学,2008.

[79] 孙明正.信号控制交叉口自行车交通设计理论研究[D].上海:同济大学,2001.

[80] 王磊.城市公共交通换乘枢纽交通设计方法研究[D].上海:同济大学,2002.

[81] 薛昆.十字环形交叉口信号控制理论研究[D].上海:同济大学,2003.

[82] 狄珊.城市快速路出入口匝道与地面交通最优衔接模式研究[D].上海:同济大学,2003.

[83] 阴炳成.面向专用道的公共汽车交通优先控制方法研究[D].上海:同济大学,2004.

[84] 蒲文静.城市道路平面交叉口交通安全设计研究[D].上海:同济大学,2004.

[85] 马万经.城市道路平面行人过街交通设计与控制理论研究[D].上海:同济大学,2004.

[86] 郭靖.城市中心区外停车换乘规划布局问题研究[D].上海:同济大学,2007.

[87] 林仲帅.城市快速公交系统(BRT)交通设计方法研究[D].上海:同济大学,2007.

[88] 张欣.公共交通枢纽空间协调设计问题研究[D].上海:同济大学,2007.

[89] 付晶燕.快速公交系统站点布局优化与设计方法研究[D].上海:同济大学,2007.

[90] 汪涛.信号控制环形交叉口时空优化方法研究[D].上海:同济大学,2008.

[91] 张海雷.信号控制交叉口转向交通设计适应性研究[D].上海:同济大学,2008.

[92] 宋光华.城市平面道路连接交通影响分析方法研究[D].上海:同济大学,2008.

[93] 美国交通运输研究委员会出入口管理分会.道路出入口管理手册[M].杨孝宽,译.北京:中国建筑工业出版社,2009.

[94] 雅各布斯.伟大的街道[M].王又佳,金秋野,译.北京:中国建筑工业出版社,2009.

[95] 北京市政路桥建设控股(集团)有限公司,北京市市政专业设计院有限责任公司.城市公共停车场工程项目建设标准:建标128—2010[S].北京:中国计划出版社,2010.

[96] 中国标准化研究院,北京市交通委员会,北京停车行业协会.公共信息导向系统 设置原则与要求 第11部分:机动车停车场:GB/T 15566.11—2012[S].北京:中国标准出版社,2013.

[97] 广东艾科技术股份有限公司,佛山市南海区标准化研究与促进中心,同济大学交通运输工程学院,等.汽车库和停车场车位引导装置:CJ/T 429—2013[S].北京:中国标准出版社,2013.

[98] 武汉市交通科学研究所.城市道路公共交通站、场、厂工程设计规范:CJJ/T 15—2011[S].北京:中国建筑工业出版社,2012.

[99] 中华人民共和国住房和城乡建设部.城市步行和自行车交通系统规划设计导则[M/OL].2013.http://www.gov.cn/gzdt/att/att/site1/20140114/001e3741a2cc143f348801.pdf.

[100] 上海市交通运输和港口管理局,上海市城市交通运输管理处,上海市停车服务业行业协会,等.停车场(库)标志设置规范:DB31/T 485—2010[S].上海:上海市质量技术监督局,2010.

[101] 上海市交通委员会,上海市公安局交通警察总队,同济大学.建筑工程交通设计及停车库(场)设置标准:DG/TJ 08-7—2014[S].上海:同济大学出版社,2014.

[102] 中国建筑第七工程局有限公司,福建省第五建筑工程公司.机械式停车库工程技术规范:JGJ/T 326—2014[S].北京:中国建筑工业出版社,2014.

[103] 北京建筑大学.车库建筑设计规范:JGJ 100—2015[S].北京:中国建筑工业出版社,2015.

[104] 上海自动化车库研究所,上海市公安局交警总队.机械式停车库(场)设计规程:DG/TJ 08-60—2017[S].上海:同济大学出版社,2017.

[105] 北京市建筑设计研究院.无障碍设计规范:GB 50763—2012[S].北京:中国建筑工业出版社,2012.

[106] 公安部交通管理科学研究所,南京市公安局交通管理局.城市道路路内停车位设置规范:GA/T 850—2021[S].北京:中国标准出版社,2021.

[107] 交通部公路科学研究院.道路交通标志和标线 第3部分:道路交通标线:GB 5768.3—2009[S].北京:中国标准出版社,2009.

[108] 上海市政工程设计研究总院(集团)有限公司,公安部交通管理科学研究所.城市道路交通标志和标线设置规范:GB 51038—2015[S].北京:中国计划出版社,2015.

[109] 公安部安全与警用电子产品质量检测中心,富盛科技股份有限公司,北京大通永安科技有限公司,等.封闭式停车场安全防范要求:GA/T 1742—2020[S].北京:中国质检出版社,2021.

[110] 上海市交通委员会,上海交通投资(集团)有限公司,上海巴士公交(集团)有限公司,

等.公交停车场(库)安全防范系统技术规范:DB31/T 1020—2016[S].上海:上海市质量技术监督局,2016.

[111] 上海市城乡建设和交通发展研究院,上海市路政局,上海城市综合交通规划科技咨询有限公司,等.公共停车场(库)智能停车管理系统建设技术导则:DB31/T 976—2016[S].上海:上海市质量技术监督局,2016.

[112] 佚名.日本自行车智能停车场[EB/OL].(2015-02-27)[2020-11-30]. https://www.toutiao.com/a3998210730/.

作 者 简 介

杨晓光教授,男,工学博士,同济大学二级教授、长聘教授、博士生导师。籍贯江苏省宿迁市宿城区;1978 年考入同济大学,先后攻读土木(路桥)工程本科、交通工程硕士、智能交通博士(其间 1994—1996 年受教育部选派和日本文部省奖学金资助留学日本京都大学联合培养)。1982 年 7 月本科毕业并留校任同济大学交通工程研究室助教;1996 年 9 月留学回国继续任教,任同济大学智能交通运输系统(ITS)研究中心主任、上海市防灾救灾研究所交通安全室主任,2002—2014 年任同济大学交通工程系首任系主任,2014 年于美国华盛顿大学做高级访问学者。现任教于同济大学交通运输工程学院和城市交通研究院,主攻现代交通系统工程与智能交通和智慧城市研究,致力于卓越工程师培养和交通工程 2.0、"交叉口革命"和拔尖人才培养;担任"交通工程"国家一流本科专业建设点责任教授,是国家重点学科"交通运输规划与管理/交通信息工程及控制"主要带头人之一。

主持国家自然科学基金项目 8 项、国家研发计划项目 10 余项,获得省部级科技进步奖 10 余项。主参与完成了国家攻关重大成果"城市交通实时自适应控制系统"(752443 工程);创立了"交通设计理论与方法体系";提出了交通工程学 2.0、"车路联网与协同交通控制系统""复杂条件下基于数据的多模式交通协同控制/管理/服务/决策一体化""城市交通健康诊断与智能医生"和"公共交通服务理论与关键技术"等研究体系;成果被国内外广泛引用和应用,破解了北京、上海、天津、济南、南京、杭州、宁波、合肥、厦门、广州、成都、西安、乌鲁木齐等近百座典型城市的疑难交通问题;编著了国家"畅通工程"指导书《城市道路交通设计指南》、国家级规划教材《交通设计》;主讲国家精品视频公开课"交通设计"、上海市精品课程"交通工程学"、硕士研究生课程"交通系统科技与应用前沿研究方法"、博士研究生课程"交通信息与控制工程学术前沿""城市交通学术前沿",培养了一批博士、硕士和博士后,获得上海市育才奖。

受聘为教育部交通运输类教学指导委员会副主任委员和交通工程教学指导分委员会主任委员;国家四部委"城市道路交通文明畅通提升行动计划"专家组专家;中国智能交通协会专家委员会道路交通优化与控制专业工作委员会主任委员;中国人工智能学会智能交通专业委员会副主任委员;全国城市客运标准化技术委员会委员;上海市学位委员会学科评议组成员、上海市交通运输科技委交通工程(智能交通)专业委员会主任委员;《交通信息与安全》编委主任,《中国公路学报》《交通运输系统与信息工程》等编委;国际交通网络可靠性研究会(The International Symposium on Transport Network Reliability)委员等。历任公安部/住建部"畅通工程"专家组副组长、科技部智能交通专家委员会委员。为"全国大学生交通科技大赛"主要发起人之一。享受国务院政府特殊津贴,入选交通运输部"新世纪十百千人才工程"第一层、上海市领军人才、同济大学教学名师等。(Email:yangxg@ tongji. edu. cn)

白玉教授，女，工学博士，博士生导师。1977年1月出生于黑龙江省富锦市；1995年9月考入同济大学道路与交通工程系；1999年7月本科毕业并免试攻读同济大学交通信息工程及控制学科硕士学位，2001年3月硕博连读攻读同专业博士学位，2004年9月获得博士学位后进入同济大学交通运输工程学院任教。现任同济大学交通运输工程学院副院长、国家虚拟仿真实验教学创新联盟机械领域交通运输类工作委员会副主任委员、世界交通运输大会(WTC)交通工程学部交通系统设计学科道路交通设计技术委员会主席。主要研究方向为交通系统设计理论。在交通设计和交通控制领域承担及参与20多项国家级、省部级科研项目，主持国家自然科学基金项目3项；负责逾100项咨询课题；获得省部级科技进步奖4项。参与建立了中国交通设计领域的理论体系和方法体系，2003年参编国内第一部交通设计领域专著《城市道路交通设计指南》("畅通工程"系列丛书)。负责北京、上海等30余个城市的道路交通设计和控制项目。参与编写交通运输部、住建部及上海市、浙江省等多本交通领域标准规范。

主讲"交通设计""交通工程""交通设计理论与方法""交通设计课程设计"等课程。建设国家精品视频公开课和上海市一流课程"交通设计"、上海市精品课程"交通工程"。共同编著国内第一部交通设计领域教材《交通设计》，该教材先后入选"十一五""十二五"国家级规划教材、教育部高等学校交通工程教学指导分委员会推荐教材及"十三五"规划教材，被翻译为英文在国际上出版，成为交通工程专业第一本输出到海外的教材。

主持和参与国家级、省部级、校级教学改革研究课题50余项，获得国家级教学成果二等奖1项、上海市教学成果一等奖1项和二等奖2项。指导学生参加各类科技创新活动，开创同济大学"交通设计大赛"，主持大赛各项筹备工作；指导学生获得国际级、国家级、省部级、校级等各类奖项。获教育部课程思政教学名师、上海市育才奖、同济大学"立德树人"优秀教师、同济大学教师教学创新大赛一等奖等各类教学奖励10余项。(Email：baiyu@tongji.edu.cn)

柴晨副教授，女，工学博士，博士生导师。籍贯河北省廊坊市；2006年9月考入北京交通大学交通运输学院并于2010年7月获得交通工程专业学士学位；毕业后赴中国香港、新加坡深造，于2011年获得香港科技大学土木与基础设施工程与管理专业硕士学位，2015年获得新加坡南洋理工大学土木工程专业博士学位；2015—2017年任新加坡南洋理工大学博士后研究员、客座讲师；2017年3月任同济大学交通运输工程学院副研究员，2019年任副教授，2021年任同济大学交通运输工程学院教学中心副主任，兼任美国交通运输研究委员会交通参与者测试与评估学术委员会TRB Standing Committee on Road User Measurement and Evaluation（ACH50）委员。

主要研究方向为驾驶行为理论与实验方法、智能网联交通人机协同与安全。主持国家自然科学基金等国家级、省部级科研项目9项，参与多项重大课题，与华为、美团、通用、宝马、丰田等国内外知名企业开展合作。近五年发表SCI、SSCI、EI检索论文50余篇（其中2篇入选ESI前1%高被引、1篇入选ESI前1‰热点论文）。入选上海市"晨光学者"、上海市青年科技英才"扬帆计划"，已获上海市交通工程学会科技进步一等奖、上海市优秀教学成果二等奖、同济大学教学成果二等奖等奖项。